Soziale Integration in der Schule?!

Eine empirische Untersuchung zur sozialen Integration von Schülern mit sonderpädagogischem Förderbedarf im Gemeinsamen Unterricht

von

Christian Huber

Tectum Verlag
Marburg 2006

Die vorliegende Arbeit wurde im November 2005 als Dissertation an der Heilpädagogischen Fakultät der Universität zu Köln angenommen. Die Arbeit wurde unter dem Originaltitel

Schulische Integration im Spannungsfeld normativer Zielsetzung und der Wirkung sozialer Vergleichsprozesse - Eine empirische Untersuchung zur sozialen Integration von Schülern mit sonderpädagogischem Förderbedarf im Gemeinsamen Unterricht

eingereicht und begutachtet. Der Tag der mündlichen Prüfung war der 7.3.2006. Gutachter waren Prof. Dr. S. Nußbeck und Prof. em. Dr. Dr. hc. Hj. Buchkremer.

Coverbild:
istockphoto.com

Huber, Christian:
Soziale Integration in der Schule?!.
Eine empirische Untersuchung zur sozialen Integration von Schülern mit sonderpädagogischem Förderbedarf im Gemeinsamen Unterricht.
/ von Christian Huber
- Marburg : Tectum Verlag, 2006
Zugl.: Köln, Univ. Diss. 2006
ISBN –10: 3-8288-9141-1
ISBN –13: 978-3-8288-9141-8

© Tectum Verlag

Tectum Verlag
Marburg 2006

Danke

Die vorliegende Dissertation ist das Resultat einer nahezu sechsjährigen Forschungstätigkeit. In allen Phasen der Arbeit waren Menschen direkt oder indirekt eingebunden, denen an dieser Stelle mein ausdrücklicher Dank gilt.

Insbesondere möchte ich mich bei den rund 900 Schülerinnen und Schülern bedanken, die mich während des wichtigsten Teils dieser Arbeit durch ihre ehrliche und 'professionelle' Mitarbeit unterstützt haben. Euch ist diese Arbeit gewidmet!

Ebenso danke ich den vielen Lehrerinnen und Lehrern, die während des gesamten Forschungsprozesses ein unverzichtbares Bindeglied zwischen wissenschaftlichem Anspruch und schulischer Realität waren. Ohne Sie hätte diese Arbeit keine Bodenhaftung!

Ferner danke ich meiner Doktormutter, Prof. Dr. Susanne Nußbeck, für die unkomplizierte und engagierte Beratung während der vergangenen sechs Jahre. Mit Blick auf die Datenerhebung möchte ich mich weiterhin bei Andreas Alber, Anna Engelmeyer, Nadine Gyrnich, Anna Klinkhammer und Rebecca Schwammborn für die gewissenhafte Zusammenarbeit bedanken.

Insbesondere bedanke ich mich bei Sonja Drissen, Nicole Freise, Markus Linnemann, Tobias Tschöp und Jürgen Wilbert für ihre engagierte und kompetente Unterstützung in den verschiedenen Projektphasen. Ohne euch fehlte dieser Arbeit der Schliff!

Weiterhin danke ich meiner Mutter, Gisela Huber, und Peter Nunkesser für die vielen motivierenden Worte und das Interesse, mit der sie die vergangenen sechs Jahre begleitet haben. Eure Gelassenheit war meine Ruhe!

Ganz besonders möchte ich meiner Freundin, Dorothee Mund, für ihre liebevolle, geduldige und tatkräftige Unterstützung danken. Deine Zuversicht war mein täglicher Antrieb!

Inhaltsverzeichnis

	Einleitung	11
1	Ziel und Aufbau der vorliegenden Arbeit	14
2	Begriffsbestimmung	18
3	Schulische Integration	23
3.1	Neuorientierung auf theoretischer Ebene	23
3.2	Neuorientierung auf gesetzlicher Ebene	28
3.3	Neuorientierung auf diagnostischer Ebene	30
3.4	Neuorientierung auf unterrichtsbezogener Ebene	34
3.5	Neuorientierung auf (schul-) praktischer Ebene	35
3.6	Kritische Ableitungen für die vorliegende Untersuchung	36
4	Die Theorie sozialer Vergleichsprozesse	43
4.1	Informeller Gruppendruck	44
4.2	Das Motiv nach Bewertung der eigenen Person	45
4.3	Soziale Vergleichsprozesse in der Schule	46
4.4	Verhaltensstrategien bei Diskrepanzen	47
5	Schulische Integration in der Forschung	52
5.1	Soziale Integration	54
	5.1.1 Internationale Studien	54
	5.1.2 Nationale Studien	57
	5.1.3 Bewertung der Befunde	60
5.2	Einfluss integrationsrelevanter Persönlichkeitsmerkmale	61
	5.2.1 Internationale Studien	61
	5.2.2 Nationale Studien	70
	5.2.3 Bewertung der Befunde	72
5.3	Einfluss von Normabweichungen	74
5.4	Einfluss von Heterogenität	75
5.5	Einfluss unterrichtsbezogener Merkmale	78
5.6	Zusammenfassende Bewertung der Befunde	79

6	Theorie sozialer Vergleichsprozesse in der Forschung	81
7	Schulische Integration aus Sicht sozialer Vergleichsprozesse	84
8	Fragestellung der Untersuchung	93
9	Methodische Einordnung der Untersuchung	96
9.1	Empirische Sozialforschung	96
9.2	Das allgemeine Forschungsdesign	96
9.3	Das konkrete Forschungsdesign	100
10	Die Voruntersuchung	102
10.1	Die erste Voruntersuchung	104
	10.1.1 Stichprobe	104
	10.1.2 Auswertung	105
	10.1.3 Ergebnisse	106
	10.1.4 Interpretation	108
10.2	Die zweite Voruntersuchung	108
	10.2.1 Stichprobe	109
	10.2.2 Auswertung	111
	10.2.3 Ergebnisse	112
	10.2.4 Interpretation	116
10.3	Synthese der Ergebnisse	118
11	Die Hauptuntersuchung	120
11.1	Untersuchungsinstrumente	120
	11.1.1 Cft 20	123
	11.1.2 PfK 9-14	123
	11.1.3 SVF-KJ	125
	11.1.4 BfL	126
	11.1.5 DL-KG	127
	11.1.6 Fragebogen Schulleistung	128
	11.1.7 Fragebogen Eltern	128
	11.1.8 Fragebogen Lehrerinnen und Lehrer	129
	11.1.9 Fragebogen zur sozialen Integration	132

11.2	Operationalisierung: Schülervariablen	137
	11.2.1 Intelligenz	137
	11.2.2 Schulleistung	137
	11.2.3 Konzentration	138
	11.2.4 Motivation	139
	11.2.5 Selbstständigkeit	139
	11.2.6 Sozialkompetenz	140
	11.2.7 Sozialer Rückzug	140
	11.2.8 Aggressivität	141
	11.2.9 Belastbarkeit	142
	11.2.10 Selbstreflexion	143
	11.2.11 Soziale Integration	143
11.3	Operationalisierung: Elternvariablen	147
11.4	Operationalisierung: Gruppenvariablen	148
11.5	Operationalisierung: unterrichtsbezogene Variablen	150
11.6	Hypothesenbildung	152
11.7	Ablauf der Hauptuntersuchung	156
	11.7.1 Anforderungen an die Stichprobe	157
	11.7.2 Vorbereitung der Hauptuntersuchung	158
	11.7.3 Durchführung der Untersuchungsinstrumente	160
	11.7.4 Auswertung, Dateneingabe und -analyse	161
	11.7.5 Beschreibung der Stichprobe	161
12	**Ergebnisse der Hauptuntersuchung**	**165**
12.1	Allgemeine Vorannahmen	165
12.2	Fragestellung 1: Soziale Integration von Schülern mit SFB	172
12.3	Fragestellung 2: Einfluss integrationsrelevanter Merkmale	176
	12.3.1 Korrelationsanalyse (Integrationsstatus)	176
	12.3.2 Univariate ANOVA (Statusgruppen)	182
	12.3.3 Zusammenfassung	235
12.4	Fragestellung 3: Einfluss von Normabweichungen	240
12.5	Fragestellung 4: Einfluss von Heterogenität und Leistungsniveau	244
12.6	Fragestellung 5: Einfluss unterrichtsbezogener Faktoren	265
12.7	Explorative Analyse der Ergebnisse	267
	12.7.1 Faktorenanalyse der Schülermerkmale	267
	12.7.2 Clusteranalyse der soziometrischen Daten	274

13	Interpretation der Ergebnisse	282
13.1	Bewertung der allgemeinen Vorannahmen	283
13.2	Interpretation der Fragestellungen 1-5	285
	13.2.1 Soziale Integration von Schülern mit SFB	285
	13.2.2 Integrationsrelevante Persönlichkeitsmerkmale	289
	13.2.3 Einfluss von Normabweichungen	302
	13.2.4 Einfluss von Heterogenität und Leistungsniveau	306
	13.2.5 Einfluss von unterrichtsbezogenen Faktoren	310
13.3	Bewertung der erkenntnisleitenden Fragestellung	311
13.4	Zusammenfassung	317
14	Kritische Reflexion	321
14.1	Die Untersuchung	321
14.2	Die Ergebnisse	323
15	Ausblick und Schluss	327
	Abkürzungsverzeichnis	332
	Testverzeichnis	334
	Literaturverzeichnis	335
	Anhang	348

"Die schlimmste Art von Ungerechtigkeit ist vorgespielte Gerechtigkeit"

(Platon)

Einleitung

Die vorliegende Arbeit beschäftigt sich mit Integration und Ausgrenzung in der Grundschule. Fragt man die US-amerikanische Hirnforscherin Naomi Eisenberger nach der Bedeutung sozialer Ausgrenzung für das menschliche Befinden, könnte die Antwort überraschen. Die Forscherin stellte in ihren Studien heraus, dass soziale Ausgrenzung und körperlicher Schmerz neurologisch vergleichbare Phänomene sind (Eisenberger et al. 2003, 290). Wer beim Sport (dort Ballspiel) von seinen Mitspielern ignoriert wird, 'fühlt' dies in der gleichen Hirnregion (dem Gyrus cinguli), in der auch körperlicher Schmerz repräsentiert und realisiert wird. Diese scheinbar harmlosen Erkenntnisse der Forscherin führen jedoch vor Augen, welche weitreichende Bedeutung soziale Integration für das Wohlbefinden des Menschen haben muss. Diese Arbeit möchte einen kleinen Beitrag dazu leisten, soziale Ausgrenzung von Schülern mit Behinderungen im Gemeinsamen Unterricht und ihre Ursachen zukünftig besser verstehen und vermeiden zu können.

Ausgehend von einer langen Phase getrennter Erziehung und Bildung ist schulische Integration das Ergebnis einer theoretischen und praktischen Neuorientierung in der Heilpädagogik. Im Schuljahr 2004/05 wurden in NRW rund 8000 Schüler mit sonderpädagogischem Förderbedarf[1] in Grundschulklassen unterrichtet: Tendenz steigend. Inwieweit und unter welchen Bedingungen 'Gemeinsamer Unterricht' auch tatsächlich mit einer sozialen Integration dieser Schüler einhergeht, ist Motivation und Gegenstand dieser Arbeit.

Schulversuche in Hamburg, Bremen, Berlin, Hessen und Nordrhein-Westfalen attestierten dem Gemeinsamen Unterricht in diesem Zusammenhang eine gute Wirksamkeit. Solche Erkenntnisse waren zu Beginn der 90er Jahre Anstoß für eine flächendeckende Einführung des Gemeinsamen Unterrichts an deutschen Grundschulen. Doch wie ist es heute, rund 10 Jahre nach dieser Einführung, im 'Gemeinsamen Alltag' um die soziale Integration von Schülern mit SFB an deutschen Grundschulen bestellt? Wer auf diese einfache Frage eine Antwort einfordert, wird in der Regel auf eben diese Schulversuche verwiesen. Schulversuche, die mit großem materiellen, finanziellen, personellen und motivationalen Aufwand die grundsätzliche Machbarkeit einer ethisch-moralischen Grundforderung belegten. Nicht mehr, aber auch nicht weniger. Inwieweit die theoretische Zielsetzung des Gemeinsamen Unterrichts auch im integrationspädagogischen Alltag Bestand hat, ist für Deutschland bis heute unklar. Die vorlie-

---

[1] im Folgenden: Schüler mit SFB

gende Arbeit soll hier einen ersten Einblick in die derzeitige Situation ermöglichen.

Betrachtet man schulische Integration aus wissenschaftlicher Sicht, erscheint das Bild widersprüchlich. Aus sozialpsychologischen Theorien lässt sich für Schüler mit SFB eine ungünstigere soziale Situation ableiten als integrationspädagogische Ansätze vermuten lassen. Befunde der nationalen Integrationsforschung vermitteln das Bild einer zufriedenstellenden sozialen Integration, während sich aus internationalen Befunden ernüchternde Hinweise ergeben. Die forschungsmethodische Ausrichtung deutscher Studien ist in der Regel nicht mit US-amerikanischen Standards vergleichbar. Spätestens seit der ersten 'PISA-Studie' im Jahre 2000 ist klar, dass dies auch für die unterschiedlichen Schulsysteme der einzelnen Nationen gilt. Im Mittelpunkt dieser unklaren Situation steht die heterogene Lerngruppe. Ihre Wirkung wird von integrationspädagogischen und sozialpsychologischen Theorien unterschiedlich eingeschätzt, so dass theoretische Ansätze keine zuverlässigen Einschätzungen der alltäglichen Situation im Gemeinsamen Unterricht erlauben.

In der Summe erscheint somit die Bandbreite des Möglichen beunruhigend hoch zu sein. Betrachtet man dieses hohe Maß an Unsicherheit vor dem Hintergrund der Befunde von Naomi Eisenberger (2003), ergibt sich daraus die Notwendigkeit der vorliegenden Arbeit. Theoretische und schulpolitische Überlegungen, nach denen im Rahmen einer 'flexiblen Eingangsphase' (vgl. Ministerium für Schule, Jugend und Kinder, 2004) die pauschale Integration von Schülern mit SFB realisiert werden soll, unterstreichen diese Notwendigkeit.

Da die Einordnung eines Forschungsvorhabens und seiner Ergebnisse nur auf Grundlage der normativen Position des Autors zu leisten ist, wird diese nun den weiteren Darstellungen vorangestellt. Die gesamte Arbeit wurde aus einem integrationsfreundlichen Grundverständnis angelegt und geschrieben. Gleiches gilt für das parallel zu dieser Arbeit verlaufende Forschungsprojekt. Ich gehe als Autor davon aus, dass die soziale Integration von Menschen mit einer Behinderung in der (Grund-) Schule das nicht hinterfragbare ethische Richtziel einer modernen Heil- und Sonderpädagogik ist. Dabei wird zumindest die gleichberechtigte Chance auf eine gute soziale Integration als Recht eines jeden Menschen betrachtet. Zentrales Bewertungskriterium für die Einlösung dieses Rechtes kann jedoch nicht die ursprüngliche Absicht oder das ethische Motiv einer integrativen Maßnahme sein, sondern ausschließlich ihre realen Konsequenzen. Allein sie entscheiden darüber, ob der integrationspädagogische Weg in dieser Richtung beibehalten werden kann oder ob eine Kurskorrektur sinnvoll erscheint. Das Verlassen dieses Weges schließe ich dabei kategorisch aus.

Auf dieser Grundlage sollen im Folgenden die Ziele und der prinzipielle Aufbau der vorliegenden Arbeit beschrieben werden.

1 Ziel und Aufbau der vorliegenden Arbeit

Die vorliegende Arbeit beschäftigt sich mit der sozialen Integration von Schülern mit SFB im Gemeinsamen Unterricht. Dabei gehe ich von vier Grundannahmen aus:

Erstens: Die Bewertung des Gemeinsamen Unterrichts und seiner Folgen für Schüler mit SFB ist grundsätzlich auf verschiedenen Ebenen denkbar. Diese Arbeit beschäftigt sich ausschließlich mit der Ebene der sozialen Integration. Aussagen zu anderen Bewertungsebenen werden nicht gemacht.

Zweitens: In der Vielzahl theoretischer Modelle zur Wirkung der heterogenen Lerngruppe lassen sich zwei grundsätzliche theoretische Strömungen unterscheiden: eine (normativ ausgerichtete) integrationspädagogische Sichtweise und eine sozialpsychologische Sichtweise aus dem Blickwinkel der Theorie sozialer Vergleichsprozesse. Beide Modelle interpretieren die Wirkung der heterogenen Lerngruppe auf die soziale Integration von Schülern mit SFB widersprüchlich. Während integrationspädagogische Ansätze für die Heterogenität eine integrationsfördernde Wirkung vorhersagen, lässt sich aus der Theorie sozialer Vergleichsprozesse eine eher integrationshemmende Wirkung ableiten. Es stellt sich damit die grundsätzliche Frage, wo sich die tatsächliche Wirkung der heterogenen Lerngruppe im Alltag des Gemeinsamen Unterrichts einpendelt. Diese Frage steht in der vorliegenden Arbeit im Vordergrund. Sie markiert gleichzeitig das erkenntnisleitende Interesse des angestrebten Forschungsvorhabens.

Drittens: Die Integrationspädagogik lässt sich als homogene und gleichgerichtete Bewegung zusammenfassen. Zwar sind auch innerhalb der Integrationspädagogik unterschiedliche Strömungen zu erkennen, in ihrer Tendenz gehen diese jedoch jeweils in die gleiche Richtung: weg von einem separierenden und hin zu einem integrativen Schulsystem. Inhaltlicher Bezugspunkt der vorliegenden Arbeit ist dabei das 'Handbuch der Integrationspädagogik' (Eberwein, 1999). Eine differenzierte theoretische Auseinandersetzung mit den Leitideen und Zielen der Integrationspädagogik wird in Kapitel 3 vorgenommen.

Viertens: Die Theorie sozialer Vergleichsprozesse ist eine geeignete sozialpsychologische Theorie zur Abbildung und Erklärung sozialer Integrationsprozesse in der Schule. Sie wird hier in Anlehnung an Haeberlin et al. (1999) und Petillon (1993, 1978) stellvertretend für die sozialpsychologische Sichtweise eingesetzt. Dabei wird davon ausgegangen, dass im Gemeinsamen Unterricht soziale Vergleichsprozesse ablaufen und zu sozialer Integration und Ausgrenzung führen. Inhaltlicher Bezugspunkt ist hier das integrative Konzept sozialer Vergleichsprozesse (Frey et. al, 2001).

Insgesamt verfolgt die Arbeit drei Ziele:

Das erste Ziel besteht darin, einen grundsätzlichen (theoretischen) Widerspruch zwischen integrationspädagogischen und sozialpsychologischen Aussagen zur Wirkung der heterogenen Lerngruppe zu verdeutlichen. Aufgezeigt werden sollen diese widersprüchlichen Tendenzen anhand der integrationspädagogischen Zielsetzung einerseits und der Wirkungsweise der Theorie sozialer Vergleichprozesse andererseits. Dieses Spannungsfeld bildet die theoretische Grundlage, auf der später die praktische Situation im Gemeinsamen Unterricht beschrieben und interpretiert wird. Eine zentrale Herausarbeitung dieses Spannungsfeldes wird in Kapitel 7 vorgenommen.

Das zweite Ziel besteht darin, über die zitierten Schulversuche hinaus eine Standortsbestimmung der sozialen Integration von Schülern mit SFB im Alltag des Gemeinsamen Unterrichts vorzunehmen. Zentrale Erkenntnisse lassen sich hier vor allem aus den Kapiteln 12.2 und 13.2 ableiten.

Das dritte Ziel spannt schließlich einen Bogen zwischen Theorie und Empirie. In seinem Mittelpunkt stehen theoretische Zielsetzung und tatsächliche sozialpsychologische Wirkung schulischer Integration. Dabei soll die praktische Situation im Gemeinsamen Unterricht (→ Ziel 2) im Hinblick auf den zuvor theoretisch abgeleiteten Widerspruch (→ Ziel 1) untersucht werden. Diese dritte Zielsetzung bildet somit gleichzeitig den erkenntnisleitenden Rahmen für die vorliegende Arbeit. Ihre Überprüfung wird auf der Basis konkreter Indikatoren vorgenommen, die im Rahmen der Theoriebildung im ersten Teil der Arbeit (Kapitel 7) formuliert werden. Eine zusammenfassende Bewertung des vorhergesagten Widerspruches wird in Kapitel 13.3 vorgenommen. Hierbei kann jedoch allenfalls eine Tendenz aufgezeigt werden. Eine erschöpfende Klärung der Frage erscheint praktisch und theoretisch nicht möglich, da vor allem die Theoriebildung der Integrationspädagogik ein sehr komplexes Konstrukt ist.

Grob kann die vorliegenden Arbeit in einen Theorie- und einen Untersuchungsteil gegliedert werden. Der Theorieteil umfasst die Kapitel 2 bis 8. Hier wird der theoretische Unterbau geschaffen (→ Ziel 1), auf dem der Untersuchungsteil aufbaut. Kapitel 2 beinhaltet zunächst eine Begriffsklärung. Hier sollen die zentralen Begriffe zum Gegenstand der Integrationspädagogik definiert und abgegrenzt werden.

In den folgenden Kapiteln wird das Phänomen der (schulischen) Integration aus drei verschiedenen Blickwinkeln beleuchtet. Kapitel 3 legt den Fokus zunächst auf die theoretisch-historische Entwicklung der schulischen Integration. Dabei wird davon ausgegangen, dass es in der Heilpädagogik einen Perspektivenwandel von einer (traditionellen) medizinischen Sichtweise von Behinderung hin zu einer (gegenwärtigen) systemsoziologischen Betrachtungsweise gab. Dieser theoretische Wandel (3.1) war Anstoß und Grundlage für eine Neuorientierung auf gesetzlicher (3.2), diagnostischer (3.3), unterrichtsbezogener (3.4) und (schul-) praktischer Ebene (3.5).

In Kapitel 4 wechselt der Fokus von der integrationspädagogischen Theoriebildung auf eine sozialpsychologische Betrachtung sozialer Integrationsprozesse. Hier wird auf Grundlage der Theorie sozialer Vergleichsprozesse ein theoretischer Gegenpol zu den integrationspädagogischen Ableitungen aufgebaut.

In Kapitel 5 und 6 wechselt der Blickwinkel erneut. Hier werden Integration und Ausgrenzung in der Schule aus empirischer Sicht beleuchtet. Im Mittelpunkt stehen dabei neben der Häufigkeit von Ausgrenzung bei Menschen mit Behinderung (5.1) auch mögliche Faktoren, die soziale Integrationsprozesse beeinflussen können (5.2 - 5.5). Kapitel 6 dokumentiert schließlich mit Hilfe ausgewählter Studien auch die empirische Validität der Theorie sozialer Vergleichsprozesse.

In Kapitel 7 werden die wichtigsten Ableitungen aus Integrationspädagogik, der Theorie sozialer Vergleichsprozesse und empirischer Forschung zusammengeführt. Inhaltliches Kernstück ist dabei die Herleitung eines Widerspruches zwischen der integrationspädagogischen Theoriebildung und der sozialpsychologischen Wirkung heterogener Lerngruppen im Gemeinsamen Unterricht (→ Ziel-Wirkungs-Widerspruch). Auf dieser Basis werden schließlich vier zentrale Indikatoren abgeleitet, die diesen Widerspruch kennzeichnen.

Im Rahmen von Kapitel 8 werden schließlich auf der Grundlage dieser Indikatoren sechs Fragestellungen formuliert, die das Fundament für Design und Analyse der Untersuchung bilden sollen.

Ausgehend von diesem theoretischen Spannungsfeld schulischer Integration schließt sich dem Theorieteil mit den Kapiteln 9 bis 13 der Untersuchungsteil an.

Während in Kapitel 9 zunächst das methodische Fundament für die gesamte Untersuchung gelegt wird, werden in den folgenden Kapiteln die beiden Voruntersuchungen (10) und die Hauptuntersuchung (11-12) getrennt dargestellt. Die Hauptuntersuchung kann als das Herzstück der vorliegenden Arbeit betrachtet werden. Die Auswahl der Messinstrumente (11.1) und die Operationalisierung der Untersuchungsvariablen (11.2 - 11.5) bauen direkt auf dem Theorieteil und den darin abgeleiteten Indikatoren auf. Die Hypothesenbildung in Kapitel 11.6 schafft schließlich den direkten Rückbezug auf die Fragestellung der Arbeit.

Die Darstellung der Ergebnisse (12) orientiert sich direkt an den sechs zentralen Fragestellungen der Arbeit. Es folgt schließlich die Interpretation (13) sowie die kritische Reflexion (14) der Ergebnisse, die wiederum anhand der theoretischen Ausgangslage vorgenommen wird und damit zum inhaltlichen Anfangspunkt der Arbeit zurückkehrt.

2 Begriffsbestimmung

Im Folgenden sollen die definitorischen Voraussetzungen für die weitere Arbeit getroffen werden. Dabei werden an dieser Stelle ausschließlich Begriffe abgegrenzt, die in der Arbeit durchgängig verwendet werden. Vereinzelt eingesetzte Begriffe werden jeweils an Ort und Stelle definiert.

Integration
Der Begriff 'Integration' steht im Mittelpunkt der vorliegenden Arbeit. Ganz grundsätzlich wird darunter die 'Wiederherstellung eines Ganzen' verstanden (Drosdowski et al., 1974, 332). Eine genauere Bestimmung des Begriffes hängt stets von dem Standpunkt ab, von dem man sich ihm nähert. So unterscheidet die Autorengruppe Wikipedia (2005) mit Politik, Sozialwissenschaften, Mathematik, Wirtschaft, Informatik und der Halbleitertechnik insgesamt sechs sehr verschiedene Positionen, von denen eine Eingrenzung möglich erscheint (vgl. Wikipedia, 2005). Kobi (1999) hebt für die Integrationspädagogik zunächst die soziologische Definition des Begriffes hervor, nach der Integration einen

"organisatorischen Zusammenschluss verschiedener Bereiche des kulturellen Lebens zu einem System innerer Verbundenheit der Wechselwirkungen" (Kobi, 1999, 73)

darstellt. Speck (1991) ergänzt, dass es sich dabei nicht nur um die reine Anpassung eines Individuums an eine bereits bestehende Gruppe, sondern um die kombinatorische Schaffung eines 'neuen Ganzen' unter Einbringung der Werte und Kultur des außen Stehenden handeln kann (vgl. Speck, 1991, 294). Integrative Prozesse verlaufen damit immer in zwei Richtungen und verlangen somit nicht nur von dem zu integrierenden Individuum, sondern auch von der Integrationsgruppe eine Anpassungsleistung. Dieser Umstand ist für das hier im Mittelpunkt stehende Thema von besonderer Bedeutung, da er die (Mit-)Verantwortung für Integrationsprozesse vom jeweiligen Individuum auf die Gruppe oder ein soziales System ausweitet. Wocken (2001) betont eher die pädagogische Seite der Integration und definiert diese

"(...) als (1) allseitige Förderung (2) aller Kinder (3) durch gemeinsame Lernsituationen." (Wocken, 2001, 76)

Bleidick (1988) spitzt die Verwendung des Begriffes schließlich auf das Handlungsfeld 'Schule' und den Personenkreis von Menschen mit Behinderung zu. Er beschreibt Integration als

2 Begriffsbestimmung

"(...) die gemeinsame Unterrichtung behinderter und nichtbehinderter Schüler (...)". (Bleidick, 1988, 57)

Von der schulischen Integration ist wiederum nach Feyerer (1998) die gesellschaftliche Integration abzugrenzen. Dabei sieht Feyerer (1998) in der schulischen Integration eine Methode, um die gesellschaftliche Integration von Schülern mit SFB umzusetzen (vgl. Feyerer, 1998, 16). In der vorliegenden Arbeit ist mit Integration ausschließlich schulische Integration von Menschen mit Behinderung gemeint.

Gemeinsamer Unterricht
Aus diesem Verständnis heraus bezeichnet der Begriff 'Gemeinsamer Unterricht' in der vorliegenden Arbeit also die schulische Form der Integration, in der Behinderte und Nichtbehinderte zusammen in einer Schulklasse lernen. Davon abzugrenzen sind andere Formen der schulischen Integration, in der (1) behinderte Schüler in separaten Klassen an allgemeinen Schulen unterrichtet werden oder (2) besondere Kooperationen zwischen Sonderschulen und allgemeinen Schulen angestrebt werden (vgl. Kultusministerkonferenz, 1994, 9). In der vorliegenden Arbeit werden ausschließlich Aussagen zum 'Gemeinsamen Unterricht' in der Grundschule gemacht. Das ist auch der Fall, wenn nur von 'Integration' oder von 'schulischer Integration' die Rede ist. Aussagen zu den beiden anderen Formen schulischer Integration oder zu anderen Schularten werden an keiner Stelle der Arbeit getätigt. Da der Begriff des 'Gemeinsamen Unterrichts' mittlerweile zu einem deutschen Fachterminus geworden ist, wird dieser im Folgenden beibehalten und 'groß' geschrieben.

Nach Haeberlin et al. (1999) und Kobi (1999) muss im Gemeinsamen Unterricht zwischen Integration als Methode und Integration als Ziel unterschieden werden. Diesem Verständnis folgend ist schulische Integration die Methode, deren Ziel die soziale Integration ist (vgl. Haeberlin et al., 1999, 27; Kobi, 1999, 75).

Soziale Integration
Soziale Integration wird von Preuss-Lausitz (1999) als Funktion von 'Kommunikation und Akzeptanz' betrachtet. Der Autor konkretisiert den Begriff für das Handlungsfeld 'Schule' als

"die informelle Position [eines Schülers, Anmerkung des Autors] innerhalb und außerhalb der Klasse." (Preuss-Lausitz, 1999, 302)

Maikowski und Podlesch (1999), Haeberlin et al. (1999) und Wocken (1987) verwenden den Begriff der sozialen Integration analog zum Begriff der soziometrischen Stellung. In Anlehnung an Moreno (1967) soll diese hier als das Resultat messbarer

> "(...) Anziehungen und Abstoßungen, die zwischen den Angehörigen einer Gruppe bestehen" (Moreno, 1967, 34)

definiert werden. Demnach ist sozial gut integriert, wer von den Mitgliedern einer Bezugsgruppe häufig gewählt und selten abgelehnt wird. Bleidick (1988) fasst die verschiedenen Blickwinkel in seiner Definition zusammen. Demnach ist soziale Integration eine

> "(...) tatsächliche Eingliederung des Behinderten in den Sozialverband des Nichtbehinderten auf einem Kontinuum von Möglichkeiten, die zwischen den Polen von vollständigem Angenommensein und vollständiger Isolierung auszumachen sind." (Bleidick, 1988, 83)

Eine konkretere Operationalisierung des Begriffes wird in den Kapiteln 11.1.9 und 11.2.11 vorgenommen.

Heterogenität

Die Methode 'Integration' verläuft dem Grundverständnis dieser Arbeit folgend analog zum Begriff der heterogenen Lerngruppe. Dabei werden heterogene Lerngruppen nicht nur akzeptiert, sondern bewusst konstruiert und "als bereichernd favorisiert" (Prengel und Heinzel, 2002, 11). Heterogenität wird dabei im Sinne von 'Verschiedenartigkeit' oder 'Ungleichartigkeit' als gewollte Abweichung von der Norm und als bewusste Vermeidung von Homogenität verstanden (vgl. Drosdowski et al., 1974, 290). Prengel und Heinzel (2002) beschreiben den Begriff der Heterogenität in Anlehnung an Habermas (1968) auf drei Dimensionen: 'Verschiedenheit', 'Veränderlichkeit' und 'Unbestimmtheit'. Eine Gruppe ist demnach heterogen, wenn (1) ihre Mitglieder möglichst verschieden sind, (2) Gruppenprozesse als dynamisch und veränderlich interpretierbar sind und / oder (3) die Zusammensetzung der Gruppen unvorhersehbar und nicht kontrolliert erfolgt (vgl. Prengel und Heinzel, 2002, 10ff.).

Im Rahmen der vorliegenden Arbeit wird Heterogenität ausschließlich durch die 'Verschiedenheit' der Gruppe definiert. Grundsätzlich ist die Heterogenität auf verschiedenen Ebenen denkbar. So kann die Heterogenität von Gruppen in allen menschlichen Bezügen und Merkmalen betrachtet werden. Hier wird jedoch ohne Ausnahme die Ebene des sonderpädagogischen Förderbedarfs im Allgemeinen und die des Förderschwerpunktes

'Lernen' im Besonderen berücksichtigt. Stark heterogene Lerngruppen sind demnach Gruppen, die sich im Hinblick auf den Förderschwerpunkt 'Lernen' möglichst stark unterscheiden. Nähere Angaben zur konkreten Operationalisierung dieses Begriffes werden in Kapitel 11.4 gemacht.

Behinderung und sonderpädagogischer Förderbedarf
Die Auslegung des Begriffes 'Behinderung' hat sich im Rahmen einer heilpädagogischen Neuorientierung in den vergangenen Jahrzehnten stark verändert. Auch zu Beginn des 21. Jahrhunderts wird das Phänomen Behinderung in der Heilpädagogik keineswegs einheitlich gedeutet. Die Bandbreite geht von traditionellen (meist medizinischen) Sichtweisen, die Behinderung eindeutig in der Person des 'Behinderten' selbst lokalisieren, bis hin zu systemisch-konstruktivistischen Grundhaltungen, die das gleiche Phänomen als gesellschaftliches Konstrukt definieren, dessen 'reale' Existenz negiert wird (vgl. Feuser, 1996). Die vorliegende Arbeit orientiert sich zunächst an einer Begriffsbestimmung der Weltgesundheitsorganisation (WHO), die in ihrer Definition mehrere wissenschaftliche Blickwinkel zusammenführt. Demnach gelten Personen als 'behindert',

"die infolge einer Schädigung ihrer körperlichen, seelischen oder geistigen Funktionen soweit beeinträchtigt sind, dass ihre unmittelbaren Lebensverrichtungen oder ihre Teilhabe am Leben der Gesellschaft erschwert werden." (Antor und Bleidick, 2001, 59)

Aus schulischer Sicht wurde der Begriff der 'Behinderung' im Zuge der heilpädagogischen Neuorientierung häufig kritisiert und abgelehnt. In Anlehnung an den Warnock-Report (→ special educational needs) wird er im Kontext von Schule und Bildung somit häufig durch den Begriff des 'sonderpädagogischen Förderbedarfs' ersetzt (Bleidick et al., 1995, 253f.). Bleidick (1995) weist jedoch darauf hin, dass die Eingrenzung des Terminus 'sonderpädagogischer Förderbedarf' unscharf und somit problematisch ist. So gehen die Ausführungen der Kultusministerkonferenz (1994) kaum über eine tautologische Begriffsbestimmung hinaus:

"Sonderpädagogischer Förderbedarf ist bei Kindern und Jugendlichen anzunehmen, die in ihren Bildungs-, Entwicklungs- und Lernmöglichkeiten so beeinträchtigt sind, dass sie im Unterricht der allgemeinen Schule ohne sonderpädagogische Unterstützung nicht hinreichend gefördert werden können." (Kultusministerkonferenz, 1994, 4)

Da sich der Terminus des sonderpädagogischen Förderbedarfs jedoch in der heilpädagogischen Fachliteratur in den vergangenen Jahren fest etabliert hat, wird er im Folgenden ebenfalls Verwendung finden. Er soll hier analog zur WHO-Definition von Behinderung verstanden werden. Um eine bessere Lesbarkeit der gesamten Arbeit zu gewährleisten, wird er hier jedoch durch 'SFB' bzw. 'Schüler mit SFB' abgekürzt. Aus gleichem Grund werden durchgängig männliche Formulierungen verwendet, auch wenn Schülerinnen und Schüler, Lehrerinnen und Lehrer oder Autorinnen und Autoren gemeint sind.

3 Schulische Integration

Schulische Integration stellt das vorläufige Zwischenergebnis eines immer noch andauernden Orientierungswandels in der Heilpädagogik dar. Ziel dieser Neuorientierung ist die gesellschaftliche Integration von Schülern mit SFB (vgl. Feyerer, 1998). Schulische Integration wird dabei als Mittel zu einem übergeordneten Zweck (gesellschaftliche Integration) betrachtet. Inwieweit dieses 'Mittel zum Zweck' tatsächlich im Sinne der Integrationspädagogik wirksam ist, kann wiederum als Gegenstand und Zweck der vorliegenden Arbeit betrachtet werden.

Im Mittelpunkt dieser Neuorientierung steht das theoretische Verständnis von Behinderung und psychiatrischen Erkrankungen. Diese Veränderung auf theoretischer Seite zog in den letzten Jahrzehnten vielfältige Veränderungen auf gesetzlicher, diagnostischer und unterrichtspraktischer Ebene nach sich. Im Folgenden soll zunächst diese theoretisch-ideologische Neuorientierung dargestellt werden. Auf dieser Grundlage werden in den folgenden Kapiteln die Konsequenzen des theoretischen Wandels auf gesetzlicher, diagnostischer, didaktischer und schulpolitischer Ebene aufgezeigt. Am Ende dieser Darstellungen wird schließlich herausgestellt, welche Ziele sich für eine erfolgreiche bzw. theoriekonforme Einrichtung des Gemeinsamen Unterrichts aus den theoretischen Darstellungen ableiten lassen. Diese Ziele bieten später die Grundlage für das hier im Mittelpunkt stehende Forschungsprojekt.

3.1 Neuorientierung auf theoretischer Ebene

Die theoretische Neuorientierung in der Heil- und Sonderpädagogik geht einher mit einer stetigen Neubestimmung des Behinderungsbegriffes. Nach Bleidick (1999, 23) lassen sich in der Neuorientierung drei Paradigmen hervorheben, die die wesentlichen Entwicklungslinien dieses Wandels besonders deutlich herausstellen. Obwohl diese drei Paradigmen einen theoretischen Wandel in der theoretischen Heil- und Sonderpädagogik dokumentieren, wird in den folgenden Darstellungen nicht von einem Paradigmenwechsel im Sinne Kuhns (1967) ausgegangen, bei der sich ein eindeutiger Wechsel von einer alten zu einer neuen Sichtweise feststellen lassen sollte. Während wesentliche Vertreter der Integrationsbewegung davon ausgehen, dass sich eine solche "Evolution der Theoriebildung" (vgl. Speck, 1998, 195; Eberwein, 1999, 60f.) in der Heilpädagogik feststellen ließe, wird in folgenden Darstellungen von einer Neuorientierung im Sinne einer Perspektivenerweiterung ausgegangen, die es dem praktisch tätigen Sonder- und Heilpädagogen ermöglicht, ein und dasselbe Phänomen von verschiedenen Standpunkten zu betrachten und zu interpretieren, um aus dieser Erkenntniserweiterung heraus die Konsequenzen für das pädagogische Handeln zu ziehen. Im Sinne eines solchen integrativen Verständnisses der Neuorientierung in der Heilpädagogik stehen die einzelnen Sichtweisen gleichberechtigt nebeneinander und schließen einander nicht aus.

Im Folgenden sollen mit dem medizinischen, dem interaktionstheoretischen und dem systemsoziologischen Paradigma die wesentlichen Stationen dieser Perspektivenerweiterung beschrieben und ihre Konsequenzen für die hier im Mittelpunkt stehende Untersuchung aufgezeigt werden.

Die 'medizinische' Sichtweise
Das medizinische Modell wurde im Rahmen der Integrationsdiskussion der letzten Jahrzehnte heftig kritisiert. Im Wesentlichen lassen sich drei Kernpunkte des medizinischen Modells benennen, die das Modell zum einen besonders gut charakterisieren, zum anderen jedoch auch häufig Ansatzpunkt für Kritiker waren.

Erstes wesentliches Merkmal des medizinischen Modells ist ein normorientiertes Menschenbild. Dabei wird auf Grundlage einer statistischen oder ideologischen Norm entschieden, welche Merkmalsbereiche eines Menschen unterdurchschnittlich, durchschnittlich oder überdurchschnittlich ausgeprägt sind.

Bei einer konsequenten und grob vereinfachten Betrachtung eines behinderten Menschen aus dem Blickwinkel der medizinischen Sichtweise, fällt dieser in erster Linie durch eine negative Abweichung von der Norm, also durch Defizite auf. Auf der anderen Seite bietet dieses Modell jedoch auch die Möglichkeit, Stärken eines Menschen aufzudecken, die bisher unerkannt waren. Insgesamt wird durch die Betrachtung des (behinderten) Menschen durch die Brille des medizinischen Modells der Eindruck vermittelt, es gäbe Eigenschaften eines Menschen und somit auch Menschen, die nicht 'normal' sind.

Ein zweites Merkmal des medizinischen Modells ist die Klassifikation und Einteilung von Menschen in weitgehend homogene Gruppen. Im Falle der Heil- und Sonderpädagogik sind dies verschiedene Behinderungsformen und Schädigungsmuster. Neben der vergleichsweise groben Einteilung von Menschen mit Behinderungen in geistig-, lern-, körper- und sprachbehinderte sowie erziehungsschwierige und sinnesgeschädigte Personen, lassen sich innerhalb der einzelnen Behinderungsformen weitere Unterteilungen finden, die sich größtenteils an der ICD-10[2] orientieren (vgl. Speck,

---
[2] International Classification of Diseases 10

1998, 204ff.). Während diese Form der Klassifikation eine interindividuelle und interdisziplinäre Verständigung über die verschiedenen Behinderungsformen hinweg auf der einen Seite erst ermöglicht, reduziert sie die komplexe und vielschichtige menschliche Existenz andererseits auf einen einzelnen (defizitären) Aspekt.

Das dritte und aus Sicht der Integrationspädagogik entscheidende Merkmal ist die Separation der Menschen in eben diese weitgehend homogene Gruppen. So sollen Schüler mit ähnlich stark ausgeprägten kognitiven, körperlichen oder verhaltensbezogenen 'Defiziten' aus Sicht des medizinischen Modells jeweils gemeinsam in einer homogenen Lerngruppe an einer entsprechend für diesen Personenkreis zuständigen Schulform von speziell für diese Schulform ausgebildeten Lehrern unterrichtet werden. Denkt man das medizinische Model in einer grob vereinfachten Form zu Ende, führt es in letzter Konsequenz zu einer gesellschaftlichen Isolation von Menschen, die außerhalb einer statistischen und somit als richtig und gut befundenen Norm liegen. Dies trifft insbesondere auf Menschen mit Behinderungen und Personen mit psychiatrischen Erkrankungen zu, die für einen nicht unerheblichen Teil ihres Lebens in entsprechenden Schul- und Wohnformen gesellschaftlich separiert und isoliert werden.

Im Rahmen der 68er Reformbewegung wurde an diesem Vorgehen teilweise massive Kritik geübt. Dies führte schließlich zu einer neuen interaktionstheoretischen Sichtweise.

Die interaktionstheoretische Sichtweise
Betrachtet man das Phänomen Behinderung aus einem interaktionstheoretischen Blickwinkel, stellt diese Sichtweise gewissermaßen den theoretisch-ideologischen Gegenpol zum medizinischen Modell dar (vgl. Bleidick, 1999, 29). Während die Ursachen für eine Behinderung im Rahmen des medizinischen Modells innerhalb der Person selbst gesucht und festgemacht werden, verschiebt sich der Fokus in der interaktionistischen Sichtweise nach außen. So werden die Ursachen für eine Behinderung entweder auf gesellschaftliche Normen im Allgemeinen (vgl. Parsons, 1974) oder in auf diesen Normen basierenden Erwartungshaltungen der 'normalen' Gesellschaft gesucht (vgl. Mead, 1975).

Aus dieser Sicht heraus ist ein Mensch nicht aufgrund einer Schädigung behindert, sondern er wird erst durch die Interaktion mit einer normorientierten Gesellschaft an seinen freien Entfaltungsmöglichkeiten gehindert und somit zu einem 'Behinderten'. So ist Behinderung und abweichendes Verhalten nach Becker (1973)

> "(...) keine Qualität, die im Verhalten selbst liegt, sondern in der Interaktion zwischen einem Menschen, der eine Handlung begeht und Menschen, die darauf reagieren." (Becker, 1973, 13 zit. n. Bleidick, 1999, 38)

Auf Grundlage dieser Argumentation lässt sich aus integrationspädagogischer Sicht noch ein weiteres Element hinzufügen, das insbesondere die Integrationsdebatte in Deutschland entscheidend geprägt hat. So stellte Goffman (1967) im Rahmen der Stigmatheorie heraus, dass 'der Normale' und der 'Behinderte' keine "Personen sondern eher Perspektiven" seien (Goffman, 1967, 170). Aus dieser Sichtweise heraus werden Menschen durch Stigmatisierung erst zu 'Behinderten' und 'psychisch Kranken' gemacht, die sich nach Goffman (1967, 170ff.) ihrerseits wiederum zu 'Behinderten' und 'psychisch Kranken' entwickeln. Bricht man diesen Standpunkt auf die Integrationsdiskussion herunter, werden Schüler erst durch Homogenisierung und Separation im Allgemeinen und Beschulung auf einer Sonderschule im Speziellen zu 'Lern-, Geistig- oder Körperbehinderten'. Anders herum betrachtet lassen sich die Konsequenzen einer Behinderung am besten dadurch vermindern, dass die Behinderung selbst 'normalisiert' wird und entsprechende Stigmatisierungsprozesse somit gar nicht erst einsetzen können. Mit einem solchen interaktionstheoretischen Blickwinkel auf das Phänomen Behinderung wurde in den 60er Jahren also eine wesentliche Argumentationsgrundlage für den Gemeinsamen Unterricht gebildet. Dabei sollten durch eine 'normalisierte' Beschulung und den weitgehenden Verzicht auf die im Rahmen des medizinischen Modells genutzten Klassifikationen eine zusätzliche Stigmatisierung und somit eine zusätzliche 'Behinderung' dieser Personen eingedämmt und ihre soziale Integration in die Gesellschaft ermöglicht werden.

Auf dieser Erkenntnisgrundlage wurde die (Re-)Integration von Schülern mit Behinderungen in das Regelschulsystem in den Folgejahren intensiviert und mit dem systemsoziologischen Ansatz auf ein zusätzliches, neues Fundament gesetzt.

Die systemsoziologische Sichtweise
Die systemsoziologische Sichtweise liefert genau genommen keine neue Behinderungsdefinition, sondern vielmehr eine organisatorische Erklärung für das Phänomen 'Behinderung'. So wird die Homogenisierung bzw. Strukturierung der Umwelt als Antwort auf äußerst komplexe Umweltbedingungen gesehen (Luhmann, 1991, 202). Bleidick (1999) konkretisiert diesen Gedanken im Hinblick auf die schulische Integration:

> "Die Pädagogik stand bei der Einführung der Schulpflicht vor der komplexen Aufgabe, der 'Verschiedenheit der Köpfe' (Herbard) unterrichts-

organisatorisch Herr zu werden. Ihre Lösung hieß die Aufteilung der Schüler nach überschaubaren Gruppen. Wie in jedem sozialen System der Sinnzusammenhang durch selektierende Reduktionsleistung von Komplexität erreicht wird, so muß im Subsystem Schule die inhomogene komplexe Gruppe aufgeteilt werden, damit sie optimal gelehrt werden kann (...). Das System Schule erzeugt qua Komplexitätsreduktion Behinderte, wenn es Gesunde von Kranken scheidet." (Bleidick, 1999, 55)

Danach gibt es Behinderte also nur, weil es 'Institutionen für Behinderte' im Allgemeinen und 'Schulen für Behinderte' im Besonderen gibt. Denkt man diesen Gedanken konsequent zu Ende, ginge eine Auflösung der Sonderschule direkt mit einer 'Abschaffung der Behinderung' einher.

Der neue und aus Sicht der Integrationspädagogik entscheidende Aspekt der systemsoziologischen Sichtweise wird unter dem Begriff 'Autopoiesis' diskutiert. Demnach erhalten sich gesellschaftliche Systeme, auch über ihre ursprüngliche theoretische Legitimation heraus, selbst. Bleidick (1999) spitzt diese Kritik auf die Sonderschule zu, indem er feststellt, dass Sonderschulen entstehen oder vergrößert werden,

"(...) nicht weil die gesellschaftliche Obsorge für ihre pädagogische Betreuung noch Hauptzweck wäre, sondern höhere Schülerzahlen einen höheren Amts- und Besoldungsstatus des Schulleiters erreichen lässt und weil bei sinkender Schülerzahl der Bestand der Schule (...) gefährdet wäre." Bleidick (1999, 61)

Integrationsbefürworter sprechen sich aus diesem Grunde für eine Abkehr vom Behinderungsbegriff und für eine Einführung eines 'Integrationsparadigmas' aus. Dieses wird einer solchen Systemfunktion entgegengerichtet und beendet somit die fortwährende 'Produktion' von Behinderten (Schönberger, 1999, 85; Speck, 1999, 266).

Als schulorganisatorisches Gegenstück zum separierenden Schulsystem wird im systemsoziologischen Modell ein heterogenes, integratives Schulsystem angestrebt, das die Unterschiede zwischen Schülern aushält und akzeptiert (vgl. Katzenbach, 2000, 238). Ziel der schulischen Integration ist dabei nach Eberwein (1999b) grundsätzlich die Verhinderung von Separation auf institutioneller und sozialer Ebene (vgl. Eberwein, 1999b, 55). Dieser Gedanke wurde in der Vergangenheit vermehrt unter dem Begriff 'Pädagogik der Vielfalt' diskutiert und hebt die Gemeinsamkeiten zwischen den behinderten und nichtbehinderten Menschen hervor und nicht die Unterschiede.

Ein zentrales Element dieser Sichtweise ist das Prinzip der 'egalitären Differenz' (Prengel, 1999a, 238). Es zielt in seiner zentralen Aussage darauf ab, dass soziale Rangordnungen und Hierarchien in Gruppen wie Schulklassen nicht durch behinderungsbedingte Unterschiede zwischen den Gruppenmitgliedern legitimiert werden dürfen (Prengel, 1999a, 239). Vielmehr fordert Prengel (1999a), sich von der Vorstellung zu lösen, "daß Differenzen Hierarchie begründen müssen" (Prengel, 1999a, 239). Ausdruck dieser Hierarchie ist vor allem eine schulische Ungleichbehandlung von Schülern mit SFB. Gemeinsamer Unterricht ist für Prengel (1999a) im Gegenzug vollzogene 'egalitäre Differenz'. Eine Hierarchienbildung durch unterschiedliche Schulsysteme wägt Prengel (1993, 1999a, 1999b) dabei nicht gegen eine soziale Hierarchienbildung auf Schulklassenebene ab.

3.2 Neuorientierung auf gesetzlicher Ebene

Die in Kapitel 3.1 beschriebenen groben Entwicklungslinien der Neuorientierung in der Heilpädagogik und die auf dieser Grundlage vorgenommenen Ableitungen in Kapitel 3.6 fanden in ihren Anfängen ausschließlich in der Theorie statt. Erst in den Folgejahren waren die Auswirkungen auch auf bildungspolitischer und damit auf legislativer Ebene wahrnehmbar. Betrachtet man die bildungs- bzw. schulpolitische Struktur des föderalistischen Systems in Deutschland muss man Gesetzgebungen auf drei Ebenen berücksichtigen.

Die erste, bundespolitische Ebene stellt mit dem Grundgesetz den gesetzlichen Überbau für die schulpolitische Realität in den einzelnen deutschen Bundesländern dar. Da Bildungspolitik in Deutschland in erster Linie eine Angelegenheit der Länder ist, hat das Grundgesetz für konkrete Schulpolitik vor allem richtungsweisenden Charakter (vgl. Füssel, 1999, 128). Die wohl wichtigste Wirkung des theoretischen Wandels auf Ebene des Grundgesetzes wurde mit der Ergänzung des Artikel 3, Absatz 3 erst vor ca. zehn Jahren realisiert. Während sich dieser Teil des Grundgesetzes bis 1994 nur auf ein Diskriminierungsverbot aufgrund von Geschlecht, Abstammung, Rasse, Sprache, Heimat, Glauben und politischer Anschauung beschränkte (vgl. GG[3], Absatz 3, Artikel 3) wurde es mit dieser Ergänzung um ein Diskriminierungs- bzw. Benachteiligungsverbot aufgrund einer Behinderung erweitert. Dieser Wandel hatte nach Antor und Bleidick (2000, 52ff.) eindeutige Auswirkungen auf die schulpolitische Lage der einzelnen Bundesländer, die die zweite Ebene der Gesetzgebung darstellt.

Die zweite Ebene der Gesetzgebung hat mit der 'Ständigen Konferenz der Kultusminister der Bundesrepublik Deutschland' (im Folgenden KMK)

---
[3] Grundgesetz der Bundesrepublik Deutschland in seiner Fassung von November 1994

ebenfalls in erster Linie richtungsweisenden Charakter für die konkrete Schulpolitik der einzelnen Bundesländer. Nach 1960 und 1972 sprach Sie im Jahre 1994 zum dritten Mal Empfehlungen zur sonderpädagogischen Förderung aus (Bleidick, Rath und Schuck, 1995, 247). Vergleicht man die KMK-Empfehlungen von 1972 und 1994 zeichnen ihre Unterschiede die wesentlichen Entwicklungslinien von der medizinischen hin zu systemsoziologischen Sichtweise auf schulischer Ebene nach. Während die KMK 1972 noch die Eigenständigkeit des Sonderschulwesens feststellte, wird die Förderung von Schülern mit SFB 1994 als

> "die gemeinsame Aufgabe für grundsätzlich alle Schulen" (Bleidick, Rath und Schuck, 1995, 252)

bezeichnet. In Anlehnung an den Begriff der "special educational needs" im englischen Sprachraum wurde durch die KMK neben der 'Sonderschulbedürftigkeit' parallel der Begriff des 'sonderpädagogischen Förderbedarfs' geführt (vgl. Bleidick, Rath und Schuck, 1995, 254). Auch diese begriffliche Neuorientierung trug den theoretischen Veränderungen durch seine weniger stigmatisierende Wirkung Rechnung.

Bei den über diese allgemeinen Empfehlungen hinausgehenden Ausführungen der KMK zu konkreten Formen und Orten der sonderpädagogischen Förderung bleiben die KMK-Empfehlungen von 1994 allerdings blass und unkonkret. Hier beschränkt man sich auf die Feststellung, dass es in den

> "vergangenen Jahren zu einer Vielfalt von Förderformen und Förderarten" (KMK, 1994, Abschnitt III.3)

gekommen ist. Die konkrete Umsetzung der schulischen Integration bleibt also Länderentscheidung.

In NRW wurden die KMK-Empfehlungen von 1994 mit der Ablösung des bis dahin gültigen 'Sonderschulaufnahmeverfahrens' (im Folgenden SAV) durch die 'Verordnung über die Feststellung des sonderpädagogischen Förderbedarfs und die Entscheidung über den schulischen Förderort' (im Folgenden VO-SF) umgesetzt.

In der 1995 eingeführten VO-SF wird die schwammige Formulierung der KMK-Empfehlungen auch nur in Ansätzen konkretisiert, in dem darauf verwiesen wird, dass der Förderort eine

(...) dem ermittelten Förderbedarf entsprechende Sonderschule (...) oder eine allgemeine Schule (...) " (BASS[4], 1995 14-03 Nr. 2.1, §12(2))

sein kann. Insgesamt stellt diese Textpassage in der VO-SF neben dem Diskriminierungsverbot aufgrund einer Behinderung die wesentliche Gesetzesgrundlage für die schulische Integration in NRW dar. Die Ablösung des VO-SF´s durch das AO-SF[5] im August 2005 sowie die Einrichtung der 'neuen flexiblen Eingangsphase' stellen weitere Schritte zur Festigung integrationspädagogischer Kerngedanken im nordrhein-westfälischen Schulgesetz dar.

Die (schul-)gesetzliche Neuorientierung soll im Ergebnis also eine Minimierung von Benachteiligung bewirken. Gemeinsamer Unterricht muss sich also daran messen lassen, inwieweit er in seiner alltäglichen Form auch tatsächlich Benachteiligung verhindert. So erscheint zwar eine Benachteiligung auf gesellschaftlicher Ebene durch den Wegfall des Sonderschulstigmas kaum bestreitbar, allerdings bleibt unklar, ob die direkten Auswirkungen auf den integrativen Alltag ebenso positiv sind. Grundsätzlich sind viele Benachteiligungsdimensionen denkbar. In dieser Arbeit soll jedoch nur die Benachteiligung auf soziometrischer Ebene beleuchtet werden.

Insgesamt stehen hinter der gesetzlichen Neuorientierung weitergehende Forderungen, die auf den Verzicht jeglicher Etikettierungsvorgänge eines Menschen durch (sonder-) pädagogische, medizinische oder psychologische Diagnostik hinauslaufen (vgl. Eggert, 1997, 54f.; Benkmann, 1994, 6). Dadurch soll eine konsequente Dekategorisierung eingeleitet und jede Form der Stigmatisierung bzw. (grund-)gesetzlich verbotenen Diskriminierung (GG[6], Absatz 3, Artikel 3) unterbunden werden.

3.3 Neuorientierung auf diagnostischer Ebene

Eine Neuorientierung auf diagnostischer Ebene ist für die vorliegende Arbeit von besonderer Bedeutung, da Diagnostik den Lebensweg von Schülern mit SFB real und nachhaltig beeinflusst. Eine Neuausrichtung sonderpädagogischer Diagnostik erscheint folglich nur dann verantwortbar und sinnvoll, wenn die normativen Ziele einer theoretischen Neuorientierung auch in der Praxis sichtbar sind.

---

[4] Bereinigte Amtliche Sammlung der Schulvorschriften
[5] Ausbildungsverordnung Sonderpädagogische Förderung in ihrer Fassung vom 27.4.05
[6] Grundgesetz der Bundesrepublik Deutschland in seiner Fassung von November 1994

In der Diagnostik spitzt sich der Gegensatz zwischen medizinischer und systemsoziologischer Sichtweise zu. Er wird deutlich in einer praktischen Unvereinbarkeit zwischen theoretischen Denkmodellen und einer schulorganisatorischen Realsituation. Die scheinbar kaum zusammenführbaren Kräfte unterschiedlicher theoretischer Pole entluden sich dabei schließlich in einer Diagnostikdiskussion, die in den vergangenen Jahren vor allem einen Verlierer zu haben schien: den Schüler (vgl. Huber, 1999, 99ff).

Möchte man die Pole dieser Diagnostikdebatte beschreiben, lässt sich der eine 'traditionelle' Pol sehr deutlich an der medizinischen Sichtweise innerhalb der sonderpädagogischen Theoriebildung festmachen (vgl. Kap. 3.1). Während dieser theoretische Bezugspol mit der separierten Beschulung das diagnostische Ziel vorgibt, stellt die Diagnostik selbst dafür die hinreichenden Mittel zur Verfügung. So sollen mit Hilfe der sonderpädagogischen Diagnostik leistungsschwache bzw. förderbedürftige Schüler erkannt und auf entsprechende Schulformen überwiesen und dort gemeinsam gefördert und unterrichtet werden (vgl. Huber, 2000, 411). Der grundlegende Gedanke hinter diesem grundsätzlichen Vorgehen geht auf Herbard zurück, nach dem sich Schüler in homogenen Lerngruppen besser und sinnvoller fördern lassen als in heterogenen Lerngruppen. Kritiker bezeichnen dieses grundsätzliche Vorgehen in der Diagnostik als Selektions- bzw. Überweisungsdiagnostik.

Parallel zur 'traditionellen' Sichtweise in der Diagnostik lässt sich ihr inhaltlicher Gegenpol in der 'gegenwärtigen' sonderpädagogischen Diagnostik festmachen. Richtungsweisend ist hier vor allem die systemsoziologische Sicht in der Heil- und Sonderpädagogik (vgl. Kap. 3.1), nach der nicht nur jede Form der Separation verhindert werden soll, sondern durch eine individuumsorientierte Beschreibung des sonderpädagogischen Förderbedarfs zusätzlich auf jegliche Form der Etikettierung verzichtet werden soll. Im Zuge dessen soll gleichzeitig ein Ausweg aus einem (behinderungs-)kategorialen Denken (Dekategorisierung) geebnet werden (vgl. Bleidick, 1999, 74f.; Eggert, 1998, 61). Das erklärte Ziel ist damit gleichzeitig vorgegeben: die integrative Beschulung von Schülern mit SFB. Insgesamt wird diese Form der Diagnostik häufig als 'Förderungsdiagnostik' oder 'individuumsorientierte Diagnostik' bezeichnet.

Sowohl 'Selektions-' als auch 'Förderungsdiagnostik' beschreiben die dahinter stehenden grundsätzlichen Vorgehensweisen im Grunde nur unzureichend, da durch ihre direkte Gegenüberstellung der Eindruck erweckt wird, traditionelle sonderpädagogische Diagnostik richte sich gegen die Förderung. Auch die Gegenüberstellung von traditioneller und gegenwärtiger Diagnostik verleitet zu einer einseitigen Bewertung im Sinne einer veralteten traditionellen und einer modernen, gegenwärtigen Diagnostik.

Grundsätzlich soll hier jedoch zunächst davon ausgegangen werden, dass sich beide Diagnostikrichtungen nicht ausschließen sondern in erster Linie ergänzen. Somit kann auch traditionelle Diagnostik in der Gegenwart immer noch sinnvoll und zeitgemäß sein (vgl. Huber, 2000, 415).

Bei einer genaueren Betrachtung der theoretischen Leitziele wird jedoch schnell klar, dass sich traditionelle und gegenwärtige Diagnosemodelle in ihren Extrempositionen ausschließen. Während die traditionelle Diagnostik in ihrem Fundament auf eine Kategorisierung und Klassifizierung von Lern- und Entwicklungsbeeinträchtigungen baut, schließt die Förderungsdiagnostik eine solche Kategorisierung grundsätzlich aus und verweist stattdessen auf eine konsequente Dekategorisierung (vgl. Eberwein, 1999a, 373; Eggert, 1997, 130; Haupt, 1997, 33 f.; Jetter, 1985, 283).

Als wichtigstes Argument für eine Kategorisierung führen Bleidick und Hagemeister (1998) an, dass die Zuweisung von materiellen und personellen Ressourcen im deutschen Schulsystem an die einzelnen Kategorisierungen und somit an zentrale Leitgedanken der traditionellen sonderpädagogischen Diagnostik gebunden ist. Die Autoren sprechen in diesem Zusammenhang von Behinderung als "sozialrechtlichem Begriff", der "verteilungspolitischen Zwecken dient" und einen Menschen als der "sozialen Hilfe bedürftig" anerkennt (Bleidick und Hagemeister, 1998, 22f.).

Während also die Zuweisung von zusätzlichen Lehrkräften an Integrationsschulen direkt an solche Etikettierungsvorgänge und somit an die Identifizierung eines Menschen als 'Behinderten' gebunden ist, wird die reale Existenz dieser Behinderung auf Seiten der Integrationspädagogik verneint und als gesellschaftliches Konstrukt bezeichnet. Dieses Phänomen wurde unter dem Begriff 'Etikettierungs-Ressourcen-Dilemma' bekannt. Bleidick et al. (1995) sprechen in diesem Zusammenhang von einer "Contradictio in adjecto[7]", in der offensichtlich

> " 'behinderungsspezifische Hilfen' an Kinder gegeben werden sollen, die offiziell eben nicht behindert sind." (Bleidick, Rath und Schuck, 1995, 256)

Stattdessen fordern Füssel und Kretchmann (1993) eine pauschale 'Ressourcenzuweisung für behinderungsspezifische Hilfen und Förderangebote' (Füssel und Kretchmann, 1993, 101). Eine solche pauschale Ressourcenzuweisung dürfte jedoch vergleichsweise schwer zu finanzieren sein und muss somit kurz- und mittelfristig wohl eher als Utopie verbucht werden. Die Diskussion um das 'Für und Wider' sonderpädago-

---

[7] Widerspruch in sich selbst

gischer Diagnostik muss auch vor dem Hintergrund der real existierenden Situation im Gemeinsamen Unterricht geführt werden. Eine Ablehnung sonderpädagogischer Diagnostik ist folglich nur sinnvoll, wenn zuvor die Voraussetzungen dafür umgesetzt wurden.

So geht die Ablehnung sonderpädagogischer bzw. klassifizierender Diagnostik auf die normative Forderung nach einer unteilbaren Integration zurück. Es stellt sich somit die Frage nach einer Legitimation sonderpädagogischer Diagnostik, wenn sich das normativ 'Unteilbare' in der Praxis als teilbares Gut erweist; wenn also Schüler mit SFB im Gemeinsamen Unterricht deutlich stärker ausgegrenzt und somit benachteiligt werden, als es die ethisch-normativen Grundforderungen der Integrationspädagogik und Gesetzestexte erahnen lassen. Die Situation verschärft sich weiter, wenn soziale Integration im Gemeinsamen Unterricht für bestimmte Schüler mit SFB ein sehr unwahrscheinliches Ereignis ist. Die Frage, ob schulische Integration auch der richtige Weg ist, wenn soziale Integration im Einzelfall als unwahrscheinlich bewertet werden muss, ist bis heute kaum geklärt. Sie ist immer auch eine Frage nach der Berechtigung von sonderpädagogischer Diagnostik im Gemeinsamen Unterricht. Eine kategorische Ablehnung sonderpädagogischer Diagnostik geht immer mit einer kategorischen Verhinderung von möglicher sozialer Ausgrenzung einher. Die vorliegende Arbeit möchte diese Diskussion anregen und liefert gleichzeitig eine empirische Grundlage auf der sie später geführt werden kann.

Die Ablehnung von separierender (sonderpädagogischer) Diagnostik wirkt jedoch über diese normative Dimension hinaus weiter in den direkten integrationspädagogischen Alltag hinein. Verzichtet die Grundschule (z.B. durch Einrichtung der flexiblen Eingangsphase) auf eine vorgeschaltete (separierende) Diagnostik, hat dies einen direkten Einfluss auf die Gruppenzusammensetzung in den Klassen. Hinz (1995) beschreibt den Wegfall separationsdiagnostischer Prozesse als "administrative Öffnung" und fordert in diesem Zusammenhang

> "die Überwindung von zeitlichen, räumlichen und inhaltlichen Begrenzungen, die Möglichkeit der Entwicklung zu einer tatsächlichen 'Schule für alle', die alle Kinder des Einzugsbereiches aufnehmen kann und nicht aussondern muß." (Hinz, 1995[8])

Während sonderpädagogische Diagnostik im Rahmen ihrer traditionellen Ausrichtung zu einer Homogenisierung der Klassen beitrug, führt der (integrationspädagogisch geforderte) Wegfall von separationsdiagnostischer Steuerung der Lerngruppen zu einer starken Heterogenisierung in den

---

[8] Keine Seitenangabe, da Artikel aus dem Internet

Klassen. Im Ergebnis kann der Verzicht auf Diagnostik mit einer Steigerung der Heterogenität gleichgesetzt werden. Dabei wird Heterogenität nicht nur als Nebenwirkung hingenommen, sondern als erklärtes Ziel der Integrationspädagogik sogar beabsichtigt (Feuser, 1999a, 32; Hinz, 1990, 142; Wocken, 1987, 70).

Im Folgenden soll auf die Auswirkungen der Neuorientierung auf den Unterricht im integrativen Alltag eingegangen werden.

3.4 Neuorientierung auf unterrichtsbezogener Ebene

Die bisher skizzierten Veränderungen auf theoretischer, gesetzlicher und diagnostischer Ebene sind die wesentlichen Eckpfeiler einer heilpädagogischen Neuorientierung. Aus Sicht der praktisch tätigen Lehrer war diese Neuorientierung vor allem mit einer zunehmenden Veränderung ihrer Lerngruppen verbunden. Während die theoretischen Leitmotive und die diagnostischen Vorgehensweisen vor der heilpädagogischen Neuorientierung unmittelbar zu einer Homogenisierung der einzelnen Schulklassen führte, wurde mit dem Wertewandel zunehmend auf diese Filterfunktion verzichtet. Dies führte zwangsweise zu einer stetig fortschreitenden Heterogenität in der Klassenzusammensetzung. Diese Entwicklung von einer homogenen zu einer heterogenen Lerngruppe stellt aus didaktischer Sicht das wesentliche Kennzeichen und damit auch die wesentliche Veränderung der heilpädagogischen Neuorientierung dar. Während didaktische Konzepte früher auf ein selektierendes Schulsystem und homogene Lerngruppen ausgerichtet waren, stellen heterogene Lerngruppen eine neue Ausgangssituation für die didaktische Auslegung des Unterrichts dar.

Betrachtet man das grundsätzliche Vorgehen im Unterricht, war die (äußere) Differenzierung der Lerngruppe vor der heilpädagogischen Wende eine diagnostische Aufgabe, die der Didaktik vorgelagert war. Diese Differenzierungsfunktion wird im Rahmen der heilpädagogischen Neuorientierung nun von der Diagnostik in den Unterricht verlagert und auf diese Weise mit der 'inneren Differenzierung' zu einem wesentlichen Prinzip einer integrationsorientierten Didaktik (vgl. Klafki, 1996, 173; Bleidick, 2001b, 17). Innere Differenzierung liegt nach Bleidick (2001b) vor,

> "(...) wenn Schüler unterschiedlicher Leistung nicht räumlich getrennt werden, sondern im sozialen Miteinander Verschiedenes lernen." (Bleidick, 2001b, 18)

Dabei muss der unterschiedliche Leistungsstand jedoch von Lerninhalt zu Lerninhalt neu bewertet und darf den Schülern grundsätzlich nicht pauschal zugewiesen werden. Wocken (2001) nennt die innere Differenzierung "das didaktische Grundproblem" eines integrativen Unterrichts (Wocken, 2001, 78). Insgesamt gibt es im praktizierten Schulalltag eine große Anzahl an Unterrichtsempfehlungen durch die sich 'innere Differenzierung' umsetzen lassen soll. Mit Werning (1996) lassen sich in dieser großen Bandbreite zwei übergeordnete didaktisch-methodische Strategien nennen, mit deren Hilfe Heterogenität überwunden und innere Differenzierung hergestellt werden sollen:

1. Innere Differenzierung durch Kooperation
Hier sollen Schüler durch 'Handlungsorientierten Unterricht', 'Entdeckendes Lernen' und Gruppenarbeit eine gemeinsame Aufgabe auf unterschiedlichen Lern- und Leistungsniveaus bearbeiten und so nach ihren individuellen Stärken gefördert werden (Werning, 1996, 466).

2. Innere Differenzierung durch Individualisierung
Hier sollen Schüler individualisierte Aufgabenstellungen in selbstständiger Arbeitsweise bearbeiten und so auf ihrem individuellen Leistungsniveau Lernfortschritte erzielen. Im Einzelnen werden hier vor allem Wochenplanarbeit und Freiarbeit genannt (Werning, 1996, 467).

Im Hinblick auf die soziale Integration sind hier vor allem kooperative Lernformen zu unterstreichen, die Schüler miteinander in Interaktion treten lassen, ohne dass die Leistungsunterschiede den individuellen Lernprozess der Schüler behindern. Feuser (1999b) nennt in diesem Zusammenhang das Lernen am 'Gemeinsamen Gegenstand' die einzige 'zentrale Kategorie' der integrativen Pädagogik (Feuser, 1999b, 221). Wocken (1998) entschärft zwar den Ausschließlichkeitsanspruch Feusers (1999b), betont aber ebenfalls die integrative Wirkung kooperativer Lernformen (vgl. Wocken, 1998, 40). Sie bilden in der Integrationspädagogik schließlich das Fundament, um aus einer 'räumlichen Zusammenführung' ein wirkliches 'Miteinander' entstehen zu lassen (Wocken, 2001, 77; Feuser, 1999b, 220; Wocken, 1998, 38ff., Werning, 1996, 467;).

Der Begriff 'Lernen am Gemeinsamen Gegenstand' hat sich mittlerweile in der Integrationspädagogik fest etabliert. Er wird in dieser Arbeit jedoch grundsätzlich im mehr allgemeinen Sinne kooperativer Lernformen gebraucht. Im Folgenden sollen nun die wesentlichen Veränderungen auf schulpraktischer Ebene skizziert werden.

3.5 Neuorientierung auf (schul-) praktischer Ebene

Durch die Empfehlungen der KMK von 1994 und die Ablösung des SAV's durch die VO-SF bzw. AO-SF wurde der Grundstein für eine flächendeckende Integration von Schülern mit SFB in nordrhein-westfälischen

Grundschulen gelegt. Insgesamt wurde durch die rechtlichen Veränderungen die integrative Grundschule zu einer schulischen Alternative für Schüler mit SFB. Grafik 1 zeigt die Entwicklung der Schülerzahlen von 1997 bis 2004.

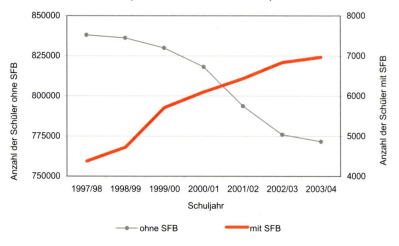

Grafik 1

Auffällig ist, dass die Anzahl der in Grundschulen geförderten Schüler mit SFB steigt, obwohl die Anzahl der Grundschüler im Allgemeinen und die Anzahl der Grundschüler ohne sonderpädagogischen Förderbedarf im Besonderen sinken. Während der Anteil der an allgemeinen Grundschulen geförderten Schüler mit SFB 1997 noch bei ca. 0,5 Prozent lag, hat sich ihr Anteil bis 2004 mit rund 0,9 Prozent nahezu verdoppelt. Insgesamt wurden in NRW im Schuljahr 2003/2004 laut Landesamt für Datenverarbeitung und Statistik 6969 Schüler mit SFB an allgemeinen Grundschulen unterrichtet.

3.6 Kritische Ableitungen für die vorliegende Untersuchung

Alle drei hier beschriebenen theoretischen Blickwinkel stellen jeweils nur einen verkürzten Ausschnitt einer vielschichtigen Entwicklung in der Heilpädagogik dar. Die wesentliche Richtung der Theorieentwicklung wird jedoch auch bei einer Betrachtung ihrer wesentlichen Kernaussagen

---

[9] Quelle: Landesamt für Datenverarbeitung und Statistik in NRW (Stand 18.3.2004)

deutlich. Sie geht weg von einer separierenden, normorientierten Sichtweise hin zu einer integrativen individuumsorientierten Betrachtung von Behinderungen.

Zur besseren Orientierung in diesem vielschichtigen Prozess sollen im Folgenden aus den oben dargestellten theoretischen Entwicklungen (Kapitel 3.1-3.6) fünf zentrale Ziele der Integrationspädagogik abgeleitet werden, mit deren Hilfe die erfolgreiche Umsetzung der schulischen Integration in den Schulalltag in Nordrhein-Westfalen besser beurteilt werden kann.

Diese Ziele werden jeweils aus einer Gegenüberstellung von traditioneller und integrationspädagogischer Sichtweise deutlich. Der bei dieser Gegenüberstellung genutzte Begriff der integrationspädagogischen Sichtweise fasst dabei das theoretische Fundament der interaktionstheoretischen und der systemsoziologischen Sichtweise in sich zusammen. Analog dazu wird der Begriff 'Integrationspädagogik' genutzt. Diese begriffliche Regelung hat auch über dieses Kapitel hinaus Gültigkeit.

Ziel 1: Die soziale Integration von Schülern mit und ohne SFB ist vergleichbar

Auch wenn es auf ideologisch-theoretischer Seite wenig Zweifel an der Legitimation der schulischen Integration gibt, ist mit Wocken (1987) festzuhalten, dass schulische Integration und somit der Anspruch der theoretischen Neuorientierung auf ihre praktische Umsetzung

> "nur dann ohne Einschränkung positiv zu bewerten [ist] wenn auch die realen Konsequenzen für die integrierten Schüler selbst positiv sind." (Wocken, 1987, 208f.)

Diese realen, empirischen Konsequenzen des Gemeinsamen Unterrichts für die soziale Integration von Schülern mit SFB sind das wesentliche Kernstück des ersten Zieles eines theoriekonformen Gemeinsamen Unterrichts. Aus dem Blickwinkel der vorliegenden Arbeit können damit nur die realen Auswirkungen des Gemeinsamen Unterrichts auf die soziale Integration von Schülern mit SFB gemeint sein. Vergleichsmaßstab ist dabei die soziale Integration von Schülern ohne SFB. Daraus resultiert: Die soziale Integration von Schülern mit und ohne SFB soll sich nicht unterscheiden.

Ziel 2: Keine Benachteiligung durch integrationsrelevante Schülermerkmale

Den vorangegangenen Darstellungen Prengels (1999a) zur 'egalitären Differenz' folgend, lässt sich für die soziale Integration von Schülern mit SFB ableiten, dass ein weiteres Ziel für den Gemeinsamen Unterricht an Grundschulen darin zu sehen ist, dass sich keine systematischen Zusammenhänge zwischen (sonder-) pädagogisch relevanten Persönlichkeitsmerkmalen eines Schülers (also seinem sonderpädagogischem Förderbedarf) und seiner sozialen Rangposition innerhalb der Schulklasse nachweisen lässt (vgl. Prengel, 1999a, 239; Prengel, 1999b, 95).

Uneingeschränkte Gültigkeit hat die Forderung nach 'egalitärer Differenz' darüber hinaus auch innerhalb der Gruppe der Schüler mit SFB. Folgt man den theoretischen Forderungen, ist eine Trennung der Schüler in 'integrationsfähige' und 'integrationsunfähige' Kinder weder moralisch zulässig noch praktisch anzustreben. Feuser (1999a) fordert in diesem Zusammenhang

> *"den Einbezug eines jeden als behindert geltenden Kindes in die integrative Elementarerziehung bzw. die Integrationsklasse – ohne Ansehen der Art und des Schweregrades seiner Behinderung."* (Feuser, 1999a, 33)

Diese Feststellung wird von Schöler (1999) zum Prinzip erhoben, nach dem sich stets die Gesellschaft bzw. das Schulsystem als integrationsfähig zu erweisen habe und nicht der Schüler mit SFB (vgl. Schöler, 1999, 111). Da sich soziale Rangpositionen immer an Unterschieden zwischen den Menschen festmachen, muss hier der Fokus darauf liegen, inwieweit behinderungsbezogene Merkmale eines Schülers zu einer systematischen Benachteiligung für ihre soziale Integration im Gemeinsamen Unterricht führen. Das zweite Ziel für eine erfolgreiche Umsetzung des Gemeinsamen Unterrichts macht sich somit an den konkreten Merkmalen fest, über die soziale Integration im Gemeinsamen Unterricht tatsächlich verläuft. Es lässt sich wie folgt formulieren: Soziale Integration verläuft nicht über Schülermerkmale, die Schüler mit SFB benachteiligen.

Ziel 3: Normabweichungen dürfen nicht direkt zu Ausgrenzung führen
Parallel zur Frage nach integrationsrelevanten Schülermerkmalen verläuft in der Integrationspädagogik ein Diskurs über Normalität. Stellvertretend für viele Autoren stellt Schöler (1999) dabei die Frage, welche menschliche Daseinsformen als 'normal' betrachtet werden kann? (vgl. Schöler, 1999, 109). Der Normalitätsbegriff wird in der integrationspädagogischen Theoriebildung relativiert und somit nicht als legitime Grundlage für eine Ungleichbehandlung von Schülern mit und ohne SFB betrachtet. Schönberger (1999) verweist stattdessen auf ethische Normen, die das Handeln der Menschen bzw. Schüler und Lehrer leiten sollen:

> *"Damit büßen nicht nur einzelne Normen etwas ein von ihrer stabilisierenden Kraft: Durchschnittsnormen (wie die altersgemäße Entwicklung), Rechtsnormen (wie die Schulpflicht) und Idealnormen (wie die vom*

abstrakten Denken). Die Normen als solche verlieren an Wert. (...) An Wert gewinnen hingegen ethische Prinzipien. Denn an diesen Prinzipien hat sich das normenverändernde und wertschöpfende Handeln (...) zu orientieren." (Schönberger, 1999, 81)

Verbindet man diese Forderungen mit dem Postulat Wockens (1987, 209), nach dem eine Bewertung der theoretischen Integrationspädagogik nur auf Grundlage ihrer realen Konsequenzen möglich erscheint, rückt die tatsächliche Wirkung von Normabweichungen im Gemeinsamen Unterricht in den Mittelpunkt des drittens Zieles des Gemeinsamen Unterrichts. Demnach müssen Abweichungen von der Norm und gesellschaftliche bzw. soziale Ausgrenzung entkoppelt werden. Das dritte Ziel der Integrationspädagogik kann somit wie folgt beschrieben werden: Normabweichungen führen nicht zu sozialer Ausgrenzung.

Ziel 4: Die positive Wirkung der Heterogenität
Stellt man das medizinische Modell der interaktionstheoretischen und der systemsoziologischen Sichtweise gegenüber, hebt sich die Frage nach der Beschaffenheit einer Lerngruppe als besonders trennscharfes Kriterium zwischen beiden theoretischen Sichtweisen ab. Während medizinische Modelle unter Berufung auf Herbard (1835) die Homogenisierung von Lerngruppen fordern, verbietet sich ein solches Vorgehen aus interaktionstheoretischer sowie systemsoziologischer Sicht heraus (vgl. Bleidick, 1999, 55; Feuser, 1999a, 32f.; Prengel, 1999b, 95; Wocken, 1989, 57; Wocken, 1987, 70). Mit der Forderung nach größtmöglicher Heterogenität und der Ablehnung jeglicher schulorganisatorischer Separation stellen interaktionstheoretische und systemsoziologische Sichtweisen gewissermaßen den theoretischen Gegenpol zur medizinischen Sicht dar. Feuser (1999a) erklärt in diesem Zusammenhang, dass nur durch die

"weitestgehende Heterogenität der Lerngruppe [..] ausgliederbare Merkmale oder Eigenschaften" (Feuser, 1999a, 32)

normalisiert werden können und somit keine ursächliche Grundlage für die Akzeptanz oder Ablehnung von Schülern mit SFB mehr liefern (vgl. Feuser, 1999a, 32). Wocken (1987) beschreibt Integrationsklassen in diesem Zusammenhang als

"bejahte und gewollte Heterogenität" (Wocken, 1987, 70).

Eine (integrationspädagogisch anerkannte) theoretische Basis für die Forderung nach Heterogenität in Lerngruppen liefert wiederum Reiser (1986) mit seiner in erster Linie normativ ausgerichteten 'Theorie integrativer Prozesse'. Darin beschreibt der Autor die 'Dialektik von Gleichheit und Verschiedenheit' als eine Grundvoraussetzung für die Entwicklung menschlicher Identität. Integration ist für Reiser (1986) zwar ein Ziel, allerdings nicht im Sinne eines Zielpunktes sondern eher im prozesshaften, existentiellen Sinne:

> "Das Ziel der Integration besteht quasi in ihrem prozeßhaften Weg. Dies gilt entsprechend wie für das Ziel des Lebens, das nicht im Tod, sondern im Lebendig-Sein bis zu seinem Ende liegt." (Reiser, 1991, 14)

Dabei wird Verschiedenheit bzw. Heterogenität als menschliche und natürlich mitgegebene Grundbedingung sozialer Gruppen verstanden, die in ihrem Wesen unauflösbar ist. Homogenität ist demnach nur in der Heterogenität herstellbar. Es stellt sich somit die Frage nach der tatsächlichen Wirkung der Heterogenität. Das fünfte Ziel einer erfolgreichen Umsetzung der theoretischen Integration in der integrativen Praxis lautet somit: Mit wachsender Heterogenität einer Schulklasse verbessert sich die soziale Integration von Schülern mit SFB.

Ziel 5: Positiver Einfluss unterrichts- und schulbezogener Faktoren
Ein fünftes Ziel, das in dieser Untersuchung zu beleuchten sein wird, zielt auf das Schulsystem ab. Es konkretisiert sich in der Frage, inwieweit es rund 18 Jahre nach Auswertung der ersten Schulversuche gelungen ist, ein integrationsfähiges Schulsystem zu schaffen, das einen Schüler nicht aufgrund seines sonderpädagogischen Förderbedarfs aussondert. Schöler (1999) fordert in diesem Zusammenhang 'die integrationsfähige Schule', die bewusst von einer Integrationsfähigkeit aller Schüler ausgeht (vgl. Schöler, 1999, 111).

Aus dem Grundverständnis dieser Arbeit heraus lässt sich die Forderung nach einer integrationsfähigen Schule nicht von der Frage nach einem integrationsfähigen Schüler trennen. Gelingt es in der alltäglichen, praktischen Integration nicht, ein solch 'ideales' Schulsystem zu schaffen, wird unabhängig von der theoretisch-ideologischen Ebene die praktische Ebene der Integration zu einem zweiten relevanten Gütekriterium der schulischen Integration. Denn nur wenn es dem Schulsystem gelingt, eine ausgleichende Funktion im sozialen Integrationsprozess einzunehmen, kann eine systematische Benachteiligung von Schülern mit SFB verhindert werden.

Eine didaktische Schlüsselfunktion hat dabei das 'Lernen am Gemeinsamen Gegenstand'. Denkt man die Darstellungen Wockens (1998) und Feusers (1999b) konsequent weiter, müsste sich in Klassen, in denen das 'Lernen am Gemeinsamen Gegenstand' einen großen (zeitlichen) Stellenwert einnimmt, eine bessere soziale Integration von Schülern mit SFB nachweisen lassen als in Klassen, in denen solche kooperativen Lernformen von geringerer Bedeutung sind. Bei genauerer Betrachtung der wesentlichen Argumentationslinien zum 'Gemeinsamen Lerngegenstand' (Feuser 1999a, 1999b; Feuser und Meyer, 1987; Werning, 1996, Klafki, 1996) fällt jedoch auf, dass diese vor allem normativer Natur sind. Die Wirkung dieser Methode auf die soziale Integration von Schülern mit SFB markiert somit ein fünftes Ziel Gemeinsamen Unterrichts, an dem die tatsächliche Situation im integrativen Alltag bewertet werden müsste. Daraus lässt sich ableiten: Unterrichtsbezogene Faktoren können soziale Integration von Schülern mit SFB beeinflussen.

Die fünf in diesem Kapitel aus der Theorie abgeleiteten Ziele setzen klare Maßstäbe für die theoretisch vorhergesagte Wirkung des Gemeinsamen Unterrichts. In dieser Arbeit wird davon ausgegangen, dass Gemeinsamer Unterricht grundsätzlich in Richtung der fünf Ziele wirken soll. Sie stehen demnach für die erfolgreiche Umsetzung des Gemeinsamen Unterrichts an Schulen in Deutschland bzw. Nordrhein-Westfalen. Tabelle 1 stellt alle fünf Ziele nochmals zusammenfassend dar.

Ziele der Integrationspädagogik für den Gemeinsamen Unterricht

Nr.	Ziel
1	Die soziale Integration von Schülern mit und ohne SFB soll sich **nicht unterscheiden**.
2	Soziale Integration **verläuft nicht** über Schülermerkmale, die Schüler mit SFB benachteiligen.
3	Normabweichungen **führen nicht** zu sozialer Ausgrenzung.
4	Mit **wachsender** Heterogenität einer Schulklasse **verbessert** sich die soziale Integration von Schülern mit SFB.
5	Unterrichtsbezogene Faktoren **können** soziale Integration von Schülern mit SFB beeinflussen.

Tabelle 1

An dieser Stelle soll jedoch abschließend betont werden, dass alle fünf Ziele zum einen äußerst komplexe Maßstäbe sind. In dieser Arbeit wird zu keiner Zeit der Anspruch erhoben, diese Ziele vollständig überprüfen zu können. Zum anderen handelt es sich nicht um trennscharfe Kriterien, die jeweils einen eigenständigen Teil der Realität im Gemeinsamen Unterricht abbilden. Vielmehr besitzen alle fünf Ziele auch eine gemeinsame Schnittmenge. Sie verstehen sich somit als richtungsweisende Orientierungspunkte für die Bewertung der Ergebnisse in den Kapiteln 13 und 14. Dort bilden sie schließlich die Basis für einen inhaltlichen Rückgriff zum theoretischen Anfangspunkt der Arbeit.

Im Folgenden soll nun mit der Theorie sozialer Vergleichsprozesse der theoretische Gegenpol zur integrationspädagogischen Sichtweise aufgebaut werden. Kapitel 4 bildet damit die Voraussetzung für die Erarbeitung eines theoretischen Widerspruchs zwischen einer integrationspädagogischen und einer sozialpsychologischen[10] Betrachtung des Gemeinsamen Unterrichts. Tatsächlich sichtbar wird dieser Widerspruch jedoch erst durch die Anwendung der integrationspädagogischen Zielsetzung (in diesem Kapitel) auf die Funktionsweise sozialer Vergleichsprozesse (im folgenden Kapitel). Diese zentrale Zusammenführung ist Gegenstand von Kapitel 7.

---

[10] in dieser Arbeit operationalisiert durch die Theorie sozialer Vergleichsprozesse (Frey et al., 2001)

4 Die Theorie sozialer Vergleichsprozesse

Grundsätzlich gehört die Theorie der sozialen Vergleichsprozesse zu den wichtigen und grundlegenden Theorien der Sozialpsychologie. Dafür spricht nach Frey et al. (2001) auch die Bedeutsamkeit von Vergleichsprozessen im Rahmen wichtiger anderer sozialpsychologischer Theorien wie zum Beispiel der Theorie sozialer Identität (Tajfel, 1978), der Austauschtheorien von Thibaut und Kelly (1959) oder der Bezugsgruppentheorie (Merton und Rossi, 1949). Wie viele andere sozialpsychologische Ansätze beschreibt sie ein komplexes Modell, das Verhalten von einzelnen Personen in Gruppen vorhersagen und erklären soll. Die Entscheidung für den Vorzug der Theorie sozialer Vergleichsprozesse in dieser Arbeit gegenüber anderen sozialpsychologischen Modellen beruht auf drei Gründen:

(1) Im Gegensatz zu anderen sozialpsychologischen Ansätzen lässt sich die Theorie sozialer Vergleichsprozesse fast nahtlos auf die Ziele der Integrationspädagogik (vgl. Kapitel 3.6) anwenden.

(2) Die zentrale Bedeutung von Normabweichung und Heterogenität in der Integrationspädagogik steht ebenfalls im Zentrum der Theorie sozialer Vergleichsprozesse.

(3) Im Vergleich zu anderen Modellen der Sozialpsychologie ist die Theorie sozialer Vergleichsprozesse empirisch besonders gut erforscht und wenig umstritten. Im Rahmen einer langjährigen und kritischen Forschungstradition konnten ihre zentralen Wirkungszusammenhänge immer wieder belegt werden (vgl. Kapitel 6).

Aus diesen Gründen basiert die vorliegende Arbeit in wesentlichen Teilen auf der Theorie sozialer Vergleichsprozesse von Festinger (1954). Dies gilt insbesondere für die angestrebte Untersuchung, die im Hinblick auf Hypothesenbildung, Forschungsdesign und Ergebnisprognose auf soziale Vergleichsprozesse und ihre sozialen Konsequenzen zugeschnitten ist.

Im Folgenden wird zunächst der wesentliche Rahmen der Theorie sozialer Vergleichsprozesse beschrieben. Dadurch wird ein alternativer Blickwinkel zu den integrationspädagogischen Sichtweisen in Kapitel 3 eröffnet. Eine empirische Untermauerung der Theorie sozialer Vergleichsprozesse erfolgt in Kapitel 6. Eine Anwendung der integrationspädagogischen Zielsetzung auf das Wirkungsmuster der Theorie sozialer Vergleichsprozesse wird schließlich in Kapitel 7 vorgenommen.

Seit ihrer erstmaligen Veröffentlichung im Jahre 1954 ist die Theorie sozialer Vergleichsprozesse vielfach erweitert und verändert worden. Die folgenden Darstellungen beziehen sich in erster Linie auf das 'integrative Konzept sozialer Vergleichsprozesse' von Frey et al. (2001). In Übereinstimmung mit Festingers (1954) Grundkonzeption besteht ihre zentrale Grundannahme darin, dass Menschen das Motiv besitzen, die eigenen Fähigkeiten und Meinungen zu bewerten (Frey et al., 2001, 86). Grundlage für diese Bewertung ist der Vergleich mit einer Bezugsgruppe. Ziel dieses Vergleiches ist es, die Diskrepanzen zwischen der eigenen Person und der Gruppe zu minimieren. Gelingt es nicht, die Unterschiede zwischen sich und der Gruppe zu minimieren, droht ihnen der Ausschluss aus der Gruppe. In der vorliegenden Arbeit wird davon ausgegangen, dass soziale Vergleichsprozesse auch in Schulklassen bzw. im Gemeinsamen Unterricht stattfinden und die soziale Ablehnung von einzelnen Schülern erklären können. Im Folgenden sollen die wesentlichen Eckpfeiler des 'integrativen Konzeptes sozialer Vergleichsprozesse' beschrieben und im Anschluss jeweils auf die Situation im Gemeinsamen Unterricht übertragen werden.

4.1 Informeller Gruppendruck

Die wichtigste Grundlage für das 'integrative Konzept sozialer Vergleichsprozesse' ist die 'Theorie des informellen Gruppendrucks'. Nach Frey et al. (2001) besteht das Kernstück dieser Theorie in der Annahme, dass es in Gruppen einen grundsätzlichen Konformitätsdruck gibt, der die Gruppe nach außen als uniformes Gebilde erscheinen lässt. Dieser Konformitätsdruck bezieht sich vor allem auf Bereiche, die für die Gruppe relevant sind. Nach Frey et al. (2001) stehen danach

> "Mitglieder einer Gruppe, die eine andere Meinung vertreten als die Mehrheit der Mitglieder (...) unter dem sozialen Druck, ihre Meinung anzupassen oder die Gruppe zu verlassen." (Frey et al., 2001, 82)

Die Annahme eines Konformitätsdrucks wurde später in die Theorie sozialer Vergleichsprozesse eingearbeitet und auf die Bereiche Meinungen, Fähigkeiten und Fertigkeiten (Festinger, 1954) sowie Emotionen (Schachter, 1959) ausgeweitet. In einem weiteren Schritt formuliert Frey et al. (2001),

> "daß grundsätzlich jede Eigenschaft und jeder Zustand zum Gegenstand des sozialen Vergleichs werden kann. (Frey et al., 2001, 111)

In dieser Arbeit wird davon ausgegangen, dass es in integrativen Grundschulklassen
ebenfalls einen solchen informellen Gruppendruck gibt. Hervorzuheben ist

dabei, dass der Vergleich immer relativen Charakter hat. Entscheidend ist also nicht die tatsächliche Ausprägung eines Merkmals, sondern wie stark es im Vergleich zur Bezugsgruppe ausgeprägt ist (vgl. Frey et al., 2001, 83).

Die Operationalisierung des abstrakten Begriffes 'Gruppendruck' soll in der vorliegenden Untersuchung in Anlehnung an Haeberlin et al. (1999) durch die Anwendung der Austauschtheorie von Thibaut und Kelley (1959) erfolgen (vgl. Haeberlin et al., 1999, 137). Demnach wird die Attraktivität eines möglichen Interaktionspartners durch die Bilanz einer 'Kosten-Nutzen-Rechnung' bestimmt. Kosten sind demnach alle Mühen, Anstrengungen und Investitionen, die durch Aufnahme einer Interaktion entstehen. Nutzen sind analog dazu alle positiven Effekte, die aus der Aufnahme dieser Interaktion hervorgehen. Die Interaktion mit einem Schüler wird demnach immer dann gemieden, wenn der Nutzen aus einer Interaktion geringer ist als der Aufwand für die eigenen Bemühungen. Die Wahrnehmung dieses Vermeidungsverhalten verspürt die betroffene Person als informellen Gruppendruck (vgl. Haeberlin, 1991, 137). In Anlehnung an Tajfels (1978) konstatieren Frey et al. (2001), dass alle Individuen grundsätzlich das Bedürfnis nach kognitiver Strukturiertheit und nach Selbstwertschutz bzw. Selbstwerterhöhung haben (vgl. Frey et al., 2001, 113). Um die eigene kognitive Struktur und den eigenen Selbstwert nicht zu gefährden, nimmt der Autor in seinem integrativen Konzept ein Motiv nach Bewertung der eigenen Person an. Diese ständige Überprüfung der eigenen Person sichert den Selbstwert und verringert die Wahrscheinlichkeit, Konformitätsdruck entgegenwirken zu müssen.

4.2 Das Motiv nach Bewertung der eigenen Person

Betrachtet man die zahlreichen Erweiterungen der Theorie sozialer Vergleichsprozesse lässt sich als theorieübergreifende Konstante die Annahme formulieren, dass Menschen (1) etwas über sich selbst erfahren möchten und (2) nach einem möglichst optimalen Selbstwert streben (vgl. Frey, 1993, 113).

Aus diesem Grunde vergleichen sie sich auf verschiedensten Ebenen mit anderen Vergleichspersonen oder Vergleichsgruppen. Dabei erhält die jeweilige Person Informationen, die sich im Wesentlichen in zwei Ebenen unterteilen lassen.

Auf der ersten Ebene erhält die vergleichende Person Informationen über ihre persönliche, individuelle Identität. Sie kann sich damit der Angemessenheit ihrer eigenen, individuellen Eigenschaften, Fertigkeiten, Emotionen und Leistungen versichern. Identität erhält sie, indem sie das eigene Merkmalsprofil vor dem Hintergrund der Bezugsgruppe betrachtet. Auf der zweiten Ebene bilden sich alle Informationen ab, die die vergleichende Person durch den Vergleich ihrer eigenen Bezugsgruppe mit anderen (ähnlichen) Gruppen erhält. Durch den Vergleich auf gruppenübergreifender Ebene gewinnt die einzelne Person eine soziale Identität. Nach Frey et al. (2001) gehen beide Vergleichslinien auf ein und dasselbe menschliche Bedürfnis nach sozialem Vergleich zurück (vgl. Frey et al., 2001, 112).

4.3 Soziale Vergleichsprozesse in der Schule

In dieser Arbeit wird davon ausgegangen, dass soziale Vergleichsprozesse auch im Gemeinsamen Unterricht stattfinden. Die Ergebnisse empirischer Arbeiten von Möller (1999), Möller und Köller (1997) sowie Petillon (1978), aber auch grundsätzliche Befunde von Miller (1977) und Asch (1955) belegen diese Annahme. Eine Zusammenfassung der wichtigsten Ergebnisse befindet sich in Kapitel 6. Auf dieser Grundlage wird davon ausgegangen, dass soziale Vergleichsprozesse quer durch die Klasse verlaufen und zunächst nicht an bestimmte Personengruppen oder Merkmalsbereiche gebunden sind.

Im Mittelpunkt dieser Arbeit stehen ausschließlich soziale Vergleichsprozesse, die (1) zwischen einem Schüler mit SFB und seiner Bezugsgruppe stattfinden, (2) auf der Ebene individueller Identität ablaufen und (3) soziale Beliebtheitsrangordnungen in der Schulklasse determinieren.

Einen ersten Hinweis, welche Merkmale für die Entstehung von Beliebtheitsrangordnungen in Grundschulklassen wirksam sein könnten, gibt Petillon (1978) durch die Analyse verschiedener empirischer Studien. Für den Bereich der Grundschule beschreibt er 'Leistung' und 'Konformität' als grundsätzliche Determinanten der sozialen Rangordnung in einer Grundschulklasse (Petillon, 1978, 80). Haeberlin et al. (1999) nehmen diesen Faden auf und stellen fest,

> "daß in Bezugsgruppen im Schulbereich die Wahrnehmung anderer Schüler in der Schulklasse vorwiegend auf Schulleistungen und auf schulkonformes Verhalten kanalisiert wird. Das Bild des beliebten Mitschülers wird häufig von den dominierenden schulischen Wertvorstellungen geprägt." (Haeberlin et al., 1999, 137)

Beide Autoren unterstreichen die herausragende Stellung des Lehrers für die Eingrenzung der integrationsrelevanten Merkmale (Haeberlin, 1999,

135 und 137; Petillon, 1978, 70). Im Einzelnen nennen Haeberlin et al. (1999) unter Berufung auf Petillon (1978) die Bereiche

1. Begabung
2. soziale Kompetenz
3. positives Selbstbild
4. positives Sozialverhalten
5. diszipliniertes Verhalten
6. Lernbereitschaft
7. gepflegtes Selbst-Ideal
8. Beziehungen zum Lehrer

(vgl. Haeberlin, 1999, 138). Um die vorliegende Untersuchung auf ein aktuelles und breites Fundament zu stellen, werden die wichtigsten nationalen und internationalen Untersuchungen zur Entstehung von Beliebtheitsrangordnungen in Kapitel 5 einer umfassenden Analyse unterzogen. In einer abschließenden Bewertung werden dort schließlich Merkmale herausgestellt, die in die vorliegende Untersuchung einfließen.

Fasst man die bisherigen Darstellungen zusammen, so besteht hinsichtlich der integrationsrelevanten Merkmalsbereiche ein informeller Gruppendruck. Die einzelnen Schüler vergleichen sich dabei im Hinblick auf diese Merkmalsbereiche mit ihren Klassenkameraden und überprüfen so, inwieweit sie jeweils der Klassennorm entsprechen. Dabei sind zwei prinzipielle Ergebnisse des Vergleichs denkbar: (1) die vergleichende Person gelangt zu dem Ergebnis, dass sie der Gruppennorm entspricht und (2) die vergleichende Person stellt eine Diskrepanz zwischen sich und der Gruppennorm fest.

Werden Verhaltensdiskrepanzen festgestellt, steht die vergleichende Person unter dem Druck, diese Diskrepanzen zu beseitigen bzw. zu minimieren. Dieser Druck wird für den Schüler durch Vermeidungsverhalten seiner Klassenkameraden deutlich, was wiederum Ausdruck einer ungünstigen Kosten-Nutzen-Bilanz für die Interaktion mit dem betreffenden Schüler ist. Um diese Kosten-Nutzen-Bilanz zu verbessern und somit den verspürten Konformitätsdruck zu minimieren, stehen einer betroffenen Person nach Frey et al. (2001) vier Verhaltensstrategien zur Verfügung, die im Folgenden beschrieben werden sollen.

4.4 Verhaltensstrategien bei Diskrepanzen

Unter Einbeziehung der ursprünglichen Fassung der 'Theorie sozialer Vergleichsprozesse' von Festinger (1954) sowie der 'Theorie der sozialen Mobilität' von Tajfels (1959) formuliert Frey (2001, 114) in seinem 'integrativen Konzept sozialer Vergleichsprozesse' vier Verhaltenstrategien, die im Falle von Merkmalsdiskrepanzen eine Verhaltensvorhersage ermöglichen:

1. Änderung der eigenen Person

Die Veränderung der eigenen Person stellt die naheliegendste Strategie dar, das eigene Verhalten wieder der Gruppennorm anzupassen und den wahrgenommenen Konformitätsdruck zu verringern. Nach Frey et al. (2001), ist die Wahrscheinlichkeit einer Veränderung der eigenen Person um so größer,

→ je höher der Konformitätsdruck verspürt wird,
→ je geringer die Möglichkeit erscheint, in eine Alternativgruppe zu wechseln,
→ je attraktiver die aktuelle Bezugsgruppe erscheint.
(vgl. Frey et al., 2001, 114)

Die 'Änderung der eigenen Person' stößt jedoch gerade im Hinblick auf den Gemeinsamen Unterricht auf Grenzen. So ist gerade bei Schülern mit SFB häufig nicht davon auszugehen, dass das abweichende Verhaltensmerkmal einer willentlichen Veränderbarkeit unterliegt. Im Rahmen der integrationspädagogischen Zielsetzung distanzieren sich daher die Autoren ausdrücklich von normorientierten Änderungszwängen zugunsten einer steigenden Heterogenität der Schulklasse. Soziale Integration sollte demnach trotz oder gerade wegen solcher Merkmalsdiskrepanzen möglich sein. Wie jedoch die Analyse der nationalen und internationalen empirischen Studien zeigen wird, konnte ein Zusammenhang mit sozialer Ausgrenzung gerade für Merkmalsbereiche festgestellt werden, die dem sonderpädagogischen Förderbedarf vieler Schüler im Gemeinsamen Unterricht entsprechen (vgl. Newcomb et al., 1993).

Formuliert man diese paradoxe Situation für den Gemeinsamen Unterricht, wäre ein Schüler mit SFB nur dann sozial integriert, wenn er im Vergleich zur Bezugsgruppe bzw. zu seinen Klassenkameraden wenig oder keinen sonderpädagogischen Förderbedarf aufweist. Für Schüler, die keinen willentlichen Einfluss auf die relevanten Merkmalsbereiche haben, stellt die 'Veränderung der eigenen Person' eine geradezu zynische Verhaltensstrategie dar, die den wahrgenommenen Konformitätsdruck in keiner Weise verringern kann. In diesem Falle formuliert Frey (1993) drei weitere Verhaltensstrategien.

2a. Veränderung der Position der anderen Gruppenmitglieder

Die Veränderung der Position der anderen Gruppenmitglieder erscheint zunächst als Alternative, wenn eine Veränderung der eigenen Person nicht möglich ist. Nach Frey et al. (2001) steigt die Wahrscheinlichkeit, dass der Konformitätsdruck über die Veränderung der Gruppenmitglieder abgebaut wird,

→ je höher die Erfolgschancen für diese Veränderung bewertet werden,

→ je größer die Gefährdung des eigenen Selbstkonzept durch die Veränderung der eigenen Position erscheint,
→ je größer die Absicherung der eigenen Position durch andere Gruppenmitglieder ist.
(vgl. Frey et al., 2001, 115)

Eine Auslegung dieser Verhaltensstrategie auf die Situation von Schülern mit SFB zeigt, dass es auch hier sehr stark auf die Art der Merkmale ankommt, die den sozialen Gruppendruck auslösen. Genauso, wie es dem Schüler mit SFB in vielen Fällen nicht möglich erscheint, sich von sich aus der Gruppennorm anzupassen, wird es den Mitgliedern der Bezugsgruppe unmöglich sein, ihre eigenen Fähigkeiten willentlich dem einzelnen Schüler mit SFB anzupassen.

2b. Behauptung der eigenen Person
Die Behauptung der eigenen Person erscheint nur dann sinnvoll, wenn sich der wahrgenommene Gruppendruck in akzeptablen Grenzen bewegt oder die Möglichkeit auf einen Wechsel in eine Alternativgruppe besteht. Die Wahrscheinlichkeit für die Behauptung der eigenen Person steigt,

→ je geringer der Konformitätsdruck,
→ je attraktiver Alternativgruppen erscheinen.
(vgl. Frey et al., 2001, 115)

Aus integrationspädagogischer Sicht ist die Wahl dieser Verhaltensstrategie für einen Schüler mit SFB eher unwahrscheinlich. Je größer der sonderpädagogische Förderbedarf ist, desto größer wird der Konformitätsdruck für den jeweiligen Schüler wahrnehmbar sein. Da ein Ausweichen auf eine Alternativgruppe im Gemeinsamen Unterricht nicht realisierbar ist, erscheint die Behauptung der eigenen Person eher als verhängnisvolles Schicksal und weniger als realistische Verhaltensalternative.

3. Verlassen der Gruppe
Die Wahrscheinlichkeit, dass eine Person auf wachsenden Konformitätsdruck mit dem Verlassen der Gruppe reagiert, steigt nach Frey et al. (2001),

→ je stärker das Selbstkonzept eines Schülers durch die Änderung der eigenen Person bedroht ist,
→ wenn eine Veränderung der Position der übrigen Gruppenmitglieder ausgeschlossen erscheint,
→ wenn eine äquivalente Alternativgruppe zur Verfügung steht.
(vgl. Frey et al., 2001, 115)

Aus integrationspädagogischer Sicht erscheint diese Verhaltensstrategie für einen Schüler mit SFB als unwahrscheinliche Variante. Ein Wechsel in eine andere Schulklasse steht weder in seiner Macht, noch würde sich seine Situation dadurch in nennenswerter Weise verändern. Ein Ausweichen auf das separierende Sonderschulsystem würde den Konformitätsdruck zwar reduzieren (vgl. Wocken, 1983), widerspräche allerdings den Forderungen der Integrationspädagogik (vgl. Kapitel 3)

4. Ausschluss aus der Gruppe
Der Ausschluss aus der Bezugsgruppe erscheint als die logische Konsequenz, wenn alle übrigen Verhaltensstrategien nicht anwendbar sind. Nach Frey et al. (2001) steigt die Wahrscheinlichkeit, dass eine Person aus der Gruppe ausgeschlossen wird,

→ je mehr die jeweilige Person die Identität der Gruppe gefährdet,
→ je geringer die Gruppe die Wahrscheinlichkeit einschätzt, dass die jeweilige Person ihre Position bzw. ihr Verhalten ändert,
→ je geringer die Attraktivität der Einzelperson für die Gruppe ist.
(vgl. Frey et al., 2001, 115f.)

Betrachtet man die Bedingungen für diese letzte Verhaltensstrategie vor dem Hintergrund der in Kapitel 5 noch zu beschreibenden Forschungssituation, erscheint sie im Hinblick auf die soziale Integration von Schülern mit SFB als letzte Konsequenz für Schüler, die sich willentlich nicht der Gruppen- bzw. Klassennorm anpassen können. Andersherum formuliert, dürften in der angestrebten Untersuchung nur Schüler sozial integriert sein, die der Klassennorm weitgehend entsprechen. Für alle anderen Schüler ließe sich entsprechend der Theorie sozialer Vergleichsprozesse nur eine isolierte, ungünstige soziale Position innerhalb ihrer Klasse vorhersagen.

Betrachtet man die Theorie sozialer Vergleichsprozesse vor dem Hintergrund der integrationspädagogischen Leitgedanken, könnte für die Situation im Gemeinsamen Unterricht eine letzte Verhaltensstrategie konstatiert werden, die von Festinger (1954) in Zusammenhang mit dem Schutz des eigenen Selbstwertes einer Person formuliert wurde:

5. Umlenken des Vergleichs auf eine andere Vergleichsdimension
Demnach müsste es im Rahmen des Gemeinsamen Unterrichts gelingen, den sozialen Vergleich auf andere Dimensionen umzulenken und somit eine Vergleichsebene zu wählen, die keine systematische soziale Benachteiligung von Schülern mit SFB bedingt. Diese Aufgabe des integrativen Unterrichts wurde bereits in Kapitel 3.6 aus den integrationspädagogi-

schen Forderungen abgeleitet und lässt sich an dieser Stelle auch aus Sicht der 'Theorie sozialer Vergleichsprozesse' als wichtiges Merkmal eines funktionierenden integrativen Schulsystems formulieren. Demnach wäre die Güte des Gemeinsamen Unterrichts direkt an die Auflösung systematischer Zusammenhänge zwischen behinderungsrelevanten Merkmalen und Sozialstatus in der Bezugsgruppe gebunden. Dieser Umlenkprozess müsste dabei Aufgabe des Lehrers bzw. des Unterrichts sein. Wie ein solcher Prozess in der Praxis gestaltet werden soll, geht jedoch aus der Integrationspädagogik nicht eindeutig hervor. Feuser (1999a) und Klafki (1996) beschreiben das 'Lernen am Gemeinsamen Gegenstand' (vgl. Kapitel 3.4) als eine zentrale Kategorie, durch die ein solcher Umlenkungsprozess gelingen könnte. Befunde von Haeberlin et al. (1999) bzw. Petillon (1978) deuten jedoch darauf hin, dass sich das Wertesystem des Grundschülers in erster Linie am Wertesystem des Lehrers orientiert. Sollten sich auch in der vorliegenden Arbeit Hinweise auf diesen Zusammenhang erhärten, käme dem persönlichen Wertesystems des Lehrers eine große Steuerfunktion und somit dem jeweiligen Lehrer eine nicht zu unterschätzende Verantwortung für das Gelingen sozialer Integrationsprozesse zu.

Mit der Theorie sozialer Vergleichsprozesse wurde in diesem Kapitel ein alternativer Blickwinkel eröffnet, der an zentralen Stellen den grundsätzlichen Zielen der Integrationspädagogik widersprechen könnte. Der Aufbau dieses Spannungsfeldes erfolgt in Kapitel 7. Zuvor soll die derzeitige Forschungslage für die integrationspädagogische Zielsetzung (Kapitel 5) und die Gültigkeit der Theorie sozialer Vergleichsprozesse (Kapitel 6) beschrieben werden.

5 Schulische Integration in der Forschung

Im Mittelpunkt der Arbeit steht die praktische Situation im Gemeinsamen Unterricht. Dabei soll überprüft werden, inwieweit die in Kapitel 3.6 herausgestellten Leitziele der Integrationspädagogik in der Praxis als erfüllt betrachtet werden können. Um die Formulierung von Fragestellung und Hypothesen auf einer fundierten empirischen Basis aufbauen zu können, sollen nun im weiteren Verlauf ausgewählte Studien im Hinblick auf diese fünf zentralen Ziele beschrieben werden.

Der bisherigen Logik der Arbeit folgend, werden für jedes theoretisch abgeleitete Ziel die wichtigsten Befunde der nationalen und internationalen Integrationsforschung zusammenfassend dargestellt und im Hinblick auf ihre Bedeutung für das jeweilige Ziel skizzenhaft interpretiert. Zuvor sollen jedoch einige zentrale Vorannahmen die Einordnung der Befunde erleichtern.

Übertragung internationaler Ergebnisse auf den Gemeinsamen Unterricht
Eine direkte Übertragung der US-amerikanischen Forschungsergebnisse auf die Situation in Deutschland ist nicht bedenkenlos möglich. Zum einen wird der im englischen Sprachraum gängige Begriff 'Mainstreaming' nicht synonym zu dem deutschen Begriff der schulischen Integration verwendet. Zum anderen weist Opp (1993) darauf hin, dass es selbst zwischen den einzelnen Bundesstaaten in den USA keine einheitlichen Kriterien für Behinderungsformen zu geben scheint (vgl. Opp, 1993, 87f.). Der Autor geht davon aus, dass in den USA der Lehrer die wichtigste Instanz für die Klassifizierung eines behinderten Schülers ist und die im Gesetzestext vorgeschriebenen Kriterien eine untergeordnete Rolle spielen (vgl. Opp, 1993, 88). Da die Kriterien, die in Deutschland zur Feststellung eines sonderpädagogischen Förderbedarfs herangezogen werden ebenfalls nicht immer eindeutig und im Rahmen der Integrationsdiskussion auch in vielen Fällen nicht erwünscht sind, lassen sich keine eindeutigen Aussagen darüber machen, ob die Schüler, die in Deutschland im Rahmen des Gemeinsamen Unterrichts integrativ beschult werden mit den Schülern vergleichbar sind, die in den USA unter dem Begriff 'Mainstreaming' unterrichtet werden. Da die Integrationsforschung in den USA weitaus differenzierter entwickelt ist als im deutschen Sprachraum, liefern die dort erworbenen Erkenntnisse jedoch eine wichtige Grundlage für die deutsche Integrationsforschung im Allgemeinen und das hier beschriebene Forschungsproblem im Besonderen.

Während die rein soziografische Situation von Schülern mit SFB im deutschen und englischen Sprachraum schon seit den 70er Jahren vergleichsweise gut erforscht ist, liegen nur sehr wenige Informationen über die Persönlichkeitsmerkmale vor, die eine soziale Integration behinderter Schüler beeinflussen. Die wesentlichen Erkenntnisse beruhen hier auf US-amerikanischen Studien, die sich allerdings oft nur am Rande mit der Integrationsproblematik von Schülern mit SFB beschäftigt haben. Die Frage nach dem Einfluss von Gruppenmerkmalen ist in der US-amerikanischen und deutschen Forschung nur unbefriedigend beantwortet, der Einfluss von Unterrichtsvariablen nahezu ungeklärt.

Allgemeine methodische Anlage der Untersuchungen
Möchte man Erkenntnisse über Stand, Entwicklung und Bedingungsgefüge der sozialen Integration von Schülern mit SFB gewinnen, muss zunächst die soziometrische Position dieser Schüler innerhalb ihrer Schulklasse bestimmt werden. Dies geschah nahezu über alle hier dargestellten Studien hinweg mit Hilfe der soziometrischen Diagnostik nach Moreno (1964). Dieses Verfahren beruht auf dem Prinzip, dass die Anzahl von 'Anziehungen' bzw. 'Ablehnungen' einer Person innerhalb einer Gruppe stellvertretend für die soziale Position dieser Person innerhalb dieser Gruppe steht. Aus der Verrechnung von Anziehungen (→ Beliebtheitsstatus) und Ablehnungen (→ Ablehnungsstatus) gehen insgesamt fünf Statusgruppen hervor, die wie folgt definiert sind.

Beliebt[11] ist ein Schüler, wenn er über einen hohen Wahlstatus und einen niedrigen Ablehnungsstatus verfügt. Im Gegensatz dazu wird er im Folgenden als **abgelehnt**[12] bezeichnet, wenn er über einen niedrigen Beliebtheitsstatus und einen hohen Ablehnungsstatus verfügt. Dazwischen lassen sich zwei, in manchen Untersuchungen auch drei weitere Statuspositionen festmachen. Erhält ein Schüler sowohl einen niedrigen Beliebtheitsstatus als auch einen niedrigen Ablehnungsstatus wird er als **vernachlässigt**[13] bezeichnet. Das soziometrische Gegenstück zum vernachlässigten Schüler ist der **kontroversielle**[14] Schüler. Er zeichnet sich durch einen hohen Wahl- und einen hohen Ablehnungsstatus aus. Seit Mitte der 80er Jahre wird die Klassifikation von Coie et al. (1982) bzw. Coie und Dodge (1988) zunehmend als internationaler Standard akzeptiert. In dieser Klassifikation wird mit dem **durchschnittlich**[15] integrierten Schüler noch ein fünfter soziometrischer Status genannt. Als durchschnittlich integriert werden somit alle Schüler bezeichnet, die keiner der vier genannten Extrempositionen zuzuordnen sind. Eine genauere Einordnung der einzelnen Statuspositionen erfolgt in Kapitel 11.1.9.

---

[11] im englischen Original: popular
[12] im englischen Original: rejected
[13] im englischen Original: neglected
[14] im englischen Original: controversial
[15] im englischen Original: average

In den folgenden Darstellungen werden die Begriffe 'Wahlstatus', 'Wahl' und 'Beliebtheit' auf der einen Seite und 'Ablehnungsstatus' und 'Ablehnung' auf der anderen Seite synonym verwandt. Der Begriff 'Unbeliebtheit' steht jeweils für eine geringe Beliebtheit. Wird nur vom 'soziometrischen Status', 'Sozialstatus' oder 'Integrationsstatus' gesprochen, ist damit eine Verrechnung von Wahl- und Ablehnungsstatus gemeint. Ebenfalls synonym werden die Begriffe 'soziometrische Position' oder 'soziometrische Rangordnung' verwandt. Weitere Hinweise zur Operationalisierung der einzelnen Begriffe sind in den Kapiteln 11.1.9 und 11.2.11 zusammengefasst.

5.1 Soziale Integration

In Kapitel 3.6 wurde aus der theoretischen Zielsetzung der Integrationspädagogik abgeleitet, dass sich im Zuge einer theoriekonformen Umsetzung des Gemeinsamen Unterrichts die soziale Integration von Schülern mit und ohne SFB möglichst nicht unterscheiden sollte. Soziografische Forschungsarbeiten geben genau über diesen Aspekt Aufschluss.

5.1.1 Internationale Studien

Eine der ersten Untersuchungen über den soziografischen Status von Schülern mit Behinderungen führte nach Angaben von Haeberlin et al. (1999, 59) G. O. Johnson 1950 in den USA an 25 'Regelschulklassen' durch, die keine zusätzlich heilpädagogische Unterstützung erhielten. In seiner Untersuchung teilte der Autor die 698 Schülerinnen und Schüler aus den jeweiligen Klassen in vier Untergruppen auf. Während eine Gruppe aus durchschnittlich intelligenten Kindern bestand, bildete der Forscher aus den übrigen Schülern jeweils eine Gruppe mit stark lernbeeinträchtigten Schülern (IQ < 60), eine Gruppe mit weniger starken beeinträchtigten Schülern (IQ 60-69) sowie eine Gruppe mit Grenzfällen (IQ 70-89). Johnson (zit. n. Haeberlin et al., 1999) konnte für alle drei Teilgruppen mit Lernbeeinträchtigungen einen signifikant niedrigeren Wahlstatus sowie einen signifikant höheren Ablehnungsstatus nachweisen.

Haeberlin et al. (1999) zitieren mit Johnson & Kirk (1950), Muggenthaler (1955), Miller (1956), Baldwin (1958), Jordan (1959), Catrell (1959) und Studer (1968) sieben weitere Studien an Schulen ohne heil- bzw. sonderpädagogische Unterstützung, die ebenfalls zu dem Ergebnis kamen, dass Schüler mit Lernbehinderungen einen signifikant niedrigeren soziografischen Status besitzen als ihre nichtbehinderten Klassenkameraden. In den 70er Jahren setzte sich in den USA zunehmend die Ansicht durch, dass aufgrund der schlechten soziometrischen Stellung von Schülern mit 'Handicap' sowie der schwierigeren pädagogischen Gesamtsituation solcher Klassen eine zusätzliche (heil-) pädagogische Kraft die Arbeit des Lehrers in der Klasse unterstützen sollte. Ähnlich wie im deutschen Sprachraum wurde die Wirksamkeit dieser zusätzlichen Unterstützung in Forschungsprojekten begleitet und untersucht.

Eine der ersten Untersuchungen zur soziometrischen Stellung von Schülern mit SFB in Klassen mit sonderpädagogischer Unterstützung führten Iano et al. (1974) durch. Das Untersuchungsdesign glich im Wesentlichen dem der frühen US-amerikanischen Forschung. Die Forschungsgruppe um Iano (Iano et al., 1974) fand in einer Untersuchung mit 606 Regelschülern, 80 Regelschülern mit Förderunterricht sowie 40 Schülern mit 'learning disability' erstmals signifikante Hinweise darauf, dass der schlechte soziografische Status von Schülern mit SFB sich nicht allein durch die Anwesenheit einer zusätzlichen sonderpädagogischen Fachkraft verbessern konnte. Insgesamt wiesen die Autoren in ihrer Untersuchung einen signifikant schlechteren, mittleren soziografischen Status für die Gruppe der Schüler mit 'learning disability' nach, gefolgt von den Regelschülern, die zusätzlichen Förderunterricht erhielten. Den signifikant besten, mittleren soziometrischen Status erhielt die Gruppe der Regelschüler ohne zusätzliche Förderung.

Eine besonders groß angelegte Untersuchung legten Bruininks et. al (1974) vor, in der 1324 Regelschüler und 65 integrierte Schüler mit besonderem Förderbedarf im Hinblick auf ihren soziometrischen Status untersucht wurden. Dabei wurden städtische und ländlich gelegene Schulen getrennt voneinander betrachtet. Während Bruininks et al. (1974) den schlechteren soziografischen Status von lernbehinderten Schülern in ländlichen Schulen bestätigen konnte, fanden sie für städtische und stadtnahe Schulen ein umgekehrtes Bild. Dort waren lernbehinderte Schüler signifikant beliebter als Schüler ohne sonderpädagogischen Förderbedarf (vgl. Bruininks et al, 1974, 380)

In den Folgejahren gab es vor allem in den USA eine große Zahl an Untersuchungen, die diese Ergebnisse im Wesentlichen bestätigten. So stellten auch Flicek und Landau (1984) in ihrer Untersuchung, bei der neben nichtbehinderten und lernbehinderten Schülern auch Schüler mit 'Hyperaktivität' einzeln betrachtet wurden, signifikant niedrigere Beliebtheitswerte und ebenfalls signifikant höhere Ablehnungswerte für beide Schülergruppen mit Förderbedarf fest. Insgesamt stellten Flicek und Landau (1984) für die Gruppe der hyperaktiven Schüler noch ungünstigere soziometrische Statuswerte fest als für die Gruppe der Schüler mit Lernbeeinträchtigungen.

Eine soziometrische Studie, die gleichzeitig die Validität der in nahezu allen bisherigen Untersuchungen verwandten Untersuchungsinstrumente unterstrich, legten Gottlieb et al. (1986) in den USA vor. Sie verglichen bei 37 Schülern mit Behinderung und 37 Schüler ohne besonderen Förderbedarf einer parallelisierten Stichprobe den soziografischen Status aus einem soziometrischen Wahlverfahren mit den Ergebnissen einer systematischen Spielanalyse außerhalb der Schulzeit. Sowohl in der Spielanalyse als auch nach der Auswertung des soziografischen Wahlverfahrens stellte das Team um Gottlieb (1986) signifikant ungünstigere Beliebtheitswerte für die Gruppe der Schüler mit Behinderung fest. Insgesamt nennen Gottlieb et al. (1986) eine Korrelation von $r=-.45$ zwischen der Häufigkeit des isolierten bzw. einsamen Spielens und dem soziometrischen Wahlstatus (Gottlieb et al. 1986, 620f.). Die Ergebnisse bestätigten neben der signifikant niedrigeren soziografischen Position von Lernbehinderten in integrativen Schulklassen auch die hohe Exaktheit des soziometrischen Wahlverfahrens.

Eine in der deutschsprachigen Integrationsforschung sehr bedeutende und viel zitierte Untersuchung führten Haeberlin et al. (1999) in der deutschsprachigen Schweiz durch. Sie untersuchten 1842 Schüler (davon 183 mit SFB) aus 116 Schulklassen. Dabei fanden Haeberlin et al. (1999, 219) die Ergebnisse der zahlreichen US-amerikanischen Forschungen bestätigt, nach denen Schüler mit SFB sowohl in Regelklassen mit heilpädagogischer Unterstützung als auch in Regelklassen ohne solche zusätzliche Unterstützung einen signifikant ungünstigeren soziometrischen Status besitzen.

Eine der letzten Untersuchungen, die insbesondere den soziometrischen Status von schulleistungsschwachen Schülern betrachtete, führten Gasteiger-Klicpera und Klicpera (2001) durch. Dabei wurden 1774 Schüler aus 73 Klassen in Österreich untersucht. Auch hier bestätigten sich die Untersuchungsergebnisse der US-amerikanischen Forschung, nach der schulleistungsschwache Schüler einen insgesamt ungünstigeren soziometrischen Status besitzen als ihre schulleistungsstarken Altergenossen (vgl. Gasteiger-Klicpera und Klicpera, 2001, 6). Obwohl die Untersuchung von der Situation an (nicht integrativen) Regelschulen ausgeht, lassen sich auch für das österreichische Schulsystem Hinweise finden, dass Schüler mit SFB einen insgesamt schlechteren soziometrischen Status besitzen könnten.

5.1.2 Nationale Studien

Im Gegensatz zur internationalen Forschung gestaltet sich der Stand der Forschung in Deutschland ungleich widersprüchlicher. Eine der ersten Befunde gehen auf Rick (1961) zurück, die als deutsche Forscherin eine Untersuchung zur Situation von 'Hilfsschülern' in der 'Volksschule' durchführte. Nach Rick (1961) befanden sich rund 85 Prozent der Schüler mit Lernbehinderung im Klassendrittel der unbeliebtesten Schüler (vgl. Rick, 1961, 560). Erst über 20 Jahre später setzte in Deutschland eine systematische Integrationsforschung ein. Insgesamt werden in der deutschen Literatur vor allem fünf Untersuchungen zur Bewertung der sozialen Integration von Schülern mit SFB herangezogen.

Der Hamburger Modellversuch (Wocken, 1987)

Wocken (1987) untersuchte in einer Längsschnittstudie von 1983 bis 1986 insgesamt 219 Schüler (davon 39 mit SFB), die in den integrativen Klassen des Hamburger Modellversuchs unterrichtet wurden. Im Rahmen dieser Schulbegleitforschung ließ sich in Hamburg zunächst ein uneinheitliches Bild der sozialen Integration von Schülern mit Lernbehinderung feststellen. Während der Ablehnungsstatus für Schüler mit und ohne SFB gleich war, ergab sich für den Wahlstatus ein signifikant günstigeres Bild für die Schüler ohne Förderbedarf (vgl. Wocken, 1987, 240). Auf Grundlage seiner Ergebnisse schließt Wocken (1987) für die Gruppe der Schüler mit SFB, dass sich der

> "überwiegende Anteil der Schüler im Normalbereich der Statusrangordnungen angesiedelt hat" (Wocken, 1987, 239).

Insgesamt interpretiert er seine Ergebnisse jedoch vor allem nach dem Kriterium der 'Gleichgewichtigkeit' im Hinblick auf die Verteilung der Statuswerte zwischen Schülern mit und ohne sonderpädagogischen Förderbedarf (vgl. Wocken, 1987, 232). Kernstück der Untersuchung ist die Ermittlung von insgesamt sechs empirischen sozialen Rollen und die anschließende Überprüfung auf Gleichgewichtigkeit der Rollenverteilung zwischen Schülern mit und ohne sonderpädagogischen Förderbedarf. In einer abschließenden Bewertung seiner Untersuchung schreibt Wocken (1987), dass die

> "emotionalen Beziehungen zwischen Behinderten und Nichtbehinderten (...) 'nicht voll und ganz' dem Kriterium der Gleichgewichtigkeit [entsprechen], jedoch sind die Abweichungen von den idealen Erwartungsnormen durchweg geringfügig." (Wocken, 1987, 271)

Der Modellversuch an Bremer Grundschulen (Feuser und Meyer, 1987)
Das Forschungsdesign von Feuser und Meyer (1987) zeichnet sich im Gegensatz zu den meisten hier skizzierten Untersuchungen durch eine sehr aufwendige soziometrische Methodik aus. Die Datengrundlage wurde über ein Jahr hinweg durch jeweils 30-minütige Einzelbeobachtungen gebildet. Überraschenderweise werden die sorgfältig erhobenen Daten zu keiner Zeit einer quantitativen Analyse unterzogen – vielmehr beschränken sich Feuser und Meyer (1987) auf die Darstellung von Tendenzen oder beschreiben die soziografische Situation einzelner Schüler. Im weiteren Verlauf der Ergebnisdarstellungen erklären die Autoren, dass eine darüber hinausgehende,

> "differenzierte Analyse aller durch die Erhebungen gewonnenen Informationen (...) weder zweckmäßig noch leistbar sei." (Feuser und Meyer, 1987, 159)

Insgesamt stellen die Autoren das

> "Nichtbestehen eines Ausschluß- bzw. Aussonderungsfaktors innerhalb eines integrativen Gruppengefüges für die Schüler, für die er vielfach besonders befürchtet wird" (Feuser und Meyer, 1987, 159)

fest. Dabei beschreiben die Autoren eine insgesamt positive Entwicklung der sozialen Integration im Klassengefüge (vgl. Feuser und Meyer, 1987, 164). Eine darüber hinausgehende Aussage zum Vergleich der soziometrischen Position von Schülern mit und ohne sonderpädagogischen Förderbedarf lässt sich jedoch den Ausführungen von Feuser und Meyer (1987) nicht entnehmen.

Die Fläming-Grundschule in Berlin (Maikowski und Podlesch 1988, 1999)
Maikowski und Podlesch (1988) stellen in der Zusammenfassung ihrer Untersuchungsergebnisse ein 'Ansteigen partnerschaftlicher und unterrichtsbezogener Sozialkontakte' und einen 'Rückgang des Anteils aggressiver Kontakte' für die schulbegleitende Forschung an der Flämingschule in Berlin fest (vgl. Maikowski und Podlesch, 1999, 238). Die anstelle von soziometrischen Statuswerten dargestellten grafischen Soziogramme sind in erster Linie qualitativer Natur und lassen letztlich keine Verallgemeinerung der dort gewonnenen Ergebnisse auf andere Integrationsprojekte zu. Insgesamt kommen Maikowski und Podlesch (1988) zu dem abschließenden Urteil, dass die 12 im Mittelpunkt der Untersuchung stehenden 'behinderten Kinder sozial integriert' seien (Maikowski und Podlesch, 1988, 235). Auf welcher Daten-Basis diese Erkenntnis konkret gewonnen wird, bleibt jedoch unklar.

Die Uckermark-Grundschule in Berlin (Preuss-Lausitz, 1991)
Im Mittelpunkt der Längsschnittstudie von Preuss-Lausitz (1991) stand vor allem die Entwicklung des soziometrischen Status über einen Zeitraum von sechs Schuljahren. Während er für den soziometrischen Wahl- und Ablehnungsstatus von Schülern mit SFB ähnliche Ergebnisse wie Wocken (1987) erhält, lassen sich in einer Analyse der Statusgruppen 22 der 33 Schüler mit SFB einer unauffälligen Gruppe zuordnen. Hinsichtlich der Entwicklung der soziometrischen Statuswerte verzeichnete Preuss-Lausitz (1991) einen allgemeinen Anstieg der Statuswerte für die untersuchten Integrationsklassen, in den auch der überwiegende Teil der Schüler mit SFB einbezogen war. Inwieweit sich der Rang der Schüler mit SFB über die Jahre verbessern konnte, geht aus den Ausführungen von Preuss-Lausitz jedoch nicht hervor. In Anlehnung an die Forschungsarbeiten von Miller-Johnson et al. (2002) ist eine Verbesserung des sozialen Status innerhalb der Klasse jedoch unwahrscheinlich. Die Gruppe um Miller-Johnson fand in ihren Untersuchungen eine hochsignifikante Korrelation von $r = .55$ zwischen dem sozialen Rang in der ersten Klasse und dem der 2. bzw. 3 Klasse (vgl. Miller-Johnson et al., 2002, 221). Ähnliche hohe Werte nennen auch Gasteiger-Klicpera und Klicpera (1997, 239) für die Stabilität der Statusposition; wobei sich vor allem die Statusposition der sehr beliebten und der sehr unbeliebten Kinder als extrem veränderungsresistent herausstellte. Insgesamt kommt auch Preuss-Lausitz in seiner Gesamtbewertung der sozialen Integration an der Berliner Uckermarckschule zu einem insgesamt positiven Ergebnis (vgl. Preuss-Lausitz, 1991, 59).

Das Bonner Integrations-Klassen-Modell (Dumke und Schäfer, 1993)
Dumke und Schäfer (1993) legen eine sehr gut dokumentierte Untersuchung des Bonner-Integrationsklassen-Modells vor. Im Rahmen dieser schulbegleitenden Forschung wurde unter anderem die soziale Integration von Schülern mit SFB näher beleuchtet. Ähnlich wie Wocken (1987) unterziehen auch Dumke und Schäfer (1993, 79 ff.) die soziometrischen Daten einer clusteranalytischen Überprüfung, durch die in erster Linie das Kriterium der 'Gleichgewichtigkeit' geklärt werden soll. Im Gegensatz zu Wocken (1987) nimmt die Bonner Forschungsgruppe jedoch eine 'Strukturanalyse' vor (vgl. Dumke und Schäfer, 1993, 77), mit der die Teilhabe von Schülern mit SFB an informellen Kleingruppen im Klassenverband überprüft werden kann. Für dieses Kernstück ihrer soziografischen Untersuchung konnte in Bonn ähnlich wie im Hamburger Schulversuch eine gute soziale Integration der Schüler mit SFB festgestellt werden. So befanden sich in 68% der informellen Kleingruppen Schüler mit SFB. Nur ca. 5% der Gruppen bestanden ausschließlich aus Schülern mit Behinderungen (vgl. Dumke und Schäfer, 1993, 81). Für den sozialen Status ergibt sich im Bonner Schulversuch jedoch ein umgekehrtes Bild. Ähnlich wie in den Ergebnissen des Hamburger Schulversuchs hatten in neun von elf Klassen die Schüler mit

SFB einen signifikant höheren Ablehnungsstatus. Ihre abschließende Bewertung der sozialen Integration von Schülern mit SFB ist jedoch eindeutig:

"Insgesamt belegen die Ergebnisse eine umfangreiche Einbeziehung der behinderten Schüler in die Sympathiestrukturen ihrer Klasse. Behinderung stellt kein primäres oder sekundäres Gruppierungskriterium in einer Regelklasse dar." (Dumke und Schäfer, 1993, 101)

Damit wird auch im Rahmen des Bonner Schulversuches ein positives Resümee der sozialen Integration von Schülern mit SFB gezogen.

5.1.3 Bewertung der Befunde

Betrachtet man die Ergebnisse der deutschen Integrationsforschung in ihrer Gesamtheit, fällt auf, dass die soziale Integration von Schülern mit SFB hierzulande deutlich günstiger eingeschätzt wird als im internationalen Vergleich. Während die internationale Forschung einheitlich von einer ungünstigeren sozialen Integration behinderter Schüler berichtet, scheinen die Ergebnisse des internationalen Vergleichsraumes in Deutschland kaum Gültigkeit zu haben (vgl. Dumke und Schäfer, 1993, 71; Benkmann und Pieringer, 1991, 100).

So kann mit der Untersuchung von Dumke und Schäfer (1993) nur in einem von fünf Forschungsprojekten ein ungünstigerer Wahlstatus von behinderten Schülern festgestellt werden. Mit Wocken (1987) und Preuss-Lausitz (1991) konnten zwar zwei weitere Studien einen signifikant höheren Ablehnungsstatus von Schülern mit SFB nachweisen, im Gegensatz zur international üblichen Sichtweise (vgl. Klicpera und Gasteiger-Klicpera, 2001; Bless, 1995; Haeberlin et al. 1991; Asher und Coi, 1990; Coi und Dodge, 1988) bewerten deutsche Forscher jedoch den Erfolg der sozialen Integration weniger nach dem Kriterium des soziometrischen Wahl- oder Ablehnungsstatus, sondern setzen den Fokus eher auf Einzelfallanalysen (vgl. Feuser und Meyer, 1987; Maikowski und Podlesch, 1988), auf die gleichgewichtige Verteilung von Schülern mit SFB in unterschiedlichen sozialen Gruppen (vgl. Wocken, 1987; Dumke und Schäfer 1993) oder auf die Entwicklung des Sozialstatus (vgl. Preuss-Lausitz, 1991). Dadurch erscheint ein Vergleich mit der internationalen Forschung erschwert und das Gesamtbild der sozialen Integration von Schülern mit Behinderung in Deutschland verzerrt zu sein.

Entsprechend widersprüchlich gestaltet sich die Bewertung der Zielerreichung. Während im Hinblick auf die US-amerikanische Forschung das Ziel einer vergleichbaren sozialen Integration von Schülern mit und ohne SFB als nicht erfüllt bewertet werden müsste, kann das gleiche Ziel auf Grundlage deutscher Studien als nahezu erfüllt betrachtet werden. Die vorliegende Untersuchung soll für diese ambivalente Forschungslage neue Erkenntnisse schaffen.

5.2 Einfluss integrationsrelevanter Persönlichkeitsmerkmale

Recherchiert man in den wichtigsten pädagogischen und psychologischen Literaturdatenbaken nach Forschungsarbeiten über den Zusammenhang zwischen Schülermerkmalen und soziometrischen Status, kommt man zu dem überraschenden Ergebnis, dass hierzu in Deutschland bisher kaum nennenswerte Untersuchungen vorliegen. Zu einem ähnlichen Schluss kommen auch Gasteiger-Klicpera et al. (2001b, 74) nach einer Literaturanalyse deutsprachiger heil- und sonderpädagogischer Fachzeitschriften. So trägt auch die oben beschriebene Schulbegleitforschung in Hamburg, Berlin, Bonn und Bremen nicht zur Klärung der Frage bei, ob es Schülermerkmale gibt, die den soziometrischen Status eines Schülers mit SFB beeinflussen können. Die einzige Ausnahme stellen hier Untersuchungen von Petillon (1978), Frühauf (1986) und Voigt (1997) dar, die diese Fragestellung zumindest am Rande untersuchten.

Betrachtet man diese Forschungslage vor dem Hintergrund der deutschen Integrationsdiskussion, wird deutlich, dass sich die Frage nach 'ausgrenzenden Schülermerkmalen' aus Sicht der führenden Vertreter in Deutschland gar nicht erst stellt (vgl. Kapitel 3). Informationen darüber, welche Schülervariablen die Ausgrenzung eines behinderten Kindes im Gemeinsamen Unterricht fördern, liefern somit in erster Linie Forschungarbeiten im englischen Sprachraum. Nur ein kleiner Teil der Untersuchungen bezog sich dabei auf den Personenkreis der Schüler mit SFB. Aus einigen Untersuchungen geht überdies gar nicht hervor, inwieweit behinderte Schüler eingeschlossen wurden. Die Analyse der wichtigsten Forschungsarbeiten lässt den Schluss zu, dass soziale Integration bei Schülern mit SFB über die gleichen Merkmale verläuft wie bei Schülern ohne Förderbedarf. Bei der Darstellung des Forschungshintergrundes wird daher auf eine inhaltliche Trennung verzichtet.

5.2.1 Internationale Studien

Der Frage, welche Schülermerkmale eine positive soziale Integration von Schülern im Allgemeinen und von Schülern mit SFB im Speziellen beeinflussen, wurde im englischen Sprachraum mit unterschiedlichen Methoden und unterschiedlichen Ergebnissen nachgegangen. Zusammenfassend könnte man die wesentlichen Kriterien, die für die Entwicklung einer sozialen Integration in Schulklassen erforderlich sind, in vier übergeordnete Faktoren zusammenfassen:

1. Soziale Kompetenz
2. Sozialer Rückzug
3. Aggressivität
4. Kognitive Fähigkeiten

Im Folgenden sollen jeweils die wichtigsten Untersuchungsergebnisse zu diesen vier Faktoren dargestellt werden. Am Ende jeder Darstellung werden die einzelnen Befunde durch die Ergebnisse einer Metaanalyse von Newcomb et al. (1993) zusammengefasst. Eine abschließende, auf der Metaanalyse von Newcomb (1993) basierende Tabelle soll die Orientierung in den teilweise sehr heterogenen Untersuchungsergebnissen erleichtern und gleichzeitig herausstellen, über welche konkreten Merkmale im Gemeinsamen Unterricht tatsächlich soziale Vergleichsprozesse stattfinden könnten.

Soziale Kompetenz
Bei einer genaueren Betrachtung der US-amerikanischen Forschungsberichte wird klar, dass das, was im Einzelfall unter sozialer Kompetenz verstanden wird, von Studie zu Studie stark variiert. So konnten Lahey, Green und Forehand (1981, zit. n. Coie et al.,1990, 32f.) in ihrer Untersuchung rund 15 Prozent der Varianz des sozialen Status von Viertklässlern durch den Faktor 'Geselligkeit' aufklären.

Etwas konkretere Hinweise darauf, wie der abstrakte Begriff 'soziale Kompetenz' näher umrissen werden könnte, finden sich bei Carlson et al. (1984, zit. nach Coi et al. 1990, 25). Im Rahmen ihrer Untersuchung fanden die Forscher, dass beliebte Schüler von ihren Mitschülern bessere Bewertungen im Hinblick auf 'Hilfsbereitschaft', 'Geduld beim Spielen', 'positives Gruppenverhalten' und 'Ehrenhaftigkeit' erhielten als ihre unbeliebten Klassenkameraden.

Die besondere Bedeutung der 'sozialen Kompetenz' wurde auch in einer aufwändigen Untersuchung von Ladd (1981) bestätigt, bei der Dritt- und Viertklässler in drei Gruppen aufgeteilt wurden. Eine Gruppe erhielt ein 'soziales Kompetenztraining', eine zweite Gruppe konnte bei diesem Training zusehen und eine dritte Gruppe diente als Kontrollgruppe und wurde in dieser Zeit nur betreut. Insgesamt konnten Schüler, die der Trainingsgruppe angehörten ihren sozialen Status signifikant verbessern, während Schüler, die nicht oder nur indirekt am Training teilnahmen, keine Verbesserung des Sozialstatus zeigten (vgl. Ladd, 1981, 176).

In zwei weiteren Untersuchungen mit geistigbehinderten Schülern nennen die Forscher mit 'Kooperationsfähigkeit' (Coi und Dodge, 1983, 276ff.) und 'Prosozialität' (Siperstein und Bak, 1985, 323) zwei zusätzliche Variablen, die unter dem Sammelbegriff 'soziale Kompetenz' zusammengefasst werden können.

Coi et al. (1990) nennen darüber hinaus Variablen wie Sportlichkeit, die Fähigkeit eine Gruppe anzuführen oder die 'Glücklichkeit' für die ebenfalls eine Wirkung auf den Sozialstatus nachgewiesen werden konnte (vgl. Coie et al., 1990, 24f.) an.

In der Metaanalyse von Newcomb et al. (1993, 117) unterschieden sich beliebte Schüler vor allem im Hinblick auf die Faktoren 'Offenheit' und 'Selbstbewusstsein' sowie 'Selbstreflexion' und 'Hilfsbereitschaft' von ihren Klassenkameraden (vgl. Newcomb et al. 1993, 115). Abgelehnte Schüler hingegen konnten signifikant schlechter Freundschaften schließen und halten als durchschnittlich integrierte Schüler.

Determinanten des Faktors 'Soziale Kompetenz'

Nr.	Determinanten	Effektstärke für die Statusgruppen			
		be	ab	ve	ko
1	Soziale Interaktion	-.209**	**-.293****		.448**
2	Kommunikation				
3	Soziales Problemlösen	.249*			
4	Hilfsbereitschaft / Kooperation	.364***	-.370***	-.118*	.298***
5	Offenheit / Selbstvertrauen	**.418****	-.297***	-.172***	**.602****
6	Vertrauens- und Konfliktfähigkeit	.237**	**-.421****		.349**
7	Interaktion mit Erwachsenen		-.217**		
8	Aus den Determinanten 1-7 zusammengesetzte Merkmale	.272**	-.416***		

Tabelle 2
Durchschnittliche Effektstärken für 'Soziale Kompetenz' nach Newcomb et al. (1993, 117)
Fett gedruckte Angaben markieren die jeweils höchsten Effektstärken einer Statusgruppe
be = beliebt, ab = abgelehnt, ve = vernachlässigt, ko = kontroversiell
* p<.05   ** p<.01   *** p<.001

Wie Tabelle 2 zeigt, stellen die Bereiche 'Hilfsbereitschaft / Kooperatives Verhalten' und 'Offenheit / Selbstvertrauen' über alle Statusgruppen hinweg die bedeutendsten Determinanten der sozialen Kompetenz dar

Sozialer Rückzug
Der zweite Faktor, der in einem Großteil der US-amerikanischen Forschungsarbeiten als wichtige Stellgröße für eine niedrige Beliebtheit und eine hohe Ablehnung von Schülern in Schulklassen genannt wird, ist der Faktor 'sozialer Rückzug'. Zwar lässt sich das Phänomen 'sozialer Rückzug' theoretisch unter dem Begriff 'Soziale Kompetenz' einordnen, jedoch ließ sich der Faktor 'Withdrawal[16]' in zahlreichen Studien als isolierter, eigenständiger Faktor nachweisen, so dass er auch an dieser Stelle kurz skizziert werden soll. In den meisten Studien wurde unter 'sozialem Rückzug' die Tendenz verstanden, sich in Gruppensituationen aus der Gruppeninteraktion herauszuhalten, "off-task[17]" zu sein oder das Gruppengeschehen sogar vollständig zu ignorieren (vgl. Coie et al., 1990, 21ff.). Newcomb (1993, 105) erweitert nach einer Metaanalyse das Verständnis von 'Sozialem Rückzug' noch um depressive und ängstliche Verhaltensweisen.

Winder und Rau (1962 zit. n. Coie et al, 1990, 21ff.) stellten als eine der ersten Forschergruppen die Bedeutung des Faktors 'sozialer Rückzug' heraus. In Ihrer Studie konnten sie rund 26 Prozent der Varianz des sozialen Status durch die Neigung zu 'Sozialem Rückzug' erklären. Die Bedeutung dieses Faktors unterstreichen auch Coi et al. (1990, 21f.). So ließ sich in verschiedenen US-amerikanischen Studien bis zu 30 Prozent der Varianz des soziometrischen Status durch die unterschiedliche soziale Zurückgezogenheit eines Schülers erklären. Masten et. al. (1986) bestätigten diese Befunde und konnten darüber hinaus feststellen, dass der Einfluss des Faktors 'sozialer Rückzug' mit dem Alter bzw. der Klassenstufe zunimmt. Problematisch bleibt für die Variable 'sozialer Rückzug' jedoch die Frage nach Ursache und Wirkung der Verhaltens. So ist nicht klar, ob sich die Schüler zurückziehen, weil sie abgelehnt werden oder die Schüler abgelehnt werden, weil sie sich zurückziehen. Hier brachte eine Studie von Siperstein und Bak (1985) weitergehende Erkenntnisse.

Die Autoren führen ein videogestütztes Experiment durch, in dem 191 Viert-, Fünft- und Sechstklässlern ein Video mit einem geistigbehinderten Kind gezeigt wurde, das ein zurückgezogenes Verhaltensmuster aufwies. Die Ergebnisse unterstrichen die bisherigen Befunde, nach denen Kinder (mit und ohne SFB) stärker abgelehnt werden, wenn sie zurückgezogene Verhaltensmuster zeigen. Der besondere Aspekt an den Ergebnissen von Siperstein und Bak (1985) ist, dass sozialer Rückzug anscheinend auch schon eine ungünstige Wirkung auf den sozialen Status hat, wenn es zu keiner direkten Interaktion zwischen den Personen gekommen ist. Aus-

---

[16] Withdrawal (englisch) = Rückzug
[17] off-task (englisch) = passiv

schließen konnten die Forscher dabei, dass allein eine sichtbare geistige Behinderung zu den Ergebnissen führte, denn interessanterweise konnten Siperstein und Bak (1985, 324) in dieser und einer Folgestudie (Bak und Siperstein, 1986, 96) nachweisen, dass Kinder mit offensichtlicher geistiger Behinderung (z.b. Down-Syndrom) im Vergleich zu Kindern ohne sichtbare Behinderungen aber vergleichbaren Verhaltensmustern einen insgesamt günstigeren sozialen Status einnahmen.

Bei einer zusammenfassenden Betrachtung scheinen vor allem abgelehnte Kinder durch den Faktor 'sozialer Rückzug' bestimmbar zu sein. Wie Tabelle 3 zeigt, sind die Effektstärken bei allen übrigen Statusgruppen vernachlässigbar (vgl. Newcomb et al., 1993, 116).

Determinanten des Faktors 'sozialer Rückzug'

Nr.	Determinanten	Effektstärke für die Statusgruppen			
		be	ab	ve	ko
1	Einsamkeit	-.194***			
2	Depressive Verhaltensweisen		.243***	-.161*	
3	Ängstlichkeit		.336***		
4	Aus den Determinanten 1-3 zusammengesetzte Merkmale	-.116*	.510***		.112*

Tabelle 3
Durchschnittliche Effektstärken für 'Sozialen Rückzug' nach Newcomb et al. (1993, 116)
Fett gedruckte Angaben markieren die jeweils höchsten Effektstärken einer Statusgruppe
be = beliebt, ab = abgelehnt, ve = vernachlässigt, ko = kontroversiell
* p<.05   ** p<.01   *** p<.001

Aggressivität
Die dritte Stellgröße für den sozialen Status eines Schülers ist die Aggressivität. Während soziale Kompetenz und sozialer Rückzug in erster Linie einen Einfluss auf die Beliebtheit eines Schülers haben, führen nach Angaben von Gasteiger-Klicpera und Klicpera (2001b) aggressive Verhaltensmuster eher zur Ablehnung von Schülern mit SFB (Gasteiger-Klicpera und Klicpera, 2001b, 74). Betrachtet man die Gesamtheit der Untersuchungen, in denen der Zusammenhang von Aggressivität und Sozialstatus erhoben wurde, lassen sich allerdings auch hier unterschiedliche Operationalisierungen, Erhebungsmethoden und somit auch unterschiedliche Effektstärken dieses Faktors feststellen. Den einzelnen Studien liegt in der Regel ein sehr breit gefasstes Verständnis von Aggressivität zugrunde. So werden unter Aggressivität zum einen alle regelwidrigen und normverstoßenden Verhaltensweisen zusammengefasst. Zum anderen wurden aber

auch alle Formen physischer Gewalt und starke negative emotionale Reaktionen einbezogen.

Grundsätzlich bewegt sich die Korrelation zwischen Aggressivität und Beliebtheit in den einzelnen US-amerikanischen Untersuchungen je nach Untersuchungsmethode zwischen r = -.23 in Schülerbefragungen und r = -.60 in Beobachtungsstudien (vgl. Coie et al., 1990, 22 und 38). Insgesamt scheint aber der Faktor 'Aggressivität' jeweils einen eigenständigen Varianzanteil im Hinblick auf den sozialen Status eines Schülers aufzuklären. Coi et al. (1982) konnten nachweisen, dass abgelehnten und kontroversiellen Schülern von ihren Klassenkameraden eine signifikant höhere körperliche Aggressivität attestiert wurde, als abgelehnten oder unbeachteten Kindern Coi et al. (vgl. Coie et al. 1982, zit. n. Coie et al. 1990, 23). Diese Ergebnisse wurden zwei Jahre später von Carlson et al. (1984, 192 f.) in einer Untersuchung mit 358 Zweit- und Fünftklässlern bestätigt. Der Einfluss des Faktors Aggressivität schwand in der Untersuchung allerdings, wenn nur die Gruppe der Fünftklässler betrachtet wurde. Dieser Befund legt die Vermutung nahe, dass aggressive Verhaltensweisen vor allem in den ersten vier Schuljahren von Bedeutung für den Sozialstatus sind.

Betrachtet man das gesamte, in den jeweiligen Studien untersuchte Verhalten, lässt sich feststellen, dass bei abgelehnten Kindern in allen Bereichen aggressiver Verhaltenweisen durchschnittlich eine signifikant höhere Merkmalsausprägung feststellbar ist.

Determinanten des Faktors 'Aggressivität'

Nr.	Determinanten	Effektstärke für die Statusgruppen			
		be	ab	ve	ko
1	Störendes, regelwidriges Verhalten	-.244**	-.698***	-.288**	-.911***
2	Physische Gewalt		-.320*		
3	Emotional-affektives und verbal-aggressives Verhalten	-.352***	.522***		
4	Aus den Determinanten 1-3 zusammengesetzte Merkmale	-.319***	.669***	-.187***	.898***

Tabelle 4
Durchschnittliche Effektstärken für 'Aggressivität ' nach Newcomb et al. (1993, 116)
Fett gedruckte Angaben markieren die jeweils höchsten Effektstärken einer Statusgruppe
be = beliebt, ab = abgelehnt, ve = vernachlässigt, ko = kontroversiell
* p<.05   ** p<.01   *** P<.001

Aggressivität ist somit von hervorgehobener Bedeutung für die Bestimmung dieser Statusgruppe. Insgesamt scheint sich jedoch der Faktor Aggressivität über die einzelnen Untersuchungen hinweg eher über störendes und regelwidriges Verhalten zu definieren.

Kognitive Variablen
Die Bedeutung des vierten, wesentlichen Kriteriums für die Entstehung von sozialen Rangordnungen in Schulklassen scheint in der US-amerikanischen Forschung weniger anerkannt zu sein als die drei bisher dargestellten Variablen. In einer Metaanalyse von Swanson und Malone (1992), in die insgesamt 39 US-amerikanische und kanadische Studien einflossen, wurde keine einzige Kategorie für kognitive Variablen gebildet. Folglich spielten sie auch in der späteren Auswertung keine Rolle.

Bei der Analyse von 41 Studien, die in die Metaanalyse von Newcomb et al. (1993, 106 ff.) einflossen, waren nur zwölf Untersuchungen zu finden, bei der kognitive Variablen überhaupt berücksichtigt wurden. Die Bandbreite der im Rahmen dieser zwölf Studien untersuchten kognitiven Variablen war im Verhältnis zu den restlichen drei wesentlichen Stellgrößen (soziale Kompetenz, sozialer Rückzug und Aggressivität) vergleichsweise eng. In fünf dieser zwölf Studien floss ausschließlich die Schulleistung in die Gesamtanalyse ein, in weitere drei ausschließlich der Intelligenzquotient und in eine ausschließlich die 'Neigung, Hilfe anzufordern'. In den restlichen drei Studien wurde schließlich eine Mischung dieser drei Faktoren erhoben. Obwohl Newcomb et al. (1993) in nur einer von insgesamt sieben statistischen Analysen kognitive Variablen berücksichtigten, legen die Ergebnisse nahe, in diesem Bereich weitere Untersuchungen anzusetzen. So deutete sich für kognitive Merkmale ein signifikanter Unterschied zwischen den Extremgruppen an, der jedoch aufgrund des geringen Datenumfanges auf einem vergleichsweise unsicheren empirischen Fundament steht (vgl. Newcomb et al., 1993, 114). Abschließend stellen die Autoren fest:

"Althoug the role of cognitive variables has received limited attention in the peer relations literature, the importance of rejected children´s difficulties in this domain should not be underestimated." (Newcomb et al., 1993, 120)

Erste Hinweise auf die Bedeutung dieser 'nicht zu unterschätzenden' kognitiven Variablen findet man bei Patterson et al. (1990). Die Forscher konnten in ihrer Untersuchung grundsätzlich einen Einfluss der Schulleistung (gemessen mit einem Schulleistungstest) auf den Sozialstatus eines Schülers nachweisen. Allerdings war eine Zuordnung der Schüler zu einer der Statusgruppen nicht möglich (vgl. Patterson et al. 1990, 1340). Andere

Untersuchungen konnten den Einfluss kognitiver Variablen auf den Sozialstatus von Schülern nicht bestätigen. Rogosch und Newcomb (1989) untersuchten mit einer Eigenschaftsliste neben Variablen zum Sozialverhalten auch den Einfluss von Schulleistung auf den Sozialstatus der Schüler. Im Rahmen einer Diskriminanzanalyse sollten die Kriterien gefunden werden, die eine Zuordnung zu den vier Statusgruppen am besten ermöglichten. In keiner der beiden Diskriminanzfunktionen spielten die kognitiven Variablen eine nennenswerte Rolle (vgl. Rogosch und Newcomb, 1989, 602). Die Tatsache, dass auch keine der beiden kognitiven Variablen in der anschließenden Diskussion der Untersuchung auftaucht, dürfte im Hinblick auf die Bedeutung kognitiver Variablen auf den Sozialstatus in der US-amerikanischen Forschung eine deutliche Sprache sprechen.

Eine zusammenfassende Betrachtung der einzelnen Determinanten kognitiver Variablen kann wegen der kleinen Anzahl von Studien an dieser Stelle nicht vorgenommen werden. Insgesamt lassen sich für die Determinanten Intelligenz und Schulleistung für die Unterscheidung der Extremgruppen (beliebt und abgelehnt) die deutlichsten Effekte verzeichnen (vgl. Newcomb et al. 1993, 106ff.). Für die Identifikation von vernachlässigten und kontroversiellen Schülern spielt diese Variable in US-amerikanischen Studien keine Rolle.

Weitere Variablen
Insgesamt konnten in den Untersuchungen zur Entstehung unterschiedlicher sozialer Rangordnungen im englischen Sprachraum nur wenige Faktoren identifiziert werden, die nicht einer der vier hier dargestellten Faktoren unterzuordnen wären.

Siperstein und Gottlieb (1977, zit. n. Siperstein und Bak, 1985, 319) konnten in ihrer Untersuchung auch das äußere Erscheinungsbild eines Schülers als eine Variable identifizieren, die einen eigenständigen Anteil der Varianz in der sozialen Integration eines Schülers aufklären kann. Dabei trägt ein positiv empfundenes äußeres Erscheinungsbild zu einer besseren sozialen Integration eines Schülers bei. Bryan (1978, zit. n. Benkmann 1990, 374) und Rogosch & Newcomb (1989, 604) konnten den Einfluss der 'Attraktivität' eines Schülers bestätigen. Eingeschränkt werden diese Erkenntnisse jedoch von Bak und Siperstein (1986). So stellten die Forscher fest, dass eine sichtbare geistige Behinderung die soziale Integration eines Schülers eher positiv beeinflusst und somit für den Schüler mit SFB eine eher 'schützende' Funktion einnimmt (vgl. Bak und Siperstein, 1986, 96).

Befunde aus Österreich und der Schweiz
Der empirische Forschungshintergrund im Hinblick auf die soziale Integration von Schülern mit und ohne SFB ist in Österreich und der Schweiz im Vergleich zu den USA sehr dünn. Im Wesentlichen lassen sich mit den Untersuchungen von Haeberlin et al. (1999) und Gasteiger-Klicpera und Klicpera (2001b) zwei Studien finden, die einen Beitrag zu der hier im Mittelpunkt stehenden Fragestellung leisten können.

Die Befunde von Haeberlin et al. (1999) und Gasteiger-Klicpera und Klicpera (2001a) konnten die Ergebnisse der US-amerikanischen Forschung in einigen Bereichen bestätigen, in anderen Bereichen zeichneten sich jedoch auch Unterschiede zu den internationalen Befunden ab.

So konnte Haeberlin (1999, 296) die Bedeutung der sozialen Kompetenz für die soziale Integration von Schülern nur in Ansätzen bestätigen. Insgesamt konnte mit dem Faktor 'prosoziales Verhalten' nur bei einem von fünf Determinanten der sozialen Kompetenz signifikant günstigere Werte für die Gruppe der beliebten Schüler mit SFB festgestellt werden. Der Faktor 'sozialer Rückzug' wurde in der Untersuchung von Haeberlin (1999) nicht berücksichtigt. Bei Gasteiger-Klicpera und Klicpera (2001a) wurde er zwar untersucht, jedoch ausschließlich in Zusammenhang mit der Schulleistung gesetzt, wobei sich keine signifikanten Zusammenhänge nachweisen ließen (Gasteiger-Klicpera und Klicpera, 2001a, 9).
Ähnlich wie in den US-amerikanischen Untersuchungen konnten auch Haeberlin et al. (1999) signifikante Unterschiede zwischen beliebten und abgelehnten Schülern mit SFB im Hinblick auf den Faktor 'Aggressivität' nachweisen (vgl. Haeberlin et al., 1999, 296). So war auch in der Schweiz die Gruppe der beliebten Schüler mit Lernbehinderung signifikant weniger aggressiv als die Gruppe der abgelehnten Schüler mit Lernbehinderung.

Deutliche Unterschiede im Vergleich mit den Forschungsergebnissen im US-amerikanischen Raum ergeben sich für den Faktor 'Kognitive Variablen'. So konnte Haeberlin et al. (1999, 296) signifikante intelligenzbezogene Unterschiede zwischen den Extremgruppen feststellen.

Im Hinblick auf die Schulleistungen ließen sich bei Haeberlin et al. (1999, 296) keine signifikanten Unterschiede zwischen den beiden betrachteten Statusgruppen feststellen. Diese Befunde konnten Gasteiger-Klicpera und Klicpera (2001a, 6) wiederum nur in ihrer Tendenz bestätigen. So war auch in dieser Untersuchung ein signifikanter Zusammenhang zwischen kognitiven Variablen und dem sozialen Status nachweisbar, jedoch war es hier die Schulleistung, die die Determinante der kognitiven Variable war. Obwohl die Befunde von Gasteiger-Klicpera und Klicpera (2001a) sowie Haeberlin et al. (1999) kaum vergleichbar sind, deuten sie jedoch zumindest in ihrer Tendenz in die gleiche Richtung. Im Gegensatz zu Forschungsergebnissen in den USA scheinen kognitive Variablen in Österreich bzw. der Schweiz eine etwas bedeutsamere Rolle zu spielen.

5.2.2 Nationale Studien

Wie schon eingangs in Kapitel 5 erwähnt wurde, scheint die Frage, welche Persönlichkeitsmerkmale die soziale Integration eines Schülers mit SFB beeinflussen, in Deutschland kaum geklärt zu sein. Der Vergleich der Schweizer Studien mit den US-amerikanischen Untersuchungsergebnissen in Kapitel 5.2.1 machte deutlich, dass die Übertragung der Ergebnisse von einem Kulturkreis auf den anderen nicht ohne weiteres möglich zu sein scheint. Inwieweit eine Übertragung der Ergebnisse aus der Schweiz, aus Österreich oder aus dem englischen Sprachraum nun für Deutschland und das hier praktizierte Schulsystem zulässig ist, bleibt ebenfalls unklar.

Die erste deutsche Studie, die das Thema aus Sicht 'entwicklungsgehemmter Kinder' untersuchte, stammt von Rick (1961). Bei einer Analyse der Begründungen für die Ablehnung einzelner Kinder konnte sie drei Untergruppen festmachen, die sich in erster Linie auf das äußere Erscheinungsbild, die schlechten Schulleistungen und die 'seelisch-charakterliche Unreife' der Kinder beziehen (vgl. Rick, 1961, 560). Da die Untersuchung allerdings gerade im Hinblick auf die Auswertungsverfahren erhebliche methodische Mängel aufweist, stehen Ricks (1961) Ergebnisse auf einem wenig sicheren Fundament.

Eine der wenigen Untersuchungen, die Zusammenhänge zwischen Persönlichkeitsmerkmalen von Schülern ohne SFB und ihrer sozialen Integration direkt aufklären konnte, stammt von Petillon (1978). Seine Studie ist darüber hinaus von Bedeutung, weil sie mit der Theorie sozialer Vergleichsprozesse (Festinger, 1954) und der Austauschtheorie (Thibaut und Kelley, 1959) auf ein ähnliches theoretisches Fundament zurückgreift, wie die vorliegende Untersuchung.

Im Bereich sozialer Kompetenz konnte Petillon (1978) für beliebte Schüler signifikant günstigere Bewertungen im Hinblick auf Kooperationsbereitschaft und Durchsetzungsvermögen feststellen als für abgelehnte Schüler (vgl. Petillon, 1978, 177). Darüber hinaus wurde die Gruppe der beliebten Schüler von ihren Lehrern signifikant häufiger als 'kameradschaftlich', 'folgsam', 'offen' und 'zuverlässig' beschrieben (vgl. Petillon, 1978, 133).

Die Tendenz eines stärkeren Einflusses von kognitiven Variablen auf die soziale Integration im deutschen Sprachraum, die sich bereits in den Untersuchungen von Gasteiger-Klicpera und Klicpera (2001a) sowie Haeberlin et al. (1999) andeutete, wird auch durch die Untersuchung von Petillon (1978) unterstrichen. So zeigte ein Extremgruppenvergleich zwischen besonders stark abgelehnten und besonders beliebten Schülern einen signifikanten Einfluss des Faktors Intelligenz auf den sozialen Status der Schüler (vgl. Petillon, 1978, 172).

Zwei Studien von Leven (2000) und Fend (1998) über Freundschaften in Schulklassen sind zwar inhaltlich etwas vom Thema der sozialen Integration entfernt, in ihrer Tendenz erhärteten sie jedoch die Befunde Petillons (1978). So konnte Leven (2000) nachweisen, dass Freunde innerhalb von Schulklassen einen ähnlichen Leistungsstand aufweisen (vgl. Leven, 2000). Fend (1998) fand in seiner Untersuchung Hinweise darauf, dass bessere Schüler eine größere soziale Anerkennung besitzen als ihre schulleistungsschwachen Klassenkameraden. Zu ähnlichen Ergebnissen kamen auch Trautwein, Köller und Kämmerer (2002). Sie stellten fest, dass die wahrgenommene Akzeptanz in einem direkten Zusammenhang mit dem Kursniveau steht, in dem die Schüler unterrichtet wurden. So fühlten sich Schüler mit mehreren Grundkurseinstufungen schlechter akzeptiert als Schüler mit zahlreichen Leistungskurseinstufungen (vgl. Trautwein, Köller und Kämmerer, 2002, 282). Insgesamt lässt die inhaltliche Ausrichtung und die Methodik der Studien von Leven (2000), Fend (1998) und Trautwein, Köller und Kämmerer (2002) jedoch nur bedingt Rückschlüsse auf integrationsrelevante Merkmale zu, da sie Schüler mit SFB nicht berücksichtigt, eher höhere Klassenstufen untersucht und kaum andere Variablen einbezogen wurden.

Randoll (1991) hingegen nennt gerade das Sozialverhalten als wichtige Stellgröße für die soziale Integration von Lernbehinderten. In seiner Studie konnte er signifikante (Sozial-) Verhaltensunterschiede zwischen gut und schlecht integrierten Lernbehinderten feststellen (vgl. Randoll, 1991, 23). Allerdings erscheint auch hier eine Ausweitung der Ergebnisse wegen einer eher kleinen Stichprobe (N = 70) und einer ausschließlich fremdbeurteilten Datenbasis als problematisch.

Während die meisten Studien im deutschen Sprachraum vor allem kognitive (vgl. Haeberlin et al., 1999; Petillon, 1978; Fend, 1998; Trautwein et al., 2002) oder soziale Variablen (Randoll, 1991) als bedeutsame Determinanten für eine erfolgreiche soziale Integration nennen, kommt Frühauf (1986) zu gänzlich anderen Ergebnissen. Dieser befragte 346 integrationserfahrene Lehrerinnen und Lehrer in Hessen nach Kriterien für eine 'erfolgreiche Integration'. Die Ergebnisse deuten auf eine hervorgehobene Bedeutung von motivationalen und ausdauerbezogenen Variablen hin (vgl. Frühauf, 1986, 257f.). Das Sozialverhalten und die Schulleistung hatte aus

Sicht der befragten Lehrer keinen nennenswerten Einfluss auf den Integrationserfolg. Allerdings lassen sich auch die Ergebnisse Frühaufs (1986) nur einer eingeschränkten Interpretation zuführen, da 'Integrationserfolg' als wichtigste abhängige Variable in der Befragung nur unzureichend definiert wurde und deshalb keine validen Aussagen für den Erfolg sozialer Integration ableitbar sind.

Welche Kriterien im Hinblick auf die Integration von verhaltensauffälligen Schülern hilfreich sein können, untersuchte Voigt (1998) in einer Längsschnittuntersuchung mit insgesamt 63 (re-)integrierten verhaltensauffälligen Schülern. In einer Ex-post-facto-Analyse mit 15 langfristig (re-)integrierten Schülern und 16 weiteren Schülern, bei denen die (Re-) Integration aus pädagogischen Gründen abgebrochen wurde, zeigte sich, dass vor allem kognitive Variablen wie 'Intelligenz' und 'Schulnoten' prognostisch valide Kriterien für Integrationserfolg waren. Somit bestätigt auch Voigt den Trend, dass kognitive Variablen im deutschen Sprachraum eine hervorgehobenere Bedeutung für die soziale Integration haben als dies im englischen Sprachraum der Fall ist. Den Einfluss von Kriterien, die dem Bereich Sozialkompetenz untergeordnet werden können, konnte Voigt (1998) im Gegensatz zu den vielen US-amerikanischen Studien nicht nachweisen (vgl. Voigt, 1998, 168). Insgesamt sind die Erkenntnisse von Voigt (1998) jedoch nur eingeschränkt nutzbar, da das Erfolgskriterium in dieser Studie nicht eine besonders gute soziale Integration, sondern eine gute leistungsmäßige Integration der betroffenen Schüler war. Darüber hinaus ist seine Ex-post-facto-Analyse aufgrund der kleinen Stichprobe nur sehr vorsichtig interpretierbar (vgl. Voigt 1998, 80).

Bei einer zusammenfassenden Betrachtung der Forschungsergebnisse aus Deutschland lassen sich Hinweise auf eine hervorgehobene Bedeutung kognitiver Variablen in der Datenlage erkennen. Während der Großteil der Untersuchungen die Bedeutung kognitiver Variablen betont (Gasteiger-Klicpera und Klicpera, 2001a; Leven; 2000; Voigt, 1998; Fend, 1998; Trautwein, Köller und Kämmerer, 2002), widersprechen nur zwei diesem Eindruck und heben stattdessen mit 'Aggressivität' und 'Sozialem Rückzug' Variablen des Sozialverhaltens (Randoll, 1991) oder voluntative Eigenschaften (Frühauf, 1986) hervor. Nur eine Studie unterstreicht sowohl die Bedeutung kognitiver als auch sozialer Variablen (Petillon, 1978).

5.2.3 Bewertung der Befunde

Die Vielzahl der beschriebenen Studien zum Einfluss der schülerbezogenen Merkmale auf den Sozialstatus lässt für die deutsche Integrationsforschung ein widersprüchliches Bild erkennen. Während US-amerikanische

Befunde eher Variablen des Sozialverhaltens als entscheidende Stellgrößen für eine erfolgreiche soziale Integration herausstellen, lassen Befunde aus dem deutschen Sprachraum eher kognitive Variablen als wichtige Einflussvariablen für die soziale Integration erkennen.

Damit stünden die deutschen Befunde in einem Widerspruch zu den US-amerikanischen Studien. Die Gegenüberstellung dieser Befunde muss jedoch insgesamt als problematisch bewertet werden. Drei von zehn deutschsprachigen Studien weisen zum Teil erhebliche methodische Mängel auf, weitere fünf bearbeiten die Fragestellung nach schülerbezogenen Merkmalen nur am Rande, sind veraltet oder basieren auf zu kleinen Stichproben. Eine Ausweitung der Befunde auf die Situation von Schülern mit SFB erscheint zudem fraglich, da nur die Studien von Haeberlin et al. (1999) und Voigt (1998) diese Schülergruppe explizit einbezogen haben. Alle anderen Beiträge zur deutschen Integrationsforschung umgehen diese Fragestellung vollständig.

Die Tatsache, dass dieser Sachverhalt in Deutschland kaum erforscht wurde, sagt allerdings in erster Linie etwas über die Wirkung der deutschen Integrationsideologie auf die deutsche Integrationsforschung aus. Über die Wirkung dieser ideologischen Grundhaltung auf die tatsächliche und real existierende Integrationssituation von Schülern mit SFB an deutschen Integrationsschulen sagt sie allerdings nichts aus. Im Gegenteil: die Forschungsbefunde aus den USA legen sogar nahe, dass Schülermerkmale einen Einfluss auf die soziale Integration eines Schülers haben können. In diesem Zusammenhang jedoch ausschließlich auf internationale Erkenntnisse zurückzugreifen, stellte sich als problematisch heraus. So zeigen dem US-amerikanischen Forschungsdesign ähnliche Studien, wie etwa die der Gruppe um Haeberlin (vgl. Haeberlin et al., 1999), dass die einzelnen Ergebnisse nur bedingt übertragbar sind.

Auch eine große Zahl der internationalen Studien unterscheiden nicht explizit zwischen Schülern mit und Schülern ohne SFB. Die meisten Untersuchungen beziehen Schüler mit Förderbedarf erst gar nicht ein. Insgesamt scheinen die für die Entwicklung der sozialen Rangordnung verantwortlichen Variablen nach Ansicht der Forscher unabhängig vom Förderbedarf eines Schülers wirksam zu sein. Inwieweit diese Annahme allerdings tatsächlich zutrifft, lässt sich aus den bisherigen Befunden nicht erschließen.

Abschließend lassen sich auf Grundlage der hier dargestellten Ergebnisse keine eindeutigen Aussagen darüber ableiten, inwieweit förderbedarfsrelevante Schülermerkmale die soziale Integration eines Schülers tatsächlich (nicht) beeinflussen. Während US-amerikanische Studien eher eine schlechte soziale Integration von Schülern mit Problemen im Sozialverhalten vorhersagen, zeigen Studien im deutschsprachigen Raum eher eine ungünstige soziale Integration von Schülern mit Problemen im Bereich Lernen. Sollten sich die Hinweise auf eine hervorgehobene Bedeutung von kognitiven Variablen für die soziale Integration im deutschen Sprachraum bestätigen, wäre damit jedoch ein deutlicher Widerspruch zur integrationspädagogischen Zielsetzung verbunden.

5.3 Einfluss von Normabweichungen

Im Rahmen der integrationspädagogischen Zielsetzung sollen Abweichungen eines Individuums von der Klassennorm möglichst nicht unmittelbar zu sozialer Ausgrenzung führen (Kapitel 3.6). Zahlreiche Untersuchungen zur Bezugsgruppentheorie und zur Theorie sozialer Vergleichsprozesse beleuchteten zwar in den vergangenen Jahrzehnten diesen Aspekt der sozialen Integration (vgl. Kapitel 6), nur wenige Studien zielten jedoch direkt auf die Wirkungen von Normabweichungen im schulischen Kontext ab.

Während die meisten US-amerikanischen Untersuchungen zur Wirkung schülerbezogener Merkmale in erster Linie explorativen Charakter hatten, stellten im deutschsprachigem Raum mit Haeberlin et al. (1999) und Petillon (1978) zwei Untersuchungen einen Zusammenhang zwischen Normabweichungen und sozialer Ausgrenzung her. Beide Studien interpretierten ihre Ergebnisse auf Grundlage der Theorie sozialer Vergleichsprozesse, die ebenfalls im Mittelpunkt der vorliegenden Studie steht. Dabei wurde jeweils deutlich, dass Abweichungen von der Gruppennorm mit sozialer Ausgrenzung beantwortet werden (vgl. Haeberlin et al., 1999; Petillon, 1978).

Erweitert man den Blickwinkel und bezieht auch die in Kapitel 5.2 dargestellten Befunde in die Betrachtung ein, wird jedoch schnell deutlich, dass gerade US-amerikanische Studien unterschwellig den Einfluss von Normabweichungen auf die soziale Integration voraussetzen. So lässt sich die Frage nach integrationsrelevanten Merkmalen ausschließlich anhand von Normabweichungen untersuchen. Somit kann grundsätzlich festgehalten werden, dass Normabweichungen offensichtlich einen Einfluss auf die soziale Integration in der Schule haben. Inwieweit jedoch die Häufigkeit von Normabweichungen eines Schülers einen direkten Einfluss auf die soziale Integration hat, bleibt in den schulbezogenen (nationalen und internationalen) Befunden offen. Ähnliches gilt für die Bedeutung der Abweichungsrichtung. Während die Theorie sozialer Vergleichsprozesse ausschließlich soziale Ausgrenzung für nonkonforme Personen vorhersagt, scheint die

Richtung der Abweichung bei den in Kapitel 5.2 zitierten Befunden eine entscheidende Rolle zu spielen.

Insgesamt kann aus empirischer Sicht keine valide Aussage darüber getroffen werden, inwieweit allein das Vorliegen von Normabweichungen die soziale Integration im Gemeinsamen Unterricht beeinflusst.

5.4 Einfluss von Heterogenität

Die in Kapitel 3.6 herausgearbeiteten Leitziele der Integrationspädagogik gehen von einem positiven Effekt der Heterogenität einer Klasse auf die soziale Integration von Schülern mit SFB aus.

Grundsätzlich stellte Hinz (1998) im Rahmen des Hamburger Modellversuchs fest, dass 'Klasseneffekte' in der Regel einen größeren Einfluss auf die soziale Befindlichkeit haben als 'Systemeffekte' bzw. Schulformeffekte. Welche Klassenmerkmale die verantwortlichen Determinanten für die Entwicklung der jeweiligen Rangordnung innerhalb einer Klasse sein könnten, lässt der Autor jedoch offen. Bächtholt (1987, zit. n. Bächtholt, 1999) hingegen kann in seiner Untersuchung solche Klasseneffekte auf den Sozialstatus von Schülern mit SFB nicht nachweisen. Er verweist stattdessen auf die Wirkung von Schuleffekten, die den Sozialstatus der behinderten Schüler in insgesamt zwölf Integrationsklassen entscheidend beeinflusst haben sollen (vgl. Bächthold, 1999, 310f.). Da Bächtholt (1999) seine Ergebnisse kaum inferenzstatistisch absichert, lassen sich keine Angaben über die von ihm benannte Stichprobe hinaus tätigen.

Eine alte, aber dennoch interessante Studie zum Einfluss von Heterogenität in Schulklassen stammt von Borg (1966). Er konnte in seiner Untersuchung an rund 2500 US-amerikanischen Schülern feststellen, dass die Gruppenheterogenität einen starken Einfluss auf die Bedeutung der Schulleistungskompetenzen für die soziale Integration hat. So waren es in sogenannten 'random-grouped-classes[18]' vor allem die leistungsstarken Schüler, für die günstige soziale Positionen festgestellt werden konnten. Im Gegenzug war die Leistungsfähigkeit der Schüler in homogenen Klassengefügen[19] für die soziale Integration nahezu bedeutungslos:

"These data also seem to indicate in a remarkably consistant manner that in the ability grouped situation pupils have an equal opportunity to attain a favoured sociometric position regardless of their ability level. [...] These data seem to present overwhelming evidence that the superior pupil is in a highly favoured sociometric position in the random

---

[18] zufällige Auswahl der Schüler (→ hohe Heterogenität)
[19] in englischen Original: ability grouped classes

grouped classroom as compared with the average or slow pupils" (Borg, 1966, 51)

Dieser Effekt konnte auch von späteren Studien gestützt werden. Insbesondere Kulik und Kulik (1982) bestätigten in ihrer Metaanalyse, dass gerade weniger begabte Schüler von homogenen Klassengefügen profitieren (Kulik und Kulik, 1982, 425ff.). Inwieweit diese Befunde jedoch vom US-amerikanischen Schulsystem auf den Gemeinsamen Unterricht in Deutschland übertragbar sind, bleibt unklar.

Moser (1986) legte eine der ersten Untersuchungen vor, die die Gültigkeit der Bezugsgruppentheorie durch einen direkten Vergleich von Sonder- und Integrationsschulen überprüfte. Kernfrage der Studie war die Wirkung von Heterogenität auf das Selbstkonzept von Schülern mit SFB. In seiner Forschungsarbeit verglich Moser das 'Selbstwertgefühl', die 'Kontaktbereitschaft', die 'Einschätzung der eigenen Fähigkeiten' und des 'eigenen Äußeren' sowie die 'Wahrnehmung der eigenen sozialen Integration' bei lernbehinderten Schülern in (heterogenen) integrativen Schulklassen und in (homogenen) Sonderschulklassen. Moser konnte in keinem der genannten Bereiche eine signifikante Wirkung des Schulsystem und damit des Faktors Heterogenität feststellen (vgl. Moser, 1986, 158).

Deutlichere Hinweise hingegen liefert eine Untersuchung von Haeberlin et al. (1999). Die Forschungsgruppe verglich das Selbstkonzept schulleistungsschwacher Schüler in (kompetenzhomogeneren) Sonder- bzw. 'Hilfsschulklassen' mit dem Selbstkonzept der Schüler in (kompetenzheterogeneren) Integrationsklassen. In ihrer Längsschnittstudie konnten Haeberlin et al. (1999) zeigen, dass sich bei schulleistungsschwachen, lernbehinderten Schülern in 'Hilfsschulen' über einen Zeitraum von 1,5 Jahren im Hinblick auf ihr Selbstkonzept keine signifikanten Unterschiede zu nichtbehinderten Schülern in Regelschulen feststellen lassen. Lernbehinderte Schüler auf Hilfsschulen schätzten ihre eigene Situation also ähnlich ein wie nichtbehinderte Schüler in Regelschulklassen. Lernbehinderte Schüler in Regelklassen hatten hingegen ein signifikant ungünstigeres Selbstkonzept als die lernbehinderten Schüler der Integrationsklassen.

In einer Nachfolgeuntersuchung verglich Randoll (1992) die Situation von integrativ beschulten Viertklässlern in Deutschland mit der Situation derselben Schüler nach Überweisung in eine kompetenzhomogenere Sonderschulklasse. Die Ergebnisse zeigten, dass sich sowohl die soziale als auch die emotionale und die leistungsmotivationale Integration der Schüler nach der Überweisung in das kompetenzhomogenere Schulsystem signifikant verbesserte (vgl. Randoll, 1992, 380ff.). Setzt man voraus, dass man in den einbezogenen Sonderschulen sowohl ein kompetenzhomogeneres als auch ein insgesamt kompetenzschwächeres Klassengefüge vorfindet, zeigen die Befunde von Haeberlin et al. (1999) und Randoll (1992), dass eine Kombination aus den Dimensionen Kompetenz-Streuung und Kompetenz-Niveau einen signifikanten Einfluss auf den Sozialstatus von Schülern mit SFB haben. Dabei verbessert sich der Sozialstatus mit wachsender Homogenität und sinkendem Kompetenzniveau.

Die soziale Distanz von Schülern in verschiedenen Schulsystemen (Grundschule, Hauptschule, Integrationsschule und Sonderschule) gegenüber Kindern mit verschiedenen Behinderungsformen und Auffälligkeiten untersuchte Wocken (1983) mit Hilfe von Bildkarten. Dabei sollten die Schüler angeben, inwieweit sie mit einem der offensichtlich behinderten Kinder auf den Zeichnungen näher in Kontakt treten wollten. Während Kinder aus heterogenen Integrationsklassen die geringste soziale Distanz zeigten, war bei Schülern der Sonderschule die größte soziale Distanz gegenüber behinderten oder auffälligen Schülern festzustellen. Wocken (1983) interpretiert seine Ergebnisse allerdings sehr vorsichtig. So äußert er selbst deutliche Zweifel, inwieweit Erkenntnisse über die soziale Distanz zu gezeichneten, fiktiven Schülern auf Bildkarten auf die reale Situation in den Klasseräumen der einzelnen Schulformen übertragbar sind (vgl. Wocken, 1983, 105). Dennoch wären die Ergebnisse von Wocken (1983) im Sinne einer besseren sozialen Integration von Schülern mit SFB in heterogenen Klassen interpretierbar.

Eine Untersuchung von Willand (1999) zeigt wiederum, dass die Ergebnistendenzen von Haeberlin et al. (1999) und Randoll (1992) keineswegs auf alle Schulstufen übertragbar zu sein scheinen. So ließen sich in seiner Querschnittstudie mit 22 sonderschulisch und 37 integrativ unterrichteten Schülern der Klassenstufen sieben bis zehn keinerlei bezugsgruppentheoretische Effekte nachweisen. Allerdings weist die Untersuchung von Willand (1999) einige methodische Mängel auf, da sie die subjektivempfundene soziale Integration als abhängige Variable ausschließlich mit Hilfe eines unstandardisierten Fragebogens misst und die veröffentlichten Daten anscheinend nicht inferenzstatistisch abgesichert wurden (vgl. Willand, 1999, 549ff).

Bewertung der Befunde
Insgesamt muss der Forschungslage für den Faktor 'Heterogenität' eine insgesamt dünne Erkenntnislage attestiert werden. So sind Kompetenzniveau und Kompetenzstreuung in keiner Studie unabhängig voneinander hinsichtlich ihrer Wirkung auf die soziale Integration von Schülern mit SFB untersucht worden.

In ihrer Summe widersprechen die hier dargestellten Ergebnisse jedoch der integrationspädagogischen Zielsetzung, nach der es gerade die heterogenen Lerngruppen sein sollen, die Schülern mit SFB eine günstige soziale Integration ermöglichen sollen. Mit der Studie von Wocken (1983) war nur eine Studie zu finden, die in heterogenen Klassenzusammensetzungen Hinweise auf eine geringere soziale Ausgrenzung von 'normabweichenden' Schülern finden konnte.

5.5 Einfluss unterrichtsbezogener Merkmale

Im Rahmen der integrationspädagogischen Zielsetzung sollten unterrichtsbezogene Merkmale einen Einfluss auf die soziale Integration von Schülern mit SFB nehmen können. Inwieweit Unterrichtsformen und Lehrervariablen die soziale Integration von Schülern mit SFB tatsächlich beeinflussen, spielt nach einer Recherche in den Literaturdatenbanken Psyndex und FIS-Bildung in der Integrationsforschung allerdings bis heute keine Rolle. Die einzelnen Veröffentlichungen (Kasten et al., 2001; Netter, 2000; Kaiser, 1999; Stollberger, 1982) haben in der Regel den Charakter von Erfahrungsberichten, die in erster Linie die Bedeutung kooperativer Lernformen hervorheben. Abgesicherte, empirische Erkenntnisse lassen sich jedoch aus diesen Berichten nicht ableiten.

Eine Befragung von Integrationsschullehrern an 13 integrativen Schulen in Rheinland-Pfalz bestätigt die vergleichsweise geringe Beachtung von Unterrichtsmethoden für die soziale Integration aus der Sicht der Lehrerinnen und Lehrer. So waren nur rund 14 Prozent der Lehrer der Meinung, pädagogische Probleme durch Unterrichtsmethoden beheben zu können (vgl. Krawitz, 1997, 279f.).

Randoll (1991) untersuchte am Rande seiner Studie zum Selbstkonzept lernbehinderter Schüler auch den Einfluss von unterrichtsbezogenen Variablen. Seine Ergebnisse waren eindeutig: weder didaktisch-methodische Faktoren noch die Art der Förderung hatten einen nachweisbaren Einfluss auf die selbst- oder die fremdbeurteilte soziale Integration eines lernbehinderten Schülers (vgl. Randoll, 1991, 23).

Insgesamt erscheinen die Erkenntnisse der Unterrichtsforschung im Hinblick auf die soziale Integration von Schülern mit SFB eher ernüchternd. Aussagen, inwieweit das integrationspädagogische Ziel einer Steuerung integrativer Prozesse durch Unterrichtsvariablen und kooperative Lernformen erfüllt sein könnte, lassen sich aus den dargestellten Befunden nicht ableiten.

5.6 Zusammenfassende Bewertung der Befunde

Aus der integrationspädagogischen Theoriebildung heraus wurden in Kapitel 3.6 fünf zentrale Ziele isoliert, an denen die Umsetzung des Gemeinsamen Unterrichts in die Praxis bewertet werden kann. Im Rahmen von Kapitel 5 wurden aus der nationalen und internationalen Forschung die wesentlichen Befunde zu diesen fünf Leitzielen zusammengefasst und kurz bewertet.

Insgesamt ist die Ergebnislage zweigeteilt. Während zur sozialen Integration von Schülern mit SFB und zu den integrationsrelevanten Persönlichkeitsmerkmalen vergleichsweise differenzierte Studien vorliegen, liegen für den Einfluss von Normabweichungen, Heterogenität und unterrichtsbezogene Variablen nur sehr wenige Befunde vor.

Grundsätzlich lässt sich sagen, dass Schüler mit SFB in US-amerikanischen Studien im Hinblick auf ihre soziale Integration schlechter abschnitten als in deutschen Studien. Die Bedeutung integrationsrelevanter Merkmale scheint in deutschen und US-amerikanischen Studien ebenfalls unterschiedlich zu sein. Während US-amerikanische Studien mit 'sozialer Kompetenz', 'sozialem Rückzugsverhalten' und 'Aggressivität' eher soziale Variablen hervorheben, scheinen im deutschen Sprachraum vermehrt kognitive Faktoren die soziale Integration von Schülern zu beeinflussen. Aus den wenigen spezifischen Untersuchungen zur Gruppenheterogenität ergeben sich Hinweise auf einen eher ungünstigen Einfluss der Heterogenität auf die soziale Integration von Schülern mit SFB. Dabei scheinen leistungsschwache Schüler eher von leistungsschwachen, homogenen Klassengefügen zu profitieren.

Nennenswerte Studien zur Wirkung von Normabweichungen und unterrichtsbezogenen Variablen auf die soziale Integration im Gemeinsamen Unterricht konnten im Rahmen der vorgenommenen Recherchen nicht gefunden werden.

Auf Grundlage der in Kapitel 5 skizzierten Forschungssituation muss die theoriekonforme Umsetzung bei drei der fünf in Kapitel 3.6 herausgestellten Ziele auch aus empirischer Sicht als fraglich bewertet werden. Zur Einordnung der übrigen zwei Ziele liegen keine verwertbaren Daten vor. Somit ergeben sich bei einer vorsichtigen Bewertung der empirischen Befunde Hinweise auf ein widersprüchliches Verhältnis von theoretischer Zielsetzung und tatsächlicher Wirkung sozialer Integration. Um die Hypothese dieses widersprüchlichen Verhältnis auch von theoretischer Seite zu untermauern, soll in Kapitel 7 eine Zusammenführung von Integrationspädagogik und Theorie sozialer Vergleichsprozesse erfolgen. Dabei sollen die Widersprüche zwischen (integrationspädagogischer) Zielsetzung und empirischer Forschungslage durch Widersprüche zwischen der integrationspädagogischen Rahmentheorie (Kapitel 3) und der Wirkungsweise sozialer Vergleichsprozesse (Kapitel 4) erklärt werden.

Unklar bleibt abschließend jedoch die Anwendbarkeit der dargestellten Befunde für die Thematik der Arbeit. So ist eine direkte Übertragung US-amerikanischer Befunde auf das deutsche Schulsystem kaum möglich. Erschwert wird der direkte Vergleich zwischen den internationalen und den deutschen Befunden zusätzlich durch eine unterschiedliche Herangehensweise bei der Berechnung der soziometrischen Position eines Schülers. Während es vor allem in der US-amerikanischen Forschung üblich ist, die soziometrischen Werte in standardisierte Z-Werte zu transformieren und somit das jeweilige Wahl- und Ablehnungsverhalten innerhalb einer Gruppe in die Bestimmung der sozialen Position einzubeziehen (vgl. Rogosch und Newcomb, 1989, 599f.; Coie und Dodge, 1988, 818), bleibt dieses Vorgehen in der deutschen Forschung unbeachtet.

Darüber hinaus fällt auf, dass in Deutschland im Gegensatz zur internationalen Forschung alle bedeutenden Forschungsprojekte zur sozialen Integration Bestandteil von Modellversuchen sind. Modellversuche spiegeln die Situation im integrativen Alltag allerdings nur bedingt wider. So kann dort von einer insgesamt besseren finanziellen Ausstattung der Schulen bzw. der einzelnen Klassen ausgegangen werden. Darüber hinaus liegt der Schluss nahe, das die 'Beobachtungssituation' in den Klassen das Lehrerverhalten bzw. -engagement insgesamt positiv beeinflusst.

Im folgenden Kapitel soll nun zunächst die empirische Validität der Theorie sozialer Vergleichsprozesse dokumentiert werden.

6 Theorie sozialer Vergleichsprozesse in der Forschung

Die Theorie sozialer Vergleichsprozesse wurde seit ihrer Begründung durch Festinger (1954) in verschiedenen Zusammenhängen und mit unterschiedlichen Schwerpunkten untersucht und belegt.

Die Hypothese Festingers (1954), dass es in sozialen Gruppen eine Tendenz zur Konformität gibt, wurde unter anderem von Hood und Sherif (1962) geprüft und bestätigt. Die Autoren ließen ihre Probanden schätzen, wie weit sich ein (ruhender) Lichtpunkt in einem völlig abgedunkelten Raum bewegt hat. Während die Schätzungen im Einzelversuch sehr weit auseinander gingen, ließ sich im Gruppensetting eine deutliche Konvergenz und eine signifikant geringere Varianz der Ergebnisse erkennen (vgl. Hood und Sherif, 1962, 128ff.). Die Gruppenkonformität ließ sich auch noch bis zu einem Jahr nach dem Versuch feststellen. Die Autoren interpretierten ihre Ergebnisse im Sinne der Vorhersagen Festingers (1954), nach denen in einer Gruppe ein Konformitätsdruck herrscht, der unabhängig von der tatsächlichen Wahrnehmung zu einer Anpassung der Meinungen an die Gruppennorm führt. Die Gruppennorm dient dabei jeweils als Validierung der eigenen Äußerung.

In die gleiche Richtung deuteten die Untersuchungen von Asch (1955), der in seinen Wahrnehmungsexperimenten ebenfalls Festingers Hypothese der Gruppenkonformität stützen konnte. Asch (1955) variierte den Anteil der konformen Gruppenmitglieder und konnte so nachweisen, dass ein Konformitätsdruck bereits ab zwei einstimmig (falsch) urteilenden Personen nachweisbar ist. Wird eine Testperson mit drei einstimmig (falsch) urteilenden Personen konfrontiert, ist der Konformitätsdruck bereits nahezu maximal (vgl. Asch, 1955, 33f.).

Sampson und Insko (1964) stellten in ihren Studien heraus, dass Konformität nur dann angestrebt wird, wenn eine Gruppe als attraktiv bewertet wird. Antipathie führt hingegen eher zu divergentem Antwortverhalten (Sampson und Insko, 1964, 191). Miller (1977) bestätigte diesen Befund. In seinen Experimenten stellte der Autor eine zunehmend stärkere Tendenz zum sozialen Vergleich fest, je attraktiver die Bezugsgruppe war (Miller, 1977, 352).

Israel (1956), Schachter et al. (1954) sowie Festinger (1950) zeigten, dass nonkonformes Verhalten von der Gruppe mit sozialer Ablehnung beantwortet wird. Dabei war die Ablehnung um so stärker, je stärker die Abweichung und je bedeutsamer das Anliegen der Gruppe wahrgenommen wurde (vgl. Schachter et al. 1954, 489ff.). Hare (1962) konnte in seinen Experimenten herausstellen, dass negativ bewertetes, abweichendes Verhalten in einem Bereich durch besondere Leistungen in einem anderen Bereich ausgeglichen werden kann (Hare, 1962, 45). Carthwright und Zander (1983) bestätigten diese Befunde zwar grundsätzlich, fanden jedoch auch Hinweise auf eine uneindeutige Ursachen-Wirkungsbeziehung. So blieb unklar, ob eine Person abgelehnt wurde, weil sie abweichendes Verhalten zeigte oder ob das abweichende Verhalten eine Wirkung der Ablehnung war (Carthwright und Zander, 1953, 221).

Ganz grundsätzlich bestätigte sich die Anwendbarkeit der Theorie sozialer Vergleichsprozesse auf das Bezugsfeld Schule in nahezu allen Studien im deutschen Sprachraum (vgl. Möller, 1999; Möller und Köller, 1998; Randoll, 1992, Dauernheimer und Frey, 1996; Haeberlin et al., 1999; Wocken, 1983; Schwarzer, 1979).

In deutschen Integrationsforschung wurden Bezugsgruppen-Effekte vor allem im Hinblick auf das Selbstwertgefühl untersucht. Im Mittelpunkt stand dabei die Frage, ob institutionelle Stigmatisierungseffekte oder Bezugsgruppeneffekte in ihrer Wirkung auf das Selbstkonzept eines Schülers mit SFB überwiegen. Obwohl Stigmatisierungsvorgänge zahlreich belegt wurden (vgl. u.a. Rosenthal und Jacobsen, 1971; Bleidick, 1968 zit. n. Bleidick, 1999, 39), zeigen andere empirische Studien, dass eine allgemeingültige Auslegung solcher Stigma-Theorien nur schwer möglich ist. So konnte Wocken (1983) nachweisen, dass sich Schüler in ihrer eigentlich stigmatisierenden Klasse einer Schule für Lernbehinderte signifikant wohler fühlten als in einer wesentlich weniger stigmatisierenden Integrationsklasse (vgl. Wocken, 1983, 86). Zu ähnlichen Ergebnissen kam Randoll (1992), der in seiner Längsschnittstudie den Effekt unterschiedlicher Bezugsgruppen auf das Selbstwertgefühl von Sonderschülern untersuchte. Sämtliche Befunde Randolls (1992) deuten in ihrer Summe darauf hin, dass die Zusammensetzung der Bezugsgruppe einen deutlichen Effekt auf die Einschätzungen der Schüler hat. Dieser Effekt der 'relativen Gratifikation' in schwächeren Leistungsgruppen wurde in der nationalen und internationalen Forschung als "big-fish-in-little-pond-effect[20]" bekannt und in dieser Form in zahlreichen weiteren (teilweise US-amerikanischen) Studien nachgewiesen (Jerusalem, 1984; Marsh, 1987; Marsh und Parker, 1984; Schwarzer und Jerusalem, 1983). Das Forschungsdesign dieser Studien bezog jedoch Schüler mit SFB nicht ein und war jeweils auf das Selbstkonzept und nicht auf die soziale Integration ausgerichtet.

---

[20] nach Marsh (1987)

Eine der wenigen Ausnahmen stellt die Untersuchung von Moser (1986) dar. Er konnte in seiner Längsschnittstudie, in der auch Schüler mit SFB einbezogen waren, weder die Bezugsgruppentheorie noch die Stigmatheorie bestätigen. Aus seinen Ergebnissen geht vielmehr hervor, dass das Selbstkonzept von Schülern mit Lernbehinderung unabhängig von der Lerngruppe oder dem Schulsystem unterdurchschnittlich ausgeprägt ist (vgl. Moser, 1983, 159).

Insgesamt deuten jedoch nahezu alle Studien auf eine Gültigkeit der Theorie sozialer Vergleichsprozesse für das Untersuchungsfeld 'Schule' hin. Aus dem Blickwinkel der interaktionstheoretischen Sichtweise stehen sie damit im Widerspruch zu einer interaktionstheoretischen Prognose. Dabei scheint das günstigere Resultat des sozialen Vergleichsprozesses einen stärkeren Effekt auf das Wohlbefinden zu haben als die stigmatisierende Wirkung der Sonderschule.

7 Schulische Integration aus Sicht sozialer Vergleichsprozesse

Ausgangspunkt dieser Arbeit ist das grundgesetzlich festgelegte Benachteiligungsverbot von Menschen mit Behinderung. Wie in Kapitel 3.2 gezeigt wurde, gilt dieses Benachteiligungsverbot auch für die soziale Integration eines Menschen. Demnach muss jeder Mensch die gleiche Chance auf eine gute bzw. normale soziale Integration haben. Eine pauschale Unterbringung eines Menschen in einer Gruppe, in der die Chancengleichheit nicht gewährt werden kann, widerspricht dem Benachteiligungsverbot und damit dem Grundgesetz.

In Kapitel 3.6 wurden insgesamt fünf Ziele abgeleitet, die zum einen die Umsetzung zentraler integrationspädagogischer Kerngedanken sicherstellen und zum anderen eine systematische Benachteiligung von Menschen mit Behinderung verhindern sollen. Erweitert man den Blickwinkel von diesem theoretischen Fundament der Integrationspädagogik auf die Theorie sozialer Vergleichsprozesse, wird deutlich, dass beide Modelle zunächst das gleiche Thema in den Mittelpunkt ihrer Betrachtung rücken: die sozialen Integration von einzelnen Personen in Gruppen. Während die Integrationspädagogik jedoch in erster Linie einen ethisch-normativen Charakter hat, weist das integrative Konzept sozialer Vergleichsprozesse von Frey et al. (2001) eher deskriptive Grundzüge auf. Es beschreibt, wie und unter welchen Bedingungen soziale Integrations- und Separationsprozesse ablaufen. Vor diesem Hintergrund betrachtet, lassen sich beide Modelle in nahezu idealer Weise zusammenfügen.

Wechselt man nun den Fokus auf die Kernaussagen beider theoretischen Modelle, verzerrt sich dieses Bild der idealen Symbiose. Im Folgenden soll die integrationspädagogische Zielsetzung auf die Wirkungsweise sozialer Vergleichsprozesse angewendet werden. Dadurch wird ersichtlich, dass die Integrationspädagogik für die soziale Integration von Schülern mit SFB in einer heterogenen Lerngruppe andere Wirkungsweisen vorhersagt als die Theorie sozialer Vergleichsprozesse. Durch diese unterschiedlichen Vorhersagen baut sich ein Spannungsfeld auf, das im Mittelpunkt der vorliegenden Arbeit steht.

Spannungsfeld: Integrationspädagogik vs. Theorie soz. Vergleichsprozesse
Betrachtet man die heterogene Lerngruppe aus dem Blickwinkel des integrativen Konzepts sozialer Vergleichsprozesse, zeichnet sich ein widersprüchliches Bild ab. Es scheint, als widersprechen sich die Grundaussagen beider Modelle. Während nach der Theorie sozialer Vergleichsprozesse Unterschiede in der sozialen Integration direkt durch

Abweichungen von der Gruppennorm erklärbar sind (vgl. Frey et al. 2001, 113ff.), so ist es aus Sicht der Integrationspädagogik gerade eine Atmosphäre der regelmäßigen Abweichungen von der Gruppennorm (Heterogenität), in der eine soziale Integration von Schülern mit SFB ablaufen soll (vgl. Daumen, 2002, 204; Katzenbach, 2000, 237; Feuser, 1999a, 32 und 33; Feuser, 1999b; Hinz, 1998; 217; Klafki, 1996, 180f.; Wocken, 1987, 208f.). Hinz (1995) geht auf diesen Widerspruch in vorsichtiger Anlehnung an die Theorie sozialer Vergleichsprozesse zumindest am Rande ein:

"Häufig tendieren wir dazu, uns bei Kontroversen schnell voll und ganz von anderen zu distanzieren und uns bei Übereinstimmungen mit anderen stark zu verbinden und individuell Unterschiedliches verschmelzend zu übersehen. Beide Verhaltensstrategien sind gleich darin, daß sie von Homogenität ausgehen." (vgl. Hinz, 1995[21])

Grundsätzlich nimmt Hinz (1995) dabei in Anlehnung an Reiser (1986, 1991) an, dass wahre Homogenität eine Illusion ist und Heterogenität in der Breite der Merkmale überwiegt. In einem Versuch, die wesentlichen Aussagen der Theorie sozialer Vergleichsprozesse (Festinger, 1954) und der Theorie integrativer Prozesse (Reiser, 1986) miteinander zu verbinden, sucht Hinz (1995) stellvertretend für die Integrationspädagogik in der Verschiedenheit das Gemeinsame:

Auf der Ebene der Institution gilt es, ein Höchstmaß an Gemeinsamkeit in Unterschiedlichkeit zu ermöglichen und Anpassungsdruck und Aussonderungsdrohung zu überwinden. (Hinz, 1995[22])

Die Maximierung von Heterogenität wäre demnach eine Strategie, die dem Schüler durch eine Überwindung des Anpassungsdruckes soziale Integration ermöglichen soll. Anders ausgedrückt: wenn jeder verschieden ist, wird sich nach Ansicht des Autors der Anpassungsdruck auf Schüler der Lerngruppe gleichmäßig verteilen. Diese geisteswissenschaftliche Argumentationslinie ist bisher weder aus sozialpsychologischer noch aus empirischer Sicht bestätigt oder gestützt worden. Es stellt sich also die Frage, inwieweit diese inhaltlich-logische Beweisführung die Wirkungsweise sozialer Vergleichsprozesse aufheben könnte. Im Ergebnis stehen beide theoretischen Ansätze in einem Widerspruch: während die Theorie sozialer Vergleichsprozesse soziale Integration als Ergebnis von Homogenität betrachtet, beschreibt Hinz (1995) stellvertretend für die Integrationspädagogik Heterogenität als das einzige gemeinschaftstiftende Element. Denkt man beide theoretischen Bezugsmodelle konsequent zu Ende, müsste Heterogenität bzw. Abweichung aus Sicht der Theorie sozialer Vergleichsprozesse zu *erhöhter* Ausgrenzung und aus Sicht der Integrationspädago-

---

[21] Keine Seitenangabe, da Artikel aus dem Internet
[22] Keine Seitenangabe, da Artikel aus dem Internet

gik zu *verringerter* Ausgrenzung führen. Hier zeichnet sich ein *Widerspruch* ab, der an dieser Stelle in den Mittelpunkt der vorliegenden Untersuchung gerückt werden soll.

Spannungsfeld: Integrationspädagogik vs. empirische Integrationsforschung
Wechselt man von diesem Punkt aus den Fokus auf das Verhältnis von integrationspädagogischer Theoriebildung und integrationsrelevanter Forschung, verstärkt sich der Eindruck einer widersprüchlichen Situation weiter. Zwar sprechen deutsche Studien, die im Rahmen verschiedener Modellversuche angefertigt wurden, von einer zufriedenstellenden sozialen Integration von Schülern mit SFB, jedoch konnten internationale Studien die Einschätzung der deutschen Forscher häufig nicht bestätigen. So berichten gerade viele US-amerikanische Studien, dass für Schüler mit SFB in heterogenen Lerngruppen überzufällig häufig soziale Randpositionen festzustellen waren (vgl. Kapitel 5.1).

Die Widersprüchlichkeit von integrationspädagogischer Zielsetzung und den Vorhersagen der Theorie sozialer Vergleichprozesse wird vollends deutlich, wenn man sie vor dem Hintergrund der integrationsrelevanten Persönlichkeitsmerkmale sieht. So ergaben sich durch die bisher vorliegenden empirischen Forschungsergebnisse aus den USA und Großbritannien Hinweise, nach denen die gleichen Eigenschaften und Merkmale, die eine besonders hohe Trennschärfe im Hinblick auf die soziale Integration in Schulklassen besitzen, die Probleme vieler Schüler mit SFB besonders gut beschreiben (vgl. Kapitel 5.2). Diese Problembereiche beschreiben in der Regel Eigenschaften und Merkmale, die außerhalb der Gruppennorm liegen. Somit wirkt auch im Gemeinsamen Unterricht nicht die integrationspädagogisch fokussierte 'Gleichheit in der Verschiedenheit', sondern Gleichheit und Verschiedenheit konkreter schülerbezogene Merkmale. Mehr noch: sonderpädagogischer Förderbedarf wäre demnach ein Kriterium, das über soziale Vergleichsprozesse zum Ausschluss aus der Klassengemeinschaft führen könnte.

Erkenntnisse aus der Bezugsgruppenforschung legen des Weiteren nahe, dass gerade Normabweichungen Konformitätsdruck auf abweichende Individuen ausüben und somit über soziale Hierarchien entscheiden (vgl. Kapitel 5.3 und 6)

Weitere Befunde, die im Rahmen des US-amerikanischen 'ability-grouping' gewonnen wurden, könnten die ungünstige Wirkung der Heterogenität auf die soziale Integration leistungsschwacher Schüler bestätigen (vgl. Borg, 1966). Dabei stellten sich gerade heterogene Lerngruppen als anfällig für die Ausgrenzung leistungsschwacher Schüler heraus (vgl. Kapitel 5.4).

Betrachtet man schließlich den aktuellen Stand der methodisch-didaktischen Integrationsforschung, wird deutlich, dass weder US-amerikanische noch deutsche Studien ausreichende Erkenntnisse über die integrative Wirkung kooperativer Lernformen gewinnen konnten (vgl Kapitel 5.5)

Grundfrage der Untersuchung
Vor dem Hintergrund dieses widersprüchlichen Verhältnisses zwischen der integrationspädagogischen Theoriebildung einerseits und den Implikationen aus der Theorie sozialer Vergleichsprozesse und der empirischen Integrationsforschung andererseits steht die Wirksamkeit der heterogenen Lerngruppe in einem problematischen Spannungsfeld. Die heterogene Lerngruppe würde dabei zur Ausgrenzung der gleichen Schüler führen, deren soziale Integration sie eigentlich bewirken möchte. Anders ausgedrückt, *formuliert die Integrationspädagogik mit der 'sozialen Integration' für die heterogene Lerngruppe ein (normatives) Ziel, das in einem Widerspruch zur Wirkung sozialer Vergleichsprozesse stehen könnte.* Diese Problematik stellt gleichzeitig die Grundfrage der angestrebten Untersuchung dar. Sie soll hier als 'Ziel-Wirkungs-Widerspruch' formuliert werden. Es wird unterstellt, dass ein solcher Ziel-Wirkungs-Widerspruch für die schulische Integration in Grundschulen vorliegt.

Der Kreis schließt sich, wenn man die Hypothese eines Ziel-Wirkungs-Widerspruchs wiederum vor dem Hintergrund des Diskriminierungsverbotes aufgrund einer Behinderung betrachtet. So würde die ausgrenzende Wirkung einer heterogenen Lerngruppe direkt zu einer verminderten Chance von Schülern mit SFB auf eine normale soziale Integration im Gemeinsamen Unterricht führen. Eine pauschale Zuweisung von Schülern mit SFB in den Gemeinsamen Unterricht wäre folglich (aus Sicht der sozialen Integration in der Schule) mit einer direkten Benachteiligung der Schüler verbunden, deren soziale Integration im Gemeinsamen Unterricht beabsichtigt ist.

Zur Klärung dieser Kernfrage wurden aus der integrationspädagogischen Theoriebildung in Kapitel 3.6 fünf zentrale Ziele abgeleitet. Diese fünf Ziele sollen in der angestrebten Untersuchung als Indikatoren für eine erfolgreiche (theoriekonforme) Umsetzung des Gemeinsamen Unterrichts in der Praxis dienen. Im Ergebnis dieser Arbeit sind zwei grundsätzliche Szenarien denkbar:

(1) Die Zielsetzung der Integrationspädagogik wird erreicht: in diesem Fall wäre es gelungen, die durch die Theorie sozialer Vergleichsprozesse vorhergesagte Wirkungsweise einer heterogenen Lerngruppe zu überwinden. Ziel und Wirkung im Gemeinsamen Unterricht wären gleichgerichtet.

(2) Die Zielsetzung der Integrationspädagogik wird nicht erreicht: in diesem Fall wirkt die heterogene Lerngruppe auf die gleiche Weise, wie es die Theorie sozialer Vergleichsprozesse und die bisherigen Befunde der empirischen Integrationsforschung nahe legen. Ziel und Wirkung im Gemeinsamen Unterricht stünden in einem Widerspruch.Um die Frage nach einem Widerspruch von theoretischer Zielsetzung und tatsächlicher Wirkung der heterogenen Lerngruppe im Gemeinsamen Unterricht beantworten zu können, sollen die fünf in Kapitel 3.6 (vgl. Tabelle 1, S. 41) abgeleiteten Ziele der Integrationspädagogik als Indikatoren formuliert werden, an denen sich sowohl die Fragestellungen als auch die darauf aufbauende Untersuchung direkt orientierten.

Indikatoren für einen Ziel-Wirkungs-Widerspruch im GU

	Ziel aus Theorie[a]	Indikator	Hinweise auf Ziel-Wirkungs-Widerspruch:
1	Die soziale Integration von Schülern mit und ohne SFB soll sich nicht unterscheiden	→ Soziale Integration von Schülern mit SFB	Sozialstatus von Schülern mit SFB ist geringer als Sozialstatus von Schülern ohne SFB
2	Soziale Integration verläuft nicht über Schülermerkmale, die Schüler mit SFB benachteiligen	→ Integrationsrelevante Persönlichkeitsmerkmale	Integrationsrelevante Merkmale entsprechen dem sonderpädagogischem Förderbedarf
3	Normabweichungen führen nicht zu sozialer Ausgrenzung	→ Einfluss von Normabweichungen	Normabweichungen führen zu sozialer Ausgrenzung
4	Mit wachsender Heterogenität einer Schulklasse verbessert sich die soziale Integration von Schülern mit SFB	→ Einfluss von Heterogenität	Soziale Integration von Schülern mit SFB in homogenen Lerngruppen besser als in heterogenen Lerngruppen
5	Unterrichtsbezogene Faktoren können soziale Integration von Schülern mit SFB beeinflussen	→ Wirkung unterrichtsbezogener Faktoren	Unterrichtsbezogene Faktoren haben keinen signifikanten Effekt auf die soziale Integration von Schülern mit SFB

Tabelle 5

a Ziele zur Sicherung integrationspädagogischer Grundforderungen im Gemeinsamen Unterricht (vgl. Tabelle 1, Kapitel 3.6, S. 41).

Im Folgenden sollen nun alle fünf Indikatoren kurz beschrieben und bewertet werden.

1. Soziale Integration von Schülern mit SFB
Der erste und grundlegendste Indikator für einen Widerspruch von Ziel und Wirkung des Gemeinsamen Unterrichts ist die tatsächlich feststellbare soziale Integration von Schülern mit SFB. Er basiert direkt auf der Forderung Wockens (1987), die Güte schulischer Integration an den "real feststellbaren Konsequenzen" der schulischen Integration zu bewerten (vgl. Wocken, 1987, 208f.). Vergleichsmaßstab für eine Bewertung sind Schüler ohne Förderbedarf. Dabei wird ein ungünstiger Sozialstatus ausschließlich für die Gruppe der abgelehnten Schüler angenommen. Alle anderen Statusgruppen werden als neutral bzw. positiv bewertet (vgl. Kapitel 11.1.9). Demnach liegt eine Benachteiligung nur dann vor, wenn Schüler mit SFB signifikant häufiger von Ablehnung in der Klasse betroffen sind als Schüler ohne SFB.

2. Integrationsrelevante Persönlichkeitsmerkmale
Ein weiteres zentrales Moment für das Vorliegen eines Ziel-Wirkungs-Widerspruches sind die Merkmale, über die soziale Vergleichsprozesse im Gemeinsamen Unterricht ablaufen. Kapitel 5.2 hat diesbezüglich mögliche Merkmalsdimensionen herausgestellt. Dabei wurde deutlich, dass vergleichbare Befunde für die deutsche Integrationsforschung fehlen. Die Diskussion um eine integrationsfähige Schule ist jedoch nur vor dem Hintergrund dieser konkreten Merkmalsbereiche führbar. Wie der bisherige Forschungsstand zeigt, stützen sowohl Ergebnisse der neueren internationalen empirischen Forschung als auch ältere nationale Befunde von Petillon (1978) den Verdacht, dass soziale Vergleichsprozesse im Gemeinsamen Unterricht über Merkmale verlaufen, die gleichzeitig den Förderbedarf vieler Schüler beschreiben. Eine Schule, die soziale Vergleichsprozesse über förderbedarfsrelevante Merkmale nicht ausschließt oder minimieren kann, verlagert jedoch die Frage der Integrationsfähigkeit wieder auf den Schüler selbst. Da die Integrationspädagogik diese Verlagerung durch ihre eigene normative Ausrichtung kategorisch ablehnt (vgl. Feuser, 1999a, Schöler, 1994), sind die konkreten Merkmale ein weiterer wichtiger Indikator für einen Widerspruch von Ziel und Wirkung heterogener Lerngruppen.

3. Einfluss von Normabweichungen
Sehr nah an der Frage nach den integrationsrelevanten Merkmalen bewegt sich die Frage nach dem Wirkungsgefüge, in das diese Persönlichkeitsmerkmale eingebunden sind. Da die Frage von Normalität bzw. Normabweichungen und sozialer Ausgrenzung in der Integrationsdiskussion eine zentrale Rolle spielt, soll dieser Aspekt hier getrennt untersucht

werden. Im Mittelpunkt steht dabei ein relativiertes Verständnis von Normalität in der Integrationspädagogik (vgl. Schöler, 1999). In seiner zentralen Aussage zielt es darauf ab, dass Abweichungen von der Klassennorm im Gemeinsamen Unterricht nicht direkt zu sozialer Ausgrenzung führen dürfen. Genau diesen Wirkmechanismus zu unterbrechen bzw. auszugleichen, ist eine der zentralen pädagogischen Aufgaben im Gemeinsamen Unterricht. Kann er dieser Funktion gerecht werden, hebt er damit gleichzeitig den Widerspruch zwischen seiner normativen Zielsetzung und der hier vorhergesagten sozialpsychologischen Wirkung auf. Die Wirksamkeit des Gemeinsamen Unterrichts macht sich also aus dem Blickwinkel der sozialen Integration daran fest, inwieweit Abweichungen von der Norm in dem oben beschriebenen Zusammenhang mit dem Sozialstatus eines Schülers stehen oder nicht.

4. Einfluss von Heterogenität
Die Theorie sozialer Vergleichsprozesse sagt soziale Ausgrenzung für Gruppenmitglieder voraus, die sich der Norm der Bezugsgruppe nicht anpassen (können oder wollen). Heterogenität bezeichnet nun die Situation einer Gruppe, in der Abweichungen von der Norm einer Bezugsgruppe besonders regelmäßig und häufig feststellbar sind. Für die schulische Integration kann Heterogenität vor allem für den Förderschwerpunkt 'Lernen' angenommen werden. Die entscheidende Frage für die Integrationspädagogik zielt damit auf den Effekt der Heterogenität auf die soziale Integration von Schülern mit SFB. Dabei sind grundsätzlich zwei theoretische Wirkungsweisen denkbar.

Die erste Wirkungsweise geht auf die wesentlichen Argumentationslinien von Hinz (1995), Reiser (1986) aber auch Prengel (1999) zurück. In ihrer Kernaussage deuten die Autoren darauf hin, dass bei größtmöglicher Heterogenität gerade in der Verschiedenheit das gemeinsame und verbindende Element liegt. So könnte maximale Heterogenität eine Normbildung in der Bezugsgruppe erschweren bzw. die Bandbreite des 'Normalen' erweitern, da die Individuen in der Gruppe insgesamt sehr unterschiedlich sind (vgl. Hinz, 1995). Non-Konformität wäre mit steigender Heterogenität also ein immer unwahrscheinlicheres Ereignis. Eine Ausgrenzung schulleistungsschwacher Individuen wäre in einem solchen Milieu demnach seltener anzutreffen als in einem vergleichsweise homogenen Setting.

Die zweite Wirkungsweise geht auf die Kernaussagen der Theorie sozialer Vergleichsprozesse sowie auf empirische Befunde der US-amerikanischen 'ability-grouping'-Forschung (Borg, 1966; Kulik und Kulik, 1988) zurück. Demnach wäre auch eine komplett entgegengesetzte Wirkungsweise maximaler Heterogenität denkbar. So ist eine starke und regelmäßige Abweichung von der Norm innerhalb einer Gruppe ein besonders guter

Nährboden für eine ebenso stark ausgeprägte Hierarchisierung. Dies wäre besonders dann der Fall, wenn die Bezugsgruppennorm nicht aus der Gruppe selbst gebildet wird, sondern von außen (z.b. durch den Lehrer) an die Gruppe herangetragen wird. In diesem Fall müsste der Einfluss der Heterogenität die soziale Integration von Schülern mit SFB eher schwächen.

5. Wirkung unterrichtsbezogener Faktoren

Ein Widerspruch zwischen Ziel und Wirkung heterogener Lerngruppen soll im Zuge der integrationspädagogischen Zielsetzung vor allem durch eine neue methodisch-didaktische Ausrichtung des Unterrichts verwirklicht werden. Im Mittelpunkt dieser didaktischen Neuorientierung steht die 'innere Differenzierung' und das 'Lernen am Gemeinsamen Gegenstand'. Die Wirksamkeit dieser Unterrichtsmethoden könnte den im Rahmen der empirischen Forschung immer wieder herausgestellten Zusammenhang zwischen Behinderung und sozialer Integration (vgl. Kapitel 5.1) entscheidend entkoppeln. Der fünfte und letzte Indikator soll somit zeigen, inwieweit es im alltäglichen Gemeinsamen Unterricht derzeit gelingt, soziale Integrationsprozesse über die methodisch- didaktische Ausrichtung des Unterrichts zu steuern.

Abschließendes
Abbildung 1 fasst diese beiden Szenarien im Hinblick auf die fünf in Kapitel 3.6 (vgl. Tabelle 1, S. 41) abgeleiteten Ziele nochmals zusammen.

Die vorliegende Arbeit setzt voraus, dass soziale Vergleichsprozesse im Gemeinsamen Unterricht stattfinden (vgl. Kapitel 6). Ihr Nachweis ist demnach weniger Ziel der angestrebten Untersuchung, sondern vielmehr ihre Voraussetzung. Die Grundfrage der Untersuchung setzt hinter dem Ablauf sozialer Vergleichsprozesse an und untersucht ihre Wirkung auf die Situation von Schülern mit SFB im Gemeinsamen Unterricht.

Die Darstellungen in diesem Kapitel machen deutlich, dass sich die Integrationspädagogik in einem theoretischen Widerspruch zur Wirkung sozialer Vergleichsprozesse befindet. Das erste in Kapitel 1 formulierte Ziel (S. 15) der vorliegenden Arbeit, das den Aufbau eines solchen Widerspruches vorsah, kann somit als erfüllt betrachtet werden.

Im Mittelpunkt der nun folgenden Untersuchung steht die Frage, inwieweit sich dieser (theoretische) Widerspruch auch im praktischen Gemeinsamen Unterricht nachweisen lässt.

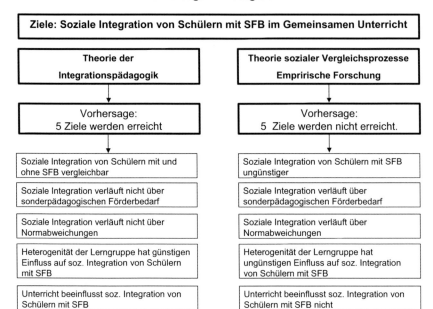

Abbildung 1

Im Zuge der folgenden Untersuchung werden damit die Ziele 2 und 3 der vorliegenden Arbeit (vgl. S. 15) realisiert. Orientierungsmaßstab stellen dabei die fünf in diesem Kapitel abgeleiteten Indikatoren dar. Auf ihrer Grundlage sollen nun im Folgenden fünf Fragestellungen formuliert werden.

8 Fragestellung der Untersuchung

Wie in Kapitel 7 gezeigt wurde, resultiert aus der Anwendung des integrativen Konzepts sozialer Vergleichsprozesse auf die integrationspädagogischen Ziele ein theoretischer Widerspruch. Im Mittelpunkt dieses Widerspruchs steht die heterogene Lerngruppe. Dabei wurde deutlich, dass die normative Zielsetzung der heterogenen Lerngruppe im Gemeinsamen Unterricht in einem Widerspruch zu ihrer empirischen Wirkung stehen könnte. Dieser Widerspruch wird in der vorliegenden Arbeit als Ziel-Wirkungs-Widerspruch bezeichnet. Er geht hier als übergeordnete forschungs- und erkenntnisleitende Fragestellung in die Untersuchung ein:

Erkenntnisleitende Fragestellung:
Liegt ein Ziel-Wirkungs-Widerspruch für die soziale Integration von Schülern mit SFB im Gemeinsamen Unterricht vor?

Die Annahme eines Widerspruches von Ziel und Wirkung im Gemeinsamen Unterricht hat zunächst nur einen theoretischen Anspruch auf Gültigkeit. Um diese abstrakte Fragestellung auch in der integrativen Praxis untersuchen zu können, wurden in Kapitel 7 auf Grundlage der integrationspädagogischen Leitziele fünf Indikatoren gebildet, die hier wiederum direkt in fünf konkrete Fragestellungen für die folgende Untersuchung transformiert werden.

Fragestellung 1: Wie häufig sind Schüler mit SFB im Vergleich zu Schülern ohne SFB von sozialer Ausgrenzung im Gemeinsamen Unterricht betroffen? (→ Indikator 1)

Fragestellung 1 zielt auf die real feststellbaren soziometrischen Konsequenzen und somit auf Indikator 1 (Tabelle 5) ab. Sie kann insofern als zentrales Moment der vorliegenden Arbeit betrachtet werden, als sich aus ihr die Notwendigkeit und die Dringlichkeit des vorliegenden Themas ableiten. Sollten Schüler mit SFB häufiger von sozialer Ausgrenzung bedroht sein, wäre dies ein erster Indikator für einen Widerspruch von Ziel und Wirkung im Gemeinsamen Unterricht.

Fragestellung 2: Über welche Persönlichkeitsmerkmale verlaufen soziale Integrationsprozesse im Gemeinsamen Unterricht? (→ Indikator 2)

Fragestellung 2 zielt direkt auf die Merkmale ab, die mit sozialer Ausgrenzung verbunden sind. Sollten diese Merkmale in einem direkten Zusammenhang mit sonderpädagogischem Förderbedarf bzw. dem Förderschwerpunkt Lernen stehen, wäre dies ein weiterer Indikator für einen Widerspruch von Ziel und Wirkung im Gemeinsamen Unterricht.

Fragestellung 3: Welchen Einfluss haben Normabweichungen auf die soziale Integration von Schülern mit SFB im Gemeinsamen Unterricht? (→ Indikator 3)

Eine weiteres wichtiges Kriterium, das auf das Vorliegen eines Ziel-Wirkungs-Widerspruchs hindeutet, ist ebenfalls direkt aus der Theorie sozialer Vergleichsprozesse abgeleitet. Sollte sich aus der Abweichung von der Norm ein direkter Zusammenhang mit sozialer Ausgrenzung ergeben, wäre dies ein direkter Verstoß gegen das Kriterium der egalitären Differenz und somit ein dritter Indikator für einen Widerspruch von Ziel und Wirkung im Gemeinsamen Unterricht.

Fragestellung 4: Welchen Einfluss haben gruppenbezogene Variablen (insbesondere Heterogenität) auf die soziale Integration von Schülern mit SFB im Gemeinsamen Unterricht? (→ Indikator 4)

Kapitel 7 stellte mit der Bedeutung der Heterogenität einen weiteren wichtigen Indikator für einen Ziel-Wirkungs-Widerspruch heraus. Die zentrale Frage war dabei, ob sich die soziale Integration von Schülern mit SFB tatsächlich mit zunehmender Heterogenität der Klasse verbessert oder ob sich mit gegenteiligen Befunden weitere Hinweise auf einen Ziel-Wirkungs-Widerspruch ergeben. Fragestellung 4 soll jedoch weiter gefasst werden und neben der Heterogenität auch die Wirkung weiterer gruppenspezifischer Merkmale wie Leistungsniveau, Gruppengröße und Anzahl der Schüler mit SFB explorativ untersuchen.

Fragestellung 5: Welchen Einfluss haben unterrichtsbezogene Merkmale auf die soziale Integration von Schülern mit SFB?
(→ Indikator 5)

Mit der fünften und letzten Fragestellung soll abschließend durch ein Screening die Wirkung schul- und unterrichtsbezogener Variablen auf die soziale Integration von Schülern mit SFB überprüft werden. Sollten unterrichtsbezogene Variablen keinen Einfluss auf die soziale Integration von Schülern mit SFB haben, kann dies als fünftes Kriterium für das Vorliegen eines Widerspruches von Ziel und Wirkung im Gemeinsamen Unterricht gewertet werden. Die Ergebnisse dienen überdies als Orientierungsmaßstab für die Einordnung der Befunde aus den Fragestellungen 1-4:

9 Methodische Einordnung der Untersuchung

Die wissenschaftstheoretische Orientierung der gesamten Untersuchung basiert auf einer analytisch-nomologischen Position; dass heißt, dass für den Bereich des Gemeinsamen Unterrichts eine regelhafte Struktur angenommen wird, in der Ereignisfolgen nach gleichbleibenden Regeln ablaufen. Für jedes Ereignis (wie z.b. soziale Ausgrenzung) muss es dabei eine einzelne oder eine komplexe Menge an Ursachen geben. Eine solche Untersuchung fällt in den Bereich der empirischen Sozialforschung (vgl. Kromrey, 1998, 25).

9.1 Empirische Sozialforschung

Grundsätzlich wird in der empirischen Sozialforschung zwischen einer qualitativen und einer quantitativen Variante unterschieden. Folglich muss zunächst darüber entschieden werden, ob zur Klärung der oben genannten Fragestellungen eher qualitative oder quantitative Methoden geeignet sind.

Nach Kromrey (1998) geht es in der qualitativen Sozialforschung in erster Linie um die Versubjektivierung des Forschungsgegenstandes. Der Forscher soll dabei das Individuelle des Forschungsgegenstandes herausarbeiten (vgl. Kromrey, 1998, 521). Eine Verallgemeinerung der dabei gewonnenen Erkenntnisse ist jedoch auf einer qualitativen Grundlage nicht möglich. Das Hauptinteresse der vorliegenden Untersuchung geht über die Beschreibung des Einzelfalles hinaus. Vielmehr möchte sie über die Situation des einzelnen Schülers hinweg verallgemeinerbare Befunde über die soziale Integration von Schülern mit SFB treffen. Dabei werden Hinweise auf einzelfallübergreifende Gesetzmäßigkeiten gesucht, die die grundsätzliche Wirkungsweise heterogener Lerngruppen im Gemeinsamen Unterricht näher beleuchten. Für die anstehende Untersuchung kann folglich nur auf Methoden der quantitativen empirischen Sozialforschung zurückgegriffen werden.

9.2 Das allgemeine Forschungsdesign

Das Ziel des Gemeinsamen Unterrichts wurde auf Grundlage der integrationspädagogischen Grundannahmen als 'soziale Integration' von Schülern mit SFB formuliert. Die Wirkung der heterogenen Lerngruppen für den Schüler mit SFB im Gemeinsamen Unterricht wurde auf Grundlage der Theorie sozialer Vergleichsprozesse und Hinweisen aus der bisherigen Forschungslage als 'ausgrenzend' vorhergesagt. In der angestrebten Untersuchung soll die tatsächliche Wirkungsweise des Gemeinsamen Unterrichts für den Personenkreis der Schüler mit SFB auf der Grundlage der theoretischen Vorannahmen überprüft werden. Betrachtet man nur diesen Ausschnitt des Untersuchungsziels, kann für die vorliegende Untersuchung nach Kromrey (1998) ein hypothesengeleitetes Forschungsdesign angenommen werden.

Die Wirkung von Gemeinsamem Unterricht auf die soziale Integration lässt sich aus ethischen und ökonomischen Gründen nicht in einem abgeschlossenen sozialen Raum untersuchen, in dem alle Umweltvariablen kontrolliert werden. Aus diesem Grunde wird die angestrebte Untersuchung im 'natürlichen Feld' und somit als (ökologische) Feldforschung angesetzt (vgl. Kromrey, 1998, 95).

Das gesamte Forschungsdesign der Untersuchung folgt zunächst weitgehend der Logik der Evaluationsforschung (vgl. Kromrey, 1998, 100). Dabei wird angenommen, dass ein Treatment (Gemeinsamer Unterricht) einen theoretisch beanspruchten Effekt (soziale Integration) für einen bestimmten Personenkreis (Schülern mit SFB) hat. Kromrey (1998) unterscheidet dabei eine formative und eine summative Variante der Evaluationsforschung. Die formative Evaluationsforschung findet 'treatmentbegleitend' statt und nimmt so aktiven Einfluss auf den Treatmentverlauf. Sie wurde vor allem in den Modellversuchen zur schulischen Integration eingesetzt (vgl. Wocken, 1987; Dumke und Schäfer, 1993; Preuss-Lausitz, 1991).

Die summative Evaluationsforschung findet hingegen zum Ende oder nach Abschluss eines Treatments statt. Treatment und Evaluation sind hier deutlich getrennt. Dabei werden erwartete Effekte mit den tatsächlichen Effekten des Treatments verglichen. Da es in der vorliegenden Fragestellung zunächst nicht um eine Optimierung des Gemeinsamen Unterrichts, sondern um eine Untersuchung seiner Wirksamkeit geht, orientiert sich das Forschungsdesign der vorliegenden Untersuchung zunächst an der summativen Evaluationsforschung (vgl. Kromrey, 1998, 100).

Dabei sind Anfang und Ende des Treatments jeweils durch Eintritt in den Gemeinsamen Unterricht und Abschluss der vierten Grundschulklasse gekennzeichnet. Die Wirksamkeit des Treatments wird dem Vorgehen von Kromrey (1998) folgend anhand von (fünf) Indikatoren bewertet, die in Kapitel 7 aus der theoretischen Zielsetzung des Gemeinsamen Unterrichts abgeleitet wurden (vgl. Kromrey, 1998, 100).

Die Vorhersage in Bezug auf diese Indikatoren wird – der Grundstruktur dieser Arbeit folgend – auf Grundlage der Theorie sozialer Vergleichsprozesse erfolgen. Treffen die Vorannahmen zu, kann von einem Widerspruch von Ziel und Wirkung des Gemeinsamen Unterrichts im Hinblick auf die soziale Integration von Schülern mit SFB ausgegangen werden. Anders herum formuliert kann die Hypothese eines Ziel-Wirkungs-Widerspruchs angenommen werden, wenn die Ausprägung der einzelnen Indikatoren auf Grundlage der Theorie sozialer Vergleichsprozesse korrekt vorhergesagt wurden. Dieses Vorgehen hat drei wesentliche Vorteile. Es bildet zum einen den roten Faden für die angestrebte Untersuchung, die Auswertung und die Interpretation der Ergebnisse. Es grenzt die vorliegende Arbeit zum Zweiten von einer explorativen Untersuchung ab, die in erster Linie eine hypothesengenerierende bzw. theoriebildende Funktion hat. Zum Dritten schützt eine theoriegeleitete bzw. hypothesenprüfende Grundstruktur vor einer willkürlichen Interpretation der Daten und somit vor der Bildung von Artefakten.

Die Fragestellung der vorliegenden Arbeit geht jedoch über eine summative Evaluation hinaus. Schließlich soll nicht nur geklärt werden, ob Schüler mit SFB im Gemeinsamen Unterricht im Hinblick auf ihre soziale Integration benachteiligt sind, sondern in einem zweiten Schritt sollen auch Ursachen für die theoretisch vorhergesagte soziale Benachteiligung gefunden werden.

Diese Ursachen werden ebenfalls auf Grundlage der Theorie sozialer Vergleichsprozesse untersucht. Dabei wird angenommen, dass soziale Integration auch im Gemeinsamen Unterricht über Konformität erreicht wird. Die Frage, inwieweit dieser Konformitätsdruck tatsächlich Schüler mit SFB benachteiligt, hängt in einem entscheidendem Maß von der Frage ab, über welche (Schüler-) Merkmale tatsächlich soziale Vergleichsprozesse im Gemeinsamen Unterricht stattfinden. Die Suche nach diesen Merkmalen ist Bestandteil der erweiterten Fragestellung und erfordert folglich auch eine Erweiterung des ursprünglichen Forschungsdesigns der summativen Evaluationsforschung. Nach Kromrey (1998) muss bei solchen explorativen Fragestellungen nach dem Survey-Modell vorgegangen werden (vgl. Kromrey, 1998, 102 ff.). Im Mittelpunkt des Survey-Modells steht eine dimensionale und eine semantische Analyse des Forschungsgegenstandes.

Die dimensionale Analyse bezieht sich nach Kromrey (1998) in erster Linie auf eine theoretische Abgrenzung der einzelnen Begriffe innerhalb der Fragestellung. Dieser Aspekt wurde mit der theoretischen Abgrenzung der Begriffe 'Ziel-Wirkungs-Widerspruch' und 'soziale Integration' ausreichend berücksichtigt. Von der dimensionalen Analyse ist nach Kromrey (1998) die semantische Analyse der Fragestellung zu unterscheiden. Darin wird die 'empirische Breite' des Forschungsgegenstandes abgesteckt. Sofern es keine theoretisch fundierten Regeln gibt, die die Datenbreite begrenzen, wird der Forschungsgegenstand durch die semantische Analyse auf einen kleineren Bereich verengt und im gleichen Zuge die Produktion zufälliger Signifikanzen im Rahmen der inferenzstatistischer Ergebnisabsicherung verringert. Erst nach der semantischen Analyse kann nach Kromrey (1998) "endgültig entschieden werden, über welche empirischen Gegebenheiten Daten zu sammeln sind" (Kromrey, 1998, 112). Abbildung 2 stellt das allgemeine Forschungsdesign nochmals im Überblick dar. Dabei wird für jedes erforderliche Segment der Untersuchung angegeben, in welchem Kapitel es innerhalb der vorliegenden Arbeit vorgenommen wird.

Das allgemeine Forschungsdesign im Überblick

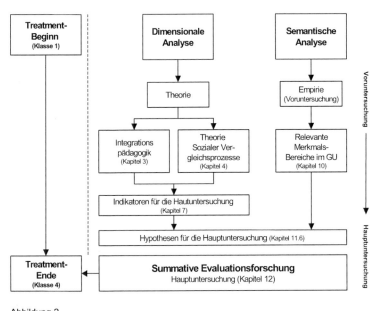

Abbildung 2

Aus Abbildung 2 geht neben dem zeitlichen Ablauf der Untersuchung auch hervor, dass die endgültige Bestimmung der Hypothesen erst nach Abschluss einer Voruntersuchung erfolgen kann. Die gesamte Untersuchung ist folglich so aufgebaut, dass die Ergebnisse der semantischen Analyse bzw. der Voruntersuchung direkt in die Hauptuntersuchung einfließen und dort einer Überprüfung unterzogen werden. Das folgende Kapitel soll diesen direkten Bezug von Vor- und Hauptuntersuchung näher erläutern.

9.3 Das konkrete Forschungsdesign

In der gesamten Untersuchung wird überprüft, inwieweit soziale Vergleichsprozesse im Gemeinsamen Unterricht zu einer Ausgrenzung nicht konformer Gruppen- bzw. Klassenmitglieder führen könnten. Eine der fünf Fragestellungen ist dabei, über welche Persönlichkeitsmerkmale diese sozialen Vergleichsprozesse verlaufen. Die Bandbreite der möglichem Merkmale ist sehr groß; sie reicht von einfachen voluntativen Merkmalen wie Hilfsbereitschaft oder Freundlichkeit über nicht willentlich zu beeinflussende Merkmale wie Attraktivität oder Geschlecht bis hin zu komplexen psychologischen Konstrukten wie Intelligenz oder Konzentration. Die Darstellung der empirischen Situation zur sozialen Ausgrenzung in der Schule bestärkt diesen Eindruck. Je nach Studie und Forschungsdesign konnte bei einer Vielzahl von Persönlichkeitsvariablen ein signifikanter Einfluss auf den sozialen Status nachgewiesen werden. Die zwei umfangreichsten Metaanalysen zu dieser Problematik konnten diese enorme Bandbreite zwar auf einige wenige Merkmalsbereiche reduzieren (vgl. Newcomb, 1993; Swanson und Malone, 1992), sind aber aufgrund ihrer starken Ausrichtung auf das US-amerikanische Schulsystem nur bedingt auf den deutschen Sprachraum und das in dieser Arbeit im Mittelpunkt stehende Problem übertragbar (vgl. Opp, 1993).

Wie bereits in Kapitel 9.2 beschrieben wurde, ist zur Eingrenzung dieser enormen Bandbreite eine Voruntersuchung im Sinne einer semantischen Analyse erforderlich. Am Ende der Voruntersuchung soll dabei eine überschaubare Menge von Persönlichkeitsmerkmalen stehen, die Ausgrenzungsprozesse im deutschen (integrativen) Schulsystem erklären können. Diese Variablen werden dann in einem zweiten Schritt an der praktischen Situation im Gemeinsamen Unterricht überprüft.

Die gesamte Voruntersuchung folgt den theoretischen Grundannahmen der Austauschtheorie Thibaut und Kelleys (1959) sowie den theoretischen Ableitungen Petillons (1978) und Haeberlins (1999). Ein (Interaktions-) Partner ist demnach dann attraktiv, wenn

"die erhoffte Befriedigung der eigenen Bedürfnisse (Nutzen) von einem Kontakt größer ist als die eigenen Bemühungen (Kosten), die man für die Interaktion einbringen muß" (Haeberlin et al., 1999, 137).

Nutzen und Kosten richten sich dabei direkt an den Wertmaßstäben der (Bezugs-) Gruppe bzw. der Klasse aus. Dieser theoretischen Grundlegung folgend lässt das Persönlichkeitsprofil eines beliebten oder ausgegrenzten Schüler einen direkten Rückschluss auf das Wertesystem zu, über das in einer Schulklasse soziale Vergleichsprozesse verlaufen. Eine valide Einschätzung eines solchen Persönlichkeitsprofils könnte auf Grundlage der

Darstellungen von Haeberlin et al. (1999) und Petillon (1978) zentral durch den Lehrer vorgenommen werden (vgl. Petillon, 1978, 77ff.; Haeberlin et al., 1999, 141f.). Das vom Lehrer wahrgenommene Persönlichkeitsprofil eines beliebten bzw. ausgegrenzten Schülers spiegelt somit direkt das Wertessystem innerhalb der Klasse wider. Auf Grundlage dieser theoretischen Annahmen wird das Design der Voruntersuchung (bzw. der semantischen Analyse) auf die Einschätzungen der Lehrer im Gemeinsamen Unterricht ausgerichtet.

10 Die Voruntersuchung

Ziel der Voruntersuchung ist eine Reduktion der Datenbreite für die Hauptuntersuchung im Sinne einer semantischen Analyse. Im Mittelpunkt steht dabei die Fragestellung 2 und damit die Frage welche Fähigkeiten und Eigenschaften nach Meinung der derzeit im Gemeinsamen Unterricht tätigen Lehrer die soziale Integration von Schülern mit SFB beeinflussen.

Die gesamte Ausrichtung der Voruntersuchung kann als explorativ bezeichnet werden. Die Auswahl der Methoden erfolgt nach den Ausschlussprinzip. So nennt Kromrey (1998) neben standardisierten Testverfahren mit der empirischen Inhaltsanalyse, der Beobachtung und der Befragung drei wesentliche Methoden der empirischen Sozialforschung (vgl. Kromrey, 1998, 297ff.). Standardisierte Testverfahren stehen für die angestrebte Untersuchung nicht zur Verfügung. Eine empirische Inhaltsanalyse wäre nur sinnvoll, wenn ausreichend schriftliche Dokumentationen zu Ausgrenzungsprozessen im Gemeinsamen Unterricht vorlägen. Dies ist jedoch bis heute nicht der Fall. Die Beobachtung von Lehrern oder Schülern lässt nur indirekte Schlüsse über die Wertvorstellungen in einer sozialen Gruppe zu. Zudem wäre die Beobachtung einer ausreichend großen Stichprobe nur mit einem kaum vertretbaren Zeitaufwand möglich. Eine weitgehend direkte Erhebung der im Mittelpunkt der semantischen Analyse stehenden Persönlichkeitsmerkmale ist nur durch eine Befragung möglich.

Kromrey (1998) unterscheidet zwei wesentliche Formen der Befragung: das Interview und die schriftliche Befragung durch einen Fragebogen (vgl. Kromrey, 1998, 235 ff.). Da die Voruntersuchung eine allgemeine Aussage über einen Querschnitt der Wertvorstellungen von Lehrerinnen und Lehrern im Gemeinsamen Unterricht anstrebt, müssen die erhobenen Daten eine Abstraktion zulassen. Diese ist an eine weitgehend vergleichbare Fragestellung, an eine zufällige Auswahl sowie eine ausreichende Anzahl der Befragten gebunden (vgl. Kromrey, 1998, 273 ff.). Diese Bedingungen lassen sich nur durch eine schriftliche Form der Befragung durch einen Fragebogen erreichen. Um das Ergebnis der Voruntersuchung möglichst wenig durch theoretische Vorannahmen oder bisherige Ergebnisse aus der US-amerikanischen Forschung zu verzerren, wird die Befragung in zwei aufeinander folgenden Phasen durchgeführt.

In der ersten Phase soll durch ein offenes und nicht (ver-) leitendes Fragendesign eine möglichst große Anzahl an möglichen Persönlichkeitsfaktoren für soziale Integrations- und Ausgrenzungsprozesse gesammelt werden. Die Befragung erfolgte mit Hilfe eines standardisierten Fragebogens mit offener Fragestellung. Die Auswertung dieser ersten (Vor-) Untersuchungsphase erfolgt durch Bildung inhaltlich-logischer Kategorien. Diese laufen gemeinsam mit Variablen, die im Rahmen der bisherigen nationalen und internationalen Forschungsbemühungen isoliert werden konnten (vgl. Kapitel 5), direkt in die zweite (Vor-) Untersuchung ein.

Forschungsdesign der Voruntersuchung

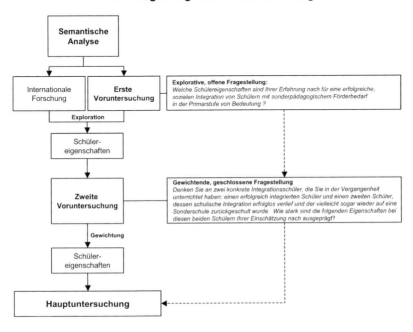

Abbildung 3

In der zweiten Phase werden diese Persönlichkeitsmerkmale einer gemeinsamen kontrollierten und standardisierten Gewichtung zugeführt. Diese Gewichtung erfolgt ebenfalls im Rahmen einer Befragung. Im Mittelpunkt der Befragung steht ein 'Gedankenexperiment', mit dessen Hilfe schließlich ein Rückschluss auf das Wertesystem der Lehrerinnen und Lehrer im GU vorgenommen werden soll. Abbildung 3 stellt das Design der Voruntersuchung bis zur Hauptuntersuchung zusammenfassend dar.

Im Folgenden werden nun beide Voruntersuchungsphasen dargestellt. Dabei werden nach einer kurzen Erläuterung des Untersuchungsablaufs jeweils die wichtigsten Ergebnisse dargestellt und vor dem Hintergrund des weiteren Untersuchungsablaufes interpretiert. Die Darstellungen erfolgen dabei jeweils in einer verkürzten Form, um die Übersichtlichkeit des gesamten Untersuchungsablaufes nicht zu beeinträchtigen.

10.1 Die erste Voruntersuchung

Die Konstruktion des Fragebogens beansprucht eine inhaltlich-logische Validität. Auf eine Überprüfung der Reliabilität wurde verzichtet. Die Objektivität wird durch ein standardisiertes Vorgehen gewährleistet. Der Fragebogen wurde in einem Pretest mit 17 Studierenden des Lehramtes Sonderpädagogik auf seine inhaltliche Verständlichkeit hin überprüft. Im Rahmen dieser Befragung wurden folgende zwei offenen Fragen gestellt:

(1) Welche Schülereigenschaften sind Ihrer Erfahrung nach für eine erfolgreiche, soziale Integration von Schülern mit SFB in der Primarstufe von Bedeutung?

(2) Welche Schülereigenschaften sind Ihrer Erfahrung nach für das Scheitern einer sozialen Integration von Schülern mit SFB in der Primarstufe von Bedeutung?

Der entsprechende Fragebogen befindet sich im Anhang.

10.1.1 Stichprobe

Die erste Untersuchungsphase erfolgte zwischen Februar und März 2001. Die Stichprobe bestand aus 226 Lehrerinnen und Lehrern in Nordrhein-Westfalen. Alle Befragten waren entweder selbst als Sonderschullehrer im Gemeinsamen Unterricht tätig oder unterrichteten als Regelschullehrer einen oder mehrere Schüler mit SFB in ihren Klassen. Die Auswahl der in die Voruntersuchung einbezogenen Schulen erfolgte zufällig. Die Verteilung der Fragebögen wurde von den Schulleitern übernommen.

Das Durchschnittsalter der Stichprobe entspricht mit ca. 43 Jahren dem durchschnittlichen Alter innerhalb der Grundgesamtheit der Grund- und Sonderschullehrer (Landesamt für Datenverarbeitung und Statistik, 06/2004). Der Anteil der weiblichen Teilnehmer liegt mit 67 Prozent nur wenig unter dem normalen Frauenanteil von 73 Prozent in der Grundgesamtheit der Sonderschullehrer (Landesamt für Datenverarbeitung und Statistik, 06/2004). Tabelle 6 fasst die Zusammensetzung der Stichprobe über die einzelnen Schulformen hinweg zusammen.

Zusammensetzung der Stichprobe

Schulform	N	Prozent
Integrative Grundschule	62	68,9
Förderschule	6	6,7
Sonderschule GB	3	3,3
Sonderschule LB	13	14,4
Sonderschule E	6	6,7
Gesamt	**90**	**100,0**

Tabelle 6
FB = Fragebögen / GB = Geiste Behinderte
LB = Lernbehinderte / E = Erziehungsschwierige

Alle befragten Lehrer entsprechen im Hinblick auf Schulform, Alter und Geschlechterverteilung weitgehend einem repräsentativen Querschnitt der im Gemeinsamen Unterricht tätigen Lehrer. Die Rücklaufquote kann mit rund 40 Prozent (90 Fragebögen) als durchschnittlich bewertet werden. Dennoch muss davon ausgegangen werden, dass von den Schulleitern nur eine selektierte Gruppe von Lehrern angesprochen wurde. Dieser verzerrende Effekt wird durch den fehlenden Rücklauf von ca. 60 Prozent der Fragebögen verstärkt. Insgesamt ist jedoch anzunehmen, dass am Ende dieser Selektion eher eine Gruppe von engagierten und fortschrittlichen Lehrern steht. Ebenso wird das Wertbild dieser Lehrer tendenziell eher einem schulpädagogisch fortschrittlichem Ideal entsprechen. Eine Ergebnisverzerrung ist somit im Sinne einer konservativen Schätzung zu erwarten und aus diesem Grunde hinnehmbar.

10.1.2 Auswertung

Die Auswertung wird nach den Richtlinien der empirischen Inhaltsanalyse durchgeführt (vgl. Kromrey, 1998, 298). Ziel ist dabei die Entwicklung eines Kategorienschemas, in das sich alle Antworten der Stichprobe integrieren lassen. Dabei steht zunächst jede Antwort für eine Kategorie. In einem zweiten Schritt werden inhaltlich ähnliche Antworten zu einer Kategorie zusammengefasst. Im nächsten Schritt werden diese zusammengefassten Kategorien zu Kategorien höherer Ordnung verbunden. Die Zusammenfassung einzelner Kategorien erfolgt auf Grundlage inhaltlich-logischer Richtlinien. Dabei wird jeweils darauf geachtet, dass die Kategorien sich an theoretisch fundierten und wissenschaftlich bekannten Kategorien orientieren.

10.1.3 Ergebnisse

Die Auswertung der 90 Fragebögen ergab insgesamt 767 Angaben, die in 75 Kategorien zusammengefasst wurden. Diese konnten wiederum zu neun Kategorien höherer Ordnung zusammengefasst werden. Grafik 2 gibt einen Überblick über die quantitative Verteilung der Antworten über diese neun Kategorien hinweg. Im Anschluss soll kurz beschrieben werden, wie diese neun Kategorien inhaltlich gefüllt wurden. Die Zahlen in Klammern stehen dabei jeweils für die Anzahl der Nennungen der einzelnen Unterkategorien.

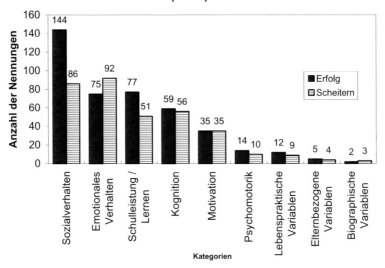

Grafik 2

1. Sozialverhalten

Das Sozialverhalten ist mit insgesamt 230 Nennungen aus Lehrersicht das (quantitativ) wichtigste Kriterium für die soziale Integration eines Schülers mit SFB. Besondere Bedeutung hatten hier die Anpassungsfähigkeit eines Schülers an Klassen und Schulregeln (47), das Sozialverhalten gegenüber Mitschülern und Lehrern im Unterricht (42), Offenheit gegenüber Mitschülern und Lehrern (37) und die Kooperationsfähigkeit (35). Keine nennenswerte Bedeutung hatten Variablen wie Hilfsbereitschaft und Akzeptanz von Autoritätspersonen.

2. Emotionales Verhalten
Das emotionale Verhalten ist in erster Linie durch Belastbarkeit (26) und Aggressivität (25) und Frustrationstoleranz (23) operationalisierbar. Keine nennenswerte Rolle spielte die Ängstlichkeit der Schüler.

3. Schulleistung / Lernen
Der Bereich der Schulleistungen und des Lernverhaltens wird deutlich von Variablen des schulischen Arbeitsverhaltens und des selbstständigen Lernens dominiert. Schulleistungen bzw. Schulnoten werden von den Lehrern zwar genannt, spielen aber mit jeweils 2-6 Nennungen eine eher untergeordnete Rolle.

4. Kognition
Der Bereich Kognition wird vor allem von Konzentration (30) und verbalen Fähigkeiten (28) dominiert. Der allgemeinen Intelligenz (21) des Schülers wird aus Lehrersicht eine weitgehend durchschnittliche Bedeutung für die soziale Integration eingeräumt.

5. Motivation
Der übergeordneten Kategorie Motivation wird zwar mit 70 Nennungen eine eher durchschnittliche Bedeutung für die soziale Integration von Schülern mit SFB beigemessen. Insgesamt ist jedoch die (untergeordnete) Variable Leistungsmotivation mit 50 Nennungen die Variable mit den meisten Nennungen.

6. Psychomotorik
Mit der Kategorie Psychomotorik beginnt der Bereich der Variablen mit untergeordneter Bedeutung für die soziale Integration von Schülern mit SFB im Gemeinsamen Unterricht. Hier spielen motorische Fähigkeiten (7) noch die wichtigste Rolle.

7. Lebenspraktische Variablen
Unter lebenspraktischen Variablen sind vor allem alltags- und hygienebezogene Eigenschaften zusammengefasst. Hier sind die Fähigkeit, selbstständig auf die Toilette zu gehen (5) und die allgemeine Orientierung im Tagesablauf (5) die aus Lehrersicht bedeutendsten Kriterien.

8. Elternbezogene Variablen
Unter den elternbezogenen Variablen ist das aktive Engagement der Eltern (6) der wichtigste Faktor. Allen anderen Dimensionen wird anscheinend eine eher untergeordnete Bedeutung beigemessen.

9. Biografische Variablen

Die biografischen Daten wurden von den Lehrern zwar genannt, scheinen für die soziale Integration von Schülern mit SFB aus Lehrersicht aber insgesamt von untergeordneter Bedeutung. Wichtigste Variable war hier mit vier Nennungen das Lebensalter des Schülers. Die genauen Ergebnisse für alle Kategorien und Unterkategorien sind im Anhang dargestellt. Auf eine weitere deskriptiv- oder gar inferenzstatistische Auswertung der Daten wird verzichtet, da durch die Kategorisierung Unschärfen in der Begriffsabgrenzung und –zuordnung die Ergebnisse ohnehin auf ein nur unzureichend solides Fundament gestellt hätten.

10.1.4 Interpretation

Die Ergebnisse der ersten Voruntersuchung spiegeln die Befunde der internationalen Forschung weitgehend wider. Bis auf das soziale Rückzugsverhalten lassen sich mit Sozialverhalten, Aggressivität und Kognition alle wichtigen Variablen, für die in der internationalen Forschung ein Einfluss auf die soziale Integration in der Schule nachgewiesen werden konnte, auch in der ersten explorativen Voruntersuchung wieder finden. Sie laufen direkt in die zweite Untersuchungsphase ein. Bemerkenswert ist, dass mit dem sozialen Rückzugsverhalten ein wichtiger Einflussfaktor fehlt, für den vor allem in der US-amerikanischen Forschung ein deutlicher Einfluss auf den sozialen Status eines Schülers nachgewiesen wurde. Unklar ist dabei allerdings, inwieweit sich dieser Faktor in anderen Kategorien 'versteckt'. So kann soziales Rückzugsverhalten auch in der (allerdings nur wenig bedeutsamen) Kategorie 'Introvertiertheit' oder als reversive Kombination aus Offenheit, Kommunikationsfähigkeit und Teamfähigkeit vermutet werden. Hier muss die zweite Voruntersuchungsphase weitere Klarheit schaffen.

Die Rolle kognitiver Variablen fällt aus Sichtweise der Lehrer ebenso wie in der internationalen Forschung hinter der Bedeutung sozialer Variablen zurück. Mit der besonderen Betonung der Motivation und der Anstrengungsbereitschaft fällt jedoch auch ein bedeutender Unterschied zu Befunden aus der internationalen Forschung auf. So wurde in keiner der rund 50 Studien, die in die Metaanalysen von Newcomb (1993) und Swanson and Malone (1992) berücksichtigt wurden, Hinweise für den Einfluss motivationaler Faktoren auf die soziale Integration von Schülern mit SFB gefunden.

10.2 Die zweite Voruntersuchung

Die zweite Voruntersuchung versteht sich als Fortsetzung der ersten Voruntersuchung und dient somit ebenfalls dem Ziel einer semantischen Analyse des Forschungsgegenstandes. Im Rahmen der zweiten Voruntersuchung sollen die 75 Variablen aus der ersten Voruntersuchung sowie die wichtigsten Befunde aus der internationalen Forschung einer gemeinsamen Gewichtung für das integrative Schulsystem in Deutschland unterzogen werden. Diese Gewichtung erfolgt über ein 'Gedankenexperiment', bei dem die befragten Lehrer jeweils an einen gut sozial integrierten und einen schlecht sozial integrierten Schüler denken sollten. Im Anschluss sollte diesen Schülern anhand der einzelnen Variablen ein Profil gegeben werden.

Die einzelnen Variablen konnten innerhalb dieser Befragung mittels einer neunstufigen Antwortskala bewertet werden. Insgesamt konnten pro Schüler 91 Variablen bewertet werden. Die Validität des Fragebogens ist zum einen durch die Voruntersuchung gewährleistet. Die Fragestellung selbst beansprucht inhaltlich-logische Validität. Der Fragebogen befindet sich im Anhang.

Die Reliabilität wurde in einem Pretest mit 21 Sonderschullehrern untersucht. Die Fragestellung unterschied sich dabei geringfügig von der tatsächlich eingesetzten Version. Die Reliabilität des Fragebogens wurde durch Testwiederholung ermittelt. Die Retest-Reliabilität entspricht nach Lienert und Raatz (1998) der Korrelation aus Test und Testwiederholung (vgl. Lienert / Raatz, 1998, 182). Der Retest fand jeweils nach vier Wochen statt. Für den Fragebogen in der Pretest-Fassung lag die Retest-Reliabilität (r_{tt}) bei r_{tt} =.66 und liegt somit nur knapp unter dem von Rammstedt (2004, 15) für Gruppenvergleiche angegebene Richtgröße von r_{tt} = .70. Der Fragebogen wurde nach dem Pretest nur geringfügig verändert. Die Objektivität des Fragebogens wird durch ein standardisiertes Vorgehen beim Versand der Bögen sowie durch eine standardisierte Fragestellung gewährleistet.

10.2.1 Stichprobe

Im Rahmen der zweiten Voruntersuchung wurden mittels des oben beschriebenen Fragebogens 632 Lehrerinnen und Lehrer aus 181 integrativen Grundschulen in Nordrhein-Westfalen befragt. Die Auswahl der Schulen erfolgte zufällig über einen EDV-basierten Zufallsgenerator. Hierzu stand eine komplette Liste aller Grundschulen mit Gemeinsamen Unterricht des Landesamtes für Datenverarbeitung und Statistik in NRW zur Verfügung. Die Kontaktaufnahme erfolgte zunächst telefonisch. Um an der Voruntersuchung teilnehmen zu können, mussten die Schulen mindestens eine Lehrkraft beschäftigen, die über mindestens sechs Monate Erfahrung im Gemeinsamen Unterricht verfügt und derzeit im Gemeinsamen Unterricht tätig ist.

Die Auswahl der befragten Lehrer erfolgte jeweils mit Hilfe der Schulleiter. Alle Lehrer mussten mindestens über sechs Monate Integrationserfahrung verfügen und zur Zeit als Sonder- oder Grundschullehrer im Gemeinsamen Unterricht tätig sein. Von den 181 Schulen, die im Rahmen der zweiten Voruntersuchung angeschrieben wurden, schickten 116 Schulen einen oder mehrere Fragebögen zurück. Das entspricht einer Antwortquote von 64 Prozent. Von den 632 befragten Lehrern der Ausgangsstichprobe schickten 310 Personen einen vollständig ausgefüllten Fragebogen zurück, was einem Rücklauf von rund 50 Prozent entspricht. 220 Lehrer füllten zwei Profile für jeweils einen gut und einen schlecht sozial integrierten Schüler aus. 90 Lehrer füllten dementsprechend nur ein einziges Profil aus. Das entspricht einer Gesamtzahl von 530 Schülerprofilen, die in die zweite Voruntersuchung bzw. Gewichtung der Schülereigenschaften eingeflossen sind. Tabelle 7 stellt die Eckdaten der Stichprobe zusammenfassend dar.

Die Stichprobe der zweiten Voruntersuchung

Stichprobe (N=310)

Ausbildung	Anzahl	Prozent
Sonderpädagogik	128	41,3%
Primarstufe	118	38,1%
Primarstufe und Sek 1	64	20,6%
Gesamt	310	100,0%

Geschlecht	Anzahl	Prozent
männlich	43	13,8
weiblich	267	86,2
Gesamt	310	100,0

Alter	in Jahren
Durchschnitt	43,9
Minimum	25
Maximum	64

GU-Erfahrung	in Jahren
Durchschnitt	5,37
Minimum	0,5
Maximum	25

Tabelle 7

Obwohl die Geschlechterverteilung und das Durchschnittsalter der Stichprobe weitgehend der Situation in der Population entsprechen, müssen - wie in der ersten Voruntersuchung - Abstriche im Hinblick auf die Repräsentativität der Stichprobe gemacht werden. So ist nicht auszuschließen, dass es durch den unvollständigen Rücklauf zu Verzerrungseffekten gekommen ist, die auf eine überproportionale Berücksichtigung von besonders engagierten Lehrkräften innerhalb der Stichprobe hinausläuft. Darüber hinaus ist nicht auszuschließen, dass von den Schulleitern nur bestimmte Lehrer zur Teilnahme an der Voruntersuchung angesprochen wurden. Wie schon in den Darstellungen zu Voruntersuchung 1 dargestellt wurde, ist jedoch die dadurch zu erwartende Ergebnisverzerrung für die hier im Mittelpunkt stehende Fragestellung von untergeordneter Bedeutung.

10.2.2 Auswertung

Im Gegensatz zur vorangegangenen Voruntersuchung erfolgt die Auswertung der zweiten Voruntersuchung nach Richtlinien der quantitativen empirischen Sozialforschung. Dabei werden die Daten deskriptivstatistisch dargestellt und jeweils einer inferenzstatistischen Absicherung zugeführt. Die Auswertung der Daten erfolgt in zwei Schritten.

Berechnung von Einzelkorrelationen

In einem ersten Schritt werden für jede der 91 (unabhängigen) Variablen Einzelkorrelationen mit der (abhängigen) Variable 'Integrationserfolg' berechnet. Die einzelnen Korrelationen werden jeweils inferenzstatistisch abgesichert. In Anlehnung an Zöfel (1992, 211) soll für die Berechnung einer Korrelation zwischen einer bzw. mehreren ordinalskalierten Variablen (91 Eigenschaften) und einer dichotomen Variable (soziale Integration erfolgreich / nicht erfolgreich) über die Rangkorrelation nach Spearman-Brown erfolgen. Eine Variable wird im Folgenden als bedeutsam betrachtet, wenn mindestens 25 Prozent der Varianz des (geschätzten) Integrationserfolges durch die Varianz dieser Variable erklärt werden kann (Eta$^2 \geq$ 0,25) und die jeweilige Korrelation mindestens auf einem Niveau von 95 Prozent signifikant ist.

Die vergleichsweise hohe Anzahl von 91 Einzelvergleichen bergen nach Stelzl (1982) jedoch ein hohes Risiko einer Alpha-Fehler-Kumulierung (Stelzl, 1982, 115). Aus diesem Grunde wird eine Alpha-Fehler-Korrektur für 91 Variablen vorgenommen (Stelzl, 1982, 116). Soll die Wahrscheinlichkeit eines Alpha-Fehler bei 91 Einzelvergleichen bei $\alpha = 0,05$ liegen, muss Alpha mit $\alpha = 1 - \sqrt[91]{0,95} = 0,0005635$ angesetzt werden (vgl. Stelzl, 1982, 117). Somit sollen im Folgenden nur Merkmale als bedeutsam bewertet werden, die aus Sicht der befragten Lehrer mindestens 25 Prozent der Varianz des Integrationserfolges aufklären können und deren Korrelation mit Integrationserfolg ein geringeres Alpha-Fehler-Risiko als 0,0005635 Prozent aufweist ($\alpha < 0,0005636$).

Durch dieses Vorgehen soll gewährleistet werden, dass nur wirklich (aus Lehrersicht) bedeutsame Merkmale in die Hauptuntersuchung einfließen. Es blendet jedoch Variablen aus, die einen geringen aber dennoch eigenständigen Anteil der Varianz des Integrationserfolges aufklären könnten. Diesem Risiko soll mit Hilfe einer binären logistischen Regression begegnet werden.

Binäre logistische Regression
Nach Bühl und Zöfel (1998) wird mit der binären logistischen Regression

"die Abhängigkeit einer dichotomen Variable von anderen unabhängigen Variablen, die beliebiges Skalenniveau aufweisen können, untersucht." (Bühl und Zöfel, 1998, 340)

Bei der schrittweisen binären logistischen Regression wird darüber hinaus geprüft, welche unabhängigen Variablen (Schülermerkmale) die Varianz der abhängigen Variable (Integrationserfolg) aus Sicht der Lehrer am besten aufklären können. Am Ende der logistischen Regression stehen jeweils Variablen, die einen eigenständigen Teil der Varianz der abhängigen Variable aufklären können; unabhängig von der Größe der aufgeklärten Varianz.

Zudem wird mit der logistischen Regression die Güte des Regressionsmodells und somit die Eignung der einzelnen Schülermerkmale zur Erklärung des Integrationserfolges überprüft. In Anlehnung an Bühl und Zöfel (1998) wird ein Modell als valide betrachtet, wenn sich der Anfangswert des – 2Log Likelihood nach einer Anzahl von n Iterationen mit einer Fehlerwahrscheinlichkeit von kleiner als 0,1 Prozent gegenüber dem Endwert verringert hat (vgl. Bühl und Zöfel, 1998, 343).

Abschließend wird die Güte der Regressionsgleichung mit Hilfe der tatsächlichen, richtigen Vorhersagen bewertet. Die im Rahmen der logistischen Regression herausgestellten Variablen werden im Folgenden als bedeutsam bewertet, wenn sich mit ihrer Hilfe mindestens 75 Prozent der Fälle im Hinblick auf den Integrationserfolg richtig vorhersagen lassen. Diese Bedingung baut auf der Annahme auf, dass die Sichtweise der Lehrer im Hinblick auf die Bedeutung dieser Variablen eine ausreichende innere Konsistenz und damit eine einzelfallübergreifende Übereinstimmung zwischen den Befragten aufweisen muss, um in die Hauptuntersuchung aufgenommen zu werden.

10.2.3 Ergebnisse

Im Folgenden sollen die Ergebnisse dargestellt werden. Im Anschluss folgt eine kurze Erläuterung. Die Einzelkorrelationen sind in Tabelle 8 dargestellt. Dabei sind ausschließlich die Variablen mit mindestens 25 Prozent

Varianzaufklärung dargestellt. Eine vollständige Auflistung aller Variablen befindet sich im Anhang.

Zusammenhang zwischen wahrgenommenem Integrationserfolg (aus Lehrersicht) und durch den Lehrer wahrgenommener Merkmalsausprägung

Nr.	Eigenschaft	r	p	Erkl. Var.	N
1	Leistungsmotivation	0,61	0,000001 *	36,6	501
2	Anstrengungsbereitschaft	0,60	0,000001 *	36,0	500
3	Lernerfolg	0,58	0,000001 *	34,1	495
4	In großen Gruppen lernen	0,58	0,000001 *	33,1	494
5	Realistische Selbsteinschätzung	0,56	0,000001 *	31,5	495
6	Selbstständigkeit in Gruppenarbeit	0,56	0,000001 *	31,4	497
7	Selbstreflexion	0,56	0,000001 *	30,8	489
8	Selbstständigkeit in Einzelarbeiten	0,56	0,000001 *	30,8	489
9	Belastbarkeit	0,55	0,000001 *	30,6	500
10	Kooperationsbereitschaft	0,55	0,000001 *	30,6	496
11	Konzentration (längere Zeiträume)	0,55	0,000001 *	30,3	493
12	Individuelle Absprachen einhalten	0,55	0,000001 *	29,7	495
13	Verhalten im Offenen Unterricht	0,54	0,000001 *	29,7	491
14	Selbstständigkeit (Hausaufgaben)	0,54	0,000001 *	29,3	485
15	Selbstständigkeit (Anweisungen)	0,54	0,000001 *	29,1	497
16	Konzentration bei wenig Interesse	0,54	0,000001 *	28,8	496

Tabelle 8
* = Korrelation nach Alpha-Adjustierung mit einer Fehlerwahrscheinlichkeit von weniger als 5 Prozent signifikant und aufgeklärte Varianz höher als 25 Prozent (Eta2 ≥ 0,25).

Von den 91 untersuchten Schülermerkmalen weisen 75 Variablen einen signifikanten Zusammenhang mit dem (sozialen) Integrationserfolg eines Schülers auf. Die 16 Variablen in Tabelle 8 konnten darüber hinaus mindestens 25 Prozent der Varianz der Integrationserfolges aufklären und werden somit als (aus Lehrersicht) bedeutsame Variablen für den sozialen Integrationserfolg eines Schülers mit SFB bewertet.

In einem zweiten Schritt werden nun die Ergebnisse der binären logistischen Regression dargestellt. In eine logistische Regression können nur vollständige Schülerprofile aufgenommen werden. Aus diesem Grunde flossen hier nur 188 der insgesamt 530 Profile in die Berechnung ein. In der Ergebnisbewertung wird die Annahme zugrundegelegt, dass das Fehlen einzelner oder mehrerer Variablen innerhalb der Schülerprofile keiner besonderen Systematik folgt und die aufgenommenen Schülerprofile als repräsentativer Querschnitt der Stichprobe betrachtet werden können. Die für die Modellgüte wichtige −2 Log Likelihood hat sich nach 6 Iterationen von einem Anfangswert 220,09 auf einen Endwert von 81,54 reduziert. Diese Abnahme ist mit einer Fehlerwahrscheinlichkeit von 0,01 Prozent signifikant und kann somit in Anlehnung an Bühl und Zöfel (1998, 343) als Indikator für ein valides Modell betrachtet werden.

Durch Anwendung der schrittweisen Methode (LR) wurden in der logistischen Regression die folgenden sieben Variablen herausgestellt, die die Unterschiede im Integrationserfolg der einzelnen Schüler am besten erklären können:

Variablen in der Regressionsgleichung
Leistungsmotivation*
Kooperationsbereitschaft*
Konzentration über längere Zeiträume*
Frustrationstoleranz
Positive Einstellung der Eltern
Anpassungsfähigkeit an wechselnde Gruppen
Lesen

Tabelle 9
* Variable konnten auch in der Korrelationsanalyse herausgestellt werden

Drei der sieben Variablen konnten auch in der Korrelationsanalyse als bedeutsam herausgestellt werden. Für die übrigen vier Variablen wurde zwar eine signifikante Korrelation festgestellt, insgesamt konnten sie jedoch nur unter 25 Prozent der Varianz aufklären. Sie scheinen somit jeweils einen kleinen, aber eigenständigen Teil der Varianz des sozialen Integrationserfolgs aufzuklären.

Fünf der sieben Variablen sind nach dem Chiquadrat-Test mit einer Irrtumswahrscheinlichkeit von weniger als fünf Prozent von Null verschieden (Spalte p). Zwei Variablen (Lesen und Anpassung an die Gruppe) sind darüber hinaus mit einer Irrtumswahrscheinlichkeit von rund neun Prozent von null verschieden und somit immerhin am Rande signifikant.

Die Voruntersuchung

Variablen in der Regressionsgleichung

Variable*	B	S.E.	Wald	df	Sig	R	Exp(B)
LESEN (7)	0,2936	0,1734	2,8682	1	0,0903	0,0628	1,3413
ELT.POS (5)	0,5995	0,1565	14,6773	1	0,0001	0,2400	1,8213
ANP.GRU (6)	0,3858	0,2277	2,8704	1	0,0902	0,0629	1,4707
MOT.LEI (1)	0,3615	0,2253	2,5749	1	0,0086	0,0511	1,4355
KOOP (2)	0,1718	0,2144	0,1121	1	0,0378	0,0900	1,0744
FRUSTOL (4)	0,4291	0,1979	4,6991	1	0,0302	0,1107	1,5358
KON.LÄN (3)	0,6868	0,2584	7,0626	1	0,0079	0,1517	1,9873
Constant	-10,6956	2,0604	26,9457	1	0,0000		

Tabelle 10

* Die Zahlen in Klammern verweisen auf die vollständigen Variablenbezeichnung in Tabelle 9

Die innere Konsistenz der Ergebnisse und somit die personenübergreifende Übereinstimmung unter den Befragten wird durch die Klassifikationstabelle in Tabelle 11 deutlich. Aus der Klassifikationstabelle geht hervor, dass rund 86 Prozent der Schüler, deren soziale Integration von den befragten Lehrern als schlecht bezeichnet wurde, in der logistischen Regression auch tatsächlich als schlecht vorhergesagt wurden. Rund 96 Prozent der Schülern, deren soziale Integration von den Lehrern als gut bewertet wurde, konnten auch mit Hilfe der Regressionsgleichung als gut sozial integriert vorhergesagt werden.

Klassifikationsergebnisse der binären logistischen Regression

Soziale Integration		vorhergesagt		Gesamtauf-
tatsächlich	N	schlecht	gut	klärungsquote
gut	57	49	8	85,96%
schlecht	117	5	112	95,73%
Gesamt	184	54	120	**92,53%**

Tabelle 11

Insgesamt entspricht dies einer korrekten Vorhersagequote von rund 92,5 Prozent, was abschließend auf eine sehr hohe innere Konsistenz innerhalb dieser sieben Variablen und somit auf eine hohe personenübergreifende Übereinstimmung unter den befragten Lehrern schließen lässt.

Die hier beschriebene binäre logistische Regression kann zusammenfassend als valides Modell bewertet werden. Zusätzlich zu den 16 Variablen aus der Analyse der Einzelkorrelationen (Tabelle 8) können demnach mit 'Frustrationstoleranz', 'positive Einstellung der Eltern', 'Anpassungsfähigkeit an wechselnde Gruppen' und der 'Lesefähigkeit' vier weitere Variablen für die Hauptuntersuchung herausgestellt werden. Im Folgenden sollen die Ergebnisse der zweiten Voruntersuchung einer kurzen Interpretation zugeführt werden.

10.2.4 Interpretation

Die Befunde der zweiten Voruntersuchung bestätigen weitgehend die Erkenntnisse aus der ersten Voruntersuchung. So weisen 71 der 91 Variablen aus der ersten Voruntersuchung auch in einer zweiten Validierung an einer neuen Stichprobe signifikante Zusammenhänge mit dem durch die Lehrer wahrgenommenen Integrationserfolg auf.

Tabelle 12 fasst die insgesamt 20 Variablen, die sich in der zweiten Voruntersuchung als bedeutsame Variablen für den (sozialen) Integrationserfolg von Schülern mit SFB herausgestellt haben, zusammen und führt sie jeweils Variablengruppen (Spalte 2) zu. Die Zusammenfassung erfolgt nach inhaltlich logischen Kriterien. Darüber hinaus wird eine Zuordnung der jeweiligen Variablengruppen in die Einzelkategorien der Metaanalyse von Newcomb et al. (1993) vorgenommen (Spalte 3).

Betrachtet man die Ergebnisse der zweiten Voruntersuchung, scheint die soziale Position eines Schülers in seiner Bezugsklasse aus Sicht der Lehrer in erster Linie durch Variablen beeinflusst zu werden, die im weitesten Sinne unter dem Begriff 'Sozialkompetenz' zusammengefasst werden können. Auf den zweiten Blick fällt auf, dass auch hier die Faktoren Aggressivität und 'sozialer Rückzug' im Gegensatz zur US-amerikanischen Befunden von Newcomb et al. (1993) keine nennenswerte Rolle spielen. Einen Erklärungsansatz für die geringe Bedeutung der Aggressivität liefert Frühauf (1986), der in seinen Untersuchungen feststellt, dass es sich bei der Gruppe der lernbehinderten 'Rückschüler' (Integrationsschüler) selten um aggressive Schüler handelt. Die meisten Rückschüler

"wurden durch Symptome verhaltensauffällig, die nicht so sehr den Lehrer in seiner Funktion oder die Mitschüler in ihren Lernmöglichkeiten bedrohen, sondern primär den einzelnen Schüler betreffen." (Frühauf, 1986, 232)

Einordnung der Variablen nach der zweiten Voruntersuchung

Zuordnung der Variablen aus der zweiten Voruntersuchung	→ Variablengruppe	→ Einordnung Newcomb et al. (1993)
1. Leistungsmotivation 2. Anstrengungsbereitschaft	→ 1. Motivation	→ Sozialkompetenz
3. Selbstständigkeit (Gruppenarbeit) 4. Selbstständigkeit (Hausaufgaben) 5. Selbstständigkeit (Anweisungen) 6. Selbstständigkeit (Einzelarbeit)	→ 2. Selbstständigkeit	→ Sozialkompetenz
7. Frustrationstoleranz 8. Belastbarkeit	→ 3. Belastbarkeit	→ Sozialkompetenz
9. Selbstreflexion 10. Realistische Selbsteinschätzung	→ 4. Selbstreflexion	→ Sozialkompetenz
11. Kooperationsbereitschaft 12. Individuelle Absprachen einhalten 13. Verhalten im Offenen Unterricht 14. Anpassungsf. (Gruppenwechsel)	→ 5. Sozialkompetenz	→ Sozialkompetenz
15. Konzentration (längere Zeiträume) 16. Konzentration (wenig Interesse)	→ 6. Konzentration	→ Kognition
17. Lernerfolg 18. In großen Gruppen lernen können 19. Lesen	→ 7. Schulleistung	→ Kognition
20. Positive Einstellung (Eltern)	→ 8. Elternvariablen	→ ---

Tabelle 12

Somit muss insgesamt davon ausgegangen werden, dass dem Kriterium Aggressivität an deutschen Integrationsschulen keine entscheidende Bedeutung für den sozialen Integrationserfolg zukommt. Ansonsten wäre nur schwer zu erklären, warum acht von 33 Schülern (ca. 24 Prozent), die von ihren Lehrern als extrem aggressiv eingestuft wurden, von den gleichen Lehrern als 'erfolgreich' sozial integriert eingeschätzt wurden.

Ähnlich wie in der ersten Voruntersuchung scheinen vermeintlich voluntative Variablen wie Leistungsmotivation und Anstrengungsbereitschaft eine große Bedeutung für die soziale Integration der Schüler zu haben. So konnte z.B. für die Variable Leistungsmotivation sowohl in der Analyse der Einzelkorrelationen ($r = .61$) als auch in der logistischen Regressionsgleichung ($B = .3615$) ein hoher Zusammenhang mit der Wahrnehmung des Integrationserfolges festgestellt werden.

Als weitere wichtige Variable kann (im Gegensatz zu US-amerikanischen Befunden) der Faktor Lernerfolg bewertet werden. Hinzu kommen die Lesekompetenzen ($B = .2936$), die im Rahmen der logistischen Regression einen kleinen, aber anscheinend eigenständigen Anteil der Varianz des Integrationserfolges aufklären konnten.

Eine vergleichsweise geringe, aber ebenfalls eigenständige Varianz kann die positive Einstellung der Eltern (eines Schülers mit SFB) aufklären (B = .5995). Auch hier scheinen sich Hinweise auf Unterschiede zu US-amerikanischen Befunden herauszustellen, wo für Eltern-Variablen kein nennenswerter Einfluss auf die soziale Integration nachgewiesen werden konnte.

Die nosologische Beurteilung der Schüler über die klassischen Behinderungsformen[23] konnte im Hinblick auf die soziale Integration nahezu keine Varianz aufklären. Einzig die Einschätzung der Lehrer zur Ausprägung des 'erziehungsschwierigen Verhaltens' konnte mit einer Korrelation von r = .41 etwas weniger als 25 Prozent der Varianz des sozialen Integrationserfolgs aufklären. Dieser Befund stützt die in dieser Arbeit vertretende These, dass die Einflussfaktoren für soziale Integration behinderungsübergreifend wirksam sind.

10.3 Synthese der Ergebnisse

Mit der zweiten Voruntersuchung ist die semantische Analyse des Forschungsgegenstandes abgeschlossen (vgl. Kapitel 9.2). Ziel der semantischen Analyse war, die empirische Breite des Forschungsgegenstandes abzustecken und dadurch Merkmale herauszustellen, über die im Gemeinsamen Unterricht soziale Vergleichsprozesse ablaufen könnten. Auf Grundlage der Austauschtheorie von Thibaut und Kelley (1959) sowie Erkenntnissen von Petillon (1978) und Haeberlin et al. (1999) wurden diese Merkmale in einer zweischrittigen Voruntersuchung (vgl. Kapitel 10.1 und 10.2) aus Sicht der Lehrer eingegrenzt und schließlich zu acht Merkmalsbereichen zusammengefasst (Kapitel 10.2.4). Um einen Vergleich mit internationalen Forschungsbefunden zu ermöglichen, fließen auch Variablen in die Ergebnisse der semantischen Analyse ein, die in der internationalen Forschung als signifikante Stellgrößen der sozialen Integration herausgestellt wurden (Kapitel 5.2). Abbildung 4 gibt einen zusammenfassenden Überblick über die Ergebnisse der semantischen Analyse. Zusätzlich zu den acht Variablen der Hauptuntersuchung gibt es mit Aggressivität, sozialem Rückzugsverhalten und Intelligenz drei Variablen, für die ausschließlich in der internationalen Forschung ein Einfluss auf die soziale Integration nachgewiesen wurde. Während Aggressivität und soziales Rückzugsverhalten aus der Metaanalyse von Newcomb et al. (1993) als eigenständige Faktoren hervorgingen, stellt Intelligenz eine Variable dar,

---

[23] Körperbehinderung, Geistige Behinderung, Sprachbehinderung, Lernbehinderung, Sehbehinderung, Gehörlosigkeit, Schwerhörigkeit

über die in verschiedenen Untersuchungen die kognitiven Eigenschaften der Schüler operationalisiert waren.

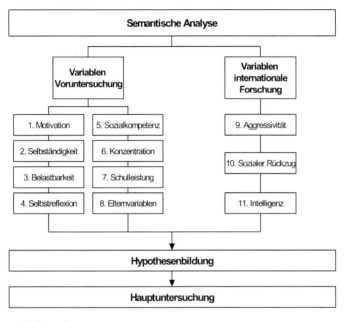

Abbildung 4

Alle elf Variablen fließen gemeinsam in die Hauptuntersuchung ein. Auf ihrer Grundlage wird in Kapitel 11.6 die Hypothesenbildung vorgenommen. Insgesamt wird davon ausgegangen, dass Gruppenkonformität in diesen Faktoren zu sozialer Integration führt. Non-Konformität führt dementsprechend zu sozialer Ausgrenzung bzw. Ablehnung. Die soziale Ablehnung steigt dabei mit der Anzahl der abweichenden Faktoren und der Stärke der Abweichung.

11 Die Hauptuntersuchung

In der Voruntersuchung wurden insgesamt 11 Faktoren herausgestellt, über die soziale Vergleichsprozesse im Gemeinsamen Unterricht ablaufen könnten. In der Hauptuntersuchung soll nun der angenommene Zusammenhang zwischen diesen elf Faktoren und sozialer Integration im Gemeinsamen Unterricht überprüft werden.

Dazu sollen zunächst die eingesetzten Untersuchungsinstrumente beschrieben und einige Vorbedingungen geklärt und festgelegt werden. Hierzu werden in einem ersten Schritt die elf im Rahmen der semantischen Analyse ermittelten Faktoren operationalisiert und somit auf konkret untersuchbare psychologisch-pädagogische Größen herunter gebrochen (Kapitel 11.2-11.5). Auf Grundlage dieser Operationalisierung wird in einem zweiten Schritt die Hypothesenbildung vorgenommen (Kapitel 11.6). Die Vorhersage wird dabei jeweils auf Grundlage der Theorie sozialer Vergleichsprozesse formuliert.

11.1 Untersuchungsinstrumente

Im Rahmen der Auswahl der Untersuchungsinstrumente mussten geeignete Verfahren für die elf (unabhängigen) Untersuchungsvariablen sowie für die zentrale abhängige Variable (soziale Integration) gefunden werden.

Die Auswahl der Untersuchungsinstrumente leitet sich aus drei wesentlichen Faktoren ab. Der erste und wichtigste Faktor zielt auf die zu messenden Faktoren selbst ab. So müssen die gewählten Verfahren alle elf in Kapitel 10.3 herausgestellten unabhängigen Variablen sowie die abhängige Variable soziale Integration auf einer ausreichend validen und reliablen Basis messen können.

Der zweite Faktor liegt in der Beschaffenheit der Zielgruppe. So wird in der vorliegenden Untersuchung davon ausgegangen, dass Abweichungen von der Gruppennorm zu sozialer Ausgrenzung führen. Diese Vorannahme macht es erforderlich, dass neben den Schülern mit SFB auch die Schüler ohne besonderen Förderbedarf untersucht werden. Die einzelnen Verfahren müssen folglich auf die gesamte Bandbreite der Schüler im Gemeinsamen Unterricht anwendbar sein, ohne dass dies zu einer nennenswerten Minderung der Testgüte führt. Eine weitere Besonderheit der Zielgruppe liegt im vergleichsweise niedrigen Alter der Schüler. Obwohl die im Rahmen der Voruntersuchung isolierten Faktoren als bekannte psychologische Größen betrachtet werden können, sind die einzelnen Testverfahren in der Regel auf eine erwachsene Zielgruppe zugeschnitten.

Die Anzahl der zur Auswahl stehenden Untersuchungsinstrumente wird folglich durch Heterogenität und Lebensalter der Zielgruppe in besonderer Weise reduziert.

Der dritte Faktor zielt auf die Ökonomie der jeweiligen Verfahren ab. Die Fragestellung der Arbeit fokussiert ein einzelfallübergreifendes Phänomen, dass nur an einer entsprechend umfangreichen Stichprobe überprüft werden kann. Die gewählten Untersuchungsinstrumente müssen dementsprechend als Gruppenverfahren durchführbar sein und eine ökonomische Auswertung bzw. Interpretation der Ergebnisse zulassen.

Auf der Grundlage dieser drei Faktoren wurden Recherche und Auswahl der Untersuchungsinstrumente für die Hauptuntersuchung vorgenommen. Als Quellen dienten die Datenbaken *Psyndex plus*[24] und *PsycInfo*[25], das *elektronische Handbuch sozialwissenschaftlicher Erhebungsinstrumente des Zentrums für Umfragen, Methoden und Analysen* (ZIS 6.0[26]) und das *Online-Verzeichnis der Testzentrale Göttingen*[27].

Neun der insgesamt zwölf Variablen (elf unabhängige und eine abhängige Variable) können nach Abschluss der Recherche durch standardisierte Verfahren erhoben werden. Die Zuordnung der einzelnen Faktoren zu den jeweiligen Verfahren findet dabei auf der Ebene der Untertests statt. So beinhalten einige Verfahren verschiedene Untertests, die im Rahmen der Operationalisierung jeweils unterschiedlichen Faktoren aus der Voruntersuchung zugeordnet werden. Die konkrete Zuordnung von Untertests zu den einzelnen Faktoren wird im Rahmen der Operationalisierung in Kapitel 11.2 vorgenommen.

Für die Faktoren *Schulleistung* und *Einstellung der Eltern zum Gemeinsamen Unterricht* wurden darüber hinaus eigens Fragebogen entwickelt, da keine ausreichend ökonomischen Verfahren in deutscher Version zur Verfügung standen.

Für die abhängige Variable soziale Integration wurde auf Grundlage der Arbeiten von Moreno (1967) und Petillon (1978) ein Fragebogen entwickelt, mit dessen Hilfe sich für jeden Schüler jeweils ein Wahl- und ein Ablehnungsstatus berechnen lässt. Insgesamt wird die Hauptuntersuchung mit folgenden acht Untersuchungsinstrumenten durchgeführt:

---

[24] http://www.zpid.de (Stand Januar 2002)
[25] http://www.zpid.de (Stand Januar 2002)
[26] http://www.gesis.org/Methodenberatung/ZIS (Stand Januar 2002)
[27] http://www.testzentrale.de (Stand Januar 2002)

Forschungsinstrumente der Hauptuntersuchung

Testname	Abkürzung	Autoren der deutschen Fassung	Jahrgang der verwendeten Version
Grundintelligenztest Skala 2	Cft 20	Weiß, R.H.	1998
Persönlichkeitsfragebogen für Kinder zwischen 9 und 14 Jahren	PFK 9-14	Seitz, W. Rausche, A.	1993
Stressverarbeitungsfragebogen von Janke und Erdmann angepasst für Kinder und Jugendliche	SVF-KJ	Hampel, P. Petermann, F. Dickow, B.	2000
Differentieller Leistungstest für Kinder im Grundschulalter	DL-KG	Kleber, E. W. Kleber, G. Hans, O.	1975
Beurteilungshilfen für Lehrer	BfL	Janowski, A. Fittkau, B. Rauer, W.	1994
Fragebogen: Schulleistung (Lesen, Rechnen, Sachunterricht und Sport)	FB-SL	---	2002
Fragebogen: Einstellung der Eltern zum Gemeinsamen Unterricht	FB-GU	---	2002
Fragebogen: Soziale Integration	FB-SI	in Anlehnung an Moreno (1967)	2002
Fragebogen: Fragebogen für Lehrerinnen und Lehrer	FB-LE	---	2002

Tabelle 13

Bei der Testdurchführung wurde den Schülern jeweils versichert, dass alle Ergebnisse anonym bleiben und keinen Einfluss auf die Schulnoten haben werden. Bei Verfahren mit hohem Sprach- bzw. Schriftanteil (SVF-KJ und PfK 9-14) wurden die einzelnen Items darüber hinaus vom Testleiter vorgelesen, um Schüler mit schlechten Leseleistungen nicht zu stark zu beanspruchen und somit das Risiko einer Ergebnisverzerrung durch unsystematische Zufallsangaben zu vermindern. Im Folgenden werden die wichtigsten Eckdaten der Untersuchungsinstrumente dargestellt.

11.1.1 Cft 20

Der Cft 20 ist ein nonverbaler Intelligenztest, der auf das Intelligenzmodell von R. B. Cattell aufbaut. Der Test misst die fluide Intelligenz, die für eine generelle Problemlösefähigkeit des Menschen steht und weitgehend unabhängig von Vorerfahrungen und kulturellem Hintergrund ist (vgl. Kail und Pellegrino, 1989, 37 f.).

Der Cft 20 ist für eine Altersspanne von 8 ½ bis 18 Jahren geeignet und kann auch bei Schülern mit Lernschwierigkeiten angewandt werden. Als weitere Einsatzbereiche nennt der Testautor wissenschaftliche Fragestellungen im Rahmen der Schulbegleitforschung (vgl. Weiß, 1998, 11)

Der Cft 20 wurde anhand einer Stichprobe von 4400 Schülern geeicht, was insgesamt als eine solide Grundlage bewertet werden kann. Die Validität des Tests wurde als Konstruktvalidität und faktorielle Validität überprüft. Alle vier Subtestarten des Cft 20 korrelieren zwischen $r = .78$ und $r = .83$ mit dem 'g-Faktor' anderer Intelligenztests. Die Split-Half-Reliabilität ist für die Gesamtscore mit $r = .95$ angegeben (vgl. Weiß, 1998, 12). Die Objektivität der Testdurchführung ist durch eine standardisierte Testanweisung und –Auswertung gewährleistet.

Insgesamt kann die Testgüte des Cft20 für die hier im Mittelpunkt stehende Fragestellung als ausreichend betrachtet werden. Folgende Variable des Cft´s fließen in die Hauptuntersuchung ein:

| IQ: | CFT 20 - Gesamtergebnis (beide Testhälften) |

11.1.2 PfK 9-14

Der PfK 9-14 zielt auf die Erfassung verschiedener Dimensionen der Persönlichkeit von Kindern ab. Bei Persönlichkeitstest wird in der Regel zwischen der Erfassung von zeit- und situationsübergreifenden Verhaltens- und Erlebenscharakteristika (Traits) auf der einen Seite und der Erfassung konkreter Reaktionen gegenüber einem bestimmten Objekt oder einer bestimmten Situation (Habits) auf der anderen Seite unterschieden.

Der PfK 9-14 zielt in erster Linie auf die Erfassung von interindividuell vergleichbaren Traits ab. Der Test misst insgesamt 17 Persönlichkeitsdimensionen (vgl. Seitz und Rausche, 1992, 4f.).

Die Anwendungsgebiete sind nach Angaben der Autoren breit gestreut und reichen von der differenzialdiagnostischen Einzelfallberatung bis zur Evaluation (schul-)pädagogischer Programme und der pädagogisch psychologischen Grundlagenforschung. Die Zielgruppe sind Kinder von neun bis 14 Jahren, wobei von den Autoren keine besonderen Angaben über die Schulform gemacht werden.

Der PfK 9-14 wurde an einer Stichprobe von insgesamt 1237 Schülern überprüft. Die einzelnen Persönlichkeitsdimensionen sind ebenfalls faktorenanalytisch überprüft. Das Verfahren besitzt inhaltlich-logische Gültigkeit. Bezüglich der empirischen Validität liegen Ergebnisse über Beziehungen zu verschiedenen externen Variablen wie 'schulische und sportliche Leistungen', 'Intelligenz', 'Verhaltensauffälligkeiten' oder 'elterlichem Erziehungsverhalten' vor. Die Split-Half-Reliabilität der einzelnen primären Dimensionen liegt zwischen $r = .69$ und $r = .79$ und kann somit für das hier im Mittelpunkt stehende Forschungsinteresse als ausreichend bewertet werden. Die Objektivität ist durch eine standardisierte Testdurchführung und Auswertung ausreichend gewährleistet.

Bei der Testauswertung wurde von der im Testhandbuch empfohlenen Vorgehensweise abgewichen. Um die vergleichsweise große Anzahl von Tests ökonomisch und fehlerfrei auswerten zu können, wurde auf eine eigens zu diesem Zweck entwickelte Auswertungssoftware[28] zurückgegriffen, in die die Antworten der Schüler eingegeben, automatisch ausgewertet und in entsprechende T-Werte umgewandelt wurden. Der wichtigste Grund für dieses Vorgehen liegt neben der Minimierung von Auswertungsfehlern in der Verringerung der Auswertungszeit, die auf diese Weise nur noch rund 20 Prozent des herkömmlichen Zeitaufwandes beträgt.

Für die Hauptuntersuchung wurden nur sieben der insgesamt 17 primären Dimensionen des PfK 9-14 verwendet, was nach Angaben der Autoren zu Forschungszwecken als unproblematisch bewertet werden kann. Die Verständlichkeit der Items zu allen 17 Dimensionen wurde zuvor durch sechs erfahrene Sonderschullehrerinnen geprüft. Dimensionen, die schwer verständliche Fragen enthielten, wurden von vornherein aus der Untersuchung ausgeschlossen. Abschließend wurden die folgenden sieben Persönlichkeitsdimensionen ausgewählt:

MO1:	Bedürfnis nach Ich-Durchsetzung, Aggression und Opposition
MO3:	Schulischer Ehrgeiz
MO4:	Bereitschaft zu sozialem Engagement
MO5:	Neigung zu Gehorsam

---

[28] Dabei handelte es sich um ein VBA-Makro auf Excel-Grundlage. Die Zuverlässigkeit des Makros wurde anhand von Probeauswertungen bestätigt. Dabei wurden zehn Testbögen auf die im Testhandbuch beschriebene Weise ausgewertet und mit den Ergebnissen des VBA-Makros verglichen. Bei den zehn Vergleichen kam es zu keinerlei Abweichungen.

VS2:	Fehlende Willenskontrolle
VS4:	Zurückhaltung und Scheu im Sozialkontakt
SB3:	Selbsterleben von Impulsivität

Um die Ergebnisse möglichst wenig durch Verständnisprobleme zu verzerren, wurde der PfK 9-14 mit der Klasse gemeinsam durchgeführt. Dabei wurde jedes Item erst durch den Testleiter vorgelesen und dann durch die Schüler beantwortet.

11.1.3 SVF-KJ

Der SVF-KJ ist ein Persönlichkeitsfragebogen, mit dem die habituelle Stress- und Belastungsverarbeitung von Kindern und Jugendlichen erfasst werden kann. Im Gegensatz zum PfK 9-14 werden mit dem SVF-KJ Reaktionen auf konkret dargestellte (Belastungs-) Situationen (Habits) erfasst. Das Verfahren besteht aus insgesamt 72 Items. Die Items können jeweils neun unterschiedlichen Stressverarbeitungsstrategien zugeordnet werden (vgl. Hampel et al. 2000, 29).

Die Anwendungsgebiete reichen nach Angaben der Autoren von der differenzialdiagnostischen Einzelfallberatung bis hin zur klinischen Grundlagenforschung. Die Zielgruppe wird mit Kindern und Jugendlichen im Alter von acht bis 13 Jahren angegeben. Die Normierung basiert auf einer Stichprobe von 1123 Kindern und Jugendlichen. Die Validität wurde mit Hilfe anderer Testkonstrukte und externer Kriterien überprüft und kann als zufriedenstellend bewertet werden. Die Retest-Reliabilität (sechs Wochen) liegt je nach Stressverarbeitungsdimension zwischen $r = .61$ und $r = .70$. Die Objektivität des SVF-KJ wird durch eine standardisierte Testdurchführung gewährleistet. Ähnlich wie beim PfK 9-14 wurde auch beim SVF-KJ von dem im Testhandbuch beschriebenen Vorgehen bei der Auswertung abgewichen. Die Auswertung verlief auch hier aus Gründen der Ökonomie über eine für die Hauptuntersuchung entwickelte Auswertungssoftware[29]. Für die Hauptuntersuchung wurde eine von den Testautoren vorgeschlagene Kurzversion durchgeführt (vgl. Hampel et al., 2000).

Um die Ergebnisse möglichst wenig durch Verständnisprobleme zu verzerren, wurde der Klasse jedes Item erst durch den Testleiter vorgelesen und dann durch die Schüler beantwortet. Darüber hinaus wurden die einzelnen Items des SVF-KJ von sechs erfahrenen Sonderschullehrern begutachtet und auf mögliche Verständnisschwierigkeiten untersucht. Nach dieser in-

---

[29] Dabei handelte es sich um ein VBA-Makro auf Excel-Grundlage. Die Zuverlässigkeit des Makros wurde anhand von Probeauswertungen bestätigt. Dabei wurden zehn Testbögen auf die im Testhandbuch beschriebene Weise ausgewertet und mit den Ergebnissen des VBA-Makros verglichen. Bei den zehn Vergleichen kam es zu keinerlei Abweichungen.

haltlichen Analyse wurden schließlich folgende fünf Skalen für die Hauptuntersuchung ausgewählt:

SUB:	Soziales Unterstützungsbedürfnis
AGG:	Aggressivität
PCO:	Positive Stressverarbeitung
PRB:	Problemlösende Bewältigung

11.1.4 BfL

Die BfL kann als Instrument für eine strukturierte und ganzheitliche Verhaltensbeurteilung von Schülern vom dritten bis zum elften Schuljahr bezeichnet werden. Dabei wird das soziale, emotionale und leistungsbezogene Verhalten der Schüler auf der Basis direkt beobachtbarer Verhaltensweisen bewertet. Die Bewertung wird durch den Lehrer vorgenommen. Die Auswahl der insgesamt 16 Verhaltensmerkmale stellt einen Kompromiss zwischen den allgemeinen Lernzielen der Bundesländer und Ergebnissen psychologischer Persönlichkeitsforschung dar (vgl. Janowski et al., 1994, 14f.).

Die wichtigsten Anwendungsbereiche liegen im förderdiagnostischen Bereich, schließen jedoch einen forschungsbezogenen Einsatz nicht aus. Die BfL beansprucht in erster Linie inhaltlich-logische Validität. Die Zuordnung der Verhaltensmerkmale wurde faktorenanalytisch mit Hilfe einer Stichprobe von 4598 Schülern vorgenommen und durch Expertenurteile bestätigt. Die Verfasser machen nur wenige Angaben zur Reliabilität. In erster Linie wird auch hier die 'Homogenität der Verhaltensweisen pro Verhaltensmerkmal' als wichtigstes Kriterium für die Reliabilität angegeben (vgl. Janowski et al., 1994, 36). Eine Umwandlung der Ergebnisse in interindividuell vergleichbare Normwerte kann mit der BfL nicht vorgenommen werden, ist jedoch zu Forschungszwecken auch nicht erforderlich. Die Objektivität ist durch eine standardisierte Durchführung gewährleistet. Insgesamt können die Gütekriterien für die hier im Mittelpunkt stehende Frage als ausreichend betrachtet werden.

Für die Hauptuntersuchung sind nur die folgenden vier der insgesamt 16 Verhaltensmerkmale (VM) ausgewählt worden:

VM 5:	Lern-, leistungsmotiviertes und allgemein interessiertes Verhalten
VM 6:	Angemessenes Arbeits- und Leistungsverhalten
VM 7:	Selbstständiges, selbstgesteuertes und selbstbestimmtes Verhalten
VM 10:	Aggressives Verhalten

11.1.5 DL-KG

Mit dem DL-KG soll bei Grundschülern zwischen sechs und zehn Jahren und Schülern mit SFB ab neun Jahren die Konzentrationsleistung in quantitativer und qualitativer Hinsicht gemessen werden. Bei dem Verfahren handelt es sich um einen Durchstreichtest, der im Gegensatz zu vielen ähnlichen Verfahren den Verlauf der Konzentrationsleistung über einen vergleichsweise langen Zeitraum von insgesamt 21 Minuten untersucht. Demnach besitzt eine Person eine hohe Konzentrationsfähigkeit, wenn sie über einen längeren Zeitraum eine hohe Diskriminationsleistung mit wenig Fehlern bei hoher Gleichmäßigkeit der Leistung besitzt (vgl. Kleber et al.,1975, 9).

Der Anwendungsbereich des DL-KG ist breit gestreut und reicht von differentialdiagnostischen Fragestellungen bis hin zur empirischen Grundlagenforschung. Der Test wurde mit einer Eichstichprobe von 906 Schülern normiert. Seine Konstruktvalidität ist durch vergleichsweise hohe, signifikante Korrelationen mit anderen Konzentrationstests belegt. Die Split-Half-Reliabilität bewegt sich für die einzelnen Altersgruppen um r = .95. Die Objektivität ist durch eine standardisierte Testdurchführung und – Auswertung gewährleistet.

Wie schon beim PfK 9-14 und beim SVF-KJ wurde auch beim DL-KG aus Gründen der Ökonomie und der Fehlerrisikominimierung von der im Testhandbuch beschriebenen Auswertung abgewichen. Diese Intervallleistung wurde mit Hilfe einer für die Hauptuntersuchung entwickelten Auswertungssoftware[30] zu den einzelnen Ergebnis-Rohwerten verrechnet. Die Formeln zur Berechnung der Ergebnis-Rohwerte wurden direkt dem Tastmanual (Kleber, 1978, 34ff.) entnommen. Auf die Umwandlung der einzelnen Rohwerte in Standardwerte wurde aufgrund des vergleichsweise hohen Testalters verzichtet. Stattdessen wurden die Rohwerte der Gesamtstichprobe in z-Werte transformiert und flossen so in die Hauptuntersuchung ein. Mit dem DL-KG fließen die folgenden Variablen in die Hauptuntersuchung ein:

GZT:	Gesamtleistung bei konzentrierter Tätigkeit
FT:	Fehlerleistung bei konzentrierter Tätigkeit
GLEI:	Gleichmäßigkeit der Leistung bei konzentrierter Tätigkeit
GZI:	Belastbarkeit bei konzentrierter Tätigkeit (Gesamtleistung)
FTI:	Belastbarkeit bei konzentrierter Tätigkeit (Fehlerleistung)

---

[30] Dabei handelt es sich um ein VBA-Makro auf Excel-Grundlage. Die Zuverlässigkeit des Makros wurde anhand von Probeauswertungen bestätigt. Dabei wurden zehn Testbögen auf die im Testhandbuch beschriebene Weise ausgewertet und mit den Ergebnissen des VBA-Makros verglichen. Bei den zehn Vergleichen kam es zu keinerlei Abweichungen.

11.1.6 Fragebogen Schulleistung

Mit dem Fragebogen Schulleistung wird der subjektiv durch den Lehrer wahrgenommene Leistungsstand eines Schülers eingeschätzt. Dabei wird davon ausgegangen, dass sich Schüler in der Grundschule in ihrem Urteil über die Schulleistung eines anderen Schülers noch in erster Linie am Lehrerurteil und nicht an dessen objektiv feststellbaren Fertigkeiten orientieren. Von ähnlichen Vorannahmen gehen auch Haeberlin (1999), Patterson et al. (1990) und Petillon (1978) aus.

Die Einschätzungen der Lehrer wurden mit Hilfe einer leicht abgewandelten Noten-Skala abgefragt. Der hierzu verwendete Fragebogen besitzt ausschließlich inhaltlich-logische Validität. Im Rahmen einer Vorstudie wurde darüber hinaus das Anweisungsverständnis überprüft.

Die Reliabilität des Fragebogens wurde mittels Retest überprüft. Dabei sollten zehn befragte Referendare und Lehrer ihre Klasse zweimal im Abstand von sechs Wochen bewerten. Die Retest-Reliabilität wurde durch eine Korrelation zwischen Test- und Retestergebnissen berechnet und kann mit $r_{tt} = .79$ angegeben werden. In Anlehnung an Rammstedt (2004) wird die Reliabilität dieses Fragebogens als ausreichend bewertet (Rammstedt, 2004, 15). Die Objektivität des Fragebogens wurde durch eine standardisierte, schriftliche Anweisung gewährleistet. Dabei ist zu betonen, dass der Fragebogen keine objektive nachvollziehbare Leistungsbewertung der Schüler, sondern vielmehr die subjektive Wahrnehmung der Lehrer messen soll.

Die Noten wurden mit Hilfe eines Auswertungstools[31] erfasst und direkt in Punktwerte zwischen 1 (entspricht einer 6-) und 18 (entspricht einer 1+) umgerechnet. Der Fragebogen befindet sich im Anhang.

LES:	Fertigkeiten im Lesen
REC:	Fertigkeiten im Rechnen
SAC:	Fertigkeiten im Sachunterricht
SPO:	Fertigkeiten im Sport

11.1.7 Fragebogen Eltern

Einen Fragebogen zur Erfassung der elterlichen Einstellung zum Gemeinsamen Unterricht war bis zur Durchführung der Hauptuntersuchung nicht veröffentlicht. Aus diesem Grunde war die Entwicklung eines neuen Fragebogens erforderlich. Der hier verwendete Elternfragebogen misst den

---

[31] Dabei handelte es sich um ein VBA-Tool auf Excel-Grundlage. Die Zuverlässigkeit wurde durch Probeauswertungen bestätigt.

Grad der 'positiven Einstellung' der Eltern von Kindern mit SFB zur Integration ihrer Kinder. Dabei werden die folgenden drei Bereiche in die Bewertung dieser 'positiven Einstellung' einbezogen:

1. die positive Bewertung der schulischen Integration in der <u>Vergangenheit</u>
2. das aktive und interessierte Engagement der Eltern in der <u>Gegenwart</u>
3. die Bereitschaft zur Fortsetzung der schulischen Integration in der <u>Zukunft</u>

Die Entwicklung dieser drei Bereiche und der darauf basierenden Fragen erfolgte in drei Schritten:

(1) Qualitative Interviews mit erfahrenen Grundschullehrer zu Kriterien, an denen sie eine positive Einstellung zum Gemeinsamen Unterricht feststellen würden. Daraus resultierten 21 Kriterien.

(2) Überprüfung dieser 21 Kriterien mit einer Vorversion des Fragebogens. Befragt wurden 16 Elternteile, von denen die Einstellung zum Gemeinsamen Unterricht bekannt war.

(3) Berechnung einer Korrelation zwischen a) der Einschätzung der positiven Einstellung zum Gemeinsamen Unterricht durch den Lehrer und b) der Ausprägung der 21 Kriterien. In die Endfassung des Fragebogens wurden ausschließlich Items aufgenommen, die mindestens 10 Prozent der Varianz aufklären konnten.

Die Endfassung des Fragebogens bestand aus 12 Fragen, die sich jeweils auf die drei oben beschriebenen Bereiche (Vergangenheit, Gegenwart, Zukunft) bezogen. Die Validität des Fragebogens kann folglich neben der inhaltlich-logischen Güte auch durch die Voruntersuchung als ausreichend bezeichnet werden. Eine Überprüfung der Reliabilität wurden nicht vorgenommen. Die Objektivität des Verfahrens kann durch eine standardisierte Handhabung des Fragebogens als weitgehend gesichert gelten. Die zwölf Items des Fragebogens wurden für die Hauptuntersuchung zu einer einzelnen Variable 'Positive Einstellung der Eltern zum Gemeinsamen Unterricht' verrechnet. Eine Gewichtung einzelner Fragen wurde nicht vorgenommen. Der Elternfragebogen misst somit folgende Variable:

ELT:	Grad der positiven Einstellung von Eltern zum GU

11.1.8 Fragebogen Lehrerinnen und Lehrer

Die Notwendigkeit eines Fragebogens für schul- und unterrichtsbezogene Faktoren ergibt sich aus der Zielsetzung der Integrationspädagogik (vgl Kapitel 3.6). Im dem gesamten Fragebogen werden neben direkt unterrichtsbezogenen Variablen auch lehrer- und schulbezogene Faktoren erfasst. Um verwirrende Formulierungen zu vermeiden, sollen alle drei Bereiche (Unterricht, Lehrer und Schule) folgend unter dem Begriff unterrichtsbezogene Variablen zusammengefasst werden.

Die Entwicklung des Fragebogens verlief in vier Schritten. Alle Schritte beruhen auf der Befragung von Lehrern, die mindestens zwei Jahre Erfahrungen im Gemeinsamen Unterricht haben.

(1) Schriftliche Befragung von 25 zufällig ausgewählten Lehren in NRW. In dieser Befragung wurden die befragten Personen gebeten, unterrichtsbezogene Faktoren anzugeben, die die soziale Integration von Schülern mit SFB ihrer Erfahrung nach positiv oder negativ beeinflussen können (Rücklauf: 14 Fragebögen).

Die Antworten wurden in größeren Clustern zusammengefasst. Am Ende dieser qualitativen Analyse standen die folgenden acht Bereiche

1. Umfang der Unterstützung durch eine zweite Hilfskraft im Unterricht
2. Umfang der inneren Differenzierung
3. Erfahrung des Lehrers im Gemeinsamen Unterricht
4. Erfahrung der Schule mit Gemeinsamem Unterricht
5. Ganztagsangebot für Schüler mit SFB
6. Organisationsformen im Unterricht
7. Lernen am Gemeinsamen Gegenstand
8. Fortbildungen im Bereich Gemeinsamer Unterricht

(2) Operationalisierung dieser acht Bereiche durch sieben Lehrer. Dabei wurden alle Antworten übernommen, die mindestens von drei Lehrern genannt wurden.

Mit Hilfe der beiden hier dargestellten Expertenbefragungen konnte ein Fragebogen mit 15 übergeordneten Fragen entwickelt werden, der insgesamt die folgenden 33 unterrichts-, schul- und lehrerbezogenen Variablen erhebt. Die Variablen spiegeln einen Querschnitt der wichtigsten Faktoren wider, die aus Lehrersicht die soziale Integration von Schülern mit SFB beeinflussen können. Der Fragebogen selbst befindet sich im Anhang.

01STÄ:	Klassenstärke
01SFB:	Anzahl der Schüler mit SFB
02ALL:	Schulstunden Klassenlehrer pro Woche (alleine)
03REG:	Schulstunden mit einem zweiten Regelschullehrer pro Woche
03SON:	Schulstunden mit einem Sonderschullehrer pro Woche
03ZIV:	Schulstunden mit Zivildienstleistenden oder Praktikanten pro Woche
04VOR:	Zeitstunden Vorbereitung mit zweiter Fachkraft pro Woche
05EIN:	Einzelförderung pro Woche
05GRU:	Aufteilung der Klasse in zwei Lerngruppen
06TJA:	Zusammenarbeit im Team in Jahren
07ERR:	Erfahrung im GU in Jahren (Regelschullehrer)
07ERS:	Erfahrung im GU in Jahren (Sonderschullehrer)
08KLR:	Unterricht in dieser Klasse in Jahren (Regelschullehrer)
08KLS:	Unterricht in dieser Klasse in Jahren (Sonderschullehrer)
09SGU:	Anzahl der Jahre im Gemeinsamen Unterricht (Schule)
10GAN:	Ganztagsschule
11GAN:	Gemeinsamer Unterricht im Schulprogramm
12FRO:	Schulstunden Frontalunterricht
12WOP:	Schulstunden Wochenplanunterricht
12STA:	Schulstunden Stationsunterricht
12FRE:	Schulstunden Freiarbeit
12FÖR:	Schulstunden Förderdiagnostik
12JÜB:	Schulstunden jahrgangsübergreifender Unterricht
13GEM:	Häufigkeit von Lernen am gemeinsamen Lerngegenstand
14FRE:	Kriterien bei Auswahl von Schülern: Freie Plätze
14SEL:	Kriterien bei Auswahl von Schülern: Schüler selbst
14TEA:	Kriterien bei Auswahl von Schülern: Team
14SCH:	Kriterien bei Auswahl von Schülern: Schüler in Klasse
14EL1:	Kriterien bei Auswahl von Schülern: Eltern des Schülers mit SFB
14EL2:	Kriterien bei Auswahl von Schülern: Elternschaft der Klasse
14RSP:	Kriterien bei Auswahl von Schülern: Schulausstattung
15FOR:	Anzahl der Fortbildungen (Regelschullehrer)
15FOS:	Anzahl der Fortbildungen (Sonderschullehrer)

Die Validität des Fragebogens wird neben ihrer inhaltlich-logischen Güte vor allem durch die beiden oben dargestellten Expertenbefragungen sichergestellt. Eine Überprüfung der Reliabilität wurde nicht vorgenommen. Die Objektivität des Fragebogens wird durch eine standardisierte, schriftliche Einführung gewährleistet.

11.1.9 Fragebogen zur sozialen Integration

Der Fragebogen zur sozialen Integration misst mit dem 'sozialen Status' die entscheidende abhängige Variable der Hauptuntersuchung. Da diese Variable in besonderer Weise die Güte der angestrebten Untersuchung beeinflusst, soll das theoretische Konstrukt, auf dem dieser Fragebogen aufbaut, im Folgenden etwas detaillierter beschrieben werden.

Grundsätzlich orientiert sich das Vorgehen der Hauptuntersuchung an Arbeiten von Moreno (1967), der mit der Entwicklung der soziometrischen Technik das Fundament für die moderne soziometrische Diagnostik gelegt hat. Die konkrete Erhebung der soziometrischen Daten ist an Arbeiten von Petillon (1978), Wocken (1987), Haeberlin (1999) sowie Dumke und Schäfer (1993) angelehnt. Ihre Auswertung und Interpretation sowie die in Kapitel 11.2.11 folgende Operationalisierung orientiert sich hingegen am international anerkannten Vorgehen von Coie et al. (1988) (vgl. Coie et al. 1988, 817ff.; Schuster, 1997, 265f.; Gasteiger-Klicpera und Klicpera, 1997, 237; Newcomb et al. 1993, 100f.; Swanson und Malone, 1992, 430ff.; Rogosch und Newcomb, 1989, 600).

Die Erhebung der soziometrischen Daten ist nach Dollase (1976, 41) prinzipiell auf vier verschiedenen Wegen denkbar: (1) Experimentelle Verfahren, (2) Beobachtungsverfahren, (3) Fragebogenverfahren und (4) Interviewmethoden.

Experimentelle Verfahren sind an Bedingungen gebunden, die den Einfluss störender Variablen nahezu vollständig kontrollieren. Da diese Voraussetzung für die angestrebte Untersuchung nicht zu erfüllen ist, werden experimentelle Verfahren hier nicht weiter berücksichtigt. Fragebogenverfahren und Interviewmethoden werden im Folgenden unter dem Begriff Befragungsmethoden zusammengefasst.

Grundsätzlich lässt sich sagen, dass Beobachtungs- und Befragungsverfahren eine hohe Übereinstimmung aufweisen (vgl. Gottlieb et al., 1986).

Befragungsverfahren haben den Nachteil, dass sie für den Probanden in der Regel eine abstrakte Situation darstellen, bei der ein Spielraum zwischen (sozial erwünschten) Angaben und dem tatsächlich gelebten Verhalten entstehen könnte. Nach Angaben von Friedrich (1979) reduziert sich die Kluft zwischen Abstraktion und Realität,

> *"(...) je deutlicher erkennbar ist, daß für die Befragten mit den Wahlen auch Handlungskonsequenzen verbunden sind, je mehr sie also eine Umsetzung der Ergebnisse in die Praxis vermuten können."* (vgl. Friedrich, 1979, 268)

Der größte Vorteil von Befragungsverfahren liegt in ihrer Ökonomie. So lässt sich gerade die soziometrische Struktur vergleichsweise großer Stichproben mit Hilfe von Befragungen ökonomisch und mit hoher intersubjektiver Vergleichbarkeit durchführen.

Beobachtungsverfahren haben hingegen den Vorteil, dass sie näher an der Realität der Kinder konstruiert werden können (vgl. Wocken, 1987, 212) und somit zunächst valider erscheinen als Befragungsverfahren. Dieser scheinbare Validitätsgewinn ist jedoch nur bedingt auf die praktische soziometrische Diagnostik übertragbar, da eine Beobachtung immer auch eine subjektive Interpretation des beobachteten Verhaltens beinhaltet, die letztlich wiederum unabhängig von der tatsächlichen Realität der Kinder ist. Newcomb (1993) ergänzt die kritische Haltung gegenüber den Beobachtungsverfahren durch ihren begrenzten Zugang zu verborgenen Verhaltenssequenzen:

> "(...) observers may only be able to infer internal cognitions from observable signs, and direct observation is constrained by its limited access to private interactions among peers." (Newcomb et al., 1993, 103)

Diese Problematik verschärft sich weiter, wenn bei der soziometrischen Diagnostik großer Stichproben mehrere Beobachter eingesetzt werden. In diesem Fall verringert sich die intersubjektive Vergleichbarkeit und damit die Validität der erhobenen soziometrischen Daten.

Wocken (1987) hebt schließlich hervor, dass die subjektive Bewertung von Beziehungen durch die Schüler eine insgesamt größere Bedeutung für die Bewertung der sozialen Integration haben als die subjektive Bewertung der Situation durch den Beobachter (Wocken, 1987, 212).

Abschließend kann aufgrund der höheren Validität und der größeren Ökonomie die Befragung als die geeignetere Methode zur Erhebung der soziometrischen Struktur im Gemeinsamen Unterricht bewertet werden. Hier können wiederum verschiedene Formen der Befragung unterschieden werden. Interviewmethoden und Fragebogenverfahren liefern nach Dollase (1976) kaum unterschiedliche Ergebnisse. Aus Gründen der Ökonomie wird hier für die Hauptuntersuchung die Fragebogenmethode gewählt. Bei der Fragebogenmethode unterscheidet Dollase (1976) zwischen Nominierungs- und Ratingverfahren.

Beim Nominierungsverfahren dürfen die befragten Personen eine beliebige oder begrenzte Anzahl von Gruppenmitgliedern frei auswählen. Beim Ratingverfahren werden hingegen alle Gruppenmitglieder auf einer festgelegten Skala bewertet. Die Übereinstimmung von beiden Varianten ist nach Angaben von Gasteiger-Klicpera und Klicpera (1997) sehr groß (vgl. Gasteiger-Klicpera und Klicpera, 1997, 237). Der wesentliche Unterschied liegt nach Angaben von Wocken (1987) und Dollase (1976) in der höheren psychischen Belastung beim Ratingverfahren. So sei insbesondere bei größeren Gruppen von Grundschulkindern das Nominierungsverfahren die bessere und ökonomischer Methode (vgl. Wocken, 1987, 212; Dollase, 1976, 91). Für die Hauptuntersuchung wird somit das Nominierungsverfahren gewählt. Hier ist wiederum eine Entscheidung für oder gegen eine Begrenzung der Wahlmöglichkeiten zu fällen.

Nach Angaben von La Greca (1981) korrelieren beide Formen zwar mit r = .90 sehr hoch, dennoch fallen hier Unterschiede in der Stabilität der Ergebnisse auf. So gehen Wocken (1987) sowie Gasteiger-Klicpera und Klicpera (1997) von einer höheren Stabilität der Ergebnisse eines unbegrenzten Wahlverfahrens aus (vgl. Gasteiger-Klicpera und Klicpera, 1997, 239; Wocken, 1987, 216). Dollase (1976) ergänzt diese Befürwortung, da sowohl "sozial-expansive[32]" als auch "sozial-restriktive[33]" Individuen bei einer willkürlichen Begrenzung der Wahlmöglichkeiten benachteiligt werden können (Dollase, 1976, 42). Für die Hauptuntersuchung wird aus diesen Gründen keine Begrenzung der Wahlen vorgenommen.

Einen ebenfalls wichtigen Einfluss hat dabei das Wahlkriterium an dem die Wahl bzw. die Ablehnung gemessen werden soll. Da schulische Integration nicht ausschließlich im Unterricht stattfindet, sondern sich auch ganzheitlich auf Pausen und Freizeitgestaltung auswirken sollte, werden in der Hauptuntersuchung drei Wahlkriterien abgefragt. Als Wahlkriterien werden folgende drei Bereiche gewählt:

1. Sitznachbar
2. Spielen in der Schulpause
3. Einladung zu Geburtstagsfeiern

In Anlehnung an Dollase (1976) und Petillon (1978) werden für alle drei Bereiche jeweils die soziale Wahl (z.B.: Neben wem möchtest Du gerne sitzen?) und die soziale Ablehnung (z.B.: Neben wem möchtest Du nicht so gerne sitzen?) erhoben. Die Berechnung des Wahlstatus erfolgt nach Dollase (1976, 154) für jeden Schüler aus:

---

[32] Individuen mit großen, ausgedehnten Bezugsgruppen
[33] Individuen mit kleinen, beschränkten sozialen Bezugsgruppen

$$WST_{(i)} = 1 + \frac{EWA_{(i)} - \overline{X}(WA)}{MAX}$$

$WST_{(i)}$	Wahlstatus des Schülers i
$EWA_{(i)}$	Erhaltene Wahlen des Schülers i
$\overline{x}(WA)$	Durchschnittliche Anzahl von Wahlen, die Schüler in der Gruppe erhalten hat
MAX	Höchstzahl der Wahlen, die Schüler in der Gruppe erhalten haben

Formel 1

Der Ablehnungsstatus berechnet sich analog:

$$AST_{(i)} = 1 + \frac{EAB_{(i)} - \overline{X}(AB)}{MAX}$$

$AST_{(i)}$	Ablehnungsstatus des Schülers i
$EAB_{(i)}$	Erhaltene Ablehnungen des Schülers i
$\overline{x}(AB)$	Durchschnittliche Anzahl von Ablehnungen, die Schüler in der Gruppe erhalten hat
MAX	Höchstzahl der Ablehnungen, die Schüler in der Gruppe erhalten haben

Formel 2

Um den Wahl- und den Ablehnungsstatus auch klassen- und schulübergreifend vergleichen zu können, werden beide in Anlehnung an Coie und Dodge (1988) (jeweils bezogen auf die einzelnen Klasse) in z-Werte umgerechnet (vgl. Coie und Dodge, 1988, 817f.). Dies Umrechnung erfolgt über

$$z_{(i)} = \frac{X_i - \overline{X}}{\sqrt{\sum_{i=1}^{n} \frac{(x_i - \overline{X})^2}{n-1}}}$$

$z_{(i)}$	Standardisierter z-Wert
$x_{(i)}$	Anzahl der eigenen Wahlen / Ablehnungen
$\overline{x}$	Durchschnittliche Anzahl der Wahlen / Ablehnungen
n	Anzahl der Schüler einer Klasse

Formel 3

Auf diese Weise erhält man für jeden Schüler einen z-Wert für den Wahlstatus und einen z-Wert für den Ablehnungsstatus. Um einen übergreifenden Wahl- und einen übergreifenden Ablehnungsstatus für alle drei Bereiche (Sitznachbar, Pause, Geburtstag) zu erhalten, werden die z-Werte für diese drei Bereiche durch Berechnung eines Mittelwertes zu jeweils einem Wahl- und einem Ablehnungsstatus miteinander verrechnet. Im Folgenden beziehen sich die Begriffe Wahlstatus und Ablehnungsstatus ausschließlich auf diese übergreifenden z-Werte.

Die Validität der oben beschriebenen soziometrischen Diagnostik für Grundschulklassen ist neben ihrem Anspruch auf inhaltlich-logische Validität durch Experten- bzw. Lehrerbefragungen sowie mit Hilfe von Beobachtungsverfahren belegt worden. Die Übereinstimmung bewegt sich je nach Studie zwischen r = .45 und r = .8 (vgl. Gottlieb, 1986). Nach Gasteiger-Klicpera und Klicpera (1997) ist die Reliabilität der soziometrischen Diagnostik im Grundschulalter am höchsten und sinkt jeweils vor und nach der Grundschulzeit ab. So liegt die Retest-Reliabilität nach einem Intervall von drei Wochen zwischen r_{tt}=.75 (Asher, Singelton et al., 1979) und r_{tt}=.80 (Bukowski und Newcomb, 1984). Die Stabilität der soziometrischen Statuswerte wird auch über längere Zeiträume von mehreren Monaten oder sogar Jahren als hoch bezeichnet (vgl. Gasteiger-Klicpera und Klicpera, 1997, 239). Coie und Dodge (1983) geben hier Korrelationen in der Größenordnung von r = .50 an (vgl. Coie und Dodge, 1983, 274f.). Besonders hoch ist dabei die Stabilität der extremen Statusgruppen, also die der beliebten und der abgelehnten Schüler. Die Objektivität des Verfahrens wird in der Hauptuntersuchung durch eine standardisierte Testdurchführung und -auswertung gewährleistet. Um das Fehlerrisiko bei der recht umfangreichen Berechnung der Statuswerte zu minimieren, wird die Auswertung durch ein eigens für die Hauptuntersuchung entwickeltes Auswertungstool[34] vorgenommen. Mit dem Fragebogen zur sozialen Integration fließen die folgenden Variablen in die Hauptuntersuchung ein:

WST:	Wahlstatus im eigenen Geschlecht
AST:	Ablehnungsstatus im eigenen Geschlecht

Die Endfassung des Fragebogens zur Messung der sozialen Integration befindet sich im Anhang.

---

[34] Dabei handelte es sich um ein VBA-Makro auf Excel-Grundlage. Die Zuverlässigkeit des Makros wurde anhand von Probeauswertungen bestätigt. Dabei wurden zehn Testbögen auf die bei Petillon (1978) beschriebene Weise ausgewertet und mit den Ergebnissen des VBA-Makros verglichen. Die Umwandlung in z-Werte wurde durch ein weiteres VBA-Makro vorgenommen, das ebenfalls auf seine Zuverlässigkeit getestet wurde. Bei den Vergleichen kam es zu keinerlei Abweichungen.

11.2 Operationalisierung: Schülervariablen

Die elf in Kapitel 10.2.4 herausgestellten Faktoren sollen im Folgenden in konkret messbare psychologisch-pädagogische Größen operationalisiert werden. Dabei wird zunächst jeweils kurz die Auslegung des jeweiligen Faktors erläutert und danach auf konkrete Items verwiesen, mit denen die Ausprägung dieses Faktors in der Hauptuntersuchung gemessen werden soll.

Auf der Grundlage dieser Systematik erfolgt im Rahmen der Ergebnisdarstellung schließlich die Abgrenzung von Items zu Schülermerkmalen. Von 'Schülermerkmal' wird immer dann gesprochen, wenn damit die Breitbandbetrachtung gemeint ist, die mehrere Items in sich vereint. Analog dazu wird der Begriff 'Schülervariable' verwandt.

11.2.1 Intelligenz

Ebenso wie die Faktoren Aggression und sozialer Rückzug ist auch Intelligenz aus Sicht der Lehrer nur von untergeordneter Bedeutung. Keiner der einzelnen Teilbereiche (sprachliche Begabung, Metakognition, Gedächtnis, mathematische Begabung) konnte die Bedingungen der Voruntersuchung erfüllen. Da in den meisten US-amerikanischen Studien kognitive Faktoren in der Regel durch den Intelligenzquotienten repräsentiert wurden, soll aus Gründen der Vergleichbarkeit die Intelligenz auch in dieser Hauptuntersuchung kognitive Faktoren operationalisieren. Dabei wird hier ein allgemeines Verständnis von Intelligenz im Sinne einer allgemeinen Problemlösefähigkeit bzw. eines 'g_f-Faktors' zugrunde gelegt (vgl. Kail und Pellegrino, 1989, 32f.). Diesem Verständnis folgend wird Intelligenz in dieser Arbeit verstanden als das allgemeine

"adaptive Verhalten des einzelnen, gewöhnlich charakterisiert durch ein bestimmtes Problemlöselement und gesteuert von kognitiven Prozessen und Operationen." (Gage und Berliner, 1986, 85)

Operationalisiert wird diese generelle Intelligenz in der Hauptuntersuchung über den Gesamtscore des Culture Fair Test 20 (Cft 20).

11.2.2 Schulleistung

Schulleistung wird in der vorliegenden Untersuchung direkt über das Lehrerurteil operationalisiert. Die Voruntersuchung gibt dabei außer der Leseleistung keine bestimmten Schulfächer vor, weist jedoch auf eine übergeordnete Bedeutung eines allgemeinen Lernfortschrittes in größeren Lerngruppen hin (vgl. Tabelle 12). Aus diesem Grunde wurden die Lehrer zu den Schulleistungen in den Fächern Lesen, Rechnen, Sachunterricht und Sport befragt. Alle vier Fächer zusammen stellen einen repräsentaven Querschnitt über die Unterrichtsfächer in der Grundschule dar und stehen somit gleichzeitig für den allgemeinen Leistungsstand eines Schülers. Tabelle 14 stellt die Operationalisierung dieses Faktors detailliert dar.

Verfahren	Nr.	Item	Bezeichnung der Items
	1	LES	Leistungsstand Lesen
Fragebogen Schulleistung	2	REC	Leistungsstand Rechnen
	3	SAC	Leistungsstand Sachunterricht
	4	SPO	Leistungsstand Sport / Einschätzung körperliche Fitness

Tabelle 14

11.2.3 Konzentration

Unter Konzentration verstehen Kleber et al. (1975) die Fähigkeit,

> "bestimmte Reize, deren Relevanz fremdgesetzt ist, in den Mittelpunkt (...) der Betrachtung zu setzen und gleichzeitig unerwünschte Reize weitgehend zu vernachlässigen (...)." (Kleber et al., 1975, 10)

Betrachtet man die Ergebnisse der Voruntersuchung (vgl. Tabelle 12), legen die befragten Lehrer hier besonderen Wert auf die 'fremdgesetzte Relevanz' der Reize und die Ausdauer bei konzentrierter Tätigkeit. Aus diesem Grunde wird die Variable Konzentration in der vorliegenden Arbeit mit dem Differentiellen Leistungstest für Kinder in der Grundschule (DL-KG) über einen psychologischen Test operationalisiert, der die Konzentration der Schüler auch über einen längeren Zeitraum untersucht. In Tabelle 15 wird die konkrete Operationalisierung zusammengefasst.

Verfahren	Nr.	Item	Bezeichnung der Items
Differentieller Leistungstest für Kinder in der Grundschule (DL-KG)	1	GZT	Gesamtleistung bei konzentrierter Tätigkeit
	2	FT	Anzahl der Fehler bei konzentrierter Tätigkeit
	3	SBGZ	Schwankungsbreite der Gesamtleistung bei konzentrierter Tätigkeit

Tabelle 15

11.2.4 Motivation

Nach Zimbardo (1992) ist Motivation ein komplexes Konstrukt über das es in der Psychologie bisher keine einheitliche Verständigung gibt (Zimbardo, 1992, 344). Die Ergebnisse der Voruntersuchung (vgl. Tabelle 12) legen nahe, Motivation hier im Sinne einer allgemeinen Anstrengungsbereitschaft zu verstehen, die sich in erster Linie auf die schulischen Leistungen bezieht. Heckhausen (1980) bezeichnet diese Ausrichtung der Motivation als Leistungsmotivation (Heckhausen, 1980, 385). Rheinberg (2002) beschreibt ein Verhalten als leistungsmotiviert,

"wenn es auf die Selbstbewertung eigener Tüchtigkeit zielt, und zwar in Bezug auf einen Gütemaßstab, den es zu erreichen [...] gilt."(Rheinberg, 2002, 62)

Dieser Gütemaßstab wird hier im Sinne der Schulleistungsnorm interpretiert. In der vorliegenden Untersuchung wird Leistungsmotivation durch ausgewählte Items der Beurteilungshilfen für Lehrer (BfL) und des Persönlichkeitsfragebogens für Kinder von 9-14 (PfK 9-14) operationalisiert. Beide Verfahren stimmen in ihrer Auslegung des Begriffes Motivation mit der hier gewählten Operationalisierung überein. Einen Überblick über die konkrete Operationalisierung dieser Variable gibt Tabelle 16.

Verfahren	Nr.	Item	Bezeichnung der Items
Beurteilungshilfen für Lehrer (BfL)	1	VM5	Lern-, leistungsmotiviertes und allgemein interessiertes Verhalten
	2	VM6	Angemessenes Arbeits- und Leistungsverhalten
Persönlichkeitsfragebogen für Kinder von 9-14 (PfK 9-14)	3	MO4	Schulischer Ehrgeiz

Tabelle 16

11.2.5 Selbstständigkeit

Betrachtet man die Ergebnisse der Voruntersuchung fällt auf, dass die befragten Lehrer den Begriff der Selbstständigkeit hier vor allem durch schul- und leistungsbezogene Kompetenzen füllen (vgl. Tabelle 12). Alltags- und hygienebezogene Kompetenzen spielten eine eher untergeordnete Rolle (vgl. Tabelle 8). In Anlehnung an Gage und Berliner (1986) wird Sozialkompetenz hier ebenfalls auf den Bereich Schule und Lernen bezogen. Demnach kann Selbstständigkeit als eine Kompetenz verstanden werden, die es einem Schüler ermöglicht, dass er *"nahezu vollständig alleine arbeiten, seine Aufgaben selbst bestimmen und auswählen, sein Vorgehen selbst planen und eine fertige Arbeit am Ende abliefern [kann.]" (Gage und Berliner, 1986, 539)*

Selbstständigkeit wird in der vorliegenden Untersuchung über das Verhaltensmerkmal 7 (selbstständiges, selbstgesteuertes und selbstbestimmtes Verhalten) der Beurteilungshilfen für Lehrer (BfL) gemessen.

11.2.6 Sozialkompetenz

Sozialkompetenz ist nach Frey et al. (2001) ein multidimensionales Konstrukt, das sich aus verschiedenen Verhaltensdimensionen zusammensetzt. Wenninger et al. (2001) bezeichnen soziale Kompetenz in einem allgemeinen Sinne als

"(...) Sammelbegriff für Wissensbestandteile, Fähigkeiten und Fertigkeiten einer Person, die eine notwendige [aber nicht hinreichende] Voraussetzung zur Bewältigung sozialer Interaktionen darstellen." (Wenninger et al., 2001, 197)

Sowohl die Begriffsbestimmung von Frey et al. (2001) als auch die Voruntersuchung hebt damit die Anpassungsfähigkeit des Schülers hervor. Die konkrete Operationalisierung erfolgt über zwei ausgewählte Items des Persönlichkeitsfragebogens für Kinder und Jugendliche von 9-14 (PfK 9-14), die in Tabelle 17 wiedergegeben werden.

Verfahren	Nr.	Item	Bezeichnung der Items
Persönlichkeitsfragebogen für Kinder von 9-14 (PfK 9-4)	1	MO 4	Soziales Engagement
	2	MO 5	Neigung zum Gehorsam / Anpassungsfähigkeit

Tabelle 17

11.2.7 Sozialer Rückzug

Soziales Rückzugsverhalten ist bislang keine eigene, klar definierte psychologische Kategorie, sondern vielmehr ein beschreibendes Kriterium, um wiederum andere psychologisch bedeutsame Kategorien (z.B. Depressivität oder Ängstlichkeit) zu operationalisieren. Die einzige nennenswerte Begriffsbestimmung von sozialem Rückzugsverhalten findet sich bei Newcomb et al. (1993), die soziales Rückzugsverhalten über die Begriffe Einsamkeit, Depression und Ängstlichkeit definierten (Newcomb et al., 1993, 105). Dabei stellt Einsamkeit die wesentliche beschreibende Komponente dar, die ganz allgemein als

"Socially avoidant or isolated behavior that involved no interaction with others" (Newcomb et al., 1993, 105)

definiert wird. Im Einzelnen wird die Ausprägung des sozialen Rückzugverhaltens über zwei Items des Persönlichkeitsfragebogens für Kinder von 9-14 (PfK 9-14) und ein Item des Stressverarbeitungsfragebogens für Kinder und Jugendliche (SVF-KJ) untersucht.

Verfahren	Nr.	Item	Bezeichnung der Items
Persönlichkeitsfragebogen für Kinder von 9-14 (PfK 9-14)	1	MO 1 (-)	Ich-Durchsetzung und Dominanz
	2	VS 4	Zurückhaltung und Scheu im Sozialkontakt
Stressverarbeitungsfragebogen für Kinder und Jugendliche (SVF-KJ)	3	SUB (-)	Verarbeitung von subjektiv empfundener Belastung durch soziale Unterstützung

Tabelle 18
(-) die Variable fließt in negativer Ausprägung in diesen Faktor ein

11.2.8 Aggressivität

Dem Faktor Aggressivität maßen die befragten Lehrer in der Voruntersuchung nur einen vergleichsweise geringen, aber signifikanten Einfluss auf die soziale Integration von Schülern mit SFB bei. Da Aggressivität jedoch in vielen US-amerikanischen Studien eine der entscheidenden Stellgrößen für die soziale Integration in der Schule war, soll sie trotzdem in die Hauptuntersuchung einfließen und somit eine bessere Vergleichbarkeit mit internationalen Befunden gewährleisten. In Anlehnung an Zimbardo (1992) wird Aggression in dieser Hauptuntersuchung verstanden als

"körperliches oder verbales Handeln, das mit der Absicht ausgeführt wird, zu verletzen oder zu zerstören." (Zimbardo, 1992, 363)

Anders als bei den bisher definierten bzw. operationalisierten Variablen liegen Fremd- und Eigenwahrnehmung bei aggressivem Verhalten weit auseinander (vgl. Patterson et al. 1990, 1344). Aus diesem Grunde fließt in die Operationalisierung von Aggressivität neben der Eigenwahrnehmung auch eine Außenbewertung durch den Lehrer ein. Im Einzelnen wird Aggression in der Hauptuntersuchung über insgesamt zwei Items aus den Beurteilungshilfen für Lehrer (BfL) und dem Stressverarbeitungsfragebogen für Kinder und Jugendliche (SVF-KJ) operationalisiert. Tabelle 19 stellt die einzelnen Items nochmals detailliert dar.

Verfahren	Nr.	Item	Bezeichnung der Items
Beurteilungshilfen für Lehrer (BfL)	1	VM10	Aggressivität
Stressverarbeitungsfragebogen für Kinder und Jugendliche (SVF-KJ)	2	AGG	Aggressive Verarbeitung von subjektiv empfundener Belastung

Tabelle 19

11.2.9 Belastbarkeit

Die Befunde der Voruntersuchung (vgl. Tabelle 12) legen nahe, den Begriff Belastbarkeit im Sinne einer allgemeinen Kompetenz im Umgang mit psychischer Belastung zu interpretieren. Zugrundegelegt wird in dieser Untersuchung eine Belastungs-Definition von Kallus (1995), nach der psychische Belastung als

"die Gesamtheit der erfassbaren Einflüsse, die von außen auf den Menschen zukommen und auf ihn psychisch einwirken" (Kallus, 1995, 11)

verstanden werden kann. Für die vorliegende Arbeit ist die absolute Größe der Belastung weniger von Bedeutung als die individuelle Fähigkeit eines Schülers, mit dieser Belastung zurechtzukommen. Hampel et al. (2000) bezeichnet diese Kompetenz als Fähigkeit zur Stressverarbeitung (vgl. Hampel et al., 2000, 10). Für den Bereich Schule sind vor allem soziale und kognitive Stressoren von Bedeutung. In der vorliegenden Untersuchung werden soziale Stressoren über den Stressverarbeitungsfragebogen für Kinder und Jugendliche (SVF-KJ) und kognitive Stressoren über den Differentiellen Leistungstest für Kinder in der Grundschule (DL-KG) operationalisiert. Einen Überblick über jeweils genutzten Items gibt Tabelle 20.

Verfahren	Nr.	Item	Bezeichnung der Items
Sozialer Bereich: Stressverarbeitungsfragebogen für Kinder und Jugendliche (SVF-KJ)	1	PCO	Positive Stressverarbeitung
	2	NCO	Negative Stressverarbeitung
Kognitiver Bereich: Differentieller Leistungstest für Kinder und Jugendliche (DL-KJ)	4	GZI	Belastbarkeit (quantitative Leistung)
	5	FTI	Belastbarkeit (Fehler-Leistung)

Tabelle 20

11.2.10 Selbstreflexion

Der Begriff der Selbstreflexion ist im Grunde kein pädagogisch oder psychologisch definierter Begriff. Er wird hier jedoch im Sinne einer Fähigkeit zum selbstgesteuerten, überlegten und Handeln interpretiert, bei der ein Gegenpol durch das psychologische Konstrukt 'Impulsivität' definiert werden kann. Hehlmann (1968) versteht unter Impulsivität eine

„unmittelbare, affektive Handlungsbereitschaft" *(Hehlmann, 1968, 241).*

In der vorliegenden Untersuchung wird Selbstreflexion über ausgewählte Items des Persönlichkeitsfragebogen für Kinder und Jugendliche von 9-14 und des Stressverarbeitungsfragebogen für Kinder und Jugendliche operationalisiert. Tabelle 21 gibt einen Überblick über die einzelnen Items.

Verfahren	Nr.	Item	Bezeichnung der Items
Persönlichkeitsfragebogen für Kinder von 9-14 (PfK 9-14)	1	SB3	Impulsivität vs. Nachdenklichkeit
	2	VS 2	Fehlende Willenskontrolle
Stressverarbeitungsfragebogen für Kinder und Jugendliche (SVF-KJ)	3	PRB	Problemlösende Bewältigung

Tabelle 21

11.2.11 Soziale Integration

Der Begriff 'Integration' steht im Mittelpunkt der vorliegenden Arbeit. Nach Haeberlin et al. (1999) muss dabei zwischen Integration als Methode und Integration als Ziel unterschieden werden. Diesem Verständnis folgend ist schulische Integration die Methode, deren Ziel die soziale Integration ist (vgl. Haeberlin et al., 1999, 27). Dabei ist soziale Integration kein direkt wahrnehmbares Phänomen, sondern vielmehr ein sozialpsychologisches Konstrukt, das sich jedoch in Anlehnung an Bleidick (1988) auf einem Kontinuum zwischen sozialer Annahme und sozialer Ablehnung abbilden lässt. Demnach ist soziale Integration eine

"(...) tatsächliche Eingliederung des Behinderten in den Sozialverband des Nichtbehinderten auf einem Kontinuum von Möglichkeiten, die zwischen den Polen von vollständigem Angenommensein und vollständiger Isolierung auszumachen sind." (Bleidick, 1988, 83)

Auf einem vergleichbaren Kontinuum basiert der soziometrische Test, über den in der vorliegenden Arbeit soziale Integration operationalisiert wird. So beschreibt Moreno (1965) den soziometrischen Test als eine Methode,

"(...) zur Erforschung sozialer Strukturen durch Messen der Anziehungen und Abstoßungen, die zwischen den Angehörigen einer Gruppe bestehen." (Moreno, 1965, 34).

Bei genauerer Betrachtung der Arbeiten von Moreno (1965) und Dollase (1976) sowie der Darstellungen in Kapitel 11.1.9 dieser Arbeit wird jedoch deutlich, dass das eindimensionale Konstrukt 'soziale Integration' im soziometrischen Test zweidimensional erfasst wird: durch einen sozialen Wahl- und einen sozialen Ablehnungsstatus. Im Folgenden wird diese zweidimensionale Erfassung in drei Schritten wieder auf die eindimensionale Erfassung nach Bleidick (1988) zurückgeführt.
Im ersten Schritt werden dabei Wahl- und Ablehnungsstatus als Operationalisierungsbasis festgesetzt.

Verfahren	Nr.	Item	Bezeichnung der Items
Fragebogen zur sozialen Integration	1	WST	Wahlstatus im eigenen Geschlecht
	2	AST	Ablehnungsstatus im eigenen Geschlecht

Tabelle 22

Wahl- und Ablehnungsstatus sind zwei eigenständige Maße, die jeweils die soziale Integration eines Schülers beschreiben. Einzeln sind diese beiden Werte nur bedingt aussagekräftig, so dass sich erst aus der Kombination beider Werte eine valide Aussage über die tatsächliche soziometrische Situation eines Schülers schließen lässt. Aus diesem Grunde werden die beiden Rohwerte in einem weiteren Schritt zu zwei neuen Maßen sozialer Integration verrechnet: einer nominalskalierten 'Statusgruppe' und einem intervallskalierten 'Integrationsstatus'.

Berechnung der Statusgruppen (STGR)
Bei der Berechnung der Statusgruppen werden Wahl- und Ablehnungsstatus in Anlehnung an Coie und Dodge (1988) den fünf folgenden Statusgruppen zugeordnet. Damit übersetzen die Autoren die zweidimensionale Erfassung der sozialen Integration wieder weitgehend in das von Bleidick (1988) beschriebene eindimensionale Kontinuum (vgl. Coie und Dodge, 1988, 818):

1. beliebte Schüler
2. durchschnittlich integrierte Schüler
3. kontroversielle Schüler
4. vernachlässigte Schüler
5. abgelehnte Schüler

Das allgemeine Prinzip, nach dem die Zuordnung der Schüler bzw. der Statuswerte erfolgt, ist in Abbildung 5 dargestellt.

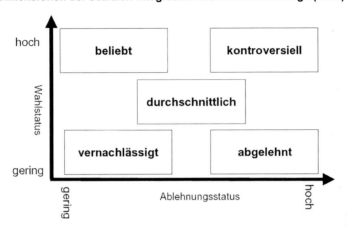

Abbildung 5

Demnach werden Schüler, die häufig gewählt und nur selten abgelehnt werden als **'beliebt'** bezeichnet. Die dem entgegengesetzte Statusgruppe ist die der **'abgelehnten'** Schüler. Diese Schüler zeichnen sich durch wenige Wahlen und eine hohe Ablehnung innerhalb der Klasse aus. Schüler, die weder gewählt noch abgelehnt werden, bilden die Gruppe der **'vernachlässigten'** oder unbeachteten Schüler. Das Gegenstück zu dieser Gruppe bilden die **'kontroversiellen'** Schüler. Sie bekommen zwar viele positive Wahlen, erhalten jedoch gleichzeitig viele negative, ablehnende Wahlen. Schüler, die keiner dieser vier Gruppen zugeordnet werden können, werden schließlich der Statusgruppe der **'durchschnittlich'** integrierten Schüler zugewiesen. Die Zuordnung in die jeweiligen Statusgruppen erfolgt nach festen Definitionskriterien, die von Coie und Dodge (1988) formuliert wurden und in der vorliegenden Arbeit die Grundlage für die Operationalisierung von sozialer Integration bilden. Tabelle 23 fasst diese Definitionskriterien zusammen.

Operationalisierung der Statusgruppen

Statusgruppe	Definitionskriterien	WS	AS
beliebt	WS-AS > 1.0	WS > 0	AS < 0
vernachlässigt	WS+AS < -1.0	WS < 0	AS < 0
durchschnittlich	(WS-AS) > -1.0 UND 1.0 > (WS+AS) > -1.0	---	---
abgelehnt	WS-AS < -1.0	WS < 0	AS > 0
kontroversiell	WS+AS > 1.0	WS > 0	AS > 0

Tabelle 23
WS = Wahlstatus
AS = Ablehnungsstatus
Werte aus Coie und Dodge (1988, 818)

In Studien aus dem deutschen Sprachraum wurden, unter weitgehendem Verzicht auf diese Einteilung, zum Teil neue Kategorien entwickelt. Die Berechnung der Werte für Wahl- und Ablehnungsstatus wird in den meisten internationalen Untersuchungen für männliche und weibliche Schüler getrennt berechnet. Dabei wird angenommen, dass die gegenseitige Ablehnung von Jungen und Mädchen im Grundschulalter häufig prinzipieller Natur ist und eine Aussage über den tatsächlichen sozialen Status nur verzerren würde. Diese Verzerrung spitzt sich vor allem dann zu, wenn die Größe der Geschlechtergruppen in einer Schulklasse sehr unterschiedlich ist (vgl. Petillon, 1978, 108). Überraschenderweise hat sich in der deutschen Integrationsforschung mit wenigen Ausnahmen ein clusteranalytischer Ansatz von Wocken (1987) durchgesetzt, der diese methodischen Vorbehalte unberücksichtigt lässt (vgl. Wocken, 1987, 234ff.; Cowlan et al., 1994, 222). Dabei werden die Statuswerte für Mädchen und Jungen gemeinsam berechnet und die Statusgruppenbildung mit Hilfe einer Clusteranalyse vorgenommen. Dieser Weg wird in der angestrebten Hauptuntersuchung bewusst nicht eingeschlagen, da er in der internationalen Integrationsforschung unüblich ist und zu Ergebnisverzerrungen führen kann (vgl. Petillon, 1978, 109). Grundlage für die Zuordnung von Statuswerten zu Statusgruppen sind hier ausschließlich der Wahl- und der Ablehnungsstatus im eigenen Geschlecht.

In der vorliegenden Arbeit wird ausschließlich die Ablehnung eines Schülers als negatives, zu vermeidendes Phänomen betrachtet. Alle anderen Statusgruppen werden als positives, anzustrebendes Phänomen bewertet.

Berechnung des Integrationsstatus (IST)

Um neben der Berechnung von Mittelwertsunterschieden auch Aussagen über den Einfluss von Items bzw. Merkmalen auf die Soziale Integration machen zu können, wird für die Datenanalyse noch ein zweiter, intervallskalierter Integrationswert berechnet. Dabei handelt es sich um eine einfache Subtraktion von Wahl- und Ablehnungsstatus:

$$IST = WST - AST$$

IST = Integrationsstatus
WST = Wahlstatus
AST = Ablehnungsstatus

Formel 4

Während die einzelnen Statusgruppen unterschiedliche Qualitäten sozialer Integration darstellen, handelt es sich beim Integrationsstatus um ein quantitatives Maß auf einer kontinuierlichen Skala zwischen 'guter' und 'schlechter' sozialer Integration. Der Integrationsstatus wird ausschließlich für die Berechnung von Korrelationen verwendet, da dies über nominalskalierte Statusgruppen nicht möglich ist.

Um begriffliche Überschneidungen zu vermeiden gilt für die gesamte Arbeit: 'Wahl- und Ablehnungsstatus' bezeichnen die beiden jeweiligen Rohwerte, die mit Hilfe von Formel 1 und Formel 2 in Kapitel 11.1.9 berechnet wurden. Die Begriffe 'Statusgruppe' oder 'soziale Position' meinen die in Anlehnung an Coie und Dodge (1988) ermittelte soziometrische Position eines Schülers (vgl. Tabelle 23). 'Integrationsstatus' steht hingegen für die oben beschriebene Differenz aus Wahl- und Ablehnungsstatus. Die Begriffe 'Sozialstatus' und 'soziale Integration' werden in einem übergeordneten Sinne eingesetzt und vereinen damit alle oben genannten Begriffe in sich.

11.3 Operationalisierung: Elternvariablen

In der Voruntersuchung konnten verschiedene elternbezogene Variablen einen signifikanten Anteil der Varianz aufklären, der jedoch jeweils unterhalb der Grenze von $Eta^2 = 0,25$ blieb. Die größte Bedeutung hat aus Lehrersicht eine positive Einstellung der Eltern zur schulischen Integration ihres Kindes. Da es bisher keine standardisierten Verfahren gibt, die die Einstellung von Eltern zur integrativen Beschulung ihrer Kinder überprüfen, wurde auch in diesem Fall auf einen eigens hierfür entwickelten Fragebogen zurückgegriffen. Alle drei in diesem Fragebogen erhobenen Teildimensionen (Vergangenheit, Gegenwart, Zukunft) werden schließlich zu einem gemeinsamen Wert (ELT) verrechnet, der die 'positive Einstellung der Eltern zum Gemeinsamen Unterricht' repräsentiert. Detailliertere Informationen dazu befinden sich in Kapitel 11.1.7.

11.4 Operationalisierung: Gruppenvariablen

Als Gruppenvariablen werden alle Faktoren verstanden, die direkt durch die Gruppe bedingt werden. Von diesen sind wiederum schul- und unterrichtsbezogene Variablen abzugrenzen, die zwar ähnlich wie Gruppenvariablen auf die Gruppe als Ganzes wirken, jedoch nur indirekt von Art und Beschaffenheit der Gruppe selbst beeinflusst sind. Einer der zentralen Begriffe der Theorie sozialer Vergleichsprozesse ist der Begriff der 'Gruppennorm'.

Gruppennorm
Abweichungen von der Gruppennorm sind nach Frey et al. (2001) die Ursache für Konformitätsdruck und für soziale Ausgrenzung. Die Gruppennorm wird hier in Anlehnung an Petillon (1978) als Mittelwert einer Eigenschaft innerhalb einer Schulklasse festgesetzt. Damit wird eine bewusste Abgrenzung von einer Ideal-Norm geschaffen. Als weitere Kenngrößen einer Gruppe sollen die folgenden Faktoren in die Hauptuntersuchung einfließen.

Gruppengröße, Schüler mit SFB, Durchschnittsalter
Die Gruppengröße wird hier als Anzahl der Schüler pro Klasse festgelegt. Schüler, die am Untersuchungstag nicht anwesend waren, werden in dieser Zahl berücksichtigt. Der relative Anteil an Schülern mit SFB berechnet sich aus der Gruppengröße und der Anzahl der Schüler mit SFB, die in einer Klasse unterrichtet werden. Auch hier werden Schüler, die an der Untersuchung nicht teilgenommen haben, mitgezählt. Diesem Vorgehen folgend errechnet sich das Durchschnittsalter der Gruppe aus Altersmittelwert aller Schüler der Klasse.

Gruppenvariable	Items / Verfahren	Berechnung
STÄ: Klassenstärke	01STÄ / Fragebogen für Lehrer	---
PSFB: Relativer Anteil an Schülern mit SFB	01STÄ / Fragebogen für Lehrer 01SFB / Fragebogen für Lehrer	$PSFB = \dfrac{01SFB}{01STÄ} * 100$
ðAlt: Durchschnittsalter der Klasse	Alt / Antwortbogen Cft20	$\overline{x}_{Alt} = \dfrac{1}{n_k} * \sum_{i=1}^{n_k} Alt_i$

Tabelle 24

Etwas umfangreicher gestaltet sich hingegen die Operationalisierung der Heterogenität einer Klasse.

Heterogenität

Heterogenität ist ein abstrakter Begriff, der in der vorliegenden Untersuchung als möglichst vielfältige und häufige Abweichung von einer Gruppennorm betrachtet wird. Ein Messinstrument, das die Heterogenität einer Gruppe direkt misst, gibt es bislang nicht. Die Operationalisierung erfolgte daher auf Grundlage der Variable Intelligenz. Für diese Wahl sprechen mehrere Gründe. Zum einen steht die mit Hilfe des Cft20 erhobene Variable 'Intelligenz' für eine allgemeine kognitive Leistungsfähigkeit und liefert somit auch ein breiteres Fundament für die Datenanalyse als viele der weitaus spezifischeren Variablen in der Hauptuntersuchung. Weiterhin kann Intelligenz als die menschliche Eigenschaft bezeichnet werden, die in der Psychologie am besten untersucht wurde. Neisser et al. (1996) legten eine äußerst differenzierte Arbeit vor, die die enorme Aus- und Vorhersagekraft dieser psychologischen Variable zusammenfassend darstellt.

Die Bandbreite der Korrelate, die die Intelligenzforschung in der Vergangenheit nachweisen konnte ist groß und reicht von Schul- und Berufserfolg über soziale Kompetenzen oder dem sozioökonomischen Status bis hin zu Faktoren wie Ernährung, Reaktionszeit, Suchtverhalten, Fernsehkonsum und vielem mehr (vgl. Neisser et al., 1996). Dieser Breitbandeffekt überträgt sich auf die Variable Heterogenität, wenn sie in der vorliegenden Untersuchung über die 'Intelligenz' operationalisiert wird. Zum Dritten liefern Leistungstests in der Regel genauere Messwerte als Persönlichkeitsfragebögen, da hier verzerrende Faktoren wie soziale Erwünschtheit konstruktionsbedingt keinen Einfluss auf das Testergebnis haben. Ein letztes Kriterium, das in diesem Zusammenhang für die Variable Intelligenz spricht, ist die große Anzahl an Versuchspersonen, von denen IQ-Messwerte in der Hauptuntersuchung erhoben wurden. So liegen für Intelligenz mit 611 Fällen eine deutlich höhere Fallzahl vor als für die übrigen in der Hauptuntersuchung erhobenen Variablen.

Heterogenität wird im Rahmen von Fragestellung 4 als eine Eigenschaft der einzelnen Schulklassen betrachtet. Demnach müssen die einzelnen (schülerbezogenen) IQ-Werte noch zu einem (klassenbezogenen) Messwert für die Heterogenität einer Schulklasse verrechnet werden. Dies geschieht in der vorliegenden Arbeit über die statistische Kenngröße der Varianz (Backhaus et al. 2003, 124). Die klassenbezogene Varianz der Intelligenz kann vor dem Hintergrund dieser Darstellungen als valides Maß der Heterogenität einer Schulklasse betrachtet werden.

Die Aufteilung der verschiedenen Schulklassen in heterogene und homogenere Gruppen erfolgt über eine z-Transformation der Gruppen-Varianzen. Dabei werden Klassen mit z-Werten ≤ 0 als 'homogene' Klassen und solche mit z-Werten > 0 als 'heterogene' Klassen bewertet.

Einfluss eines Schülermerkmals
Heterogenität und Leistungsniveau können einerseits in einem direkten Zusammenhang mit dem Wahl- oder Ablehnungsstatus von Schülern mit SFB stehen. In der angestrebten Analyse der Daten soll jedoch mit dem 'Einfluss eines Schülermerkmals' auf den Sozialstatus noch eine weitere abhängige Gruppenvariable in die Datenanalyse einfließen. Sie steht gewissermaßen für die Bedeutung, die ein Schülermerkmal x in einer Klasse y für den Sozialstatus hat. Dabei wird davon ausgegangen, dass die Bedeutung bzw. der Einfluss eines Schülermerkmals auf die soziale Integration nicht klassenübergreifend gleich ist, sondern sich in Abhängigkeit von Heterogenität und Leistungsniveau einer Klasse verändert.

In der vorliegenden Untersuchung soll dieser Einfluss durch klasseninterne Korrelationen zwischen den einzelnen Schülermerkmalen und dem Wahlstatus einerseits und dem Ablehnungsstatus andererseits operationalisiert werden. Die Berechnung des Einflusses erfolgt auf der Basis des Rangkorrelationskoeffizienten nach Spearman (vgl. Zöfel, 1992, 218). Dieser wird hier jedoch nicht im Sinne einer Korrelation interpretiert, sondern lediglich als ordinalskalierte Kenngröße für den Einfluss einer Variable auf den Sozialstatus. Sie wird im Folgenden als 'Integrationseinfluss' oder kurz 'Einfluss' auf den Wahl- bzw. den Ablehnungsstatus bezeichnet und dient in der angestrebten Analyse als abhängige Variable. Auf diese Weise entsteht für jede Klasse einerseits eine Kenngröße für den Einfluss einer Schülervariable auf den Wahlstatus sowie eine Kenngröße für den Einfluss einer Schülervariable auf den Ablehnungsstatus andererseits. Weitere Informationen zur Konstruktion dieser Variable befinden sich in Kapitel 12.5 (S. 244).

11.5 Operationalisierung: unterrichtsbezogene Variablen

Der Begriff unterrichtsbezogene Variablen schließt in den folgenden Darstellungen unterrichts-, lehrer- und schulbezogene Faktoren mit ein. Durch Experteninterviews im Rahmen der Fragebogenkonstruktion wurden acht Bereiche als wirksame unterrichtsbezogene Faktoren für die soziale Integration von Schülern mit SFB isoliert (vgl. Kapitel 11.1.8, S.130).

Da Fragebogenkonstruktion und Operationalisierung dieser acht Bereiche parallel erfolgten, wurde der Ablauf dieses Prozesses bereits in Kapitel 11.1.8 beschrieben. Im Folgenden werden die Resultate der Operationalisierung tabellarisch dargestellt.

Nr.	Bereich	Operationalisierung durch Item	Beschreibung des Items
1	Umfang der Unterstützung durch eine zweite Hilfskraft im Unterricht	$\bar{X}$ (03REG, 03SON, 03ZIV)	Anzahl der Schulstunden mit einer zweiten Fachkraft pro Woche (zweiter Regel- und Sonderschullehrer sowie Zivildienstleistender)
2	Umfang der inneren Differenzierung	05EIN	Schulstunden Einzelförderung pro Woche
		05GRU	Schulstunden Gruppenarbeit pro Woche
		05TEA	Schulstunden Teamteaching
3	Organisationsformen im Unterricht	12FRO	Schulstunden Frontalunterricht
		12WOP	Schulstunden Wochenplanunterricht
		12STA	Schulstunden Stationsunterricht
		12FRE	Schulstunden Freiarbeit
		12JÜB	Jahrgangsübergreifender Unterricht
4	Lernen am Gemeinsamen Gegenstand	13GEM	Häufigkeit Lernen am Gemeinsamen Gegenstand
5	Fortbildungen im Bereich Gemeinsamer Unterricht	15FOR	Anzahl der Fortbildungen im Bereich Gemeinsamer Unterricht (Regelschullehrer)
		15FOS	Anzahl der Fortbildungen im Bereich Gemeinsamer Unterricht (Sonderschullehrer)
6	Erfahrung des Lehrers im Gemeinsamen Unterricht	06TJA	Zusammenarbeit im Team in Jahren
		$\bar{X}$ (07ERR, 07ERS)	Erfahrung im Gemeinsamen Unterricht in Jahren (Regel- und Sonderschullehrer)
		$\bar{X}$ (08KLR, 08KLS)	Unterricht in dieser Klasse in Jahren (Regel- und Sonderschullehrer)
7	Erfahrung der Schule mit Gemeinsamem Unterricht	09SGU	Anzahl der Jahre im Gemeinsamen Unterricht (Schule)
8	Ganztagsangebot für Schüler mit SFB	10GAN	Ganztagsangebot für Schüler mit SFB (Ja / Nein)

Tabelle 25

11.6 Hypothesenbildung

Die in Kapitel 8 hergeleiteten Fragestellungen sollen im Rahmen der angestrebten Untersuchung beantwortet werden. Zu diesem Zweck werden zu jeder der fünf Fragestellungen eine oder mehrere konkrete Hypothesen formuliert. Dabei sollen alle Hypothesen in Richtung eines Widerspruchs von Ziel und Wirkung im Gemeinsamen Unterricht formuliert und begründet werden. Es wird davon ausgegangen, dass die normativen Ziele des Gemeinsamen Unterrichts nicht mit seiner empirisch feststellbaren Wirkung übereinstimmen.

Fragestellung 1
Wie häufig sind Schüler mit SFB im Vergleich zu Schülern ohne SFB von sozialer Ausgrenzung im Gemeinsamen Unterricht betroffen?

Hypothesen
Schüler mit SFB sind häufiger von sozialer Ausgrenzung betroffen als Schüler ohne SFB.

HYP 1: Der Anteil der beliebten Schüler mit SFB ist signifikant niedriger als der Anteil der beliebten Schüler ohne SFB.

HYP 2: Der Anteil der durchschnittlich integrierten Schüler mit SFB ist signifikant niedriger als der Anteil der durchschnittlich integrierten Schüler ohne SFB.

HYP 3: Der Anteil der kontroversiellen Schüler mit SFB ist signifikant niedriger als der Anteil der kontroversiellen Schüler ohne SFB.

HYP 4: Der Anteil der vernachlässigten Schüler mit SFB ist signifikant niedriger als der Anteil der vernachlässigten Schüler ohne SFB.

HYP 5: Der Anteil der abgelehnten Schüler mit SFB ist signifikant höher als der Anteil der abgelehnten Schüler ohne SFB.

Begründung
Die Theorie sozialer Vergleichsprozesse sagt soziale Ausgrenzung für Gruppenmitglieder voraus, die Konformitätsdruck nicht durch eine der vier Verhaltensstrategien bei Diskrepanzen ausgleichen können. Für den Gemeinsamen Unterricht und die in der Hauptuntersuchung betrachteten Variablen wurde herausgestellt, dass eine aktive Minderung des Konformitätsdruckes durch den Schüler selbst nicht realistisch erscheint (vgl. Kapitel 4.4). So ist insbesondere bei den Variablen, die in direktem Zusammenhang mit dem sonderpädagogischen Förderbedarf stehen (z.B. Intelligenz, Schulleistungen, Sozialverhalten, Aggressivität), nicht mit einer willentlich durch den Schüler selbst regulierbaren Anpassung an die Klas-

sennorm zu rechnen (vgl. Kapitel 4.4). Abweichungen von der Gruppennorm müssten aus Sicht der Theorie sozialer Vergleichsprozesse im Gemeinsamen Unterricht direkt mit einem Ausschluss aus der Bezugsgruppe (Schulklasse) und folglich mit sozialer Ausgrenzung verbunden sein. Da bei Schülern mit SFB im Hinblick auf die in der Hauptuntersuchung betrachteten Variablen häufiger mit einer Abweichung von der Gruppennorm zu rechnen ist, wird für diese Gruppe dementsprechend auch eine insgesamt stärkere soziale Ausgrenzung vorhergesagt.

Fragestellung 2
Über welche Persönlichkeitsmerkmale verlaufen soziale Integrationsprozesse im Gemeinsamen Unterricht?

Hypothesen
Soziale Integration steht in direktem Zusammenhang mit der Ausprägung der Schülermerkmale Intelligenz, Schulleistung, Konzentration, Motivation, Selbstständigkeit, Sozialkompetenz, soziales Rückzugsverhalten, Aggressivität, Belastbarkeit und Selbstreflexion.

HYP 6: Intelligenz hat einen signifikant positiven Einfluss auf den SST im GU.

HYP 7: Schulleistung hat einen signifikant positiven Einfluss auf den SST im GU.

HYP 8: Konzentration hat einen signifikant positiven Einfluss auf den SST im GU.

HYP 9: Motivation hat einen signifikant positiven Einfluss auf den SST im GU.

HYP 10: Selbstständigkeit hat einen signifikant positiven Einfluss auf den SST im GU.

HYP 11: Sozialkompetenz hat einen signifikant positiven Einfluss auf den SST im GU.

HYP 12: Sozialer Rückzug hat einen signifikant negativen Einfluss auf den SST im GU.

HYP 13: Aggressivität hat einen signifikant negativen Einfluss auf den SST im GU.

HYP 14: Belastbarkeit hat einen signifikant positiven Einfluss auf den SST im GU.

HYP 15: Selbstreflexion hat einen signifikant positiven Einfluss auf den SST im GU.

HYP 16: Die positive Einstellung der Eltern hat einen signifikant positiven Einfluss auf den SST im GU.

SST = Sozialstatus
GU = Gemeinsamer Unterricht

Begründung
Im Rahmen der Hauptuntersuchung wird angenommen, dass soziale Integration im Gemeinsamen Unterricht entlang der gleichen Merkmalskomplexe verläuft, wie sie bereits in vergleichbaren empirischen Untersuchungen (vgl. Kapitel 5.2) im englischen und deutschen Sprachraum herausgestellt wurden. Zudem wurde auf Grundlage der Austauschtheorie von Thibaut und Kelly (1959) sowie der theoretischen Ableitungen Petillons (1978) und Haeberlins (1991) angenommen, dass sich sozialer Nutzen und soziale Kosten in der Grundschule noch sehr stark an den Norm- und Wertvorstellungen der Klassenlehrer orientieren. Die Variablen für die Hauptuntersuchung wurden auf Grundlage bisheriger empirischer Befunde und zweier (auf die Person des Lehrers ausgerichteter) Voruntersuchungen (Voruntersuchung 1 und 2) ermittelt. Dementsprechend wird für die elf aus diesem Prozess resultierenden Schülermerkmale (Intelligenz, Schulleistung, Konzentration, Motivation, Selbstständigkeit, Sozialkompetenz, soziales Rückzugsverhalten, Aggressivität, Belastbarkeit und Selbstreflexion) ein bedeutsamer Einfluss auf die soziale Integration vorhergesagt.

Fragestellung 3
Welchen Einfluss haben Normabweichungen auf die soziale Integration von Schülern mit SFB im Gemeinsamen Unterricht?

Hypothese
Abgelehnte Schüler unterscheiden sich im Hinblick auf die in der Hauptuntersuchung betrachteten Merkmale signifikant häufiger von der Klassennorm als Schüler in günstigeren sozialen Positionen.

HYP 17: Abgelehnte Schüler weichen in signifikant mehr Eigenschaften von der Klassennorm ab als Schüler der übrigen Statusgruppen.

Begründung
Auf Grundlage der Theorie sozialer Vergleichsprozesse wird angenommen, dass Abweichungen von der Gruppennorm Konformitätsdruck auslösen. Der Konformitätsdruck wird um so größer, je häufiger und vielfältiger Abweichungen von der Gruppennorm vorliegen. Dieser Logik folgend werden für abgelehnte Schüler häufigere Abweichungen von der Gruppennorm vorausgesagt als für Schüler mit einem günstigeren Sozialstatus. Somit wird soziale Integration als Funktion eines Breitbandeffektes betrachtet. Je mehr Abweichungen vom Klassendurchschnitt für einen Schüler vorliegen, desto ungünstiger ist seine soziale Integration.

Fragestellung 4
Welchen Einfluss haben gruppenbezogene Variablen (insbesondere Heterogenität) auf die soziale Integration von Schülern mit SFB im Gemeinsamen Unterricht?

Hypothesen
(1) Je höher die Heterogenität einer Klasse ist, desto ungünstiger ist die soziale Integration von Schülern mit SFB. (2) Je höher das durchschnittliche Leistungsniveau ist, desto ungünstiger ist die soziale Integration von Schülern mit SFB.

HYP 18: In heterogenen Klassen ist der Wahlstatus von Schülern mit SFB signifikant geringer als in homogenen Klassen.

HYP 19: In heterogenen Klassen ist der Ablehnungsstatus von Schülern mit SFB signifikant höher als in homogenen Klassen.

HYP 20: In Klassen mit einem hohen durchschnittlichen Leistungsniveau ist der Wahlstatus von Schülern mit SFB signifikant geringer als in homogenen Klassen.

HYP 21: In Klassen mit einem hohen durchschnittlichen Leistungsniveau ist der Ablehnungsstatus von Schülern mit SFB signifikant höher als in homogenen Klassen.

Begründung
Die Hypothesen 18 und 19 begründen sich aus der inneren Logik der Theorie sozialer Vergleichsprozesse (vgl. Frey et al., 2001) sowie empirischen Befunden aus der US-amerikanischen Integrationsforschung (vgl. Borg, 1966; Simpson und Martinson, 1961). Im Mittelpunkt steht dabei der in Kapitel 7 hergeleitete Ziel-Wirkungs-Widerspruch sozialer Integration im Gemeinsamen Unterricht. Auf Grundlage der Theorie sozialer Vergleichsprozesse wird angenommen, dass soziale Rangordnungen entlang von Persönlichkeitsunterschieden innerhalb der Gruppe gebildet werden. Das Modell sagt soziale Ausgrenzung für Personen voraus, die von einer Gruppennorm abweichen. In heterogenen Lerngruppen sind Abweichungen von der Gruppennorm stärker und häufiger vertreten als in vergleichsweise homogenen Lerngruppen. Sie bieten aus diesem Grunde eine bessere Grundlage für eine stärker ausgeprägte soziale Hierarchisierung als homogenere Gruppen. Zusätzlich gestützt wird diese Hypothese von Befunden aus der US-amerikanischen Integrationsforschung, die ver-

gleichbare Phänomene bereits in den 1960er Jahren für das sogenannte 'ability-grouping[35]' in den USA nachweisen konnte (vgl. Borg, 1966, 51f.).

Parallel hierzu sollen die Hypothesen 20 und 21 für das durchschnittliche Leistungsniveau der Klasse begründet werden. Ebenfalls auf Grundlage der Theorie sozialer Vergleichsprozesse wird davon ausgegangen, dass der Abstand zwischen Schülern mit und ohne SFB immer dann besonders groß ist, wenn es sich um eine Klasse mit einem hohen durchschnittlichen Leistungsniveau handelt. Der Konformitätsdruck nimmt demnach mit wachsenden intellektuellen Diskrepanzen zwischen den Schülern zu, was wiederum zu einer verstärkten Ausgrenzung von Schülern mit SFB führt.

Fragestellung 5
Welchen Einfluss haben unterrichtsbezogene Merkmale auf die soziale Integration von Schülern mit SFB?

Hypothese
Die Wirkung unterrichtsbezogener Merkmale hat einen geringen Einfluss auf die soziale Integration.

HYP 22: Unterrichtsbezogene Merkmale haben einen signifikant niedrigeren Effekt auf die soziale Integration von Schülern mit SFB als schüler- und gruppenbezogene Merkmale.

Begründung
Fragestellung 5 ist nicht aus der Theorie sozialer Vergleichsprozesse begründbar. Sie soll, ebenso wie Hypothese 22, aus dem hier angenommenen Widerspruch zwischen normativer Zielsetzung und vorhergesagter Wirkung des Gemeinsamen Unterrichts begründet werden. Sie ist darüber hinaus explorativer Natur und soll für die in dieser Untersuchung herauszustellenden Befunde einen Vergleichsmaßstab bilden.

11.7 Ablauf der Hauptuntersuchung

Die gesamte Hauptuntersuchungsphase fand zwischen Januar 2002 und Juni 2003 statt und erstreckte sich somit von der Vorbereitung bis zur Dateneingabe über einen Zeitraum von rund 1,5 Jahren. Im Folgenden sollen kurz die wichtigsten Informationen zur Hauptuntersuchung zusammengefasst werden.

---

[35] Ability grouping = Homogenisierung einer Klasse nach dem Leistungsvermögen der Schüler (im Gegensatz zu 'random grouping')

11.7.1 Anforderungen an die Stichprobe

Die Hauptuntersuchung soll durch ihre möglichst breite Anlage einen weitgehend repräsentativen Überblick über die derzeitige Situation im Gemeinsamen Unterricht ermöglichen. Die beiden aus testtheoretischer Sicht wichtigsten Kriterien für die Repräsentativität einer Stichprobe sind Umfang und Zufälligkeit (vgl. Stelzl, 1982, 23).

Möchte man auch kleinere Unterschiede zwischen den einzelnen Statusgruppen erfassen, ist ein ausreichend großer Stichprobenumfang erforderlich. Der Stichprobenumfang lässt sich in Anlehnung an Stelzl (1982) mit Hilfe von akzeptiertem Alpha- und Beta-Fehlerrisiko sowie der angenommenen Größe der Effektstärke bestimmen (Stelzl, 1982, 22ff.). Je kleiner die erwarteten Effekte sind, desto größer muss die Stichprobe angelegt werden. Für die Hauptuntersuchung werden kleine bis mittlere Effekte von 0.4 Sigma-Einheiten im T-Test erwartet. Das akzeptierte Alpha-Fehlerrisiko wird mit α = 0,05, das akzeptierte Beta-Fehlerrisiko mit β = 0,20 festgesetzt. Daraus lässt sich nach Stelzl (1982) ein erforderlicher Stichprobenumfang von 99 Schülern mit SFB (vgl. Stelzl, 1982, 23) ableiten. Überträgt man diesen Stichprobenumfang auf die inferenzstatistische Sicherung von Korrelationen, lassen sich mit dieser Stichproben auch kleinere Zusammenhänge von bis zu r = .25 bei gleichem Alpha- und Beta-Fehlerrisiko absichern (vgl. Stelzl, 1982, 26). Beide Effektuntergrenzen werden für die hier im Mittelpunkt stehende Fragestellung als ausreichend betrachtet. Für die vorliegende Untersuchung wird somit eine Stichprobengröße von mindestens N = 99 Schülern mit SFB festgesetzt.

Geht man davon aus, dass pro Klasse im Durchschnitt drei Schüler mit SFB unterrichtet werden, entspricht das einer Anzahl von mindestens 33 Schulklassen. Da in die Untersuchung auch Schüler ohne SFB einbezogen werden sollen, ist bei einer durchschnittlichen Klassenbesetzung von 20 Schülern pro Klasse ein Gesamtstichprobenumfang von ca. N = 660 anzustreben. Auf Ebene der Gesamtstichprobe lassen sich bei diesem Stichprobenumfang nach Stelzl (1982) auch kleinste Effekte im T-Test von 0.2 Sigma-Einheiten sowie kleine Korrelationen von unter r = .2 inferenzstatistisch absichern (vgl. Stelzl, 1982, 23 und 26).

Neben der Größe des Stichprobenumfanges muss für eine weitgehende repräsentative Stichprobe auch eine zufällige Auswahl der Schulen bzw. der Schüler gewährleistet werden (vgl. Zöfel, 1992, 13).

Ein drittes Kriterium, das bei der Ziehung der Stichprobe berücksichtigt werden muss, liegt in der Anlage des Forschungsdesigns begründet (vgl. Kapitel 9.3). Der Gemeinsame Unterricht ist darin als das zu evaluierende Treatment festgesetzt, an dessen Ende die soziale Integration von Schülern mit SFB untersucht werden soll. Da der Gemeinsame Unterricht in der Grundschule in NRW nach Abschluss des vierten Schuljahres endet, kommen für die Stichprobe nur Schulklassen in Frage, die sich zum Zeitpunkt der Erhebung im Schuljahr 2002/2003 in der Jahrgangsstufe vier befinden und mindestens einen Schüler mit SFB unterrichten.

Ein viertes Kriterium wird durch einen Teil der eingesetzten Untersuchungsinstrumente vorgegeben. So ist die Durchführung von PfK 9-14 und SVF-KJ nur sinnvoll, wenn die Probanden ausreichende Lesekompetenzen besitzen. Die Stichprobe wird somit im Hinblick auf Schüler mit SFB auf den Personenkreis der zielgleich[36] geförderten Schüler zu begrenzen sein. Schüler mit geistiger Behinderung bleiben somit in der Stichprobe unberücksichtigt.

Ein fünftes und letztes Kriterium für die Stichprobenziehung ist durch das Schulrecht vorgegeben. So lässt sich die Untersuchung nur durchführen, wenn Schulleitung und Eltern der jeweiligen Klasse der Untersuchung ausdrücklich zustimmen. Die Untersuchung ist folglich nur in Klassen durchführbar, in denen die Genehmigung der Schulleitung und eine Einverständniserklärung der Eltern vorliegt. Da in der Praxis nicht damit zu rechnen ist, dass immer alle Eltern einer solchen Untersuchung zustimmen, wird eine Schulklasse in die Stichprobe aufgenommen, wenn bei mindestens 50 Prozent der Schüler mit SFB und 50 Prozent der Schüler ohne SFB eine solche Genehmigung vorliegt. Im Folgenden soll nun skizziert werden, welche Vorbereitungen getroffen wurden, um die in diesem Kapitel dargestellten Kriterien erfüllen zu können.

11.7.2 Vorbereitung der Hauptuntersuchung

Um eine weitgehend zufällige Auswahl der Schulen zu gewährleisten, wurde die Ziehung der Stichprobe mit Hilfe eines Zufallsgenerators vorgenommen. Die Ziehung erfolgte auf Grundlage der vollständigen Liste aller Schulen mit Gemeinsamem Unterricht in NRW des Landesamtes für Datenverarbeitung und Statistik in Düsseldorf. Mit Schulen, die durch den Zufallsgenerator bestimmt wurden, wurde in einem zweiten Schritt (telefonisch) Kontakt hergestellt. In diesem Gespräch wurde zunächst geklärt, ob die Schule im Schuljahr 2002/2003 mindestens einen zielgleich unterrichteten Schüler mit SFB in der vierten Klasse haben wird. Erst dann wurde der Schulleiter in einem weiteren Schritt telefonisch über die Untersuchung informiert. Eine Schule wurde vorläufig in die Stichprobe aufgenommen,

---

[36] zielgleich = Förderung nach Richtlinien der allgemeinen Grundschule. Im Gegensatz zu: zieldifferent = Förderung nach Richtlinien der Sonderschule

wenn der Schulleiter zu diesem Zeitpunkt seine grundsätzliche Bereitschaft signalisierte.

Alle Schulen der vorläufigen Stichprobe wurden schriftlich über die Ziele der Untersuchung, den geplanten Ablauf und den zu erwartenden Zeitaufwand informiert. Auf dieser Grundlage sollten die einzelnen Schulen bis Juni 2002 ihre Entscheidung fällen und schriftlich bestätigen. Von den 34 Schulen, die in die vorläufige Stichprobe aufgenommen wurden, gaben 29 ihre Zustimmung für die Untersuchung. Bei drei weiteren Schulen konnte eine Teilnahme nicht verwirklicht werden, da die Schüler mit SFB die Schule oder die Klasse wechselten. Drei Schulen wollten wegen einer zu hohen Arbeitsauslastung der betroffenen Lehrer nicht teilnehmen. Die sechs fehlenden Schulen wurden auf die oben beschriebene Weise ersetzt, so dass bis Oktober 2002 insgesamt 34 Klassen aus 32 Schulen in die Stichprobe aufgenommen wurden. Zwei Schulen nahmen mit jeweils zwei vierten Klassen an der Untersuchung teil. Insgesamt bestand die Stichprobe zu diesem Zeitpunkt aus insgesamt 769 Schülern, davon hatten 122 sonderpädagogischen Förderbedarf. In einem letzten Schritt wurden die Eltern dieser 769 Schüler schriftlich über die bevorstehende Untersuchung informiert und um ihre Zustimmung gebeten. Um möglichst viele Eltern zu erreichen und Sprachschwierigkeiten vorzubeugen, wurden die schriftlichen Informationen sowie die Zustimmungsabschnitte zusätzlich auf serbokroatisch und türkisch übersetzt. Von den 769 Schülern bekamen 58 (davon vier Schüler mit SFB) die Zustimmung ihrer Eltern nicht. Somit verringerte sich die Stichprobe auf insgesamt 711 Schüler, davon hatten 118 Schüler sonderpädagogischen Förderbedarf.

Um die Untersuchung dieser 34 Schulen innerhalb eines halben Jahres durchführen zu können, wurden insgesamt sieben Studierende der Universität zu Köln (Lehramt Sonderpädagogik) im Rahmen ihrer Examensarbeit in die Datenerhebung einbezogen. Alle Studierende wurden zuvor ausführlich in die Ziele der Untersuchung sowie den Untersuchungsablauf eingewiesen und mit den Untersuchungsinstrumenten vertraut gemacht. Darüber hinaus wurde über die gesamte Zeit der Untersuchung die wissenschaftliche Begleitung und Beratung der Studierenden gewährleistet.

Durch den unerwarteten Ausfall eines Studierenden in der laufenden Untersuchung und einen damit verbundenen Datenverlust verringerte sich die Stichprobe letztlich auf 649 Schüler (davon 110 mit SFB).

11.7.3 Durchführung der Untersuchungsinstrumente

Insgesamt mussten für die gesamte Hauptuntersuchung neun Verfahren durchgeführt werden, davon fünf direkt mit den Schülern. In drei weiteren Verfahren waren nur Angaben der Lehrer erforderlich, ein Verfahren war durch die Eltern zu beantworten (vgl. Kapitel 11.1). Um möglichst vergleichbare Ergebnisse zu erhalten, wurden alle Verfahren schulübergreifend in der gleichen Reihenfolge und der gleichen Kombination durchgeführt. Einen detaillierten Überblick über den Ablauf gibt Tabelle 26.

Zur kompletten Durchführung aller Untersuchungsinstrumente war demnach ein Gesamtzeitbedarf von sechs Schulstunden anzusetzen. Alle Treffen sollten im Interesse einer zügigen Abwicklung innerhalb eines Monats stattfinden. Diese zeitlichen Vorgaben konnten bei allen Testleitern bzw. Schulen eingehalten werden.

Untersuchungsinstrumente der Hauptuntersuchung

Treffen	Verfahren Schüler	Verfahren Lehrer	Zeitbedarf
1	a) Kennen lernen	Kennen lernen	15 Minuten
2	a) PfK 9-14 (40 Min.) b) SVF-KJ (20 Min.)	BfL (30 Min.)	2 Schulstunden
3	a) Cft 20 (40 Min.) b) FB zur sozialen Integration (20 Min.)	Fragebogen für Lehrer (20 Min.)	2 Schulstunden
4	a) DL-KG (30 Min.) b) Abschlussgespräch / Belohnung	Fragebogen Schulleistung (30 Min.)	2 Schulstunden

Tabelle 26

Für die gesamte Datenerhebung stand insgesamt nur ein kleines Zeitfenster zur Verfügung, da durch zu große Unterschiede im Erhebungszeitpunkt entwicklungsbedingte Unterschiede zwischen den einzelnen Schulklassen entstehen können. Die gesamte Datenerhebung fand somit zwischen Oktober 2002 und Februar 2003 statt. Bei der Terminabsprache wurde darauf geachtet, dass mindestens eine Woche zwischen dem Ende der Ferien und der Testdurchführung lag. Die in dieser Untersuchung erhobenen Daten repräsentieren folglich durchgehend den Stand des ersten Halbjahres der Klasse vier.

11.7.4 Auswertung, Dateneingabe und -analyse

Die Auswertung der meisten in der Hauptuntersuchung eingesetzten Verfahren ist durch die Testanweisung standardisiert. Um das Risiko von Auswertungsfehlern in einer so großen Stichprobe zu minimieren und gleichzeitig den zeitlichen Aufwand zu reduzieren, wurden für die Auswertung von PfK9-14, SVF-KJ, DL-KG, BfL und dem Fragebogen zur sozialen Integration EDV-basierte Auswertungstools entwickelt.

Das allgemeine Prinzip aller Auswertungsprogramme bestand darin, aus den kodierten Rohwerten direkt die Standardwerte (T-Werte) zu berechnen. Alle Programme wurden im Hinblick auf ihre Zuverlässigkeit mit Hilfe der Originalauswertung überprüft. Insgesamt konnte die Auswertungszeit mit Hilfe der Makros um rund 60 Prozent gesenkt werden. Die ausgewerteten Daten wurden auf Eingabefehler überprüft. In 25 zufällig ausgewählten Test- bzw. Fragebögen wurden insgesamt sechs Eingabefehler gefunden. Legt man zugrunde, dass aus den fünf oben genannten Verfahren insgesamt 30 Variablen berechnet werden und ein Eingabefehler jeweils den Wert einer Variable verzerren kann, entspricht das einer Fehlerquote von rund 0,8 Prozent. Auswertungsfehler bei der Berechnung der Standardwerte konnten mit Hilfe der Auswertungstools auf null Prozent reduziert werden. Die Gesamt-Fehlerquote von 0,8 Prozent wird für die Hauptuntersuchung als akzeptabel betrachtet.

Die Fehlerquote bei der Auswertung der übrigen Verfahren liegt mit 1,6 Prozent auf einem vergleichbar niedrigen Niveau. Insgesamt wird davon ausgegangen, dass alle Auswertungs- und Eingabefehler ungerichtet sind und sich somit in ihrer Gesamtheit neutralisieren. Die Daten der Hauptuntersuchung wurden mit Hilfe der Statistiksoftware SPSS (Version 10 und 12) erfasst und ausgewertet. Die Datenanalyse erfolgte ausschließlich am Gesamtdatensatz und bezieht keine Ergebnisse der beteiligten Examensarbeiten.

11.7.5 Beschreibung der Stichprobe

Die gesamte Hauptuntersuchung fand insgesamt auf Grundlage einer Stichprobe von 649 Schülerinnen und Schülern in 30 Klassen aus 28 Schulen in Nordrhein-Westfahlen statt. Davon hatten insgesamt 110 Schüler sonderpädagogischen Förderbedarf. Tabelle 27 beschreibt die Stichprobe im Detail und stellt sie der Grundgesamtheit gegenüber. Dabei wird die Verteilung der Stichprobe mit der Grundgesamtheit aller vierten Klassen mit Gemeinsamen Unterricht in NRW verglichen.

Betrachtet man die grundsätzliche Verteilung von Schülern mit und ohne SFB im Gemeinsamen Unterricht, fällt auf, dass der Anteil an Schülern mit

SFB in der Stichprobe mit 16,9 Prozent etwas höher ist als in der Population (8,7 Prozent). Die Verzerrung ist in der Gruppe der männlichen Schüler etwas höher (20,7 Prozent) als bei der weiblichen Teilgruppe (13,2 Prozent). Die Ursache für diese leichte Verschiebung ist wahrscheinlich auf methodische Gründe zurückzuführen. So war die Tendenz der Schulleiter zur Teilnahme an dem Projekt größer, wenn in den Klassen zwei oder mehr Schüler mit SFB unterrichtet wurden.

Vergleich: Stichprobe und Population

Anzahl nach Geschlecht		Schüler in der Stichprobe			Population NRW (Klasse 4)[a]		
		ohne SFB	mit SFB	Gesamt	ohne SFB	mit SFB	Gesamt
männlich	Anzahl	256	67	323	11293	1331	12624
	% von Geschlecht	79,3	20,7	100,0	89,5	10,5	100,0
	% von SFB	47,5	60,9	49,8	51,8	64,1	52,8
	% der Gesamtzahl	39,4	10,3	49,8	47,3	5,6	52,8
weiblich	Anzahl	283	43	326	10529	744	11273
	% von Geschlecht	86,8	13,2	100,0	93,4	6,6	100,0
	% von SFB	52,5	39,1	50,2	48,2	35,9	47,2
	% der Gesamtzahl	43,6	6,6	50,2	44,1	3,1	47,2
Gesamt	Anzahl	539	110	649	21822	2075	23897
	% von Geschlecht	83,1	16,9	100,0	91,3	8,7	100,0
	% von SFB	100,0	100,0	100,0	100,0	100,0	100,0
	% der Gesamtzahl	83,1	16,9	100,0	91,3	8,7	100,0

Tabelle 27

a Grundgesamtheit aller 4. Klassen mit Gemeinsamem Unterricht in NRW, Schuljahr 2002/03 (Quelle: LDS-NRW)

Eine Zusage bei nur einem Schüler mit SFB war den verantwortlichen Schulleitern vor allem dann zu riskant, wenn der betreffende Schüler häufig krank oder ein Umschulungsverfahren im Gange war. Insgesamt bleibt die Verzerrung mit rund acht Prozent jedoch vergleichsweise gering, so dass die Repräsentativität der Stichprobe kaum eingeschränkt erscheint. Die Geschlechterverteilung innerhalb der Gruppen mit und ohne SFB bestätigt diesen Eindruck. Hier war die Geschlechterverteilung innerhalb der Teilstichprobe mit SFB mit 60% zu 40% in etwa genauso hoch wie in der Grundgesamtheit (64% zu 36%). Gleiches gilt für die Teilstichprobe ohne SFB. Tabelle 28 wechselt der Fokus auf Alter und Intelligenz innerhalb der Stichprobe.

Betrachtet man die Altersverteilung, bestätigt sich das Bild einer weitgehend repräsentativen Stichprobe. So lag das Durchschnittsalter der Schüler mit und ohne SFB rund ein halbes Jahr unter dem Durchschnittsalter der Stichprobe. Dieses halbe Jahr ist nahezu vollständig durch die unterschiedlichen Bezugspunkte der Berechnung erklärbar. Während das Landesamt für Datenverarbeitung und Statistik das Alter der Schüler zu Beginn des Schuljahres berechnet (September 2002), bezog sich die Berechnung des Lebensalter in der Stichprobe jeweils auf das Untersuchungsende im Februar 2003.

Durchschnittliches Lebensalter und Intelligenz innerhalb der Stichprobe

Werte nach Geschlecht		Schüler ohne SFB		Schüler mit SFB		Schüler Gesamt	
		Alter	IQ	Alter	IQ	Alter	IQ
männlich	$\overline{X}$	10,1 (9,6)[a]	97,3	10,6 (10,1)[a]	84,8	10,2 (9,7)[a]	94,8
	N	251	242	66	62	317	304
	s	0,6	13,7	0,6	12,4	0,6	14,3
	Min.	8,6	59	9,5	55	8,6	55
	Max.	12,1	143	12,1	114	12,1	143
weiblich	$\overline{X}$	10,0 (9,6)[a]	99,1	10,7 (10,1)[a]	81,3	10,1 (9,5)[a]	96,7
	N	274	266	43	41	317	307
	s	0,5	11,9	0,6	12,1	0,6	13,4
	Min.	8,9	70	9,8	59	8,9	59
	Max.	12,9	139	12,5	114	12,9	139
Gesamt	$\overline{X}$	10,1 (9,6)[a]	98,2 (98,9)[b]	10,6 (10,1)[a]	83,4	10,2 (9,6)[a]	95,7
	N	525	508	109	103	634	611
	s	0,5	12,8 (11,9)[b]	0,6	12,3	0,6	13,9
	Min.	8,6	59	9,5	55	8,6	55
	Max.	12,9	143	12,5	114	12,9	143

Tabelle 28

a Grundgesamtheit aller 4. Klassen mit Gemeinsamem Unterricht in NRW, Schuljahr 2002/03 (Quelle: LDS-NRW)
b Angaben aus dem Testhandbuch zum Cft 20: Weiß (1998, 49)

Dies entspricht nahezu exakt dem halben Jahr Differenz zwischen Stichprobe und Grundgesamtheit. Der Eindruck einer weitgehend repräsentativen Stichprobe wird zusätzlich durch die durchschnittlichen IQ-Werte in der Gruppe ohne SFB unterstrichen. Als Referenz dienen hier die Angaben von Weiß (1998), die bei der Eichung des Cft20 mit einem durchschnittlichen IQ von 98,9 für die Grundschule einen ähnlichen Wert angeben, wie er hier für die Stichprobe der Hauptuntersuchung vorliegt (98,2). Streuung so wie Minimum und Maximum des IQ's innerhalb der Geschlechtergruppen passen ebenfalls zu den Angaben anderer empirischer Untersuchungen, nach denen die Streuung der Intelligenz bei männlichen Personen größer ist als bei weiblichen Probanden (vgl. Neisser et al., 1996).

Insgesamt bleibt der Eindruck einer weitgehend repräsentativen Stichprobe für die Hauptuntersuchung bestehen. Der leicht erhöhte Anteil von Schülern mit SFB in der Stichprobe wird vor dem Hintergrund der Ergebnisinterpretation als neutral eingestuft, da sich Schüler mit SFB in der Stichprobe anhand der Kenngrößen Geschlecht und Alter nicht nennenswert von der Grundgesamtheit unterscheiden. Zudem wird in der Auswertung kein absoluter Vergleich zwischen Schülern mit und ohne SFB angestrebt, so dass eine Verzerrung hier ohnehin keine effektiven Auswirkungen hätte.

12 Ergebnisse der Hauptuntersuchung

Die Ergebnisdarstellung kann grob in zwei Teile gegliedert werden. Der erste Teil (Kapitel 12.1) überprüft allgemeine (bezugsgruppentheoretische) Vorannahmen, die bisher eher verdeckt in diese Arbeit eingeflossen sind. Hier sollen im Rahmen einer Diskriminanzanalyse Fragen nach grundsätzlicher Eignung und Aufbereitung der Rohdaten geklärt werden.

Der zweite, wesentlich umfangreichere Teil (Kapitel 12.2 - 12.6) stellt das Kernstück der Ergebnisdarstellung dar. Hier sind die Ergebnisse der Hauptuntersuchung zu finden. Die Ordnung der Ergebnisdarstellung orientiert sich an den Fragestellungen 1 bis 5, die in Kapitel 8 aus dem theoretischen Fundament dieser Arbeit abgeleitet wurden. Die Ergebnisdarstellung beinhaltet jeweils (1) eine kurze Erläuterung der Fragestellung, (2) eine Darstellung der statistisch relevanten Vorannahmen und (3) eine deskriptive Darstellung und Beschreibung der Ergebnisse. Eine Interpretation der Ergebnisse und eine Bewertung der Hypothesen wird in Kapitel 13 vorgenommen.

12.1 Allgemeine Vorannahmen

Den bisherigen Ausführungen liegt die Annahme zugrunde, dass soziale Ausgrenzungsprozesse die Folge sozialer Vergleichsprozesse sind. Dabei wird ausgegrenzt, wer von der Norm abweicht und den dadurch entstehenden Konformitätsdruck nicht ausgleichen kann. Klassennorm und gesellschaftliche Norm müssen jedoch nicht identisch sein. Implizit wurde bisher davon ausgegangen, dass die Klassennorm das geeignetere Bezugssystem zur Erklärung sozialer Integrationsprozesse ist. Demnach erklärt sich soziale Integration nicht in erster Linie durch die Ausprägung einer Eigenschaft im Verhältnis zur Norm der Gleichaltrigen, sondern vornehmlich durch ihre relative Ausprägung im Vergleich zur Bezugsgruppe (bzw. Schulklasse). Diese Annahme ist bisher implizit in die bisherigen Ausführungen eingeflossen. Sie soll an dieser Stelle überprüft werden, da sie von entscheidender Bedeutung für die weitere Aufbereitung der Rohdaten ist. Analog zur Frage nach der geeigneten Bezugsnorm lassen sich die in der Hauptuntersuchung gewonnenen Daten einerseits durch ihren Abstand von der jeweiligen Klassennorm eines Schüler angeben (klasseninterne z-Werte) und andererseits durch ihren Abstand von der Norm der Gleichaltrigen (klassenübergreifende z-Werte).

Im Rahmen einer Diskriminanzanalyse soll im Folgenden geklärt werden, über welches Bezugssystem (Klasse oder Norm der Gleichaltrigen) sich soziale Integration besser erklären lässt. Dazu ist es erforderlich, die im

Rahmen der Hauptuntersuchung erhobenen Daten in zwei vergleichbare Werte mit unterschiedlichen Bezugsgrößen zu transformieren. Diese stehen zum einen für die absolute Merkmalsausprägung einer Person im Vergleich zur klassenübergreifenden Norm der Gleichaltrigen ($ME_{kü}$) und zum anderen für die relative Ausprägung des selben Merkmals im Vergleich zur klasseninternen Norm (ME_{ki}).

Parallel hierzu wird die grundsätzliche Eignung der Daten zur Erklärung sozialer Integrationsprozesse im Gemeinsamen Unterricht überprüft. Nur wenn die soziale Integration eines deutlich überzufälligen Schüleranteils mit Hilfe der erhobenen Variablen geklärt werden kann, wäre eine weitere Datenanalyse sinnvoll.

Statistisch relevante Vorannahmen

Die oben genannte Anforderung lässt sich durch eine normale z-Transformation der im Rahmen der Hauptuntersuchung gewonnenen Variablenwerte realisieren (vgl. Zöfel, 1992, 84). Grundlage der z-Transformation sind einerseits der Mittelwert und die Standardabweichung der Gesamtstichprobe ($\rightarrow zME_{kü}$) und andererseits der Mittelwert und die Standardabweichung der jeweiligen Schulklasse, in der ein Schüler unterrichtet bzw. integriert wird ($\rightarrow zME_{ki}$). Die Umrechnung in klassenübergreifende z-Werte berechnet sich wie folgt:

$$zME_{kü} = \frac{M - \overline{X}(M)_{Klasse}}{\sigma_{Gesamt}}$$

$zME_{kü}$ Ausprägung eines Schülermerkmals im Vergleich zur klassenübergreifenden Norm

M Ausprägung eines Schülermerkmals (Teststandardwert)

$\overline{X}(M)_{Gesamt}$ Mittelwert der Gesamtstichprobe

σ_{Gesamt} Standardabweichung in der Gesamtstichprobe

Formel 5

Der durch Formel 5 berechnete z-Wert ist damit weitgehend identisch mit der Position, die ein Schüler in der Gruppe aller Viertklässler in NRW einnehmen würde. Analog dazu wird die Berechnung der klasseninternen z-Werte vorgenommen:

Ergebnisse der Hauptuntersuchung

$$zME_{ki} = \frac{M - \overline{X}(M)_{Klasse}}{\sigma_{Klasse}}$$

zME_{ki}	Ausprägung eines Schülermerkmals im Vergleich zur klasseninternen Norm
M	Ausprägung eines Schülermerkmals (Teststandardwert)
$\overline{X}(M)_{Klasse}$	Mittelwert der Klasse
σ_{Klasse}	Standardabweichung in der Klasse

Formel 6

Der durch Formel 6 errechnete z-Wert entspricht hingegen der Position, die ein Schüler innerhalb der Gruppe seiner Mitschüler einnimmt.

Die Frage nach der geeigneten Bezugsnorm soll im Folgenden mit Hilfe einer Diskriminanzanalyse überprüft werden. Das Verfahren eignet sich nach Brosius (2002), um aus mehreren intervallskalierten unabhängigen Variablen die Ausprägung einer nominalskalierten abhängigen Variable zu prognostizieren (vgl. Brosius, 2002, 679). Um die Ergebnisse eindeutiger interpretieren zu können, wird die fünffach unterteilte abhängige Variable (soziale Integration) künstlich dichotomisiert. Vor dem Hintergrund der in Kapitel 11.2.11 skizzierten Operationalisierung sozialer Integration gilt: gute Integration entspricht den Statusgruppen beliebt, kontroversiell, vernachlässigt und durchschnittlich. Schlechte Integration entspricht der Statusgruppe abgelehnt.

Die Ergebnisse der Diskriminanzanalyse werden anhand von drei Kriterien bewertet: (1) Quote der korrekten Klassifikationen durch die Diskriminanzfunktion, (2) Eigenwerte der Diskriminanzfunktion und (3) Wilk´s Lambda und kanonische Korrelation.

Während die Quote der korrekten Klassifikation ein Maß für die Anzahl der Schüler ist, die auf Grundlage der jeweiligen z-Werte korrekt zugeordnet wurden, lassen die Eigenwerte der Diskriminanzfunktion und Wilk´s Lambda einen direkten Schluss auf die Güte des Modells zu (vgl. Brosius, 2002, 689ff.). Die quadrierte kanonische Korrelation steht für den durch die Diskriminanzanalyse aufgeklärten Varianzanteil. Alle vier Werte sollen später gleichberechtigt gegenübergestellt werden.

In die Diskriminanzanalyse gehen die Variablen aller schülerbezogenen Merkmale vollständig ein. Einzige Ausnahme stellt die Variable 'Einstellung der Eltern' dar, da diese ausschließlich für Schüler mit SFB erhoben wurde.

Ergebnisse

Im Folgenden sollen nun die Ergebnisse der Diskriminanzanalyse zusammengefasst werden. Tabelle 29 und Tabelle 30 geben zunächst die Klassifikationsergebnisse wieder. Bei der ersten Analyse der beiden Tabellen fallen zunächst die im Vergleich zur Gesamtstichprobe teilweise stark reduzierten Fallzahlen auf. Sie lassen sich durch den Umstand erklären, dass nur vollständige Datensätze in eine Diskriminanzanalyse einfließen können. Während mit 316 Fällen rund 59 Prozent aller Schüler ohne SFB in der Diskriminanzanalyse berücksichtigt wurden, sank dieser Anteil mit 39 Fällen auf rund 36 Prozent in der Gruppe der Schüler mit SFB.

Klassifikationsergebnisse der Diskriminanzanalyse:
Klassenübergreifende z-Werte ($zME_{kü}$)

Soziale Integration	Prozent tatsächlich	N	vorhergesagt schlecht	gut	Gesamtaufklärungsquote
1. Gesamtstichprobe	gut	293	18,0	72,0	72,11%
	schlecht	62	72,5	27,5	
2. Schüler ohne SFB	gut	273	28,3	71,8	71,83%
	schlecht	43	72,1	27,9	
3. Schüler mit SFB	gut	20	10,0	75,0	74,35%
	schlecht	19	73,6	26,4	

Tabelle 29

Klassifikationsergebnisse der Diskriminanzanalyse:
Klasseninterne z-Werte (zME_{ki})

Soziale Integration	Prozent tatsächlich	N	vorhergesagt gut	schlecht	Gesamtaufklärungsquote
4. Gesamtstichprobe	gut	293	81,6	18,4	80,00%
	schlecht	62	27,4	72,6	
5. Schüler ohne SFB	gut	273	82,1	17,9	81,60%
	schlecht	43	20,9	79,1	
6. Schüler mit SFB	gut	20	95,0	5,0	94,70%
	schlecht	19	5,3	94,7	

Tabelle 30

Das Fehlen einzelner Variablen in den Datensätzen ist zunächst nur auf zufällige Ereignisse (plötzliche Erkrankung, Theateraufführungen, Therapie- und Förderangebote) zurückzuführen. Da diese Angebote eine wichtige Ergänzung zum alltäglichen Unterricht darstellen, musste in der Hauptuntersuchung häufig auf Schüler mit SFB verzichtet und somit teilweise unvollständige Datensätze hingenommen werden. Es wird jedoch davon ausgegangen, dass von solchen Maßnahmen grundsätzlich alle Schüler mit SFB betroffen sein können und die 39 vollständigen Datensätze somit einen repräsentativen Querschnitt aller Schüler mit SFB darstellen.

Die Betrachtung der einzelnen Gesamtaufklärungsquoten gibt zunächst einen grundsätzlichen Eindruck über die Güte der in der Hauptuntersuchung erhobenen Daten. Diese liegen über alle berechneten Modelle hinweg zwischen 71 und 94 Prozent, was insgesamt als sehr hoch bewertet werden kann. Die geringste Aufklärungsquote wird mit 72 Prozent in den beiden Modellen erzielt, in denen eine schlechte soziale Integration über die Gesamtstichprobe hinweg vorhergesagt wurde (Modell 1 und 4). Deutliche bessere Aufklärungsquoten von rund 80 Prozent für eine schlechte soziale Integration werden erzielt, wenn Schüler mit SFB und Schüler ohne SFB getrennt betrachtet werden. Die höchsten Gesamtaufklärungsquoten lassen sich in der Gruppe der Schüler mit SFB erzielen (Modelle 3 und 6). Allerdings wird diese überaus hohe Vorhersagequote durch die geringe Zahl der Fälle (N=39) relativiert. Alle Modelle liegen deutlich über einem kritischen Wert von 50 Prozent richtiger Vorhersagen, der durch eine rein zufällige Prognose erreicht werden könnte.

Vergleicht man die Gesamtaufklärungsquoten, die auf Grundlage der unterschiedlichen z-Werte ($zME_{kü}$ und zME_{ki}) erzielt wurden, lassen sich zunächst nur geringe Unterschiede zwischen den einzelnen Modellen feststellen. Während sich über die Gesamtstichprobe hinweg mit Hilfe der klasseninternen z-Werte mit 80 Prozent Gesamtaufklärungsquote etwas genauere Vorhersagen treffen lassen als auf Grundlage der klassenübergreifenden z-Werte (72,1 Prozent), scheint dieser Vorteil bei einer reinen Betrachtung der Schüler ohne SFB etwas zu schmelzen. Die deutlichsten Unterschiede zwischen klasseninternen und klassenübergreifenden z-Werten lassen sich in der Gruppe der Schüler mit SFB feststellen. Hier ist die Gesamtaufklärungsquote auf Grundlage der klasseninternen z-Werte (Modell 6) mit 94,7 Prozent rund 20 Prozent höher als die Gesamtaufklärungsquote, die mit Hilfe der klassenübergreifenden z-Werte (Modell 3) erzielt werden konnte (74,35 Prozent). Insgesamt lassen sich also durch eine Analyse der Klassifikationsquoten Vorteile für die Prognose mit klasseninternen z-Werten (zME_{ki}) erkennen.

Die Eigenwerte einer Diskriminanzanalyse sind ein Maß für die Streuung innerhalb einer Gruppe im Verhältnis zur Streuung zwischen den Gruppen. Je höher der für ein Modell berechnete Eigenwert ist, desto unterschiedlicher sind die Gruppen und desto sauberer ist die Trennung zwischen diesen Gruppen (vgl. Brosius, 2002, 690). Tabelle 31 gibt einen Überblick über die Eigenwerte zu den einzelnen Modellen.

Eigenwerte für klassenübergreifende und klasseninterne z-Transformationen

Soziale Integration	Eigenwerte klassenübergreifend ($zME_{kü}$)	klassenintern (zME_{ki})
Gesamtstichprobe	0,296	**0,321**
Schüler ohne SFB	0,268	**0,279**
Schüler mit SFB	1,606	**3,004**

Tabelle 31

Bei der Analyse von Tabelle 31 fällt auf, dass die Eigenwerte für die klasseninternen z-Werte über alle berechneten Modelle hinweg günstiger sind als für die klassenübergreifenden z-Werte. Allerdings fallen die Eigenwerte über die Gesamtstichprobe und bei Schülern ohne SFB mit jeweils rund 0,3 recht gering aus, was nach Brosius (2002) auf eine geringe Trennschärfe dieser beiden Modelle schließen lässt (vgl. Brosius, 2002, 690). Deutlich bessere Eigenwerte (1,6 und 3,0) und somit Hinweise auf ein deutlich valideres Vorhersage-Modell ergeben sich in der Gruppe der Schüler mit SFB. Diese deutlichen Unterschiede zwischen den Eigenwerten lassen vermuten, dass die in der Hauptuntersuchung erhobenen Schülermerkmale in erster Linie einen Einfluss auf die soziale Integration von Schülern mit SFB haben.

Ein weiterer Unterschied lässt sich zwischen den klassenübergreifend und klassenintern transformierten Merkmalen in der Gruppe der Schüler mit SFB feststellen. Demnach ist das Verhältnis aus der Varianz zwischen und innerhalb der Gruppen bei den klassenintern transformierten Variablen (zME_{ki}) mit rund 3,0 fast doppelt so groß wie bei den klassenübergreifend transformierten Variablen ($zME_{kü}$). Dieser Umstand spricht für eine deutlich bessere Vorhersagegüte der klassenintern transformierten Variablen.

Abschließend sollen nun Wilk´s Lambda (λ) und die kanonische Korrelation betrachtet werden. Tabelle 32 stellt die Koeffizienten für die einzelnen Modelle dar.

Wilk´s Lambda und die kanonische Korrelation für klassenübergreifende und klasseninterne z-Transformationen

Soziale Integration	Wilk´s Lambda		Kanonische Korrelation	
	klassenübergreifend ($zME_{kü}$)	klasseninterne (zME_{ki})	klassenübergreifend ($zME_{kü}$)	klasseninterne (zME_{ki})
	λ	λ	c	c
Gesamtstichprobe	0,757**	0,772**	.493	.478
Schüler ohne SFB	0,782**	0,788**	.467	.460
Schüler mit SFB	0,384 (n.s.)	0,250*	.785	.867

Tabelle 32
* Wert auf einem Niveau von p < 0.05 signifikant
** Wert auf einem Niveau von p < 0.01 signifikant
n.s. Wert nicht signifikant

Wilk´s Lambda sollte im Gegensatz zu den Eigenwerten möglichst klein und signifikant sein (vgl. Backhaus, 2003, 182f.). Es entspricht der durch die Diskriminanzfunktion nicht geklärten Varianz innerhalb der Gruppe und ergibt addiert mit der quadrierten kanonischen Korrelation (c^2) immer den Wert 1 (vgl. Backhaus et al. 2003, 166f. und 183). Zusammenfassend kann gesagt werden, dass für die hier durchgeführte Diskriminanzanalyse eine Situation angestrebt wird, in der die Varianz innerhalb der beiden Integrationsgruppen (→ Wilk´s Lambda) möglichst gering und die Varianz zwischen den beiden Integrationsgruppen (→ kanonische Korrelation) möglichst groß ist.

Ein Vergleich der einzelnen Koeffizienten zeigt mit λ ≈ 0,8 wiederum vergleichbare Werte für die Gesamtstichprobe und die Gruppe der Schüler ohne SFB. Deutlich kleinere λ- und höhere c^2-Werte und somit eine bessere Modellgüte lassen sich im Gegensatz dazu für die Gruppe der Schüler mit SFB feststellen. So ließen sich mit Hilfe der klassenübergreifend z-transformierten Variablen 61,6 Prozent und mit Hilfe der klasseninterne transformierten Variablen sogar 75 Prozent der Varianz innerhalb der Gruppen aufklären. Dies spricht zunächst wiederum für eine höhere Validität der erhobenen Merkmale zur Vorhersage des Integrationserfolges bei Schülern mit SFB. Einschränkend muss hier allerdings angemerkt werden, dass Wilk´s Lambda für klassenübergreifend z-transformierte Merkmale im Chiquadrat-Test nicht signifikant geprüft werden konnte.

Dieser Sachverhalt spricht zusammen mit dem deutlich kleineren und signifikanten λ-Wert von λ = 0,25 für eine ebenso deutlich solidere Vorhersagequalität durch die klassenintern z-transformierten Variablen. Insgesamt konnten hier mit Hilfe der klassenintern z-transformierten Variablen nur ein Viertel der Varianz innerhalb der beiden Gruppen nicht durch die Schülermerkmale erklärt werden, was insgesamt auf ein sehr solides Ergebnis hindeutet (vgl. Backhaus et al., 2003, 165ff.).

Zusammenfassung
Zusammenfassend lässt die Interpretation der Diskriminanzanalyse eine bessere Vorhersagequalität für die relative Position eines Schülers innerhalb seiner Bezugsklasse erkennen. Insgesamt schlagen sich diese Vorteile jedoch eher in einer besseren Modellgüte nieder. Die effektiven Auswirkungen dieses Vorteils auf die Klassifikationsquote sind zwar feststellbar, bleiben aber insgesamt hinter den Erwartungen zurück. Ursachen lassen sich in der insgesamt hohen Übereinstimmung beider z-Transformationen vermuten. Die Korrelation zwischen klassenübergreifenden und klasseninternen z-Werten lagen im Allgemeinen zwischen $r = .86$ und $r = .96$ und waren ausnahmslos signifikant. Demnach sind die einzelnen Schulklassen jeweils ein weitgehend repräsentatives Abbild der Gruppe aller Viertklässler. Um so höher muss die unterschiedliche Modellgüte für klasseninterne und klassenübergreifende z-Werte im Rahmen der Diskriminanzanalyse bewertet werden. Abschließend soll jedoch davor gewarnt werden, die hier zusammengefassten Befunde zu überbewerten. So kann aufgrund der kleinen Fallzahl in der Gruppe der Schüler mit SFB keine zuverlässige Absicherung der Ergebnisse gewährleistet werden.

Insgesamt lassen die Ergebnisse der Diskriminanzanalyse drei Schlüsse zu: (1) die in der Hauptuntersuchung erhobenen Variablen sind grundsätzlich geeignet, soziale Integrationsprozesse zu erklären. (2) Die erhobenen Variablen eignen sich in erster Linie für die Vorhersage sozialer Integration bei Schülern mit SFB. (3) Klasseninterne z-Werte haben dabei eine größere Erklärungskraft als klassenübergreifend z-transformierte Werte. Auf dieser Grundlage sollen in den nun folgenden Kapiteln ausschließlich klasseninterne z-Werte (zME_{ki}) betrachtet und verrechnet werden.

12.2 Fragestellung 1: Soziale Integration von Schülern mit SFB
Fragestellung 1 zielt auf die konkrete soziale Integration von Schülern mit und Schülern ohne SFB ab. Dabei wird davon ausgegangen, dass die positiv besetzten Statusgruppen (beliebt, durchschnittlich, vernachlässigt, kontroversiell) von Schülern ohne SFB häufiger besetzt sind als von Schülern mit SFB. Auf der anderen Seite wird vorhergesagt, dass die negativ besetzte Statusgruppe der abgelehnten Schüler von Schülern mit SFB häufiger besetzt wird (vgl. Kapitel 11.6).

Statistisch relevante Vorannahmen

Einen ersten Überblick über den Einfluss des sonderpädagogischen Förderbedarfs auf die soziale Integration gibt die Betrachtung von Wahl- und Ablehnungsstatus. Hierzu werden zunächst Mittelwertsunterschiede für Wahl- und Ablehnungsstatus zwischen beiden SFB-Gruppen berechnet. Zöfel (1992) schlägt hierzu den T-Test für unabhängige Stichproben vor. Einen Vergleich mit internationalen Forschungsergebnissen gewährleistet jedoch erst die Betrachtung der Statusgruppen. Die Statusgruppe ist dabei die abhängige (zu erklärende) Variable, der sonderpädagogische Förderbedarf hingegen die unabhängige Variable, mit deren Hilfe die Statusgruppe vorhergesagt werden soll. Beide Variablen sind nominalskaliert. Im Mittelpunkt des Vergleichs steht die Frage, ob sich die relativen Häufigkeiten von Schülern mit und ohne SFB in den einzelnen Statusgruppen unterscheiden. Zöfel (1992) schlägt für diesen Fall den Chiquadrat-Test vor (Zöfel, 1992, 211f.). Eine Signifikanzprüfung der Ergebnisse wird anhand der standardisierten Residuen vorgenommen (vgl. Zöfel, 1998, 199).

Ergebnisse

Einen ersten, groben Überblick über die Situation ermöglicht die Betrachtung der Rohwerte für den Wahl- und den Ablehnungsstatus in Tabelle 33. Danach haben Schüler mit SFB einen signifikant niedrigeren Wahlstatus (WST) und einen signifikant höheren Ablehnungsstatus (AST) als ihre Klassenkameraden ohne SFB.

Wahl- und Ablehnungsstatus im GU

Gruppe		Sozialstatus WST	AST
mit SFB	Mittelwert	**0,88**	**1,11**
	95% Konf.	0,03	0,04
	s	0,18	0,23
ohne SFB	Mittelwert	**1,02**	**0,98**
	95% Konf.	0,02	0,01
	s	0,18	0,14
p		0.000	0.000

Tabelle 33
WST = Wahlstatus
AST = Ablehnungsstatus

Wahl- und Ablehnungsstatus geben den wahren Stand der Integration eines Schülers allerdings nur bedingt wieder, da beide Werte nicht miteinander verrechnet, sondern ausschließlich in ihren Mittelwerten gegenübergestellt werden. Aus diesem Grunde hat sich in der internationalen Forschung ein anderes Bezugssystem als Standard durchgesetzt, das beide Werte miteinander verrechnet und erst auf dieser Grundlage ein

Urteil über die soziale Integration einer Person erlaubt (vgl. Gasteiger-Klicpera und Klicpera, 1997, 235; Coie und Dodge, 1988).

Grafik 3 stellt die Situation im Gemeinsamen Unterricht auf der Basis des von Coie und Dodge (1988) entwickelten Integrationsrasters dar. Dabei werden für jede Statusgruppe der Anteil an Schülern mit SFB und der Anteil an Schülern ohne SFB gegenübergestellt. Die Anteile wurden mit Hilfe eines Chiquadrat-Tests inferenzstatistisch abgesichert. Über alle Statusgruppen hinweg nimmt Chiquadrat bei einer Irrtumswahrscheinlichkeit von $p < .001$ einen Wert von $\chi^2 = 56,8$ an, was auf einen hochsignifikanten Einfluss des sonderpädagogischen Förderbedarfs auf die Statusgruppe eines Schülers hindeutet (vgl. Zöfel, 1992, 397). Eine Einschränkung muss jedoch für die Gruppe der kontroversiellen Schüler gemacht werden, da die Anzahl der als kontroversiell eingestuften Schüler mit SFB unter der für den Chiquadrat-Test erforderlichen Mindestanzahl von N = 5 ist.

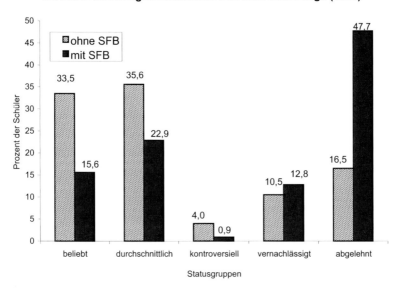

Grafik 3
$p<.001$

Bei einer ersten Betrachtung von Grafik 3 wird deutlich, dass in der Gruppe der Schüler mit SFB deutlich weniger Schüler als 'beliebt' oder 'durchschnittlich integriert' bezeichnet werden können als bei ihren

Klassenkameraden ohne SFB. So ist der Anteil der beliebten Schüler in der Gruppe ohne SFB mehr als doppelt so hoch wie in der Gruppe mit SFB. Bei durchschnittlich integrierten Schülern reduziert sich dieses Verhältnis auf rund ein Drittel. Der auffälligste Unterschied ist jedoch in der Gruppe der abgelehnten Schüler zu finden. So wird mit 47,7 Prozent fast jeder zweite Schüler mit SFB abgelehnt. Demnach ist das Risiko für soziale Ablehnung bei Schülern mit SFB rund dreimal so hoch wie bei Schülern ohne SFB. Weniger deutlich fallen die Unterschiede hingegen in der Gruppe der vernachlässigten und der kontroversiellen Schüler aus.

Der Chiquadrat-Test lässt nur grundsätzliche Aussagen über den Zusammenhang zwischen abhängiger und unabhängiger Variable zu. In einem zweiten Schritt muss nun geklärt werden, inwieweit die Unterschiede für die einzelnen Statusgruppen tatsächlich signifikant sind.

Anteil der Schüler in den Statusgruppen in Abhängigkeit von ihrem sonderpädagogischen Förderbedarf

Schüler		be	du	ko	ve	ab	Gesamt
ohne SFB	Anzahl	176	187	55	21	87	526
	Erwartete Anzahl	159,9	175,6	57,2	18,2	115,1	526,0
	% von SFB	33,5%	35,6%	10,5%	4,0%	16,5%	100,0%
	Standard. Residuen	**3,7***	**2,5***	-,7	1,6	**-7,2***	
mit SFB	Anzahl	17	25	14	1	52	109
	Erwartete Anzahl	33,1	36,4	11,8	3,8	23,9	109,0
	% von SFB	15,6%	22,9%	12,8%	,9%	47,7%	100,0%
	Standard. Residuen	**-3,7***	**-2,5***	,7	-1,6	**7,2***	
Gesamt	Anzahl	193	212	69	22	139	635
	Erwartete Anzahl	193,0	212,0	69,0	22,0	139,0	635,0
	% von SFB	30,4%	33,4%	10,9%	3,5%	21,9%	100,0%

Tabelle 34
be = beliebt du = durchschnittlich ko = kontroversiell ve = vernachlässigt ab = abgelehnt
* standardisierte Residuen ≥ 2,0 (p<0.05)
** standardisierte Residuen ≥ 2,6 (p<0.01)
*** standardisierte Residuen ≥ 3,3 (p<0.001)
(Grenzwerte für standardisierte Residuen aus Bühl und Zöfel (1998))

Aufschluss auf diesen Sachverhalt gibt nach Zöfel (1998) eine Analyse der standardisierten Residuen. Demnach weichen nur die Häufigkeiten signifikant voneinander ab, deren standardisierte Residuen mit ≥ ±2,0 angegeben werden (vgl. Zöfel, 1998, 199). Tabelle 34 stellt die relativen und absoluten Häufigkeiten sowie die standardisierten Residuen (im Folgenden Residuen) im Detail dar.

Die Betrachtung der Residuen bestätigt, dass Schüler mit SFB signifikant seltener den Gruppen der beliebten und durchschnittlich integrierten Schüler und signifikant häufiger der Gruppe der abgelehnten Schüler angehören als ihre Klassenkameraden ohne SFB. Für die Gruppen kontroversiell und vernachlässigt liegt kein signifikantes Ergebnis vor.

12.3 Fragestellung 2: Einfluss integrationsrelevanter Merkmale

Im Mittelpunkt von Fragestellung 2 steht die Annahme, dass soziale Integration im Gemeinsamen Unterricht durch soziale Vergleichsprozesse entlang der zehn in Kapitel 11.2 operationalisierten Variablen beeinflusst wird. Die Analyse der integrationsrelevanten Merkmale ist in zwei Teile unterteilt. Im ersten Teil werden mit Hilfe einer Korrelationsanalyse grundsätzliche Aussagen über den Einfluss der einzelnen Items auf die soziale Integration der Schüler getroffen. Grundlage dieser Analyse ist der Integrationsstatus eines Schülers. Dieser Teil wird im folgenden als 'Screening' bezeichnet (Kapitel 12.3.1). Im zweiten Teil werden die Ergebnisse mit Hilfe einer univariaten Varianzanalyse einer differenzierteren Auswertung unterzogen. Letztere wird im weiteren Verlauf auch 'Feinanalyse' genannt. Grundlage der Varianzanalyse sind wiederum die fünf Statusgruppen von Coie und Dodge (1988), mit deren Hilfe zusätzliche Nischen für eine gute soziale Integration im Gemeinsamen Unterricht gefunden werden sollen (Kapitel 12.3.2).

12.3.1 Korrelationsanalyse (Integrationsstatus)

Im Folgenden sollen die Ergebnisse zunächst einer Korrelationsanalyse unterzogen werden, um grundsätzliche Zusammenhänge zwischen Schülermerkmalen und der sozialen Integration eines Schülers sichtbar zu machen.

Statistisch relevante Vorannahmen
In die Berechnung der Zusammenhänge fließen zwei Werte ein. Zum einen die intervallskalierten Schülermerkmale, zum anderen der Sozialstatus. Letzterer liegt in zwei Formen vor: (1) als nominalskalierte Statusgruppe und (2) als intervallskalierter Integrationsstatus (vgl. Kapitel 11.2.11). Da es im Rahmen von Fragestellung 2 um die Identifikation von 'Einflüssen' einzelner Schülermerkmale auf die soziale Integration geht, kann die Datenanalyse ausschließlich auf Grundlage einer Korrelation oder einer multiplen Regression erfolgen. Eine multiple Regression ist

zwar insgesamt das exaktere Verfahren, führte jedoch aufgrund zu vieler fehlender Daten zu keinem validen Regressionsmodell, so dass Fragestellung 2 nun zunächst mit Hilfe einer Korrelationsanalyse auf die zentralen Einflussgrößen sozialer Integration untersucht wird. Zur Berechnung der einzelnen Korrelationen ist nach Angaben von Zöfel (1992) eine ordinal- oder intervallskalierte Variable von Vorteil. Daher soll die folgende Korrelationsanalyse auf Grundlage des intervallskalierten Integrationsstatus erfolgen. Da die einzelnen Items, über die jedes einzelne Schülermerkmal operationalisiert wird, auch untereinander korrelieren, müsste dies in einer Korrelationsanalyse zu einer erhöhten Anzahl signifikanter Ergebnisse führen. Aus diesem Grunde wurde bei der Berechnung der Einflüsse in Anlehnung an Stelzl (1982) auf eine Partialkorrelation zurückgegriffen, bei der jeweils die restlichen Items pro Hypothese als Störvariablen bewertet wurden (vgl. Stelzl, 1982, 241f.). Die Berechnung des Einflusses wird an folgenden drei (Teil-)Stichproben vorgenommen: (1) Gesamtstichprobe, (2) Schüler mit SFB, (3) Schüler ohne SFB.

Eine Alpha-Fehler-Korrektur wurde auf der Basis der Hypothesenformulierung berechnet. Der akzeptierte Alpha-Fehler liegt bei 5 Prozent. Die Berechnung des korrigierten Alpha-Fehlers wurde auf Grundlage der Itemanzahl pro Hypothese vorgenommen. Neben den Korrelationen auf Itemebene (Tabelle 35) wurde eine Breitbandanalyse der Items vorgenommen (Tabelle 36), in der die einzelnen Items pro Schülermerkmal zu einem gemeinsamen Mittelwert berechnet wurden. Soziale Integration wird ausschließlich durch dem Integrationsstatus (IST) operationalisiert.

Abschließend bleibt für alle im Folgenden dargestellten Korrelationen die Frage nach der Richtung des Wirkungszusammenhanges. Denkbar sind für jede Korrelation grundsätzlich zwei Richtungen, bei denen jeweils Ursache und Wirkung vertauscht sind. Für die hier erhobene Datenbasis kann somit nicht eindeutig ermittelt werden, inwieweit ein Schülermerkmal die soziale Integration beeinflusst oder die soziale Integration auf das Schülermerkmal wirkt. Eindeutige Befunde könnte diesbezüglich nur ein experimentelles Versuchsdesign liefern, was jedoch aus ethisch-moralischen Gründen, wie bereits weiter oben beschrieben, für die hier bestehende Problematik nicht in Frage kommt. Daher soll für die Frage des Einflusses schülerbezogener Merkmale auf die soziale Integration zunächst nur eine Wirkungsrichtung berücksichtigt werden, bei der ein Schülermerkmal als Ursache und die soziale Integration als Wirkung betrachtet wird. Damit wird davon ausgegangen, dass Schülermerkmale die soziale Integration beeinflussen, was auf Grundlage der theoretischen Vorannahmen (vgl. Kapitel 4) als die plausiblere Richtung betrachtet werden kann.

Tabelle 35 zeigt, dass die stärksten Zusammenhänge für alle drei (Teil-) Stichproben im Bereich der kognitiven und schulleistungsbezogenen Eigenschaften sowie der motivationalen Kompetenzen zu finden sind. So bewegen sich die Korrelationen für die Kompetenzen im Lesen, Rechnen sowie im Sachunterricht über die Gesamtstichprobe hinweg zwischen $r = .320$ ($K_{95\%}= .245 - .391$) und $r = .363$ ($K_{95\%}= .290 - .431$). Für Schüler mit SFB bewegt sich dieser Zusammenhang mit Korrelationen von $r = .388$ (LES, $K_{95\%}= .18 - .56$) und $r = .351$ (SAC, $K_{95\%}= .14 - .52$) auf einem vergleichbaren, hoch signifikanten Niveau. Ohne signifikanten Einfluss bleiben hier jedoch die Rechen-Fertigkeiten (REC).

Eine weitere von diesen vorwiegend akademischen Leistungen abgekoppelte Stellgröße sozialer Integration ist in den sportlichen Kompetenzen zu sehen. Gute sportliche Kompetenzen wirken sich mit Korrelationen zwischen $r = .239$ ($K_{(95\%)}= .15 - .32$) und $r = .402$ ($K_{95\%}= .20 - .57$) in allen drei Gruppen ebenfalls positiv auf den Sozialstatus aus. Unterschiede zwischen den Gruppen sind wegen der großen Vertrauensintervalle nicht anzunehmen. Ein gleichermaßen deutlicher Zusammenhang lässt sich für die schulbezogene Motivation (VM5 und VM6) feststellen. Hier liegen die Korrelationen zwischen $r = .197$ und $r = .356$.

Ein Einfluss der allgemeinen Motivation (MO3) war für keine der drei Gruppen festzustellen. Die insgesamt etwas höheren Irrtumswahrscheinlichkeiten in der Gruppe mit SFB im Vergleich zur Gesamtstichprobe sind auf die deutlich geringeren Fallzahlen zurückführbar.

Korrelation zwischen Sozialstatus und Einzelitems

Schülermerkmale	HYP	Item	Bezeichnung	Korrigiertes Alpha 5%	Gesamtstichprobe			Schüler mit SFB			Schüler ohne SFB		
					r	Sig.	N	r	Sig.	N	r	Sig.	N
Intelligenz	6	IQ	Intelligenz	0,05	**0,266**	0,000	611	**0,227**	0,021	103	**0,163**	0,000	508
Schulleistung	7	LES	Lesen	0,013	**0,320**	0,000	578	**0,388**	0,000	81	**0,205**	0,000	497
		SAC	Sachunterricht	0,013	**0,363**	0,000	581	**0,351**	0,001	84	**0,262**	0,000	497
		REC	Rechnen	0,013	**0,322**	0,000	572	0,229	0,051	73	**0,244**	0,000	499
		SPO	Sport	0,013	**0,338**	0,000	587	**0,402**	0,000	88	**0,239**	0,000	499
Konzentration	8	GZT	Konzentration Leistung	0,017	0,189	0,018	595	0,192	0,059	97	0,147	0,001	498
		FT	Konzentration Fehler	0,017	-0,159	0,000	595	-0,129	0,209	97	-0,075	0,096	498
		SBGZ	Konzentration Gleichmäßigkeit	0,017	-0,138	0,001	595	-0,198	0,052	97	-0,083	0,066	498
Motivation	9	VM5	Leistungsmotivation	0,017	**0,280**	0,000	578	**0,356**	0,000	94	**0,197**	0,000	484
		VM6	Arbeitsverhalten	0,017	**0,338**	0,000	548	**0,336**	0,001	91	**0,255**	0,000	457
		MO3	Schulischer Ehrgeiz	0,017	0,156	0,176	582	-0,017	0,869	97	0,031	0,489	485
Selbstständigkeit	10	VM7	Selbstständigkeit	0,05	**0,351**	0,000	548	**0,303**	0,004	91	**0,270**	0,000	457
Sozialkompetenz	11	MO4	Soziales Engagement	0,025	0,142	0,001	585	0,101	0,322	98	0,103	0,023	487
		MO5	Neigung zu Gehorsam	0,025	-0,087	0,034	594	-0,166	0,103	97	-0,092	0,041	497
Sozialer Rückzug	12	VS4	Scheu im Sozialkontakt	0,017	-0,212	0,000	600	-0,227	0,023	101	-0,206	0,000	499
		MO1	Bedürfnis nach Ich-Durchsetzung	0,017	-0,154	0,016	598	-0,145	0,655	100	-0,144	0,324	498
		SUB	Soziales Unterstützungsbedürfnis	0,017	-0,025	0,545	604	0,007	0,944	97	-0,015	0,734	507
Aggressivität	13	VM10	Aggressivität (Fremdwahrnehmung)	0,025	-0,249	0,000	586	-0,082	0,424	98	-0,265	0,000	488
		AGG	Aggressivität (Eigenwahrnehmung)	0,025	-0,033	0,421	598	-0,066	0,522	97	-0,020	0,653	501
Belastbarkeit	14	FTI	Belastbarkeit (Leistung)	0,013	0,066	0,110	593	0,030	0,773	97	0,061	0,173	496
		GZI	Belastbarkeit (Fehler)	0,013	-0,080	0,052	597	-0,154	0,133	97	0,062	0,169	500
		NCO	Negative Stressverarbeitung	0,013	-0,021	0,615	597	0,056	0,588	95	-0,034	0,452	502
		PCO	Positive Stressverarbeitung	0,013	0,038	0,361	589	0,123	0,234	95	0,039	0,386	494
Selbstreflexion	15	SB3	Impulsivität	0,013	-0,180	0,000	596	-0,096	0,338	101	-0,131	0,003	495
		VS2	Fehlende Willenskontrolle	0,013	-0,126	0,014	600	-0,211	0,037	98	-0,072	0,108	502
		PRB	Problemlösendes Verhalten	0,013	0,068	0,101	591	0,148	0,148	97	0,039	0,387	494
Einstellung Eltern	16	ELT	Positive Einstellung der Eltern	0,013	---	---	---	-0,150	0,186	79	---	---	---

Tabelle 35

Wesentlich schwächere Zusammenhänge sind mit Werten zwischen r = .14 und r = .21 für Items der Bereiche Konzentration, Sozialkompetenz und sozialer Rückzug feststellbar. Da die Gesamtstichprobe auch für geringe Effektstärken ausgelegt wurde, können diese Korrelationen zwar als gesichert gelten, auf die vergleichsweise geringen Fallzahlen in der Gruppe der Schüler mit SFB kann dieses hohe Maß der Absicherung jedoch nicht übertragen werden. Somit kann auf dieser Datengrundlage nicht entschieden werden, ob der Einfluss von Konzentration, Sozialkompetenz und sozialem Rückzugsverhalten auf den Sozialstatus in der Gruppe der Schüler mit SFB tatsächlich gegen null geht.

Mit Aggressivität stellte sich zwar grundsätzlich ein weiterer Einflussbereich sozialer Integration heraus, für Schüler mit SFB kann der negative Einfluss aggressiver Verhaltensweisen jedoch nicht bestätigt werden. So konnten mit Werten von r = -.249 (Gesamtstichprobe) und r = -.265 (Schüler ohne SFB) zwar signifikante Zusammenhänge für fremdeingeschätzte Aggressivität (VM10) gefunden werden, für Schüler mit SFB war hingegen kein signifikanter Einfluss von VM10 auf den Sozialstatus nachweisbar. Ebenso konnte die Selbsteinschätzung der Aggressivität (AGG) in keiner der drei Gruppen einen signifikanten Anteil der Varianz sozialer Integration aufklären.

Für das Schülermerkmal Belastbarkeit lagen auf Itemebene ebenfalls keine nennenswerten Zusammenhänge mit dem Sozialstatus vor. In vergleichbarer Weise gestaltet sich die Situation für Items, die dem Bereich Selbstreflexion zugeordnet wurden. So lässt sich zwar für die Impulsivität (SB3) ein geringer signifikanter Zusammenhang nachweisen, dieser fiel jedoch mit Korrelationen um r = .18 eher gering aus. Für weitere Items sind keine signifikanten Zusammenhänge nachweisbar.

Im Folgenden sollen die Korrelationen für die zusammengefassten Schülermerkmale betrachtet werden. Im Gegensatz zu den oben dargestellten Zusammenhängen auf Itemebene wurden hier die einzelnen Items pro Schülermerkmal durch die Berechnung eines Mittelwertes zusammengefasst. Tabelle 36 stellt die Ergebnisse dieser Breitbandanalyse im Überblick dar.

Die Ergebnisse der Breitbandanalyse stützen den Trend der Ergebnisse auf Itemebene. So stellen sich auch hier kognitiv-schulleistungsbezogene und motivationale Faktoren als die wesentlichen Stellgrößen sozialer Integration heraus. Ein Neutralisierungseffekt, in dem sich die einzelnen Items durch die Zusammenfassung zu einem gemeinsamen Mittelwert gegenseitig aufheben, bleibt aus. Im Gegenteil scheint die gemeinsame und damit breitere Erfassung der Schülermerkmale die Zusammenhänge sogar leicht zu verstärken. So steigt die Korrelation zwischen Schulleistung und sozialer Integration in der Gesamtstichprobe auf r =.445 ($K_{95\%}$ = .37- .50) und für Schüler mit SFB auf r = .437 ($K_{95\%}$= .24 - .59). Demnach lassen sich bis zu 20 Prozent der Varianz der sozialen Integration durch die unterschiedlichen Schulleistungen erklären.

In gleicher Weise wirkt eine Zusammenfassung der einzelnen Items für das Schülermerkmal Konzentration. So konnte in der Breitbandanalyse für alle drei Bereiche ein signifikanter (und damit signifikant höherer) Einfluss auf die soziale Integration aller drei Gruppen festgestellt werden (r_{Gesamt}=.235 / $r_{mit\ SFB}$=.241 / $r_{ohne\ SFB}$ = .153).

Korrelation zwischen Sozialstatus und Schülermerkmalen

Schülermerkmal	HYP	Gesamt			Schüler mit SFB			Schüler ohne SFB		
		r	p	N	r	p	N	r	p	N
Intelligenz	6	0,266	0,00	611	0,227	0,02	103	0,163	0,00	508
Schulleistung	7	0,445	0,00	591	0,437	0,00	91	0,323	0,00	500
Konzentration	8	0,235	0,00	595	0,241	0,01	97	0,153	0,00	498
Motivation	9	0,313	0,00	631	0,295	0,00	107	0,242	0,00	524
Selbstständigkeit	10	0,351	0,00	548	0,303	0,00	91	0,270	0,00	457
Sozialkompetenz	11	0,188	0,00	605	0,193	0,05	103	0,014	0,74	502
Sozialer Rückzug	12	-0,076	0,05	628	-0,065	0,50	106	-0,091	0,03	522
Aggressivität	13	-0,180	0,00	627	-0,090	0,35	106	-0,178	0,00	521
Belastbarkeit	14	0,023	0,56	622	-0,028	0,77	106	0,042	0,34	516
Selbstreflexion	15	0,169	0,00	627	0,229	0,01	106	0,106	0,01	521
Einstellung der Eltern	16	---	---	---	0,150	0,18	79	---	---	---

Tabelle 36

Weiterhin schwache Zusammenhänge ließen sich in der Breitbandanalyse für Sozialkompetenz, Aggressivität und Selbstreflexion feststellen. Insbesondere für die Aggressivität ist dabei hervorzuheben, dass auch eine Zusammenfassung der Einzel-Items keine Wirkung aggressiver Verhaltensweisen auf die soziale Integration von Schülern mit SFB erkennen lässt. Demnach scheint Aggressivität in der sozialen Integration von Schülern mit SFB zunächst keine nennenswerte Rolle zu spielen. Der Einfluss des sozialen Rückzugverhaltens (r = .091) scheint sich durch die Zusammenfassung der Items zu verringern, so dass auch im Hinblick auf dieses

Schülermerkmal zunächst von keinem nennenswerten Einfluss ausgegangen werden kann. Der Selbstreflexion kommt mit rund 5 Prozent erklärbarem Varianzanteil in erster Linie eine Bedeutung für die soziale Integration von Schülern mit SFB zu. Ohne erkennbaren Einfluss auf die soziale Integration bleiben die Belastbarkeit sowie die Einstellung der Eltern zum Gemeinsamen Unterricht.

Zusammenfassung
Aus den Ergebnissen lassen sich demzufolge fünf wesentliche Trends ableiten.

(1) Die größten Zusammenhänge mit dem Sozialstatus lassen sich über alle drei Gruppen hinweg im Bereich der Schulleistung finden. Gemeinsam mit der Intelligenz markieren sie einen Bereich kognitiv-akademischer Variablen, die das Fundament für die soziale Integration im Gemeinsamen Unterricht bilden.

(2) Eine zweite starke Einflussgröße ist im Bereich der schulbezogenen Motivation anzusiedeln, die wiederum von einer allgemeinen Motivation abzugrenzen ist.

(3) Für die Bereiche Konzentration, Sozialkompetenz, Selbstreflexion und Aggressivität gibt es Hinweise auf schwache Zusammenhänge, die in der weiteren Datenanalyse detaillierter aufgeklärt werden müssen.

(4) Für die Schülermerkmale Belastbarkeit und sozialer Rückzug kristallisiert sich eine untergeordnete Rolle für die soziale Integration heraus.

(5) Hinweise auf eine unterschiedliche Bedeutung einzelner Items für die soziale Integration von Schülern mit und ohne SFB liegen allenfalls für das Merkmal 'Aggressivität' vor.

12.3.2 Univariate ANOVA (Statusgruppen)

Im Rahmen der folgenden Datenanalyse werden drei Ziele verfolgt. Zunächst sollen nach dem Integrationsstatus nun auch die einzelnen Statusgruppen auf unterschiedliche Merkmalsausprägungen hin untersucht werden. Diese vergleichsweise aufwändige Analyse wird als notwendig erachtet, da es sich bei den einzelnen Statusgruppen im Gegensatz zum Integrationsstatus um eine international übliche Klassifizierung handelt. Eine Untersuchung der Statusgruppen über eine Korrelationsanalyse wäre jedoch im statistischen Sinne unseriös, da es sich bei der Statusgruppe um eine nominalskalierte Variable mit fünf qualitativ unterschiedlichen Gruppen handelt.

Zum Zweiten soll eine 'Feinanalyse' der bisherigen Ergebnisse vorgenommen werden. Anstoß für diese Analyse ist die Annahme, dass entlang der fünf Statusgruppen nach Coie und Dodge (1988) einzelne Schülerprofile vorliegen könnten, die nicht über eine Korrelation mit dem Integrationsstatus in Kapitel 12.3.1 abbildbar sind. Ein solches Phänomen würde die in Fragestellung 2 implizierte Suche nach Merkmalen, die eine positive soziale Integration im Gemeinsamen Unterricht möglich bzw. unmöglich machen, weitgehend überdecken und die Hypothesenprüfung damit insgesamt verzerren. Die 'Feinanalyse' der Statusgruppen soll somit Hinweise auf zusätzliche Merkmale aufzeigen, die unabhängig von der Korrelationsanalyse im vorangegangenen Kapitel eine Chance für die soziale Integration von Schülern mit SFB im Gemeinsamen Unterricht darstellen.

Zum Dritten soll die auf der Grundlage der Theorie sozialer Vergleichsprozesse formulierte Hypothese überprüft werden, nach der abgelehnte Schüler innerhalb der untersuchten Merkmale häufiger vom Klassendurchschnitt abweichen als Schüler anderer Statusgruppen. Diese Hypothese ist Gegenstand von Fragestellung 3.

Statistisch relevante Vorannahmen
Aus der Logik der Theorie sozialer Vergleichsprozesse heraus müsste die mittlere Merkmalsausprägung bei abgelehnten Schülern in den betrachteten Variablen signifikant vom jeweiligen Klassenmittelwert abweichen. Um ergänzende Aussagen über die Rolle einzelner Schülermerkmale für den Sozialstatus machen zu können, sollen zusätzlich die Mittelwertsunterschiede zwischen den einzelnen Statusgruppen betrachtet werden. Aus diesem Grunde müssten die Mittelwerte für jedes Item nicht nur gegenüber dem Klassendurchschnitt, sondern auch gegenüber den einzelnen Statusgruppen inferenzstatistisch abgegrenzt werden. Da Hinweise auf Zusammenhänge zwischen einer Variable und dem Sozialstatus bei Schülern mit und ohne SFB gesammelt werden sollen, sind zwei Wirkungsweisen zu prüfen: (1) je ein (Haupt-)Effekt für die Statusgruppen und die SFB-Gruppen und (2) unterschiedliche Wirkungsweisen bei Schülern mit und ohne SFB.

Nach Backhaus et al. (2003) können diese Anforderungen bei nominalskalierten Variablen grundsätzlich mit Hilfe einer Varianzanalyse oder einer Regressionsanalyse überprüft werden (vgl. Backhaus et al., 2003, 119). Da eine hohe Modellgüte bei einer Regressionsanalyse nur mit möglichst vielen vollständigen Datensätzen erzielt werden kann, sollen die Statusgruppen in Anlehnung an Backhaus et al. (2003) hier durch eine univariate

Varianzanalyse (im folgenden auch ANOVA) auf Merkmalsunterschiede hin überprüft werden (vgl. Backhaus et al., 2003, 142).

Um nicht nur einen grundsätzlichen Einblick über Varianzunterschiede zwischen den jeweiligen Gruppen zu erhalten, sondern diese Unterschiede auch konkret auf einzelne Statusgruppen zurückführen zu können, werden im Rahmen der Varianzanalyse multiple Vergleichstests durchgeführt, bei denen jeweils die einzelnen Statusgruppen im Hinblick auf unterschiedliche Merkmalsausprägungen getestet werden. Für die Vergleichstests werden gleiche Varianzen angenommen. Um das Risiko einer Alpha-Fehler-Kumulierung möglichst gering zu halten, wurde die Gesamtfehlerrate mit Hilfe der Bonferroni-Methode post-hoc überwacht. Das Prinzip dieser Methode beschreibt Brosius (2002) als modifizierte Form des T-Tests mit kontrolliertem Alpha-Fehler-Risiko (Brosius, 2002, 489). Grundsätzlich können im Rahmen einer univariaten ANOVA keine Aussagen über den tatsächlichen Einfluss der Schülermerkmale, sondern ausschließlich über vorhandene Mittelwertsunterschiede zwischen den einzelnen Statusgruppen getroffen werden.

Um neben einem Mittelwertsvergleich zwischen den Statusgruppen auch eine Aussage über die Abweichung vom Klassendurchschnitt (Fragestellung 3) machen zu können, wurden die Mittelwerte vor der Varianzanalyse (klassenintern) z-transformiert (vgl. Kapitel 12.1, Formel 6). Ein Mittelwert weicht demnach immer dann vom Klassendurchschnitt ab, wenn er sich signifikant von null unterscheidet. Hierfür wird jeweils das 95%-Vertrauensintervall für jeden Mittelwert berechnet und geprüft, ob der Mittelwert innerhalb dieses Vertrauensintervall den Wert null annehmen kann.

Im Folgenden werden die Befunde der Vergleichstests einzeln für jedes Item dargestellt. Die Ergebnisdarstellung besteht für jedes Item aus insgesamt sechs Teilen: (1) einer kurzen Beschreibung des Merkmals und (2) einer kurzen Zusammenfassung der wichtigsten Zwischensubjekteffekte in der univariaten ANOVA. Es folgen (3) eine tabellarische Darstellung der Mittelwerte, Standardabweichungen, 95%-Konfidenzintervalle und Fallzahlen pro Statusgruppe und im Falle signifikanter F-Werte (4) eine tabellarische Darstellung der signifikanten Mittelwertsunterschiede und (5) eine grafische Darstellung der Ergebnisse inklusive der 95%-Konfidenzintervalle. In den meisten Fällen soll durch (6) vergleichende Anmerkungen noch auf Besonderheiten hingewiesen werden. Alle Ergebnisse werden in z-Werten angegeben (vgl. Kapitel 12.1, Formel 6). Eine zusätzliche Ergebnisdarstellung in den original Normwerten befindet sich im Anhang.

Die Ergebnisse der ANOVA werden im Zuge einer transparenten Untersuchungsführung besonders differenziert dargestellt. Insgesamt stellt Kapitel

12.3.2 eine Zusammenfassung der Datengrundlage dar, auf der alle weiteren Analysen beruhen. Eine Auslagerung einzelner Tabellen in den Anhang wurde aus Gründen der Übersichtlichkeit nicht vorgenommen. Eine vollständige Betrachtung der ANOVA ist nur in Einzelfällen sinnvoll. Um dem Leser das gezielte Nachschlagen einzelner Ergebnisse zu gestatten, verschafft das folgende Inhaltsverzeichnis eine grundsätzliche Orientierung innerhalb des Kapitels.

Die Ergebnisse im Überblick: Univariate ANOVA

■ Intelligenz
Intelligenz	188

■ Schulleistung
Lesen	192
Rechnen	194
Sachunterricht	196
Sport	198

■ Konzentration
Gesamtleistung bei konzentrierter Tätigkeit	201
Fehlerleistung bei konzentrierter Tätigkeit	202
Gleichmäßigkeit bei konzentrierter Tätigkeit	204

■ Motivation
Schulischer Ehrgeiz	207
Lern-, leistungsmotiviertes u. interessiertes Verhalten	208
Angemessenes Arbeits- und Leistungsverhalten	210

■ Selbstständigkeit
Selbstständigkeit (Fremdeinschätzung)	213

■ Sozialkompetenz
Soziales Engagement	215
Neigung zum Gehorsam / Anpassungsfähigkeit	217

■ Sozialer Rückzug
Zurückhaltung und Scheu im Sozialkontakt	218
Ich-Durchsetzung und Dominanz	220
Soziales Unterstützungsbedürfnis	221

■ Aggressivität
Aggressivität (Fremdwahrnehmung)	222
Aggressive Verarbeitung subjektiv empfundener Belastung	224

Ergebnisse der Hauptuntersuchung

■ Belastbarkeit	
Positive Stressverarbeitung im sozialen Bereich	226
Negative Stressverarbeitung im sozialen Bereich	227
Belastbarkeit im kognitiven Bereich (Leistung)	228
Belastbarkeit im kognitiven Bereich (Fehler)	229
■ Selbstreflexion	
Impulsivität vs. Nachdenklichkeit	231
Fehlende Willenskontrolle	232
Problemlösende Bewältigung	233
■ Einstellung der Eltern	
Positive Einstellung der Eltern	234

■ Intelligenz   IQ

Die Variable IQ wurde durch den Cft 20 gemessen und entspricht der fluiden Intelligenz nach Cattell (vgl. Kail et al., 1989, 37). In Anlehnung an HYP 6 (S. 153) wird abgeleitet, dass sich für abgelehnte Schüler signifikant niedrigere IQ-Werte feststellen lassen als für Schüler der übrigen Statusgruppen. Darüber hinaus wurde vorhergesagt, dass sich die Gruppe der abgelehnten Schüler signifikant vom Klassendurchschnitt unterscheidet.

Univariate ANOVA

Haupteffekt der Statusgruppen:	$F_{(4, 575)} = 3{,}268$	$p = 0{,}012$
Haupteffekt der SFB-Gruppen	$F_{(4, 575)} = 3{,}874$	$p = 0{,}050$
Interaktion zwischen Statusgruppen und SFB	n.s.	

Auf Grundlage der univariaten ANOVA können die Haupteffekte zwischen den Statusgruppen sowie die Haupteffekte zwischen den SFB-Gruppen als signifikant bewertet werden. Interaktionen zwischen Statusgruppen und den SFB-Gruppen liegen aufgrund fehlender Signifikanzen nicht vor.

Durchschnittliche z-Werte: Intelligenz

Statusgruppe	mit SFB				ohne SFB			
	$\bar{x}_z$	s	K95%	N	$\bar{x}_z$	s	K95%	N
beliebt	-0,60	1,14	± 0,32	17	**0,35**	0,79	± 0,12	173
durchschnittlich	-0,67	0,78	± 0,30	24	**0,18**	0,92	± 0,14	178
kontroversiell	---	---	---	---	-0,14	0,96	± 0,44	21
vernachlässigt	-0,57	0,93	± 0,54	14	-0,04	0,99	± 0,27	54
abgelehnt	**-1,02**	0,75	± 0,22	47	-0,05	1,01	± 0,22	82

Tabelle 37

Multipler Vergleichstest: Intelligenz

	Statusgruppe	mit SFB				ohne SFB			
		be							
mit SFB	durchschnittlich	0,817	du						
	vernachlässigt	0,927	0,752	ve					
	abgelehnt	**0,048**	0,056	0,099	**ab**				
ohne SFB	beliebt	**0,000**	**0,000**	**0,000**	**0,000**	be			
	durchschnittlich	**0,001**	**0,000**	**0,003**	**0,000**	0,075	du		
	kontroversiell	0,112	**0,048**	0,159	**0,000**	**0,019**	0,127	ko	
	vernachlässigt	**0,024**	**0,004**	**0,048**	**0,000**	**0,005**	0,117	0,675	ve
	abgelehnt	**0,020**	**0,003**	**0,043**	**0,000**	**0,001**	0,060	0,682	0,964

Tabelle 38

Ergebnisse der Hauptuntersuchung

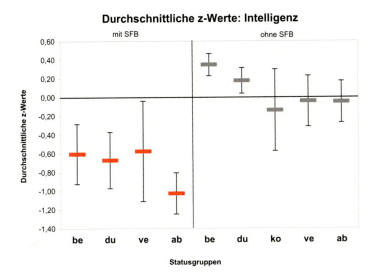

Grafik 4

Schüler mit SFB
Grafik 4 zeigt, dass die mittleren IQ-Werte in allen vier Statusgruppen signifikant unter dem Klassendurchschnitt liegen. Dabei liegen die Ergebnisse für beliebte (-0,60 z), durchschnittlich integrierte (-0,67 z) und vernachlässigte Schüler (-0,57 z) auf einem vergleichbaren Niveau. Deutlich niedrigere IQ-Werte lassen sich dagegen in der Gruppe der abgelehnten Schüler (-1,02 z) feststellen. Tabelle 38 zeigt, dass ein signifikanter Mittelwertsunterschied für die beiden Extremgruppen (beliebt und abgelehnt) vorliegt. Die Unterschiede zu durchschnittlich integrierten und vernachlässigten Schülern sind mit Irrtumswahrscheinlichkeiten von p=0.056 und p=0.099 immerhin in ihrer Tendenz signifikant.

Schüler ohne SFB
Bei Schülern ohne SFB fällt auf, dass sich abgelehnte, vernachlässigte und kontroversielle Schüler hinsichtlich ihrer durchschnittlichen IQ-Werte zunächst nicht signifikant vom Klassendurchschnitt unterscheiden. Hier ist es mit beliebten und durchschnittlich integrierten Schülern das andere Ende des Spektrums sozialer Integration, das sich signifikant vom Klassendurchschnitt abhebt. So konnten für beliebte und durchschnittlich integrierte Schüler mit Werten von 0,35 z und 0,18 z überdurchschnittlich hohe IQ-Werte festgestellt werden. Signifikante Mittelwertsunterschiede liegen für die beiden Extremgruppen (beliebt und abgelehnt) vor. Der Mittelwertsunterschied zwischen durchschnittlich integrierten und abgelehnten Schülern ist mit p=0.06 in seiner Tendenz signifikant. Insgesamt

können somit im Hinblick auf die IQ-Werte zwei wesentliche Gruppen isoliert werden. Zum einen lässt sich eine Gruppe mit weitgehend durchschnittlichen IQ-Werten und vergleichsweise ungünstigem Sozialstatus (kontroversiell, vernachlässigt und abgelehnt) zusammenfassen. Auf der anderen Seite steht eine Gruppe mit überdurchschnittlichen IQ-Werten und sehr günstigen sozialen Positionen (durchschnittlich und beliebt).

■ Intelligenz: Anmerkungen LES

Für beide Schülergruppen konnten Hinweise auf einen Zusammenhang zwischen IQ-Werten und den Statusgruppen festgestellt werden. So waren bei Schülern mit und ohne SFB hoch signifikante Mittelwertsunterschiede zwischen den beiden Extremgruppen (beliebt und abgelehnt) zu finden. Ein Unterschied zwischen Schülern mit und ohne SFB fällt jedoch auf, wenn man die unterschiedlichen Gesamtniveaus betrachtet, auf denen die IQ-Werte beider Schülergruppen liegen. So zeigt Tabelle 37, dass sich die IQ-Werte von Schülern mit SFB nahezu über alle Statusgruppen hinweg signifikant unterhalb der IQ-Werte von Schülern ohne SFB befinden. Zwar ist es wenig überraschend, dass Schüler mit SFB hinsichtlich ihrer durchschnittlichen IQ-Werte unterhalb des Klassendurchschnitts liegen, auffallend ist hier jedoch, dass für beide Gruppen anscheinend ein unterschiedliches Wertesystem vorzuliegen scheint. So haben beliebte Schüler in der Gruppe mit SFB signifikant unterdurchschnittliche IQ-Werten, obwohl sich für Schüler ohne SFB gerade überdurchschnittliche IQ-Werte als ein signifikantes Merkmal beliebter Schüler herausstellten.

Da die Interaktion zwischen SFB und den Statusgruppen in der univartaiten ANOVA nicht signifikant war, kann davon ausgegangen werden, dass die Intelligenz bei Schülern mit und ohne SFB eine grundsätzlich vergleichbare Wirkung auf die soziale Integration hat. Insgesamt kann demnach für die Variable IQ ein signifikanter Einfluss auf den Sozialstatus angenommen werden.

■ **Schulleistung: Lesen** **LES**

Die Lesenote wurde über einen an die BfL angelehnten Fragebogen ermittelt. Dabei konnten von den Lehrern Punktzahlen zwischen 1 (geringe Leistung) und 18 (hohe Leistung) vergeben werden. In Anlehnung an HYP 7 wird abgeleitet, dass für abgelehnte Schüler signifikant ungünstigere Leistungen zu erwarten sind als für Schüler der übrigen Statusgruppen.

Univariate ANOVA

Haupteffekt der Statusgruppen:	$F(3, 551) = 5,653$	$p = 0,000$
Haupteffekt der SFB-Gruppen	$F(4, 551) = 25,73$	$p = 0,000$
Interaktion zwischen Statusgruppen und SFB	$f(3, 551) = 4,221$	$p = 0,041$

Auf Grundlage der univariaten ANOVA können alle Effekte bewertet und interpretiert werden. Es kann somit davon ausgegangen werden, dass Lesekompetenzen und soziale Integration in einem signifikanten Zusammenhang stehen.

Durchschnittliche z-Werte: Lesen

	mit SFB				ohne SFB			
Statusgruppe	$\bar{X}z$	s	K95%	N	$\bar{X}z$	s	K95%	N
beliebt	-0,06	1,04	± 0,70	11	0,36	0,82	± 0,12	167
durchschnittlich	-0,70	0,81	± 0,40	18	0,08	0,94	± 0,14	177
kontroversiell	---	---	---	---	-0,14	0,99	± 0,46	20
vernachlässigt	-0,52	1,21	± 0,93	9	0,02	0,85	± 0,23	53
abgelehnt	-1,03	1,00	± 0,31	42	-0,14	0,96	± 0,21	80

Tabelle 39

Multipler Vergleichstest: Lesen

		mit SFB				ohne SFB			
	Statusgruppe	be							
mit SFB	durchschnittlich	0,067	du						
	vernachlässigt	0,259	0,637	ve					
	abgelehnt	**0,002**	0,187	0,125	**ab**				
ohne SFB	beliebt	0,144	**0,000**	**0,005**	**0,000**	be			
	durchschnittlich	0,629	**0,001**	0,054	**0,000**	**0,005**	du		
	kontroversiell	0,815	0,059	0,295	**0,000**	**0,022**	0,313	ko	
	vernachlässigt	0,798	**0,004**	0,101	**0,000**	**0,019**	0,676	0,511	ve
	abgelehnt	0,774	**0,020**	0,237	**0,000**	**0,000**	0,072	0,985	0,318

Tabelle 40

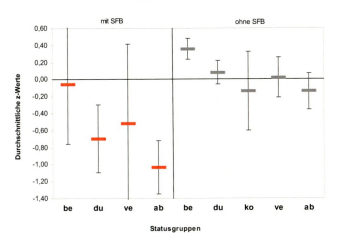

Grafik 5

Schüler mit SFB
Die Ergebnisse in Tabelle 40 scheinen die Vorannahmen weitgehend zu bestätigen. So hatten abgelehnte Schüler in der Stichprobe mit −1,03 z die niedrigsten Lesekompetenzen. Beliebte Schüler hatten hingegen mit 0,06 z Lesekompetenzen, die in etwa dem Klassendurchschnitt entsprachen. Der Unterschied der beiden Extremgruppen ist mit p=0.002 signifikant. Die Lesekompetenzen von durchschnittlich integrierten, vernachlässigten und abgelehnten Schülern unterscheiden sich nicht signifikant (vgl. Tabelle 40). Auffällig erscheint auch hier der große Leistungsunterschied zwischen beliebten und durchschnittlich integrierten Schülern, der mit p = 0,067 immerhin noch in seiner Tendenz signifikant ist.

Schüler ohne SFB
Für Schüler ohne SFB stellt sich die Situation ähnlich dar wie für Schüler mit SFB. So lässt sich für die beiden Extremgruppen mit 0,36 z (beliebt) und −0,14 z (abgelehnt) ein signifikanter Mittelwertsunterschied festmachen. Der Unterschied zwischen abgelehnten und durchschnittlich integrierten Schülern (0,08 z) ist zwar wesentlich geringer, aber immerhin noch am Rande signifikant (p=0.072).

■ Schulleistung: Rechnen   REC

Wie die Lesekompetenzen wurden auch die Fertigkeiten im Rechnen über einen Fragebogen ermittelt (1 = geringe Leistung und 18 = hohe Leistung) vergeben werden. In Anlehnung an HYP 7 wird erwartet, dass für abgelehnte Schüler signifikant niedrigere REC-Werte gefunden werden als für die übrigen Statusgruppen.

Univariate ANOVA

Haupteffekt der Statusgruppen:	$F(3, 551) = 6{,}851$ $p = 0{,}000$
Haupteffekt der SFB-Gruppen	$F(1, 551) = 42{,}748$ $p = 0{,}000$
Interaktion zwischen Statusgruppen und SFB:	n.s.

Auf Grundlage der univariaten ANOVA kann der Haupteffekt der Statusgruppen sowie der Haupteffekt der SFB-Gruppen als signifikant bewertet werden. Da die Interaktion zwischen Statusgruppe und SFB-Gruppe nicht signifikant ist, kann von einem vergleichbaren Merkmalsprofil bei Schülern mit und ohne SFB ausgegangen werden.

Durchschnittliche z-Werte: Rechnen

Statusgruppe	mit SFB $\bar{X}z$	s	K95%	N	ohne SFB $\bar{X}z$	s	K95%	N
beliebt	-0,31	1,34	± 0,90	11	**0,42**	0,75	± 0,11	167
durchschnittlich	-0,99	1,01	± 0,54	16	**0,13**	0,93	± 0,14	177
kontroversiell	---	---	---	---	-0,09	0,91	± 0,43	20
vernachlässigt	-0,74	1,14	± 0,87	9	-0,13	0,92	± 0,25	54
abgelehnt	-1,14	0,93	± 0,31	36	-0,23	0,88	± 0,19	81

Tabelle 41

Multipler Vergleichstest: Rechnen

	Statusgruppe	mit SFB be				ohne SFB			
mit SFB	durchschnittlich	0,051	du						
	vernachlässigt	0,280	0,501	ve					
	abgelehnt	**0,007**	0,567	0,225	**ab**				
ohne SFB	beliebt	**0,009**	**0,000**	**0,000**	**0,000**	be			
	durchschnittlich	0,111	**0,000**	**0,004**	**0,000**	**0,003**	du		
	kontroversiell	0,509	**0,003**	0,068	**0,000**	**0,017**	0,293	ko	
	vernachlässigt	0,548	**0,001**	0,058	**0,000**	**0,000**	0,056	0,851	ve
	abgelehnt	0,802	**0,002**	0,108	**0,000**	**0,000**	**0,002**	0,503	0,501

Tabelle 42

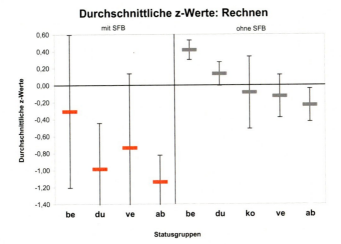

Grafik 6

Schüler mit SFB
Grafik 6 macht zunächst deutlich, dass sich abgelehnte und durchschnittlich integrierte Schüler mit –1,14 z und 0,99 z signifikant vom jeweiligen Klassendurchschnitt unterscheiden. Damit liegen beide Statusgruppen hinsichtlich ihrer Rechenleistung auf einem vergleichbaren Niveau. Grafik 6 zeigt weiter, dass sich abgelehnte Schüler mit SFB signifikant von ihren beliebten Klassenkameraden unterscheiden. Der Unterschied zwischen durchschnittlich integrierten und beliebten Schülern ist nach Tabelle 42 mit p=0.051 immerhin noch am Rande signifikant, was das vergleichbare Schulleistungsniveau abgelehnter und durchschnittlich integrierter Schüler weiter unterstreicht. Die Gruppe der vernachlässigten Schüler liegt mit –0,74 z zwischen den Extremgruppen und weist zu keiner der anderen Statusgruppen signifikante Unterschiede auf.

Schüler ohne SFB
Bei Schülern ohne SFB stellt sich die Situation eindeutiger dar. Auch hier unterscheiden sich abgelehnte Schüler mit einem REC-Wert von -0,23 z signifikant vom Klassendurchschnitt. Weiterhin liegen nach Tabelle 42 ebenfalls signifikante Unterschiede zu den Gruppen der beliebten und der durchschnittlich integrierten Schüler vor, die mit Rechenleistungen von 0,43 z und 0,13 z das obere Leistungsspektrum der einzelnen Klassen anführen und sich ebenfalls signifikant vom Klassendurchschnitt unterscheiden. Insgesamt bestätigt sich für Schüler ohne SFB der Eindruck, dass sinkende Schulleistungen mit einem sinkenden Sozialstatus verbunden sind. Hinweise auf eine Sonderrolle einer der fünf Statusgruppen liegen nicht vor.

■ **Schulleistung: Sachunterricht** SAC

Die Sachunterrichtsnote wurde von den Lehrern mit Hilfe einer Punktzahl zwischen 1 (geringe Leistung) und 18 (hohe Leistung) eingeschätzt. Mit Hilfe der Ergebnisse für die Kompetenzen im Sachunterricht wird in Anlehnung an HYP 7 erwartet, dass für abgelehnte Schüler signifikant niedrigere SAC-Bewertungen gefunden werden als für die übrigen Statusgruppen.

Univariate ANOVA

Haupteffekt der Statusgruppen:	$F_{(3, 552)} = 10{,}398$	$p = 0{,}000$
Haupteffekt der SFB-Gruppen	$F_{(1, 552)} = 36{,}630$	$p = 0{,}000$
Interaktion zwischen Statusgruppen und SFB	$F_{(3, 552)} = 7{,}172$	$p = 0{,}027$

Auf Grundlage der univariaten ANOVA können alle Haupteffekte sowie die Interaktion als signifikant bewertet werden.

Durchschnittliche z-Werte: Sachunterricht

Statusgruppe	mit SFB				ohne SFB			
	$\bar{X}z$	s	K95%	N	$\bar{X}z$	s	K95%	N
beliebt	-0,16	1,02	± 0,62	13	**0,39**	0,77	± 0,12	167
durchschnittlich	-0,95	0,81	± 0,42	17	**0,19**	0,91	± 0,13	177
kontroversiell	---	---	---	---	**-0,15**	0,86	± 0,40	20
vernachlässigt	-0,45	1,32	± 0,94	10	**0,02**	0,89	± 0,24	53
abgelehnt	-1,10	0,98	± 0,30	43	**-0,32**	0,95	± 0,21	80

Tabelle 43

Multipler Vergleichstest: Sachunterricht

	Statusgruppe	mit SFB				ohne SFB			
		be							
mit SFB	durchschnittlich	**0,015**	du						
	vernachlässigt	0,430	0,158	ve					
	abgelehnt	**0,001**	0,564	**0,038**	ab				
ohne SFB	beliebt	**0,032**	**0,000**	**0,004**	**0,000**	be			
	durchschnittlich	0,168	**0,000**	**0,025**	**0,000**	**0,038**	du		
	kontroversiell	0,975	**0,006**	0,375	**0,000**	**0,010**	0,103	ko	
	vernachlässigt	0,520	**0,000**	0,124	**0,000**	**0,008**	0,209	0,474	ve
	abgelehnt	0,555	**0,007**	0,643	**0,000**	**0,000**	**0,000**	0,452	**0,034**

Tabelle 44

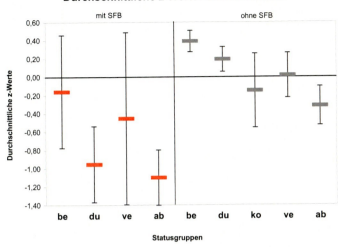

Grafik 7

Schüler mit SFB
Grafik 7 macht deutlich, dass abgelehnte Schüler erwartungsgemäß mit –1,10 z stark unterdurchschnittliche Fertigkeiten im Fach Sachunterricht aufweisen. Überraschend sind auch hier wieder die stark nach unten abweichenden SAC-Werte für durchschnittlich integrierte Schüler, die mit –0,95 z vergleichbare Leistungen aufweisen wie abgelehnte Schüler. Die günstigsten Kompetenzen im Fach Sachunterricht konnten erwartungsgemäß für beliebte Schüler festgestellt werden, die mit –0,16 z vergleichsweise nah am Klassendurchschnitt liegen. Wie Tabelle 44 zeigt, können im Hinblick auf HYP 7 ausschließlich signifikante Mittelwertsunterschiede zwischen abgelehnten und beliebten Schülern festgestellt werden. Damit unterscheiden sich auch hier die beiden Extremgruppen signifikant voneinander.

Schüler ohne SFB
Grafik 7 zeigt für beliebte und durchschnittlich integrierte Schüler mit 0,39 z und 0,19 z signifikant überdurchschnittliche und für abgelehnte Schüler mit –0,32 z erwartungsgemäß signifikant unterdurchschnittliche SAC-Werte. Tabelle 44 lässt signifikante Mittelwertsunterschiede zwischen abgelehnten und beliebten, durchschnittlich integrierten sowie vernachlässigten Schülern erkennen. Insgesamt scheinen die SAC-Werte kontinuierlich mit dem Sozialstatus zu sinken.

■ **Schulleistung: Sport** SPO

Die Variable Sport wurde über einen Fragebogen ermittelt. Die Einschätzungen konnten mit Hilfe einer Skala von 1 (geringe Leistung) bis 18 (hohe Leistung) Punkten vorgenommen werden. In Anlehnung an HYP 7 wird erwartet, dass abgelehnte Schüler hinsichtlich ihrer Sportnote signifikant und negativ vom Klassendurchschnitt abweichen und sich für abgelehnte Schüler signifikant geringere SPO-Werte nachweisen lassen.

Univariate ANOVA

Haupteffekt der Statusgruppen:	$F_{(3, 566)} = 15,002$	$p = 0,000$
Haupteffekt der SFB-Gruppen:	$F_{(1, 566)} = 12,035$	$p = 0,001$
Interaktion zwischen Statusgruppen und SFB:	$F_{(3, 566)} = 4,499$	$p = 0,004$

Auf Grundlage der univariaten ANOVA können alle Haupteffekte und die Interaktion vollständig als signifikant bewertet werden.

Durchschnittliche z-Werte: Sport

Statusgruppe	mit SFB $\bar{X}$	s	K95%	N	ohne SFB $\bar{X}$	s	95% Konf.	N
beliebt	-0,19	0,87	± 0,59	11	**0,40**	0,78	± 0,12	168
durchschnittlich	0,32	1,01	± 0,50	18	0,09	0,81	± 0,12	177
kontroversiell	---	---	---	---	0,06	1,20	± 0,56	20
vernachlässigt	-0,80	1,41	± 1,01	10	-0,19	0,90	± 0,25	53
abgelehnt	**-0,98**	1,01	± 0,29	48	-0,23	1,06	± 0,22	81

Tabelle 45

Multipler Vergleichstest: Sport

	Statusgruppe	mit SFB be				ohne SFB			
mit SFB	durchschnittlich	0,138	du						
	vernachlässigt	0,124	**0,002**	ve					
	abgelehnt	**0,010**	**0,000**	0,573	**ab**				
ohne SFB	beliebt	**0,034**	0,710	**0,000**	**0,000**	be			
	durchschnittlich	0,317	0,298	**0,003**	**0,000**	**0,001**	du		
	kontroversiell	0,451	0,380	**0,014**	**0,000**	0,111	0,906	ko	
	vernachlässigt	0,997	**0,038**	0,051	**0,000**	**0,000**	**0,048**	0,283	ve
	abgelehnt	0,897	**0,020**	0,060	**0,000**	**0,000**	**0,009**	0,194	0,809

Tabelle 46

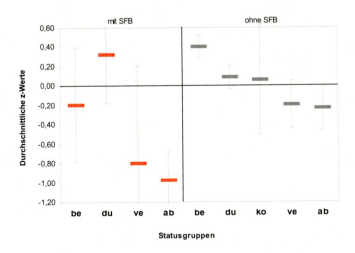

Grafik 8

Schüler mit SFB

Für abgelehnte Schüler mit SFB zeigen sich mit Mittelwerten –0,98 z und einem Vertrauensintervall von ±0,29 z erwartungsgemäß SPO-Werte, die sich signifikant vom Klassendurchschnitt unterscheiden. Alle übrigen Statusgruppen unterscheiden sich nicht signifikant vom Klassenmittel. Überraschenderweise liegen die höchsten SPO-Werte nicht in der Gruppe der beliebten Schüler (-0,19 z), sondern mit 0,32 z in der Gruppe der durchschnittlich integrierten Schüler vor. Tabelle 46 zeigt, dass diese sich darüber hinaus signifikant von abgelehnten und vernachlässigten Schülern unterscheiden. Für vernachlässigte Schüler lassen sich mit -0,8 z vergleichbare Werte feststellen wie für abgelehnte Schüler.

Schüler ohne SFB

Für Schüler ohne SFB lässt sich in der Stichprobe wiederum mit sinkenden SPO-Werten ein sinkender Sozialstatus feststellen. Beliebte Schüler liegen mit 0,4 z signifikant über dem Klassendurchschnitt und unterscheiden sich ebenfalls signifikant von durchschnittlich integrierten, vernachlässigten und abgelehnten Schülern. Abgelehnte Schüler liegen mit einem SPO-Wert von –0,23 z und einem Vertrauensintervall von ±0,22 z knapp signifikant unter dem Durchschnitt. Darüber hinaus liegen sie signifikant unter den SPO-Werten für beliebte und durchschnittlich integrierte Schüler.

■ **Schulleistung:** Anmerkungen

Insgesamt kann für die Schulleistung auf Grundlage der hier dargestellten Befunde in beiden Schülergruppen ein deutlich erkennbarer Zusammenhang zwischen Schulleistungen und dem Sozialstatus nachgewiesen werden. Da die Wirkungsrichtung im Rahmen einer Varianzanalyse im Dunklen bleibt, kann hier nur hypothetisch ein Einfluss der Schulleistung auf die soziale Integration angenommen werden. Grundsätzlich lassen sich in beiden Schülergruppen mit wachsenden Schulleistungen günstigere soziale Positionen feststellen. Einzige Ausnahme stellt die Gruppe der durchschnittlich integrierten Schüler ohne SFB dar, die sich mit überraschend niedrigeren LES-, REC- und SAC-Werten und auffällig hohen SPO-Werten von dieser Regel absetzen.

Ein Vergleich beider Schülergruppen deutet auf ein unterschiedliches Wertesystem bei Schülern mit und ohne SFB hin. So lassen sich über alle vier Einzelvariablen hinweg vergleichbare Mittelwerte für beliebte Schüler mit SFB und abgelehnte Schüler ohne SFB feststellen. Signifikante Unterschiede zwischen beiden Gruppen liegen bei keinem Einzelvergleich vor. Demnach deutet sich an, dass die selben Schulleistungen, die bei Schülern ohne SFB eher zu einem ungünstigen Sozialstatus geführt hätten, in der Gruppe mit SFB häufig mit einer sehr guten sozialen Position einhergehen. Im Wesentlichen lässt sich herausstellen, dass der Einfluss von Schulleistungen in beiden Schülergruppen grundsätzlich vergleichbar ist, in der Gruppe mit SFB jedoch auf einem insgesamt niedrigeren Niveau verläuft.

Ein weiterer Unterschied zwischen beide Gruppen kann für die Rolle der durchschnittlich integrierten Schüler angenommen werden. Während sich durchschnittlich integrierte Schüler mit SFB durch weitgehend ungünstige Schulleistungen in den Fächern Rechnen, Lesen und Sachunterricht auf einer Ebene mit abgelehnten Schülern bewegen, fallen durchschnittlich integrierte Schüler ohne SFB durch signifikant bessere Lese- und Sachunterrichtsleistungen als ihre abgelehnten Klassenkameraden auf.

Ergebnisse der Hauptuntersuchung

■ Konzentration: Gesamtleistung bei konzentrierter Tätigkeit　　GZT

Die Variable GZT wird mit dem DL-KG erhoben und misst die quantitative Leistung bei konzentrierter Tätigkeit. Fehler bleiben in diesem Messwert unberücksichtigt. In Anlehnung an HYP 8 werden insgesamt signifikant niedrigere GZT-Werte für die Statusgruppe 'abgelehnt' vorhersagt.

Univariate ANOVA

Haupteffekt der Statusgruppen:	n.s.
Haupteffekt der SFB-Gruppen:	$F_{(1, 575)} = 7{,}054$　　$p = 0{,}008$
Interaktion zwischen Statusgruppen und SFB:	n.s.

Die Haupteffekte der Statusgruppen sowie die Interaktion zwischen SFB- und Statusgruppen waren in der univariaten ANOVA nicht signifikant. Somit kann nicht davon ausgegangen werden, dass die Variable GZT in einem nennenswerten Zusammenhang mit der sozialen Integration von Schülern mit SFB steht. Im Folgenden werden somit nach der Darstellung der durchschnittlichen z-Werte keine weiteren Ergebnisse dargestellt.

Durchschnittliche z-Werte: Gesamtleistung bei konzentrierter Tätigkeit

Statusgruppe	mit SFB				ohne SFB			
	$\bar{X}$	s	K95%	N	$\bar{X}$	s	K95%	N
beliebt	-0,11	1,33	±0,74	15	0,27	0,96	±0,14	172
durchschnittlich	-0,20	1,05	±0,43	25	0,01	0,93	±0,14	175
kontroversiell	---	---	---	---	0,00	0,80	±0,39	19
vernachlässigt	-0,62	1,44	±0,83	14	-0,08	0,86	±0,24	54
abgelehnt	-0,32	1,09	±0,34	42	-0,19	0,84	±0,19	78

Tabelle 47

■ **Konzentration: Fehlerleistung bei konzentrierter Tätigkeit** FT

Während die Variable GZT die Konzentrationsleistung misst, wird mit FT die Fehlerleistung bei konzentrierter Tätigkeit gemessen. FT erhebt damit gleichzeitig, wie gut sich Schüler über einen längeren Zeitraum an vorgegebene Regeln halten können. Kleine FT-Werte müssen als gute, große FT-Werte entsprechend als schlechte Leistungen bewertet werden. In Anlehnung an HYP 8 wird erwartet, dass für abgelehnte Schüler signifikant höhere FT-Werte feststellbar sind als für die übrigen Statusgruppen.

Univariate ANOVA

Haupteffekt der Statusgruppen:	$F_{(3, 575)} = 3{,}997$	$p = 0{,}008$
Haupteffekt der SFB-Gruppen	$F_{(1, 575)} = 26{,}896$	$p = 0{,}000$
Interaktion zwischen Statusgruppen und SFB	$F_{(3, 575)} = 3{,}441$	$p = 0{,}033$

Auf Grundlage der univariaten ANOVA können alle Haupteffekte sowie die Interaktion als signifikant bewertet werden.

Durchschnittliche z-Werte: Fehlerleistung bei konzentrierter Tätigkeit

	mit SFB				ohne SFB			
Statusgruppe	$\bar{x}z$	s	K95%	N	$\bar{x}z$	s	K95%	N
beliebt	0,79	1,73	±0,96	15	-0,16	0,71	±0,11	172
durchschnittlich	0,27	1,27	±0,53	25	-0,18	0,70	±0,10	175
kontroversiell	---	---	---	---	0,01	1,04	±0,50	19
vernachlässigt	0,15	1,21	±0,70	14	-0,06	0,95	±0,26	54
abgelehnt	0,86	1,52	±0,47	42	0,06	1,03	±0,23	78

Tabelle 48

Multipler Vergleichstest: Fehlerleistung bei konzentrierter Tätigkeit

		mit SFB				ohne SFB		
Statusgruppe		be						
mit SFB	durchschnittlich	0,089	du					
	vernachlässigt	0,068	0,716	ve				
	abgelehnt	0,810	**0,013**	**0,015**	**ab**			
ohne SFB	beliebt	**0,000**	**0,035**	0,233	**0,000**	be		
	durchschnittlich	**0,000**	**0,027**	0,207	**0,000**	0,858	du	
	kontroversiell	**0,016**	0,367	0,664	**0,001**	0,460	0,413	ko
	vernachlässigt	**0,002**	0,154	0,457	**0,000**	0,487	0,413	0,792	ve
	abgelehnt	**0,006**	0,338	0,733	**0,000**	0,088	0,065	0,832	0,482

Tabelle 49

Durchschnittliche z-Werte: Fehlerleistung bei konzentrierter Tätigkeit

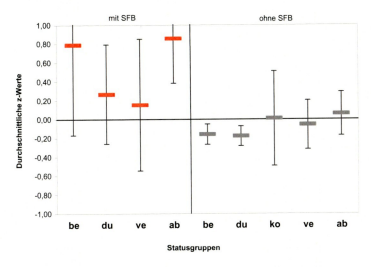

Grafik 9

Schüler mit SFB

Tabelle 48 stellt ein uneinheitliches Bild der Konzentrationsleistungen dar. In Anlehnung an HYP 8 wäre zu erwarten, dass die Fehlerleistung sich mit wachsendem Sozialstatus verbessert. Die Ergebnisse der Varianzanalyse bestätigen diese Annahme nur bedingt. So können bei abgelehnten Schülern mit 0,86 z tatsächlich signifikant ungünstigere Fehlerleistungen festgestellt werden als bei vernachlässigten oder durchschnittlich integrierten Schülern, die sich mit Werten von 0,15 und 0,25 z nicht signifikant vom Klassendurchschnitt unterscheiden. Überraschenderweise hat die Gruppe der beliebten Schüler mit 0,79 z in der Stichprobe vergleichbare FT-Werte wie die Gruppe der abgelehnten Schüler.

Schüler ohne SFB

Für die Gruppe der Schüler ohne SFB stellt Grafik 9 eine etwas andere Ergebnislage dar. Zwar steigen die Fehlerwerte in der Stichprobe erwartungsgemäß mit wachsendem Sozialstatus an, Tabelle 49 zeigt jedoch, dass die gefundenen Mittelwertsunterschiede nicht signifikant und somit nicht auf die Grundgesamtheit übertragbar sind.

■ **Konzentration: Gleichmäßigkeit bei konzentrierter Tätigkeit**   SBGZ

Während die Variablen GZT und FT vor allem die quantitative Konzentrationsleistung betrachten, misst die Variable SBGZ die Gleichmäßigkeit der Leistung. Große SBGZ-Werte stehen für eine große Streuung und somit für eine geringe Gleichmäßigkeit der Leistung. Kleine SBGZ-Werte stehen dementsprechend für eine große Gleichmäßigkeit. Im Anlehnung an HYP 8 wird für abgelehnte Schüler ein signifikant geringerer SBGZ-Wert erwartet.

Univariate ANOVA

Haupteffekt der Statusgruppen:	$F_{(3, 575)} = 3{,}997$	$p = 0{,}019$
Haupteffekt der SFB-Gruppen	$F_{(1, 575)} = 26{,}896$	$p = 0{,}019$
Interaktion zwischen Statusgruppen und SFB	$F_{(3, 575)} = 3{,}125$	$p = 0{,}047$

Auf Grundlage der univariaten ANOVA können alle Haupteffekte sowie die Interaktion als signifikant bewertet werden.

Durchschnittliche z-Werte: Gleichmäßigkeit konzentrierter Tätigkeit

Statusgruppe	mit SFB				ohne SFB			
	$\bar{x}_z$	s	K95%	N	$\bar{x}_z$	s	K95%	N
beliebt	**0,23**	0,87	±0,48	15	-0,08	0,88	±0,13	172
durchschnittlich	**-0,10**	0,72	±0,30	25	-0,10	0,93	±0,14	175
kontroversiell	---	---	---	---	-0,20	0,91	±0,44	19
vernachlässigt	**0,42**	1,49	±0,86	14	-0,09	0,90	±0,25	54
abgelehnt	**0,48**	1,18	±0,37	42	**0,19**	1,12	±0,25	78

Tabelle 50

Multipler Vergleichstest: Gleichmäßigkeit konzentrierter Tätigkeit

	Statusgruppe	mit SFB				ohne SFB			
		be							
mit SFB	durchschnittlich	0,293	du						
	vernachlässigt	0,593	0,105	ve					
	abgelehnt	0,387	**0,017**	0,842	**ab**				
ohne SFB	beliebt	0,228	0,929	0,060	**0,001**	be			
	durchschnittlich	0,202	0,999	0,051	**0,000**	0,862	du		
	kontroversiell	0,198	0,740	0,068	**0,011**	0,619	0,674	ko	
	vernachlässigt	0,253	0,967	0,076	**0,004**	0,954	0,950	0,676	ve
	abgelehnt	0,863	0,200	0,394	0,107	**0,044**	**0,031**	0,122	0,108

Tabelle 51

Durchschnittliche z-Werte: Gleichmäßigkeit der konzentrierten Leistung

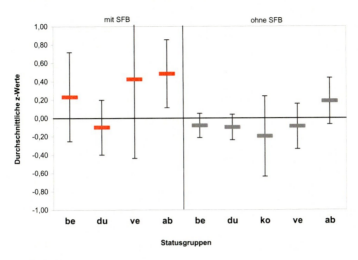

Grafik 10

Schüler mit SFB

Tabelle 50 zeigt erwartungsgemäß, dass abgelehnte Schüler mit 0,48 z sehr stark von der Klassennorm abweichen. Vergleichbare Ergebnisse liegen jedoch auch für die Gruppe der vernachlässigten Schüler mit SFB (0,42 z) vor. Beliebte Schüler unterscheiden sich mit 0,23 z nicht signifikant von diesen beiden Gruppen. Die günstigsten SBGZ-Werte konnten in der Stichprobe überraschenderweise für die Gruppe der durchschnittlich integrierten Schüler festgestellt werden. Tabelle 51 zeigt, dass sich damit durchschnittlich integrierte Schüler signifikant von abgelehnten Schülern mit SFB unterscheiden. Weitere signifikante Mittelwertsunterschiede liegen nicht vor.

Schüler ohne SFB

Tabelle 50 zeigt mit Werten zwischen -0,08 und -0,10 z weitgehend vergleichbare Werte für beliebte, durchschnittlich integrierte und vernachlässigte Schüler. Die ungünstigsten SBGZ-Werte konnten mit 0,19 z für die Gruppe der abgelehnten Schüler festgestellt werden, die sich damit signifikant von beliebten und durchschnittlich integrierten Schülern unterscheiden.

■ **Konzentration: Anmerkungen**

Die für die Variable Konzentration dargestellten Ergebnisse unterscheiden sich bei Schülern mit und ohne SFB. So konnten für abgelehnte Schüler mit SFB in der Stichprobe zwar häufig sehr niedrige Konzentrationswerte isoliert werden, signifikante Unterschiede lagen jedoch nicht zwischen den Extremgruppen (beliebt / abgelehnt), sondern vielmehr zwischen abgelehnten und durchschnittlich integrierten Schülern vor. Demnach scheinen durchschnittlich integrierte Schüler eine Gruppe mit hohen Konzentrationsleistungen in regelbezogenen Anforderungssituationen zu sein.

Auffällig sind die vergleichsweise schlechten Fehlerleistungen von beliebten Schülern mit SFB. Demnach können für diese Schülergruppe zwar eine hohe Motivation, ein hohes Durchhaltevermögen sowie eine hohe Gleichmäßigkeit der Konzentrationsleistung angenommen werden, diese bleibt allerdings ohne erkennbaren Effekt auf die Fehlerzahl und somit die Güte der Leistung. Die Ergebnisse unterstreichen insgesamt die Sonderrolle durchschnittlich integrierter Schüler mit SFB. Für Schüler ohne SFB deutet sich eine solche Sonderrolle nicht an. Hier konnten erwartungsgemäß signifikante Extremgruppenunterschiede für GZT- und SBGZ-Werte festgestellt werden.

■ Motivation: Schulischer Ehrgeiz MO3

Die Variable MO3 wurde mit Hilfe des PfK 9-14 erhoben und misst im Gegensatz zu VM5 und VM6 das Leistungsverhalten in unterrichtsbezogenen Inhalten aus Sicht der Schüler selbst. In Anlehnung an HYP 9 wird erwartet, dass sich auch aus Schülersicht eine signifikant niedrigere Motivation für abgelehnte Schüler im Verhältnis zu den übrigen Statusgruppen nachweisen lässt.

Univariate ANOVA

Haupteffekt der Statusgruppen:		n.s.
Haupteffekt der SFB-Gruppen:	$F (1, 563) = 5{,}408$	$p = 0{,}020$
Interaktion zwischen Statusgruppen und SFB:		n.s.

Die Ergebnisse der univariaten ANOVA zeigen, dass die Variable MO3 in keinem signifikanten Zusammenhang mit den Statusgruppen steht. Die Ausprägung des schulischen Ehrgeizes in den beiden SFB-Gruppen ist zwar signifikant unterschiedlich, dies spielt jedoch für die hier im Mittelpunkt stehende Fragestellung keine Rolle. Daher wird nach der Darstellung der durchschnittlichen z-Werte auf eine weitere Ergebnisdarstellung verzichtet.

Durchschnittliche z-Werte: Schulischer Ehrgeiz

Statusgruppe	mit SFB				ohne SFB			
	$\bar{X}z$	s	K95%	N	$\bar{X}z$	s	K95%	N
beliebt	-0,04	0,73	±0,40	15	**0,11**	0,93	±0,15	160
durchschnittlich	-0,35	0,81	±0,34	24	**-0,01**	1,03	±0,15	172
kontroversiell	---	---	---	---	**0,03**	1,04	±0,47	21
vernachlässigt	-0,26	0,88	±0,53	13	**0,00**	0,94	±0,26	52
abgelehnt	-0,25	0,88	±0,27	44	**0,10**	1,07	±0,24	80

Tabelle 52

■ **Motivation: Lern-, leistungsmotiviertes u. interessiertes Verhalten**   VM5

Die Variable VM5 wurde mit Hilfe der BfL erhoben und misst in erster Linie die Leistungsmotivation aus Lehrersicht. In Anlehnung an HYP 9 wird erwartet, dass sich für abgelehnte Schüler signifikant niedrigere VM5-Werte feststellen lassen als für Schüler der übrigen Statusgruppen.

Univariate ANOVA

Haupteffekt der Statusgruppen:	$F_{(3, 557)} = 8{,}661$	$p = 0{,}000$
Haupteffekt der SFB-Gruppen:	$F_{(1, 575)} = 7{,}646$	$p = 0{,}006$
Interaktion zwischen Statusgruppen und SFB:	$F_{(3, 557)} = 1{,}995$	$p\ 0{,}048$

Auf Grundlage der univariaten ANOVA können alle Haupteffekte sowie die Interaktion als signifikant bewertet werden.

Durchschnittliche z-Werte: Leistungsmotiviertes Verhalten

	Schüler mit SFB				Schüler ohne SFB			
Statusgruppe	$\bar{X}z$	s	K95%	N	$\bar{X}z$	s	K95%	N
beliebt	0,06	0,73	±0,44	13	0,26	0,93	±0,14	164
durchschnittlich	-0,53	0,84	±0,39	20	0,17	0,92	±0,14	168
kontroversiell	---	---	---	---	0,00	0,93	±0,44	20
vernachlässigt	0,03	0,93	±0,56	13	0,00	1,03	±0,29	52
abgelehnt	-0,78	0,85	±0,25	47	-0,33	0,97	±0,22	80

Tabelle 53

Multipler Vergleichstest: Leistungsmotiviertes Verhalten

		mit SFB				ohne SFB			
Statusgruppe		be							
mit SFB	durchschnittlich	0,073	du						
	vernachlässigt	0,935	0,089	ve					
	abgelehnt	**0,004**	0,324	**0,006**	**ab**				
ohne SFB	beliebt	0,450	**0,000**	0,386	**0,000**	be			
	durchschnittlich	0,670	**0,001**	0,591	**0,000**	0,387	du		
	kontroversiell	0,855	0,070	0,926	**0,002**	0,233	0,427	ko	
	vernachlässigt	0,844	**0,028**	0,926	**0,000**	0,080	0,247	0,988	ve
	abgelehnt	0,161	0,381	0,196	**0,009**	**0,000**	**0,000**	0,157	**0,045**

Tabelle 54

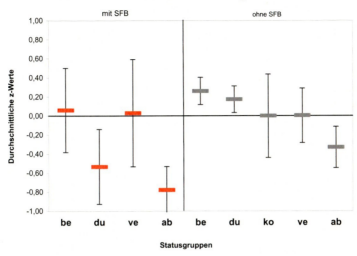

Grafik 11

Schüler mit SFB
In Anlehnung an HYP 9 wird erwartet, dass abgelehnte Schüler ein signifikant ungünstigeres leistungsmotiviertes Verhalten zeigen als Schüler der übrigen Statusgruppen. Grafik 11 zeigt, dass abgelehnte Schüler aus Sicht der Lehrer mit Bewertungen von -0,78 z tatsächlich sehr schwach eingeschätzt wurden. Damit sind ihre Einschätzungen signifikant schlechter als die beliebter und vernachlässigter Schüler mit SFB. Auffallend sind die Ergebnisse für durchschnittlich integrierte Schüler, die mit -0,53 z in etwa mit den Bewertungen für abgelehnte Schüler vergleichbar sind.

Schüler ohne SFB
Für die Gruppe der Schüler ohne SFB zeigt Grafik 11 eine mit ungünstigerem Integrationsstatus ebenfalls sinkende Leistungsmotivation. Während abgelehnte Schüler mit -0,33 z die bei Weitem ungünstigste Leistungsmotivation aufweisen, werden beliebte, abgelehnte und vernachlässigte Schüler hier signifikant günstiger eingeschätzt. Auf die Gruppe der kontroversiellen Schüler lassen sich diese Aussagen nicht sicher übertragen, da hier das Vertrauensintervall wegen der kleinen Fallzahl zu groß ist.

■ **Motivation: Angemessenes Arbeits- und Leistungsverhalten** VM6

Die Variable VM6 wurde ebenfalls mit Hilfe der BfL erhoben und misst das Leistungsverhalten in unterrichtsbezogenen Inhalten aus Sicht der Lehrer. Auf Grundlage von HYP 9 müssten sich für abgelehnte Schüler signifikant niedrigere VM6-Werte feststellen lassen als für die übrigen Statusgruppen.

Univariate ANOVA

Haupteffekt der Statusgruppen:	$F_{(3, 527)} = 10{,}890$	$p = 0{,}000$
Haupteffekt der SFB-Gruppen:	$F_{(1, 527)} = 12{,}633$	$p = 0{,}000$
Interaktion zwischen Statusgruppen und SFB:	$F_{(3, 527)} = 2{,}114$	$p = 0{,}041$

Auf Grundlage der univariaten ANOVA können alle Haupteffekte sowie die Interaktion als signifikant bewertet werden.

Durchschnittliche z-Werte: Arbeits- und Leistungsverhalten

Statusgruppe	Schüler mit SFB				Schüler ohne SFB			
	$\bar{X}_z$	s	K95%	N	$\bar{X}_z$	s	K95%	N
beliebt	0,10	0,67	±0,42	12	0,37	0,82	±0,13	158
durchschnittlich	-0,63	0,98	±0,47	19	0,19	0,95	±0,15	154
kontroversiell	---	---	---	---	0,01	1,11	±0,52	20
vernachlässigt	-0,21	0,84	±0,54	12	-0,08	0,94	±0,27	50
abgelehnt	-0,87	0,89	±0,26	47	-0,38	0,94	±0,22	75

Tabelle 55

Multipler Vergleichstest: Arbeits- und Leistungsverhalten

	Statusgruppe	mit SFB				ohne SFB			
		be	du	ve	ab	be	du	ko	ve
mit SFB	durchschnittlich	**0,028**	du						
	vernachlässigt	0,400	0,206	ve					
	abgelehnt	**0,001**	0,331	**0,024**	ab				
ohne SFB	beliebt	0,324	**0,000**	**0,033**	**0,000**	be			
	durchschnittlich	0,749	**0,000**	0,143	**0,000**	0,078	du		
	kontroversiell	0,777	**0,028**	0,510	**0,000**	0,093	0,402	ko	
	vernachlässigt	0,525	**0,025**	0,665	**0,000**	**0,002**	0,066	0,703	ve
	abgelehnt	0,089	0,276	0,549	**0,004**	**0,000**	**0,000**	0,091	0,075

Tabelle 56

Durchschnittliche z-Werte: Arbeits- und Leistungsverhalten

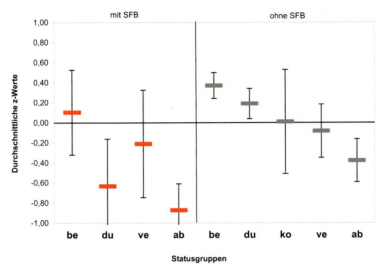

Grafik 12

Schüler mit SFB
Ähnlich wie beim lern- und leistungsmotivierten Verhalten lassen sich auch für das Arbeits- und Leistungsverhalten mit –0.87 z signifikant ungünstigere Bewertungen in der Gruppe der abgelehnten Schüler feststellen. Lediglich die Gruppe der durchschnittlich integrierten Schüler wurde im Hinblick auf ihr Arbeits- und Leistungsverhalten in vergleichbarer Weise eingeschätzt. Die günstigsten Bewertungen waren in der Gruppe der beliebten Schüler festzustellen, die sich mit +0,1 z sehr nah am Klassendurchschnitt bewegten. Auch hier bestätigt sich folglich die Tendenz, dass wachsende Motivation bzw. Anstrengungsbereitschaft mit einer günstigeren sozialen Integration einhergeht.

Schüler ohne SFB
Auch bei Schülern ohne SFB bestätigt sich der Eindruck, dass Leistungsmotivation und Sozialstatus in einem direkten Zusammenhang stehen. So waren bei beliebten Schülern signifikant günstigere Bewertungen der Anstrengungsbereitschaft festzustellen als bei vernachlässigten und abgelehnten Schülern. Die Unterschiede zwischen abgelehnten und kontroversiellen sowie vernachlässigten Schülern sind mit einer Irrtumswahrscheinlichkeit von 9 bzw. 7,5 Prozent immerhin am Rande signifikant.

■ **Motivation: Anmerkungen**

Sowohl bei Schülern mit als auch bei Schülern ohne SFB gibt es signifikante Unterschiede in der Leistungsmotivation zwischen den einzelnen Statusgruppen. In beiden Gruppen werden die Unterschiede deutlicher, je größer die Statusunterschiede sind. Eine Ausnahme stellt hier die Gruppe der durchschnittlich integrierten Schüler mit SFB dar. Aus Lehrersicht fallen diese jeweils in das untere Spektrum der Leistungsmotivation einer Klasse. Damit scheint die Motivation dieser Schülergruppe auch in keinem nennenswerten Zusammenhang mit der sozialen Integration zu stehen. In der Gruppe ohne SFB gibt es hingegen keine Hinweise auf eine besondere Rolle von durchschnittlich integrierten Schülern.

Bei einer genaueren Analyse der Daten für die Variable 'Leistungsmotivation' fallen insgesamt zwei Besonderheiten auf. Betrachtet man die Ergebnisse für alle drei Variablen, scheinen sich über die Sichtweise der Lehrer bessere Vorhersagen der sozialen Integration machen zu lassen als über die Sichtweise der Schüler selbst. So ergaben sich aus Sicht der Schüler selbst (MO3) deutlich weniger signifikante Hinweise auf einen nennenswerten Zusammenhang zwischen Leistungsmotivation und sozialer Integration als aus Sichtweise der Lehrer.

Zum Anderen fällt eine vergleichsweise geringe Gesamtmotivation in der Gruppe der Schüler mit SFB auf. So läge die Motivation über alle Statusgruppen und alle drei Merkmalsbereiche (VM5, VM6, MO3) hinweg mit $-0,44$ z deutlich und signifikant niedriger als bei Schülern ohne SFB (0,08 z). Hier wird in weiteren Untersuchungen zu klären sein, wie interessiert Schüler mit SFB am Gemeinsamen Unterricht tatsächlich sind.

■ **Selbstständigkeit: Selbstständigkeit (Fremdeinschätzung)**   VM7

Selbstständigkeit wurde in der Hauptuntersuchung nur über ein einzelnes Item der BfL gemessen. Die Bewertung der Selbstständigkeit beinhaltet also mit der Variable VM7 (BfL) vornehmlich die Sicht der Lehrer. In Anlehnung an HYP 10 wird erwartet, dass Schüler mit SFB signifikant niedrigere VM7-Bewertungen erhalten als Schüler der übrigen Statusgruppen.

Univariate ANOVA

Haupteffekt der Statusgruppen:	$F_{(3, 565)} = 6,053$	$p = 0,000$
Haupteffekt der SFB-Gruppen:		n.s.
Interaktion zwischen Statusgruppen und SFB:	$F_{(3, 565)} = 7,015$	$p = 0,000$

Die Ergebnisse der univariaten ANOVA zeigen, dass ein hochsignifikanter Haupteffekt für die 'Selbstständigkeit' vorliegt. Es kann davon ausgegangen werden, dass die Merkmalsprofile in beiden SFB-Gruppen unterschiedlich ausgeprägt sind.

Durchschnittliche z-Werte: Selbstständigkeit

	mit SFB				ohne SFB			
Statusgruppe	$\bar{x}_z$	s	K95%	N	$\bar{x}_z$	s	K95%	N
beliebt	-0,21	0,87	±0,55	12	**0,38**	0,94	±0,15	158
durchschnittlich	**-0,76**	0,91	±0,44	19	0,18	0,87	±0,14	154
kontroversiell	---	---	---	---	-0,21	0,98	±0,46	20
vernachlässigt	-0,30	0,90	±0,57	12	0,07	0,92	±0,26	50
abgelehnt	**-0,87**	0,68	±0,20	47	**-0,36**	0,93	±0,21	75

Tabelle 57

Multipler Vergleichstest: Selbstständigkeit

		mit SFB			ohne SFB			
Statusgruppe	be							
mit SFB durchschnittlich	0,098	du						
mit SFB vernachlässigt	0,801	0,168	ve					
mit SFB abgelehnt	**0,024**	0,658	0,052	ab				
ohne SFB beliebt	**0,029**	**0,000**	**0,011**	**0,000**	be			
ohne SFB durchschnittlich	0,145	**0,000**	0,072	**0,000**	0,052	du		
ohne SFB kontroversiell	0,992	0,055	0,770	**0,006**	**0,006**	0,069	ko	
ohne SFB vernachlässigt	0,328	**0,001**	0,195	**0,000**	**0,035**	0,452	0,241	ve
ohne SFB abgelehnt	0,589	0,085	0,834	**0,003**	**0,000**	**0,000**	0,495	**0,008**

Tabelle 58

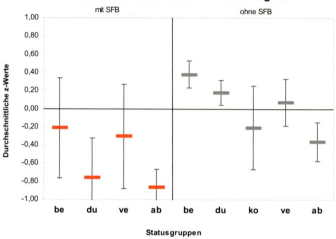

Grafik 13

Schüler mit SFB
Betrachtet man zunächst wieder die beiden Extremgruppen, fallen in Grafik 13 signifikante Unterschiede zwischen beliebten und abgelehnten Schülern mit SFB auf. Während beliebte Schüler in ihrer Selbstständigkeit nur knapp 0,21 z unter dem Klassendurchschnitt liegen, können die Bewertungen für abgelehnte Schüler mit 0,87 z unter dem Klassendurchschnitt als signifikant schlechter bewertet werden. Auch hier überrascht die vergleichsweise schlechte Selbstständigkeit der durchschnittlich integrierten Schüler mit SFB.

Schüler ohne SFB
Bei Schülern ohne SFB liegt das allgemeine Niveau der Selbstständigkeit zwar deutlich höher, trotzdem lassen sich innerhalb dieser Gruppe signifikante Unterschiede zwischen den einzelnen Statusgruppen nachweisen. So wurden beliebte Schüler mit 0,38 z über dem Klassendurchschnitt signifikant selbstständiger eingeschätzt als vernachlässigte, kontroversielle und abgelehnte Schüler. Selbst zu durchschnittlich integrierten Schülern ist der Unterschied mit 0,18 z über dem Klassendurchschnitt immerhin noch am Rande signifikant (p=0.052). Wieder können für abgelehnte Schüler mit 0,36 z unter dem Klassendurchschnitt die mit Abstand schlechtesten Einschätzungen der Selbstständigkeit festgestellt werden.

■ Sozialkompetenz: Soziales Engagement MO4

Die Variable MO4 wurde mit dem PfK 9-14 erhoben und steht in erster Linie für die Fähigkeit, am Erleben anderer emotionalen Anteil zu nehmen, sich hilfsbereit zu zeigen und Spaß an Kooperation zu haben (vgl. Seitz und Rausche, 1992, 77). Es werden signifikant niedrigere Werte für das Soziale Engagement in der Gruppe der abgelehnten Schüler erwartet.

Univariate ANOVA

Haupteffekt der Statusgruppen:	$F(3, 563) = 2,171$	$p = 0,039$
Haupteffekt der SFB-Gruppen:	$F(1, 563) = 6,053$	$p = 0,020$
Interaktion zwischen Statusgruppen und SFB:	n.s.	

Auf Grundlage der univariaten ANOVA können beide Haupteffekte als signifikant bewertet werden. Das Merkmalsprofil bei Schülern mit und ohne SFB erscheint grundsätzlich vergleichbar.

Durchschnittliche z-Werte: Soziales Engagement

	mit SFB				ohne SFB			
Statusgruppe	$\bar{x}_z$	s	K95%	N	$\bar{x}_z$	s	K95%	N
beliebt	-0,28	0,82	±0,45	15	0,18	0,89	±0,14	159
durchschnittlich	-0,05	0,74	±0,32	23	0,06	1,01	±0,15	174
kontroversiell	---	---	---	---	0,01	0,77	±0,35	21
vernachlässigt	-0,11	1,01	±0,59	14	0,00	0,92	±0,25	53
abgelehnt	-0,54	1,12	±0,34	45	-0,09	1,05	±0,23	80

Tabelle 59

Multipler Vergleichstest: Soziales Engagement

		mit SFB				ohne SFB			
	Statusgruppe	be							
mit SFB	durchschnittlich	0,466	du						
	vernachlässigt	0,626	0,858	ve					
	abgelehnt	0,374	**0,048**	0,145	**ab**				
ohne SFB	beliebt	0,078	0,294	0,291	**0,000**	be			
	durchschnittlich	0,184	0,601	0,525	**0,000**	0,281	du		
	kontroversiell	0,369	0,837	0,722	**0,032**	0,458	0,815	ko	
	vernachlässigt	0,313	0,831	0,705	**0,006**	0,254	0,689	0,973	ve
	abgelehnt	0,494	0,834	0,970	**0,014**	**0,039**	0,221	0,649	0,562

Tabelle 60

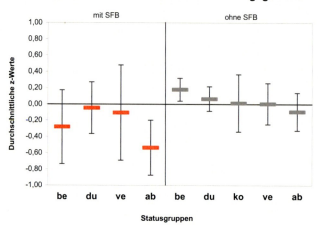

Grafik 14

Schüler mit SFB

Grafik 14 zeigt für Schüler mit SFB ein uneinheitliches Bild. Vor dem Hintergrund der theoretischen Vorannahmen wäre zu erwarten, dass sich beliebte Schüler in ihrem sozialen Engagement signifikant von durchschnittlichen, vernachlässigten und vor allem von abgelehnten Schülern unterscheiden. Tabelle 60 zeigt, dass diese Vorannahmen offenbar nicht zutreffen. So unterscheiden sich beliebte Schüler mit einem sozialen Engagement von -0,28 z nicht signifikant von einer der drei anderen Statusgruppen. Die höchsten Werte für das soziale Engagement konnten für durchschnittliche und vernachlässigte Schüler erhoben werden, die sich mit –0,05 und –0,11 z sehr nah am allgemeinen Klassendurchschnitt befinden.

Schüler ohne SFB

Grafik 14 macht zunächst ein mit sinkendem Sozialstatus ebenfalls sinkendes soziales Engagement deutlich. Betrachtet man die korrigierten inferenzstatistischen Absicherungen in Tabelle 60 kann dieses Absinken jedoch nur für die beiden Extrempositionen sicher angenommen werden. Während beliebte Schüler mit 0,18 z noch sicher über dem durchschnittlichen sozialen Engagement der Klasse liegen, konnten für abgelehnte Schüler mit –0,08 z signifikant geringere Werte festgestellt werden. Für durchschnittlich integrierte (0,06 z), vernachlässigte (0 z) und kontroversielle (0,01 z) Schüler lagen keine signifikanten Unterschiede zur Gruppe der abgelehnten Schüler vor.

■ Sozialkompetenz: Neigung zum Gehorsam / Anpassungsfähigkeit MO5

Die Variable MO5 wurde ebenfalls mit Hilfe des PfK 9-14 erhoben. Sie misst nach Angaben der Testautoren die Neigung eines Schülers, sich Anweisungen und Normen Erwachsener unhinterfragt unterzuordnen (vgl. Seitz und Rausche, 1992, 91f.). Grundlage für diese Analyse ist HYP 11, nach der signifikant niedrigere MO5-Werte für die Gruppe der abgelehnten Schüler erwartet werden.

Univariate ANOVA

Haupteffekt der Statusgruppen:	n.s.
Haupteffekt der SFB-Gruppen:	n.s.
Interaktion zwischen Statusgruppen und SFB:	n.s.

Die Ergebnisse der univariaten ANOVA zeigen, dass weder die Haupteffekte noch die Interaktion zwischen beiden Gruppen signifikant waren. Von einem Zusammenhang zwischen der Variable MO5 und der sozialen Integration kann somit nicht ausgegangen werden. Im Anschluss an die Darstellung der durchschnittlichen z-Werte wird daher keine weitere Ergebnisdarstellung vorgenommen.

Durchschnittliche z-Werte: Neigung zum Gehorsam / Anpassungsfähigkeit

Statusgruppe	mit SFB				ohne SFB			
	$\bar{X}z$	s	K95%	N	$\bar{X}z$	s	K95%	N
beliebt	-0,26	0,74	±0,45	13	-0,13	0,91	±0,14	164
durchschnittlich	-0,22	0,84	±0,35	25	0,05	1,01	±0,15	180
kontroversiell	---	---	---	---	0,13	1,17	±0,53	21
vernachlässigt	-0,30	0,87	±0,50	14	0,11	1,02	±0,29	51
abgelehnt	0,07	1,09	±0,33	44	0,18	0,93	±0,21	81

Tabelle 61

■ **Sozialer Rückzug: Zurückhaltung und Scheu im Sozialkontakt**   **VS4**

Die Variable VS4 wurde mit dem PFK-9-14 erhoben und misst die Meidung sozialer Kontakte (vgl. Seitz und Rausche, 1992, 62f.). Auf Grundlage von HYP 12 wird erwartet, dass abgelehnte Schüler höhere VS4-Werte aufweisen als Schüler der übrigen Statusgruppen. Im Folgenden werden die Ergebnisse zusammenfassend dargestellt.

Univariate ANOVA

Haupteffekt der Statusgruppen:	$F(3, 578) = 4{,}784$ $p = 0{,}003$
Haupteffekt der SFB-Gruppen:	n.s.
Interaktion zwischen Statusgruppen und SFB:	n.s.

Die Ergebnisse der univariaten ANOVA zeigen einen signifikanten Haupteffekt des sozialen Rückzugverhaltens auf die soziale Integration. Der nicht signifikante F-Test für die Interaktion zeigt ein vergleichbares Merkmalsprofil für beide SFB-Gruppen.

Durchschnittliche z-Werte: Zurückhaltung und Scheu im Sozialkontakt

Statusgruppe	mit SFB				ohne SFB			
	$\bar{X}z$	s	K95%	N	$\bar{X}z$	s	K95%	N
beliebt	**0,01**	0,78	±0,42	16	**-0,18**	0,91	±0,14	168
durchschnittlich	**-0,03**	0,93	±0,39	24	**-0,03**	0,99	±0,15	177
kontroversiell	---	---	---	---	**-0,61**	0,83	±0,38	21
vernachlässigt	**-0,36**	0,94	±0,54	14	**0,12**	0,98	±0,28	51
abgelehnt	**0,33**	0,89	±0,27	46	**0,38**	1,04	±0,23	82

Tabelle 62

Multipler Vergleichstest: Zurückhaltung und Scheu im Sozialkontakt

	Statusgruppe	mit SFB				ohne SFB			
		be							
mit SFB	durchschnittlich	0,903	du						
	vernachlässigt	0,300	0,312	ve					
	abgelehnt	0,244	0,134	**0,019**	ab				
ohne SFB	beliebt	0,456	0,476	0,507	**0,001**	be			
	durchschnittlich	0,868	0,985	0,226	**0,021**	0,159	du		
	kontroversiell	0,053	**0,044**	0,445	**0,000**	0,053	**0,010**	ko	
	vernachlässigt	0,684	0,529	0,100	0,276	0,052	0,314	**0,004**	ve
	abgelehnt	0,156	0,066	**0,008**	0,788	**0,000**	**0,001**	**0,000**	0,129

Tabelle 63

Durchschnittliche z-Werte: Zurückhaltung und Scheu im Sozialkontakt

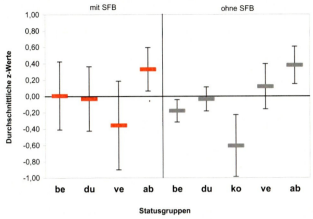

Grafik 15

Schüler mit SFB

Grafik 15 zeigt ein Bild, das zunächst der grundsätzlichen Erwartungshaltung entspricht. So ließ sich für abgelehnte Schüler mit 0,33 z ein Mittelwert feststellen, der signifikant über dem Klassendurchschnitt liegt. Danach lässt sich für abgelehnte Schüler eine überdurchschnittlich starke Zurückhaltung im sozialen Kontakt nachweisen. Für beliebte (0,01 z) und durchschnittliche integrierte Schüler (-0,03 z) entsprechen die Mittelwerte mehr oder weniger dem Klassendurchschnitt, weisen jedoch keine signifikanten Mittelwertsunterschiede zu einer anderen Statusgruppe auf. Betrachtet man die Ergebnisse vor dem Hintergrund der oben dargestellten Befunde, fällt jedoch der mit –0,36 z relativ geringe VS4-Wert (und die damit geringe Scheu im Sozialkontakt) für vernachlässigte Schüler auf.

Schüler ohne SFB

Grafik 15 zeigt für Schüler ohne SFB einen mit wachsender Scheu im Sozialkontakt sinkenden Sozialstatus. Allerdings fällt hier die Gruppe der kontroversiellen Schüler durch einen Mittelwert von –0,61 z als Ausreißer auf. Betrachtet man die beiden Extremgruppen, können erwartungsgemäß für beliebte Schüler signifikant unterdurchschnittliche VS4-Werte (-0,18 z) und für abgelehnte Schüler signifikant überdurchschnittliche VS4-Werte (0,38 z) nachgewiesen werden. Beide Gruppen unterscheiden sich auf einem hochsignifikanten Niveau von $p < 0.001$. Tabelle 63 zeigt darüber hinaus, dass auch für durchschnittlich integrierte (–0,03 z) und für kontroversielle Schüler (-0,61 z) signifikant niedrigere VS4-Mittelwerte nachgewiesen werden konnten als für die Gruppe der abgelehnten Schüler.

■ Sozialer Rückzug: Ich-Durchsetzung und Dominanz MO1

Die Variable MO1 wurde mit dem PfK 9-14 erhoben und misst die Tendenz eines Schülers sich in Gruppen gegenüber anderen durchzusetzen und sich in das Gruppengeschehen einzumischen (vgl. Seitz und Rausche, 1992, 66f.). In den folgenden Darstellungen werden die MO1-Werte für die einzelnen Statusgruppen mit dem ursprünglichen Vorzeichen angegeben. In Anlehnung an HYP 12 wird davon ausgegangen, dass bei abgelehnten Schülern im Durchschnitt signifikant niedrigere MO1-Werte (und damit eine höhere Tendenz zum sozialen Rückzug) festzustellen ist als bei Schülern der übrigen Statusgruppen. Darüber hinaus wurde davon ausgegangen, dass sich die MO1-Werte für abgelehnte Schüler signifikant vom Klassendurchschnitt unterscheiden. Im Folgenden sind die Ergebnisse zusammenfassend dargestellt.

Univariate ANOVA

Haupteffekt der Statusgruppen:	n.s.
Haupteffekt der SFB-Gruppen:	n.s.
Interaktion zwischen Statusgruppen und SFB:	$F_{(3, 576)} = 6{,}406$ $p = 0{,}011$

Die Ergebnisse der univariaten ANOVA lassen zunächst keine signifikanten Haupteffekte erkennen. Die signifikante Interaktion zwischen Status- und SFB-Gruppen hat für die hier im Mittelpunkt stehende Fragestellung keine nennenswerte Bedeutung. Auf eine detaillierte Ergebnisdarstellung wird daher verzichtet.

Durchschnittliche z-Werte: Ich-Durchsetzung und Dominanz

Statusgruppe	mit SFB				ohne SFB			
	$\bar{X}z$	s	K95%	N	$\bar{X}z$	s	K95%	N
beliebt	-0,14	1,21	±0,67	15	-0,04	0,99	±0,15	166
durchschnittlich	0,45	1,24	±0,51	25	-0,09	0,89	±0,13	179
kontroversiell	---	---	---	---	0,19	0,76	±0,34	21
vernachlässigt	-0,50	1,01	±0,58	14	0,13	0,86	±0,24	51
abgelehnt	0,13	1,19	±0,36	45	0,03	0,95	±0,21	81

Tabelle 64

Sozialer Rückzug: Soziales Unterstützungsbedürfnis   SUB

Die Variable SUB wurde mit dem SVF-KJ erhoben. Die Variable misst die Tendenz eines Schülers, Belastungssituationen durch soziale Unterstützung zu bewältigen. In Anlehnung an HYP 12 wird angenommen, dass bei abgelehnten Schülern signifikant niedrigere SUB-Werte festgestellt werden können als bei den übrigen Statusgruppen.

Univariate ANOVA

Haupteffekt der Statusgruppen:	n.s.
Haupteffekt der SFB-Gruppen:	n.s.
Interaktion zwischen Statusgruppen und SFB:	n.s.

Die univariate ANOVA zeigt für das soziale Unterstützungsbedürfnis keinen signifikanten Effekt auf die soziale Integration, so dass auf eine differenziertere Ergebnisdarstellung verzichtet wird.

Durchschnittliche z-Werte: Soziales Unterstützungsbedürfnis

Statusgruppe	mit SFB				ohne SFB			
	$\bar{X}z$	s	K95%	N	$\bar{X}z$	s	K95%	N
beliebt	**0,06**	0,97	±0,50	17	**0,05**	0,93	±0,14	170
durchschnittlich	**0,18**	0,97	±0,42	23	**-0,19**	0,91	±0,13	179
kontroversiell	---	---	---	---	**-0,07**	0,99	±0,46	20
vernachlässigt	**0,24**	0,84	±0,49	14	**0,00**	1,03	±0,28	55
abgelehnt	**0,09**	0,98	±0,31	42	**0,17**	1,13	±0,25	83

Tabelle 65

Sozialer Rückzug: Anmerkungen

Ein Vergleich der Ergebnisse für die Items MO1, VS4 und SUB ergibt ein uneinheitliches Bild. Signifikante Effekte konnten ausschließlich für die Variable VS4 nachgewiesen werden, die die Tendenz zu 'Sozialem Rückzug' direkt misst. Hier scheint sich erwartungsgemäß mit steigendem VS4-Wert eine tendenzielle Verschlechterung des Sozialstatus zu ergeben. Eine überdurchschnittliche Tendenz zu 'Sozialem Rückzug' scheint in beiden Schülergruppen eine negative Auswirkung auf den Sozialstatus zu haben.

Die Annahme, dass sich abgelehnte Schüler im Hinblick auf das soziale Rückzugsverhalten signifikant von Klassendurchschnitt und den übrigen Statusgruppen unterscheiden, war ebenfalls ausschließlich direkt über die VS4-Werte feststellbar. Die beiden übrigen Variablen (MO1 und SUB) stützen diesen Eindruck nicht.

■ **Aggressivität: Aggressivität (Fremdwahrnehmung)** VM10

Die Variable VM10 wurde mit Hilfe der BfL erhoben und misst die Tendenz zu aggressiven Verhaltensweisen aus Sicht der Lehrer. Hohe VM10-Werte zeugen von einer hohen Tendenz zu aggressivem Verhalten. Unter Berücksichtigung von HYP 13 wird davon ausgegangen, dass abgelehnte Schüler höhere VM10-Werte aufweisen als ihre Klassenkameraden.

Univariate ANOVA

Haupteffekt der Statusgruppen:	$F_{(3, 565)} = 6{,}053$	$p = 0{,}000$
Haupteffekt der SFB-Gruppen:	n.s.	
Interaktion zwischen Statusgruppen und SFB:	$F_{(3, 565)} = 7{,}015$	$p = 0{,}000$

In der univariaten ANOVA deuten sich signifikante Effekte der Aggressivität auf den Sozialstatus an. Darüber hinaus lässt der signifikante F-Test für die Interaktion darauf schließen, dass sich das Merkmalsprofil für die Variable Aggressivität in beiden SFB-Gruppen signifikant unterscheidet.

Durchschnittliche z-Werte: Aggressivität (Fremdwahrnehmung)

Statusgruppe	mit SFB				ohne SFB			
	$\bar{X}z$	s	K95%	N	$\bar{X}z$	s	K95%	N
beliebt	**0,19**	1,59	±0,92	14	-0,26	0,55	±0,09	164
durchschnittlich	**0,70**	1,63	±0,74	21	-0,21	0,73	±0,11	172
kontroversiell	---	---	---	---	-0,03	0,93	±0,44	20
vernachlässigt	**-0,46**	0,12	±0,07	14	-0,01	1,00	±0,28	52
abgelehnt	**0,33**	1,18	±0,34	48	**0,42**	1,21	±0,27	80

Tabelle 66

Multipler Vergleichstest: Aggressivität (Fremdwahrnehmung)

	Statusgruppe	mit SFB				ohne SFB			
		be							
mit SFB	durchschnittlich	0,101	du						
	vernachlässigt	0,060	**0,000**	ve					
	abgelehnt	0,594	0,122	**0,004**	ab				
ohne SFB	beliebt	0,078	**0,000**	0,429	**0,000**	be			
	durchschnittlich	0,119	**0,000**	0,317	**0,000**	0,595	du		
	kontroversiell	0,502	**0,011**	0,170	0,138	0,276	0,398	ko	
	vernachlässigt	0,476	**0,003**	0,099	0,060	0,082	0,166	0,942	ve
	abgelehnt	0,378	0,203	**0,001**	0,609	**0,000**	**0,000**	0,051	**0,009**

Tabelle 67

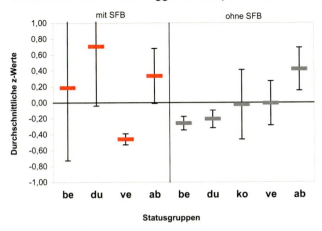

Grafik 16

Schüler mit SFB

Grafik 16 zeigt für Schüler mit SFB ein erwartungswidriges Bild. Für die beiden Extremgruppen mit 0,19 z (beliebt) und 0,33 z (abgelehnt) lagen weitgehend vergleichbare Bewertungen der Aggressivität vor. Die niedrigsten Bewertungen aggressiver Verhaltensweisen gab es nicht für beliebte, sondern für vernachlässigte Schüler. Die höchsten VM10-Werte in der Stichprobe waren nicht bei abgelehnten sondern bei durchschnittlich integrierten Schülern festzustellen. Dieser Umstand weist erneut auf eine Sonderrolle durchschnittlich integrierter Schüler mit SFB hin. Entgegen der theoretisch abgeleiteten Erwartungslage scheint eine vergleichsweise hohe Aggressivität somit kein Ausschlusskriterium für einen günstigen Sozialstatus zu sein.

Schüler ohne SFB

Im Gegensatz zu Schülern mit SFB lässt sich bei Schülern ohne SFB mit sinkendem Sozialstatus ein steigender VM10-Wert erkennen. So ist die von den Lehrern eingeschätzte Aggressivität in der Gruppe der abgelehnten Schüler mit 0,42 z erwartungsgemäß am höchsten und in der Gruppe der beliebten Schüler mit –0,26 z am niedrigsten. Tabelle 67 zeigt, dass abgelehnte Schüler damit signifikant höhere VM10-Werte aufweisen als beliebte, durchschnittliche und vernachlässigte Schüler.

■ Aggressivität: Aggressive Verarbeitung subjektiv empfundener Belastung   AGG

Die Variable AGG wurde in der Hauptuntersuchung mit dem SVF-KJ erhoben und misst die Tendenz eines Schülers, auf Belastungssituationen mit aggressivem Verhalten zu reagieren. Die Variable wird aus Sicht des Schülers erhoben. In Anlehnung an HYP 13 wird erwartet, dass abgelehnte Schüler eine höhere Tendenz zu aggressivem Verhalten in Belastungssituationen haben als die übrigen Statusgruppen. Zudem wurde erwartet, dass die AGG-Werte in der Gruppe der abgelehnten Schüler signifikant vom Mittelwert abweichen.

Univariate ANOVA

Haupteffekt der Statusgruppen:	n.s.
Haupteffekt der SFB-Gruppen:	n.s.
Interaktion zwischen Statusgruppen und SFB:	n.s.

Im Gegensatz zur Fremdwahrnehmung der Aggressivität war für ihre Eigenwahrnehmung kein signifikanter Haupteffekt nachzuweisen. Auf eine eingehendere Ergebnisdarstellung wird daher verzichtet.

Durchschnittliche z-Werte: Aggressive Verarbeitung subjektiv empfundener Belastung

Statusgruppe	mit SFB				ohne SFB			
	$\bar{X}z$	s	K95%	N	$\bar{X}z$	s	K95%	N
beliebt	-0,09	0,91	±0,47	17	-0,04	0,94	±0,14	170
durchschnittlich	0,04	1,05	±0,45	23	-0,04	0,94	±0,14	176
kontroversiell	---	---	---	---	0,18	0,86	±0,41	19
vernachlässigt	-0,37	1,07	±0,65	13	0,23	1,00	±0,27	54
abgelehnt	0,18	1,19	±0,37	43	-0,09	0,99	±0,22	82

Tabelle 68

■ **Aggressivität: Anmerkungen**

Bei der Einzelanalyse der beiden aggressivitätsbezogenen Variablen VM10 und AGG fällt auf, dass die aus der subjektiven Wahrnehmung des Schülers heraus gemessenen AGG-Werte nur einen geringen Zusammenhang mit dem Sozialstatus aufweisen. Im Gegensatz dazu lässt die mit der Variable VM10 gemessene Außenperspektive durchaus Zusammenhänge mit dem Sozialstatus erkennen. Das Profil der Merkmalsausprägung unterscheidet sich jedoch bei Schülern mit und ohne SFB. Während eine zunehmende Tendenz zu aggressiven Verhaltensweisen in der Gruppe ohne SFB mit einem ungünstigeren Sozialstatus einhergeht, konnte ein solch linearer Zusammenhang bei Schülern mit SFB nicht festgestellt werden. Hier waren in der Gruppe der abgelehnten und in der Gruppe der durchschnittlich integrierten Schüler vergleichbar hohe Mittelwerte mit einer vergleichbaren Standardabweichung festzustellen. Betrachtet man die Ergebnisse vor dem Hintergrund, dass Schüler in der Gruppe 'vernachlässigt' von ihren Klassenkameraden in der Regel weder positive noch negative Wahlen bekommen, scheint ein durchschnittliches Maß an Aggressivität offensichtlich notwendig zu sein, um (als Schüler mit SFB) überhaupt von den Mitschülern (ohne SFB) 'wahrgenommen' zu werden. Welcher Sozialstatus sich aus dieser Wahrnehmung ergibt, bleibt jedoch offen. So gehen aggressive Verhaltensweisen offensichtlich sowohl mit durchschnittlichen als auch mit ablehnenden Statuspositionen einher.

■ Belastbarkeit: Positive Stressverarbeitung im sozialen Bereich PCO

Die Variable PCO ist Bestandteil des SVF-KJ und wird dort als Variable zweiter Ordnung berechnet, die verschiedene Strategien positiver Stressverarbeitung in sich vereint. PCO misst dabei die Fähigkeit, mit sozialem Stress in altersangemessener Weise umzugehen. Im Rahmen der theoretischen Vorannahmen wird erwartet, dass für abgelehnte Schüler signifikant niedrigere PCO-Werte nachweisbar sind als für die anderen Statusgruppen.

Univariate ANOVA

Haupteffekt der Statusgruppen:	n.s.
Haupteffekt der SFB-Gruppen:	n.s.
Interaktion zwischen Statusgruppen und SFB:	n.s.

Die univariate ANOVA zeigt weder für die Haupteffekte noch für die Interaktion einen signifikanten Einfluss. Die Datenanalyse für die PCO-Werte endet daher mit der Darstellung der durchschnittlichen z-Werte in Tabelle 69.

Durchschnittliche z-Werte: Positive Stressverarbeitung im sozialen Bereich

Statusgruppe	Schüler mit SFB				Schüler ohne SFB			
	$\bar{x}_z$	s	K95%	N	$\bar{x}_z$	s	K95%	N
beliebt	0,42	0,93	±0,48	17	-0,03	0,96	±0,15	167
durchschnittlich	0,06	1,00	±0,44	22	0,01	0,95	±0,14	175
kontroversiell	---	---	---	---	-0,14	0,91	±0,45	18
vernachlässigt	0,43	0,80	±0,46	14	0,09	1,06	±0,29	54
abgelehnt	-0,09	1,05	±0,33	41	-0,16	1,00	±0,22	80

Tabelle 69

Ergebnisse der Hauptuntersuchung

■ Belastbarkeit: Negative Stressverarbeitung im sozialen Bereich NCO

Die Variable NCO wurde mit Hilfe des SVF-KJ erhoben und wird dort ähnlich wie PCO als Variable höherer Ordnung aus verschiedenen Strategien negativer Stressverarbeitung berechnet. Sie misst die allgemeine Tendenz, in sozialen Bezügen negative Stressverarbeitungsstrategien zu verwenden. Es wird erwartet, dass sich für die Statusgruppe 'abgelehnt' signifikant höhere NCO-Werte herausstellen als für die restlichen Statusgruppen.

Univariate ANOVA

Haupteffekt der Statusgruppen:	n.s.
Haupteffekt der SFB-Gruppen:	n.s.
Interaktion zwischen Statusgruppen und SFB:	n.s.

Die Ergebnisse der univariaten ANOVA lässt auch für die negative Stressverarbeitung keinen signifikanten Zusammenhang mit sozialer Integration erkennen. Auch hier wird daher auf eine detailliertere Ergebnisdarstellung verzichtet.

Durchschnittliche z-Werte: Negative Stressverarbeitung (sozialer Bereich)

Statusgruppe	Schüler mit SFB				Schüler ohne SFB			
	$\bar{x}_z$	s	K95%	N	$\bar{x}_z$	s	K95%	N
beliebt	0,01	1,07	±0,55	17	0,02	0,94	±0,14	168
durchschnittlich	0,08	0,87	±0,37	23	-0,15	0,90	±0,13	177
kontroversiell	---	---	---	---	0,08	0,92	±0,43	20
vernachlässigt	0,17	0,70	±0,43	13	0,07	1,02	±0,27	55
abgelehnt	-0,02	1,08	±0,34	41	0,14	1,17	±0,26	82

Tabelle 70

■ **Belastbarkeit: Belastbarkeit im kognitiven Bereich (Leistung)** GZI

Die Variable GZI wurde mit dem DL-KG erhoben und misst die Belastbarkeit eines Schülers bei konzentrierter Tätigkeit. Sie grenzt sich damit von den Variablen PCO und NCO ab, die ausschließlich auf den sozialen Kontext abzielen. GZI berechnet dabei die zeitliche Entwicklung der quantitativen Leistung im DL-KG, lässt dabei aber Fehler unberücksichtigt. Im Rahmen der theoretischen Vorannahmen wird angenommen, dass für abgelehnte Schüler signifikant geringere GZI-Werte nachweisbar sind als für Schüler der übrigen Statusgruppen.

Univariate ANOVA

Haupteffekt der Statusgruppen:	n.s.
Haupteffekt der SFB-Gruppen:	n.s.
Interaktion zwischen Statusgruppen und SFB:	n.s.

Die Ergebnisse der univariaten ANOVA lassen für die Variable GZI keinen signifikanten Zusammenhang mit sozialer Integration erkennen. Auch hier wird daher auf eine eingehendere Ergebnisdarstellung verzichtet.

Durchschnittliche z-Werte: Belastbarkeit im kognitiven Bereich (Leistung)

Statusgruppe	Schüler mit SFB				Schüler ohne SFB			
	$\bar{X}z$	s	K95%	N	$\bar{X}z$	s	K95%	N
beliebt	-0,09	1,17	±0,65	15	0,16	0,89	±0,13	172
durchschnittlich	0,02	0,92	±0,38	25	-0,05	0,94	±0,14	175
kontroversiell	---	---	---	---	0,04	0,87	±0,42	19
vernachlässigt	-0,54	1,17	±0,68	14	-0,12	0,86	±0,24	52
abgelehnt	-0,01	1,31	±0,41	42	-0,05	1,05	±0,24	78

Tabelle 71

Belastbarkeit: Belastbarkeit im kognitiven Bereich (Fehler)   FTI

Die Variable FTI wurde mit dem DL-KG gemessen und aus der Entwicklung des Fehlerquotienten während der ersten und letzten Testintervalle berechnet. In Anlehnung an HYP 14 wird angenommen, dass für abgelehnte Schüler eine signifikant niedrigere Belastbarkeit feststellbar sein wird als für die übrigen Statusgruppen.

Univariate ANOVA

Haupteffekt der Statusgruppen:	$F(3, 577) = 3,464$	$p = 0,016$
Haupteffekt der SFB-Gruppen:	n.s.	
Interaktion zwischen Statusgruppen und SFB:	n.s.	

Die univariate ANOVA ergab für die Haupteffekte der Statusgruppen einen signifikanten Zusammenhang zwischen der Belastbarkeit (FTI) und dem Sozialstatus. Der nicht signifikante F-Wert für die Interaktion deutet auf die grundsätzliche Vergleichbarkeit beider Merkmalsprofile hin.

Durchschnittliche z-Werte: Belastbarkeit im kognitiven Bereich (Fehler)

Statusgruppe	Schüler mit SFB				Schüler ohne SFB			
	$\bar{X}z$	s	K95%	N	$\bar{X}z$	s	K95%	N
beliebt	-0,08	1,21	±0,67	15	0,10	0,84	±0,13	173
durchschnittlich	0,39	1,14	±0,47	25	-0,06	0,80	±0,12	175
kontroversiell	---	---	---	---	0,20	1,13	±0,54	19
vernachlässigt	0,25	1,07	±0,62	14	0,05	1,14	±0,31	54
abgelehnt	-0,30	1,31	±0,41	42	-0,18	1,07	±0,24	79

Tabelle 72

Multipler Vergleichstest: Belastbarkeit im kognitiven Bereich (Fehler)

	Statusgruppe	mit SFB				ohne SFB			
		be							
mit SFB	durchschnittlich	0,137	du						
	vernachlässigt	0,353	0,673	ve					
	abgelehnt	0,448	**0,005**	0,064	**ab**				
	beliebt	0,493	0,159	0,563	**0,017**	be			
ohne SFB	durchschnittlich	0,940	**0,030**	0,242	0,149	0,126	du		
	kontroversiell	0,397	0,525	0,881	0,060	0,655	0,260	ko	
	vernachlässigt	0,635	0,151	0,491	0,075	0,769	0,447	0,564	ve
	abgelehnt	0,725	**0,011**	0,126	0,500	**0,037**	0,378	0,126	0,178

Tabelle 73

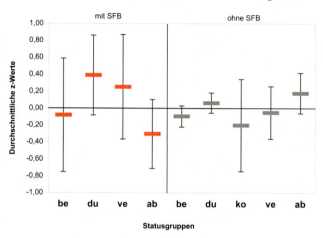

Grafik 17

Schüler mit SFB

Wie alle bisher skizzierten Belastbarkeits-Werte trennen auch die FTI-Werte die einzelnen Statusgruppen (trotz signifikanter Haupteffekte für die Statusgruppe) nur bedingt von einander. So konnten für beliebte Schüler mit –0,08 z keine signifikant höheren Werte festgestellt werden als für abgelehnte, vernachlässigte oder durchschnittlich integrierte Schüler. Auffällig erscheinen jedoch die vergleichsweise guten FTI-Werte für die Gruppe der durchschnittlich integrierten Schüler, die mit 0,39 z signifikant günstigere Belastbarkeitswerte aufweisen als abgelehnte Schüler (-0,30 z). Hier fallen Parallelen zu den Ergebnissen der motivationalen oder schulleistungsbezogenen Variablen auf. Insgesamt kann jedoch nur von einem bedingten Zusammenhang zwischen der kognitiven Belastbarkeit und dem Sozialstatus von Schülern mit SFB ausgegangen werden.

Schüler ohne SFB

Auch bei Schülern ohne SFB zeichnen sich nur wenige signifikante Mittelwertsunterschiede zwischen den einzelnen Statusgruppen ab. Hier unterscheiden sich jedoch mit beliebten und abgelehnten Schülern die beiden Extremgruppen signifikant voneinander.

Selbstreflexion: Impulsivität vs. Nachdenklichkeit SB3

Die Variable SB3 wurde mit dem PfK 9-14 gemessen und steht bei niedriger Ausprägung für 'Nachdenklichkeit' und bei hoher Ausprägung für 'Impulsivität'. Beide Ausprägungen geben dabei die Wahrnehmung des Schülers wieder. Vor dem Hintergrund der theoretischen Vorannahmen wird angenommen, dass für abgelehnte Schüler signifikant höhere SB3-Werte gefunden werden als für die übrigen Statusgruppen.

Univariate ANOVA

Haupteffekt der Statusgruppen:	n.s.
Haupteffekt der SFB-Gruppen:	n.s.
Interaktion zwischen Statusgruppen und SFB:	n.s.

Die Ergebnisse der univariaten ANOVA legen nahe, dass die Variable SB3 in keinem signifikanten Zusammenhang mit den fünf Statusgruppen steht. Somit wird nach der Darstellung der durchschnittlichen z-Werte in Tabelle 74 auf eine weitere Datenanalyse verzichtet.

Durchschnittliche z-Werte: Impulsivität vs. Nachdenklichkeit

Statusgruppe	Schüler mit SFB				Schüler ohne SFB			
	$\bar{x}_z$	s	K95%	N	$\bar{x}_z$	s	K95%	N
beliebt	0,41	1,05	±0,58	15	-0,22	0,88	±0,14	163
durchschnittlich	0,51	0,90	±0,37	25	-0,10	0,94	±0,14	178
kontroversiell	---	---	---	---	-0,04	0,95	±0,43	21
vernachlässigt	0,07	0,62	±0,36	14	0,07	1,04	±0,29	52
abgelehnt	0,55	1,11	±0,33	46	0,05	1,03	±0,23	81

Tabelle 74

■ Selbstreflexion: Fehlende Willenskontrolle VS2

Die Variable VS2 wird mit dem PfK 9-14 gemessen und beschreibt nach Angaben der Testautoren Schwierigkeiten, eigene Bedürfnis zu unterdrücken und sich an Gebote und Forderungen der Erzieher zu halten (vgl. Seitz und Rausche, 1992, 54). Demnach besitzen Schüler mit niedrigen Werten in VS2 eine hohe Kontrolle über die eigenen Bedürfnisse. Entsprechend der theoretischen Vorannahmen werden für abgelehnte Schüler signifikant höhere VS2-Werte erwartet als für die restlichen Statusgruppen.

Univariate ANOVA

Haupteffekt der Statusgruppen:	n.s.
Haupteffekt der SFB-Gruppen:	n.s.
Interaktion zwischen Statusgruppen und SFB:	n.s.

Ebenso wie für die Impulsivität konnte auch für die 'fehlende Willenskontrolle' in der univariaten ANOVA kein signifikanter Zusammenhang mit den fünf Statusgruppen nachgewiesen werden. Beide Haupteffekte sowie die Interaktion blieben ohne signifikanten F-Wert. Tabelle 75 stellt die Mittelwerte für VS2 dar. Eine weitere Datenanalyse wird aufgrund fehlender Effekte nicht vorgenommen.

Durchschnittliche z-Werte: Fehlende Willenskontrolle

Statusgruppe	Schüler mit SFB				Schüler ohne SFB			
	$\bar{X}z$	s	K95%	N	$\bar{X}z$	s	K95%	N
beliebt	-0,04	1,20	±0,64	16	-0,09	1,03	±0,16	168
durchschnittlich	0,21	0,94	±0,43	21	-0,08	0,94	±0,14	180
kontroversiell	---	---	---	---	0,04	0,88	±0,40	21
vernachlässigt	0,00	0,85	±0,49	14	0,10	0,92	±0,26	52
abgelehnt	0,41	0,97	±0,29	46	0,04	0,96	±0,21	81

Tabelle 75

■ Selbstreflexion: Problemlösende Bewältigung   PRB

Die Variable PRB wird mit dem SVF-KJ erhoben und misst den lösungsorientierten Umgang mit Problemen in Belastungssituationen. PRB wird dabei in erster Linie aus der Sicht des Schülers gemessen. In Anlehnung an HYP 15 werden für abgelehnte Schüler signifikant niedrigere PRB-Werte erwartet als für Schüler der übrigen Statusgruppen.

Univariate ANOVA

Haupteffekt der Statusgruppen:	n.s.
Haupteffekt der SFB-Gruppen:	n.s.
Interaktion zwischen Statusgruppen und SFB:	n.s.

Die univariate ANOVA zeigt auch für die Variable PRB keinen signifikanten Zusammenhang mit sozialer Integration von Schülern im Gemeinsamen Unterricht. Eine detailliertere Datenanalyse wird daher auch hier nicht vorgenommen. Tabelle 76 zeigt ausschließlich die durchschnittlichen z-Werte.

Durchschnittliche z-Werte: Problemlösende Bewältigung

Statusgruppe	mit SFB				ohne SFB			
	$\bar{x}_z$	s	K95%	N	$\bar{x}_z$	s	K95%	N
beliebt	0,22	0,77	±0,40	17	0,01	0,93	±0,14	166
durchschnittlich	-0,16	0,98	±0,43	22	0,04	1,01	±0,15	174
kontroversiell	---	---	---	---	-0,04	0,86	±0,40	20
vernachlässigt	0,24	0,70	±0,41	14	0,15	1,00	±0,27	54
abgelehnt	-0,26	1,18	±0,36	43	-0,12	0,96	±0,21	80

Tabelle 76

■ **Einstellung der Eltern: Positive Einstellung der Eltern**   **ELT**

Die 'Elternvariablen' wurden mit Hilfe eines eigens für die Hauptuntersuchung entwickelten Fragebogens erhoben (vgl. Kapitel 11.1.7). Das Antwortverhalten in diesem Fragebogen kann zu einem einzelnen Wert zusammengefasst werden, der die Einstellung der Eltern zum Gemeinsamen Unterricht misst. In Anlehnung an HYP 16 wird dabei grundsätzlich angenommen, dass die Eltern abgelehnter Schüler eine weniger positive Einstellung zum Gemeinsamen Unterricht haben als Eltern, deren Kinder günstigere Statusgruppen besetzen.

In diese Erhebung der Elterneinstellung wurden ausschließlich Eltern von Schülern mit SFB aufgenommen. Hohe ELT-Werte stehen für eine positive Einstellung, kleine ELT-Werte dementsprechend für eine vergleichsweise negative Einstellung zum Gemeinsamen Unterricht.

Univariate ANOVA

Haupteffekt der Statusgruppen: n.s.

Die univariate ANOVA ergab für den Haupteffekt keinen signifikanten Zusammenhang mit den fünf Statusgruppen. Damit scheint die Einstellung der Eltern in der Hauptuntersuchung nicht zwischen den Statusgruppen differenzieren zu können. Tabelle 77 stellt abschließend die durchschnittlichen z-Werte für die Variable ELT dar.

Durchschnittliche z-Werte: Einstellung der Eltern zum Gemeinsamen Unterricht

Statusgruppe	$\bar{X}_z$	mit SFB s	K95%	N
beliebt	-0,20	1,30	±0,93	10
durchschnittlich	-0,07	0,78	±0,36	20
kontroversiell	---	---	---	---
vernachlässigt	-0,18	1,02	±0,62	13
abgelehnt	0,16	1,01	±0,35	35

Tabelle 77

12.3.3 Zusammenfassung

Im Mittelpunkt von Fragestellung 2 stand die Annahme, dass sich für die zehn Schülermerkmale (vgl. Kapitel 11.2) bei abgelehnten Schülern eine signifikant ungünstigere Ausprägung nachweisen lässt als für Schüler der übrigen Statusgruppen. Diese Hypothese wurde mit insgesamt 27 Items überprüft.

Die Überprüfung der Hypothesen erfolgte durch die Berechnung und Analyse der Einzelkorrelationen zwischen den einzelnen Schülermerkmalen und dem Integrationsstatus (Kapitel 12.3). In einem zweiten Schritt wurden durch eine univariate Varianzanalyse für jedes Merkmal Mittelwertsunterschiede zwischen den Statusgruppen berechnet und inferenzstatistisch abgesichert (Kapitel 12.3.2). Dabei sollten Hinweise auf zusätzliche Integrationsressourcen gefunden werden, die durch eine Berechnung von Korrelationen nicht sichtbar werden.

Tabelle 78 fasst die wichtigsten Ergebnisse für die Mittelwertsvergleiche zusammen und führt sie einer Hypothesenprüfung zu. Eine Hypothese wird bestätigt, wenn mindestens eines der folgenden beiden Kriterien zutreffend ist:

(1) Mindestens 50% der Korrelationen für die Items pro Hypothese sind signifikant und in der vorhergesagten Richtung

(2) Die Korrelation für die Breitbandanalyse ist signifikant und in der vorhergesagten Richtung.

Ergebnisse für die Statusgruppe 'abgelehnt' und Hypothesenprüfung

Schülermerkmal / Item	Einfluss auf Sozialstatus				HYP	Hypothese	
	mit SFB		ohne SFB			mit SFB	ohne SFB
	Korr.	ANOVA	Korr.	ANOVA			
Intelligenz					6	bestätigt	bestätigt
IQ	+	+	+	+			
Schulleistung							
LES	+	+	+	+			
SAC	+	+	+	+	7	bestätigt	bestätigt
REC	n.s.	+	+	+			
SPO	+	+	+	+			
Breitbandanalyse	+		+				
Konzentration							
FT	n.s.	+	n.s.	n.s.			
SBGZ	n.s.	+	n.s.	+	8	bestätigt	bestätigt
GZT	n.s.	n.s.	+	n.s.			
Breitbandanalyse	+		+				
Motivation							
VM5	+	+	+	+			
VM6	+	+	+	+	9	bestätigt	bestätigt
MO3	n.s.	n.s.	n.s.	n.s.			
Breitbandanalyse	+		+				
Selbstständigkeit					10	bestätigt	bestätigt
VM7	+	+	+	+			
Sozialkompetenz							
MO4	n.s.	+	+	+	11	bestätigt	bestätigt
MO5	n.s.	n.s.	n.s.	-			
Breitbandanalyse	+		+				
Sozialer Rückzug							
VS4	n.s.	n.s.	-	-			
MO1	n.s.	n.s.	n.s.	n.s.	12	abgelehnt	bestätigt
SUB[c]	n.s.	n.s.	n.s.	n.s.			
Breitbandanalyse	n.s.		-				
Aggressivität							
VM10	n.s.	n.s.	-	-	13	abgelehnt	bestätigt
AGG	n.s.	n.s.	n.s.	n.s.			
Breitband	n.s.		-				
Belastbarkeit							
FTI	n.s.	+	n.s.	+			
GZI	n.s.	n.s.	n.s.	n.s.	14	abgelehnt	abgelehnt
NCO	n.s.	n.s.	n.s.	n.s.			
PCO	n.s.	n.s.	n.s.	n.s.			
Breitbandanalyse	n.s.		n.s.				
Selbstreflexion							
SB3	n.s.	n.s.	-	n.s.			
VS2	n.s.	n.s.	n.s.	n.s.	15	bestätigt	abgelehnt
PRB	n.s.	n.s.	n.s.	n.s.			
Breitbandanalyse	+		n.s.				
Einstellung Eltern					16	abgelehnt	abgelehnt
ELT	n.s.	n.s.					

Tabelle 78

\+ positiver Einfluss auf die soziale Integration
\- negativer Einfluss auf die soziale Integration
n.s. Einfluss nicht signifikant (kein Einfluss)

Insgesamt stellten sich die Ergebnisse von Korrelations- und Varianzanalyse als vergleichbar heraus. Lediglich für die mit dem DL-KG (SBGZ, GZT, FTI) gemessenen Items sowie für Items der Sozialkompetenz und der Selbstreflexion fördern beide Verfahren zum Teil unterschiedliche Ergebnisse zutage, wobei die Abweichungen keiner erkennbaren Systematik zu folgen scheinen. Eine gemeinsame Betrachtung von Korrelationsanalyse und Varianzanalyse lässt insgesamt fünf Persönlichkeitsbereiche erkennen, die die soziale Integration im Gemeinsamen Unterricht beeinflussen:

Schulleistungsbezogene Kompetenzen
Die stärksten Effekte auf den Sozialstatus stellten sich für die Faktoren Intelligenz und Schulleistung (Lese-, Rechen-, Sachunterrichts- und Sportkompetenzen) heraus. So hatten abgelehnte Schüler signifikant ungünstigere Schulleistungen als ihre beliebten Klassenkameraden. Die Wirksamkeit dieser Faktorengruppe auf den Sozialstatus lässt sich bei Schülern mit und ohne SFB nachweisen. Sie wird hier unter dem Begriff der schulleistungsbezogenen Kompetenzen zusammengefasst.

Von diesem Gesamtbild hebt sich die Gruppe der durchschnittlich integrierten Schüler mit SFB ab. In der ANOVA stellten sich für diese Untergruppe trotz ihrer vergleichsweise guten sozialen Integration unerwartet niedrige Schulleistungen heraus, die vergleichbar mit den Leistungen der abgelehnten Schüler mit SFB waren. Einzig die Einschätzung der Sportleistungen konnte trennscharf zwischen beiden Gruppen unterscheiden. Hier waren für durchschnittlich integrierte Schüler mit SFB signifikant bessere Leistungen zu verzeichnen als für ihre abgelehnten Klassenkameraden. Ein ähnliches Phänomen ließ sich für die Gruppe der Schüler ohne SFB nicht feststellen. Grundsätzlich weisen die Ergebnisse die (kognitive) Schulleistung als erste wesentliche Stellgröße sozialer Integration aus.

Stützkompetenzen der Schulleistung
Die zweite wesentliche Einflussgröße auf die soziale Integration fasst Leistungsmotivation, Arbeitsverhalten und Selbstständigkeit zusammen. In ihr vereinen sich somit Eigenschaften, die in erster Linie Schulleistungserfolg unterstützen. Der Zusammenhang war auch in der ANOVA weitestgehend linear: so waren bei Schülern mit guten Stützkompetenzen auch deutlich höhere soziale Positionen feststellbar. Bei abgelehnten Schülern waren hingegen die signifikant schlechtesten Merkmalsausprägungen nachweisbar.

Insbesondere durchschnittlich integrierte Schüler mit SFB wichen wiederum von diesem linearen Wirkungsmuster ab. So waren in der vergleichsweise gut integrierten Statusgruppe 'durchschnittlich mit SFB' jeweils überraschend schwach ausgeprägte Stützkompetenzen festzustellen. Demnach scheinen durchschnittlich integrierte Schüler mit SFB ihre gute soziale Position weder ihren Schulleistungen noch ihren hohen Stützkompetenzen zu verdanken. In der Gruppe ohne SFB war eine solche Sonderrolle nicht feststellbar. Auch hier werden die Hinweise auf eine unterschiedliche Wirkung schulleistungsbezogener Stützkompetenzen in beiden SFB-Gruppen durch die weitgehend signifikanten Interaktionen zwischen beiden Gruppen (SFB und Statusgruppe) zusätzlich gestärkt. Ähnlich wie bei den Schulleistungskompetenzen ist das lineare Wirkmuster der Stützkompetenzen bei Schülern ohne SFB in der Gruppe mit SFB durch die durchschnittlich integrierten Schüler außer Kraft gesetzt.

Konzentration
Uneinheitlich erweisen sich die Ergebnisse für die Konzentration. Während die Effekte der einzelnen Items (GZT, SBGZ, FT) gerade für Schüler mit SFB in der Korrelationsanalyse keinen signifikanten Effekt auf die soziale Integration hatten, war in der Varianzanalyse sowie in der Breitbandanalyse ein signifikanter Effekt zu verzeichnen. Die Varianzanalyse stellt hier überraschend gute Kompetenzen (hohe Gesamtleistung (GZT), niedrige Fehlerrate (FT), hohe Gleichmäßigkeit der Leistung (SBGZ)) für die Gruppe der durchschnittlich integrierten Schüler mit SFB heraus. Auch hier konnte diese Besonderheit für Schüler ohne SFB nicht festgestellt werden. Die signifikanten Interaktionen beider Hauptgruppen (SFB und Statusgruppe) unterstreichen diese Vermutung. Ähnlich wie bei den beiden vorangegangenen Variablengruppen scheinen auch die einzelnen durch den DL-KG gemessenen Verhaltensdimensionen einen unterschiedlichen Einfluss auf die soziale Integration von Schülern mit und ohne SFB zu haben. Insgesamt scheint die Konzentration somit eher für durchschnittlich integrierte Schüler mit SFB eine wichtige Integrationsressource darzustellen.

Sozialer Rückzug
Einen vergleichsweise geringen Einfluss auf die soziale Integration haben Variablen, die dem Bereich 'soziales Rückzugsverhalten' zugeordnet werden können. Signifikante Ergebnisse waren zunächst nur für Schüler ohne SFB und ausschließlich für die direkte Messung (VS4) zu finden. Für Schüler mit SFB erwies sich soziales Rückzugsverhalten als weitgehend bedeutungslos. Einzige Ausnahme stellt wiederum die Gruppe der durchschnittlich integrierten Schüler mit SFB dar, die durch ein weitgehend sozial dominantes Verhalten auffällt und somit wiederum Parallelen zu der Gruppe der abgelehnten Schüler aufweist.

Aggressivität
Ebenfalls unterschiedlich stellt sich der Einfluss der Aggressivität auf den Sozialstatus dar. Hier konnte ausschließlich die Fremdwahrnehmung ei-

nen signifikanten Anteil der Varianz des Sozialstatus aufklären. Während sich aggressive Verhaltensweisen bei Schülern ohne SFB deutlich nachteilig auf den Sozialstatus auswirken, scheint dieses Wirkmuster bei Schülern mit SFB keinesfalls einheitlich zu sein (vgl. VM10, S. 222f.). So unterschieden sich die Beurteilungen des aggressiven Verhaltens über die Statusgruppen beliebt, durchschnittlich und abgelehnt nicht signifikant voneinander. Die vergleichsweise großen Standardabweichungen innerhalb der Statusgruppen weisen darauf hin, dass sich Aggressivität bei Schülern mit SFB weniger nachteilig auf den sozialen Status in der Bezugsgruppe auswirkt als dies bei Schülern ohne SFB der Fall ist. Im Gegenteil: die vergleichsweise hohen VM10-Werte, die bei durchschnittlich integrierten Kindern zu finden waren, zeigen sogar, dass sich aggressives Verhalten förderlich auf den Sozialstatus auswirken kann.

Sonstige Variablen
Unter den übrigen Variablen fällt vor allem die Selbstreflexion auf. Hier konnte in der Analyse der einzelnen Korrelationen ausschließlich für die Variable SB3 und nur für Schüler ohne SFB ein signifikanter Zusammenhang mit sozialer Integration gefunden werden. In der Breitbandanalyse kehrt sich dieses Bild um. Hier konnte neben der Gesamtstichprobe ausschließlich für Schüler mit SFB ein signifikanter Zusammenhang ermittelt werden. Insgesamt soll dieser Sachverhalt jedoch im Folgenden nicht überbewertet werden. Nicht zuletzt aufgrund der vergleichsweise schwachen Zusammenhänge und der fehlenden Effekte in der Varianzanalyse wird für die Selbstreflexion kein nennenswerter Einfluss auf die soziale Integration angenommen. Für alle weiteren Variablen (Belastbarkeit und Einstellung der Eltern) war weder in der Korrelationsanalyse noch im Rahmen der ANOVA ein nennenswerter Zusammenhang mit dem Sozialstatus messbar. Somit wird im Folgenden davon ausgegangen, dass sie für den Integrationsprozess von Schülern mit und ohne SFB ebenfalls keine besondere Rolle spielen.

Ziel der erweiterten Analyse der Statusgruppen durch eine univariate Varianzanalyse war die Suche nach zusätzlichen Integrationsressourcen, die insbesondere Schülern mit SFB im Gemeinsamen Unterricht eine positive soziale Integration ermöglichen. Solche 'Nischen' sozialer Integration wären durch eine reine Korrelationsanalyse verborgen geblieben und hätten die Ergebnisse folglich verzerrt. Durchleuchtet man die Befunde der Varianzanalyse auf Besonderheiten, scheinen die Ergebnisse für vier der fünf Statusgruppen kongruent zu den Ergebnissen der Korrelationsanalyse zu verlaufen. Einem auffallend entgegengesetzten Muster folgt jedoch das Merkmalsprofil für durchschnittlich integrierte Schüler mit SFB. Wie in Kapitel 12.7.1 noch gezeigt wird, lässt sich an dieser Schülergruppe neben den schulleistungsrelevanten Faktoren noch eine weitere Integrationsressource erkennen, die mit sportlich-motorischen, sozialen und regelbezogenen Kompetenzen auf einen Faktor 'sportlich-sozialen Verhaltens' hinausläuft. Die in Kapitel 12.3.1 (Seite 183) aufgeworfene Annahme, dass innerhalb der Statusgruppen einzelne Profile einen verzerrenden Einfluss auf die Hypothesenprüfung haben könnten, hat sich somit erhärtet und soll in Kapitel 12.7.1 durch eine explorative Faktorenanalyse zusätzlich gestützt werden.

Betrachtet man die Befunde in ihrer Gesamtheit, scheinen die Ergebnisse auf Itemebene aussagekräftiger und differenzierter als die Breitbandanalyse von Itemgruppen. Die weitere Datenanalyse bzw. –interpretation soll somit in erster Linie auf Ebene der einzelnen Items erfolgen. Ein weiterer interessanter Aspekt der Ergebnisauswertung könnte eine Darstellung eines Eigenschaftsprofils für jede der fünf Statusgruppen sein. Da eine solche Aufbereitung der Daten jedoch für die hier im Mittelpunkt stehende Thematik nach einem Widerspruch von Ziel und Wirkung schulischer Integration keinen zusätzlichen Erkenntnisgewinn bringt, sind die Eigenschaftsprofile für die fünf Statusgruppen für Schüler mit und ohne SFB separat im Anhang dargestellt.

12.4 Fragestellung 3: Einfluss von Normabweichungen

Im Folgenden sollen nun die Ergebnisse für Fragestellung 3 zusammengefasst und mit Hilfe eines Chiquadrat-Tests ausgewertet werden. Im Rahmen von HYP 17 (S. 154) wird vorhergesagt, dass abgelehnte Schüler signifikant häufiger vom Klassendurchschnitt abweichen als die übrigen Statusgruppen. In Tabelle 79 ist für alle Variablen und alle Statusgruppen aufgeführt, ob ihre Mittelwerte signifikant vom Klassendurchschnitt abweichen oder das Vertrauensintervall im Bereich des Klassendurchschnitts liegt.

Im weiteren Verlauf wird von einer günstigen oder integrationsfördernden Abweichung gesprochen, wenn die Abweichung in eine Richtung erfolgt, mit der ein zunehmend guter Sozialstatus einhergeht. Es wird von einer ungünstigen oder integrationshemmenden Abweichung gesprochen, wenn die Abweichung in einer Richtung vorliegt, mit der ungünstige soziale Positionen zusammenhängen. Grundlage für diese Einteilung ist die Korrelationsanalyse, die im Rahmen von Fragestellung 2 (Kapitel 12.3.1, Tabelle 35, S. 179) angefertigt wurde. In Tabelle 79 sind ungünstige, integrationshemmende Abweichungen mit einem '-', günstige bzw. integrationsfördernde Abweichungen dementsprechend mit einem '+' gekennzeichnet. Im unteren Teil der Tabelle werden die negativen und positiven Abweichungen pro Statusgruppe schließlich addiert und durch einen Chiquadrat-Test auf überzufällige Abweichungen überprüft.

Statistisch relevante Vorannahmen
Vor dem Hintergrund der Theorie sozialer Vergleichsprozesse wird davon ausgegangen, dass abgelehnte Schüler in signifikant mehr Eigenschaften vom Klassendurchschnitt abweichen als Schüler anderer Statusgruppen. Grundlage der Hypothesenprüfung ist die Anzahl der Items (pro Statusgruppe), die signifikant vom Klassendurchschnitt abweichen. Die verschiedenen Werte werden schließlich mit einem Chiquadrat-Test auf überzufällige Abweichungen vom Erwartungswert überprüft. Der Erwartungswert wird in Anlehnung an Zöfel (1992) berechnet (vgl. Zöfel, 1992, 182). Die Freiheitsgrade wurden für Schüler mit SFB auf df = 3 und für Schüler ohne SFB auf df = 4 festgelegt. Eine Statusgruppe weicht immer dann signifikant vom Erwartungswert ab, wenn ihre standardisierten Residuen > 2,0 sind (vgl. Zöfel, 1998, 199).

Tabelle 79 zeigt zunächst, dass der Chiquadrat-Test für Schüler mit und ohne SFB in allen drei Kategorien (negative, positive und Gesamt-Abweichungen) signifikante bis hochsignifikante Unterschiede ergab. Somit lässt sich sagen, dass die drei Gruppen sich hinsichtlich ihrer Abweichungen vom Durchschnitt unterscheiden.

Wie bereits in der Hypothesenformulierung abgeleitet wurde, fallen abgelehnte Schüler (mit SFB) mit 13 signifikanten Abweichungen in der zusammenfassenden Analyse nicht nur durch signifikante spezifische Abweichungen in einzelnen Merkmalen, sondern durch eine hohe Bandbreite an ungünstigen Abweichungen vom Klassendurchschnitt auf. Im Gegensatz dazu liegen beliebte (1 Abweichung) und vernachlässigte (1 Abweichung) signifikant unter dem Erwartungswert für die Gruppe der Schüler mit SFB.

Auffallend ist hier wiederum die Gruppe der durchschnittlich integrierten Schüler mit SFB, die mit 8 Abweichungen zwar seltener vom Klassendurchschnitt abweichen als abgelehnte Schüler, jedoch nicht signifikant unter dem Erwartungswert liegen. Bei einer zusammenfassenden Betrachtung der Ergebnisse für Schüler mit SFB lässt sich die Annahme, dass sich Abweichungen vom Klassendurchschnitt generell ungünstig auf den Sozialstatus auswirken, nicht beibehalten werden, sondern muss auf die Anzahl der ungünstigen Abweichungen beschränkt werden. In vergleichbarer Weise stellt sich zunächst die Situation für die Gruppe der Schüler ohne SFB dar. Auch hier fallen abgelehnte Schüler mit 7 ungünstigen Abweichungen durch eine signifikant höhere Bandbreite an nicht 'normalen' Merkmalen auf. Im Gegensatz zu Schülern mit SFB lässt sich in dieser Gruppe jedoch bei beliebten (14 Abweichungen) und durchschnittlich integrierten Schülern (7 Abweichungen) auch eine hohe Bandbreite an günstigen Abweichungen vom Klassendurchschnitt feststellen.

Zusammenfassung der Ergebnisse (Fragestellung 4)

Schülermerkmal / Item		mit SFB				ohne SFB			
		be	du	ve	ab	be	du	ko	ve	ab
Intelligenz	IQ	-	-	-	-	+	+	0	0	0
Schulleistung	LES	0	-	0	-	+	0	0	0	0
	SAC	0	-	0	-	+	+	0	0	-
	REC	0	-	0	-	+	0	0	0	-
	SPO	0	0	0	-	+	0	0	0	0
Konzentration	FT	0	0	0	-	+	+	0	0	0
	SBGZ	0	0	0	-	0	0	0	0	0
	GZT	0	0	0	0	+	0	0	0	0
Motivation	VM5	0	-	0	-	+	+	0	0	-
	VM6	0	-	0	-	+	+	0	0	-
	MO3	0	0	0	0	0	0	0	0	0
Selbstständk.	VM7	0	-	0	-	+	+	0	0	-
Sozial-kompetenz	MO4	0	0	0	-	+	0	0	0	0
	MO5	0	0	0	0	0	0	0	0	0
Sozialer Rückzug	VS4	0	0	0	-	0	0	+	0	-
	MO1	o	0	0	0	0	0	0	0	0
	SUB*	0	0	0	0	0	-	0	0	0
Aggressivität	VM10	0	0	+	0	+	+	0	0	-
	AGG	0	0	0	0	0	0	0	0	0
Belastbarkeit	FTI	0	0	0	0	0	0	0	0	0
	GZI	0	0	0	0	+	0	0	0	0
	NCO	0	0	0	0	0	-	0	0	0
	PCO	0	0	0	0	0	0	0	0	0
Selbstreflexion	SB3	0	-	0	-	+	0	0	0	0
	VS2	0	0	0	0	0	0	0	0	0
	PRB	0	0	0	0	0	0	0	0	0
Einst. Eltern	ELT	0	0	0	0	keine Daten				
		↓	↓	↓	↓	↓	↓	↓	↓	↓
										χ^2 mit SFB[a]	χ^2 ohne SFB[b]

negative Abweichung		1	8	1	13	0	2	0	0	7	17,9 / 20,4
Residuen		3,92**	0,88	3,92**	9,14**	1,8	0,02	1,8	1,8	15**	
positive Abweichung		0	0	1	0	14	7	1	0	0	3,0 / 33,9
Residuen		0,25	0,25	2,25	0,25	20,9**	1,54	2,63*	4,4**	4,4**	
Abweichungen Gesamt		1	8	2	13	14	9	1	0	7	15,7 / 21,7
Residuen		2,94*	0,24	1,97	13	2,95*	0,16	5,45**	7**	13,4**	

Tabelle 79

+   Mittelwert liegt signifikant überhalb des Klassendurchschnitt (5% Irrtumswahrscheinlichkeit)
-   Mittelwert liegt signifikant unterhalb des Klassendurchschnitt (5% Irrtumswahrscheinlichkeit)
0   Mittelwert unterscheidet sich nicht signifikant vom Klassendurchschnitt (5% Irrtumswahrscheinlichkeit)
*   standardisierte Residuen ≥ 2,6 (p<0.01)
**   standardisierte Residuen ≥ 3,3 (p<0.001)
a   Kritischer χ^2-Wert (5% / df = 3) = 7,81 / Kritischer χ^2-Wert (1% / df = 3) = 11,34
b   Kritischer χ^2-Wert (5% / df = 4) = 9,48 / Kritischer χ^2-Wert (1% / df = 4) = 13,277
c   Ergebnis umgedreht, da hohe Item-Ausprägung eine niedrige Merkmalsausprägung misst
be = beliebt / du = durchschnittlich / ko = kontroversiell / ve = vernachlässigt / ab = abgelehnt

Betrachtet man beide Gruppen im Vergleich lässt sich festhalten, dass abgelehnte Schüler in beiden Gruppen durch eine überdurchschnittlich hohe Anzahl an ungünstigen Abweichungen über die untersuchten Variablen hinweg auffallen.

Einen etwas anderen Blick auf den Einfluss von Normabweichungen und Normkonformität auf die soziale Integration liefert die Betrachtung der Korrelationen in Tabelle 80. Hierzu wurde für jeden Schüler zunächst der relative Anteil der positiven (integrationsfördernden) und der negativen (integrationshemmenden) Eigenschaftsausprägungen sowie der Anteil der Eigenschaften im Normalbereich (Normkonformität) bestimmt. Dieser Anteil wurde jeweils mit dem Wahlstatus (WST), dem Ablehnungsstatus (AST) und dem Integrationsstatus (IST) korreliert. Tabelle 80 gibt die Ergebnisse dieser Analyse wieder. Eine Korrektur des 95%-Alpha-Fehler-Risikos wurde für 18 Vergleiche vorgenommen, wodurch sich das akzeptierte Signifikanzniveau auf $\alpha = .003$ absenkte.

Abweichungen vom Klassendurchschnitt und soziale Integration

Abweichungen		mit SFB			ohne SFB		
		WST	AST	IST	WST	AST	IST
positive Abweichungen (> 1 z)	r	0,055	-0,085	0,077	0,107	-0,084	0,129
	p[a]	.570	.381	.424	.014	.055	.003
	N	109	109	109	526	526	526
Normalbereich (± 1 z)	r	0,276	**-0,345**	**0,298**	0,099	-0,128	0,113
	p[a]	.004	.000	.002	.023	.003	.009
	N	109	109	109	526	526	526
negative Abweichungen (< -1 z)	r	**-0,304**	**0,387**	**-0,338**	**-0,200**	**0,211**	**-0,235**
	p[a]	.001	.000	.000	.000	.000	.000
	N	109	109	109	526	526	526

Tabelle 80

a = Eine Korrelation wurde als signifikant bewertet wenn das 95%-Alpha-Fehler-Risiko $\alpha \leq 0.003$
WST = Wahlstatus, AST = Ablehnungsstatus, IST = Integrationsstatus

Die Ergebnisse zeigen für die positiven Abweichungen von der Klassennorm keine signifikanten Korrelationen mit dem Wahlstatus (WST), dem Ablehnungsstatus (AST) oder der Statusgruppe (STGR). Anders stellt sich die Situation für den Anteil negativer (integrationshemmender) Eigenschaftsausprägungen dar, für die signifikante Zusammenhänge mit der sozialen Integration vorliegen. So lassen sich rund 15 Prozent Varianz des Ablehnungsstatus allein durch die Anzahl der negativ von der Klassennorm abweichenden Eigenschaften eines Schülers erklären. Die Ergebnisse machen deutlich, dass soziale Ablehnung insgesamt eher eine Wirkung regelmäßiger negativer Abweichungen von der Norm ist. Positive Abweichungen hatten nahezu keinen Effekt auf die soziale Integration.

Für den Anteil der Merkmale im Normalbereich konnte ausschließlich bei Schülern mit SFB ein positiver Effekt auf den Sozialstatus nachgewiesen werden. Damit nehmen normale Merkmalsausprägungen in dieser Gruppe eine Art Schutzfunktion ein. Der Anteil negativer Abweichungen hatte insbesondere bei Schülern mit SFB einen vergleichsweise starken Effekt auf die soziale Integration. Damit wird deutlich, dass soziale Integration im Gemeinsamen Unterricht nicht allein Wirkung vereinzelter hochwirksamer Faktoren, sondern auch ein Breitbandeffekt zahlreicher abweichender Merkmalsausprägungen ist. Eine ungünstige soziale Integration kann damit als eine Folge fehlender Normkonformität betrachtet werden.

12.5 Fragestellung 4: Einfluss von Heterogenität und Leistungsniveau

Fragestellung 4 erweitert das Spektrum der Bedingungsfaktoren sozialer Integration im Gemeinsamen Unterricht nun um gruppenspezifische Faktoren. Der besondere Fokus liegt dabei auf der Frage, inwieweit Gruppenvariablen die soziale Integration von Schülern mit SFB beeinflussen. Diese Frage soll nun anhand verschiedener Variablen untersucht werden, die bereits in Kapitel 11.4 operationalisiert wurden. Die Beantwortung gliedert sich dabei in einen explorativen und einen hypothesengeleiteten Abschnitt. Der explorative Teil soll den Zusammenhang zwischen allgemeinen Gruppenvariablen (Gruppengröße, Anteil der Schüler mit SFB und Durchschnittsalter der Gruppe) näher beleuchten.

Der hypothesengeleitete Teil fokussiert mit dem Ziel-Wirkungs-Widerspruch eine Grundthematik der vorliegenden Arbeit. Im ihrem Mittelpunkt steht die Frage, inwieweit das Ziel der heterogenen Lerngruppe (soziale Integration von Schülern mit SFB) in einem Widerspruch zu seiner sozialpsychologischen Wirkung steht. Sie verdichtet sich in der Annahme Feusers (1999a) und Hinz (1998), dass soziale Integration nur in einem Milieu maximaler Heterogenität gelingen kann. Im Rahmen von HYP 18 - 21 (S. 155) soll nun direkt überprüft werden, wie sich die Heterogenität und durchschnittliches Leistungsvermögen einer Klasse auf die soziale Integration von Schülern mit SFB auswirkt.

Statistisch relevante Vorannahmen

Im ersten (explorativen) Teil sollen zunächst die allgemeinen Gruppenvariablen im Zusammenhang mit dem Sozialstatus von Schülern mit SFB betrachtet werden. Die Abhängigkeit von Sozialstatus und allgemeinen Gruppenvariablen wurde auf Basis einer Rangkorrelation mit dem Wahlstatus und dem Ablehnungsstatus von Schülern mit SFB berechnet. Da diese Analyse nicht hypothesengeleitet ist, wurden alle vier allgemeinen Gruppenvariablen für die Alpha-Fehler-Korrektur zusammengefasst (α_{kor} = 0.013).

Im zweiten hypothesengeleiteten Teil wird schließlich die Heterogenität und das durchschnittliche Leistungsvermögen in Abhängigkeit vom Sozialstatus der Schüler mit SFB betrachtet. Es wird von der Vorannahme ausgegangen, dass Schüler mit SFB in Klassen mit hoher Heterogenität bzw. hohem Leistungsvermögen schlechter sozial integriert sind als in Klassen mit vergleichsweise niedriger Heterogenität bzw. niedrigem Leistungsvermögen. Die Vorannahmen wurden in Kapitel 6 begründet. Der Begriff der Heterogenität wurde in Kapitel 11.4 ausführlich operationalisiert. Eine Einteilung der 30 untersuchten Schulklassen in Gruppen mit hoher und niedriger Merkmalsausprägung wurde mit Hilfe einer z-Transformation vorgenommen. Dabei wurden die einzelnen IQ-Varianzen und IQ-Mittelwerte in z-Werte transformiert. Die Einteilung in Schulklassen mit niedriger und hoher Heterogenität erfolgt auf Grundlage dieser z-Werte. Dabei gilt:

für Klassen mit z-Werten $< 0 \rightarrow$ geringe Heterogenität
für Klassen mit z-Werten $\geq 0 \rightarrow$ hohe Heterogenität.

Analog wird die Einteilung für das Leistungsniveau vorgenommen. Dabei gilt:

für Klassen mit z-Werten $< 0 \rightarrow$ geringes durchschnittliches Leistungsniveau
für Klassen mit z-Werten $\geq 0 \rightarrow$ hohes durchschnittliches Leistungsniveau.

In der Datenanalyse soll geprüft werden, ob Schüler mit SFB in heterogenen bzw. leistungsstarken Gruppen einen im Durchschnitt höheren Sozialstatus haben als in vergleichsweise homogenen bzw. leistungsschwachen Gruppen. Damit werden Mittelwertsunterschiede von zwei unabhängigen Stichproben miteinander verglichen. Da Mittelwerte sich nicht auf Grundlage einer ordinalskalierten Variable bilden lassen, wird die Berechnung mit Hilfe des intervallskalierten Wahl- und Ablehnungsstatus gebildet. Für beide Variablen stellte sich im F-Test Normalverteilung heraus. Zöfel (1992) nennt für die Analyse von Mittelwertsunterschieden zweier unabhängiger Stichproben den T-Test als geeignetes statistisches Verfahren (vgl. Zöfel, 1992, 108).

Sozialstatus von Schülern mit SFB in Abhängigkeit allgemeiner Gruppenvariablen
Im Folgenden soll zunächst die Wirkung allgemeiner Gruppenvariablen auf den Sozialstatus von Schülern mit SFB betrachtet werden. Tabelle 81 stellt die Ergebnisse im Überblick dar. Die Ergebnisse machen deutlich, dass allgemeine Gruppenvariablen in keinem Zusammenhang mit dem Wahl- bzw. Ablehnungsstatus von Schülern mit SFB stehen. Keine der Korrelationen in Tabelle 81 ist signifikant. Somit kann davon ausgegangen werden, dass die allgemeinen gruppenspezifischen Faktoren keinen Einfluss auf den Sozialstatus von Schülern mit SFB haben. Im Folgenden soll nun der

Sozialstatus in Abhängigkeit von Heterogenität und durchschnittlichem Leistungsniveau betrachtet werden.

Korrelation zwischen Wahl- und Ablehnungsstatus von Schülern mit SFB und allgemeinen Gruppenvariablen

Gruppenvariable	Wahlstatus			Ablehnungsstatus		
	$r1_{(WST)}$	α	N	$r2_{(AST)}$	α	N
Klassenstärke	0,182	0,850	109	0,171	0,859	109
Anzahl der Schüler mit SFB	0,011	0,907	109	-0,113	0,242	109
Anteil der Schüler mit SFB	0,005	0,960	109	0,109	0,259	109
Durchschnittsalter der Klasse	0,044	0,816	109	-0,130	0,492	109

Tabelle 81
α_{kor} = 0,013
WST = Wahlstatus
AST = Ablehnungsstatus

Sozialstatus von Schülern mit SFB in Abhängigkeit der Heterogenität einer Klasse

In einem ersten Schritt werden nun die Ergebnisse für die Varianz der Klassen dargestellt. Grundsätzlich wird dabei geprüft, ob Schüler mit SFB im Sinne der theoretischen Vorannahmen in stark heterogenen Klassen tatsächlich besser sozial integriert sind als in vergleichsweise weniger heterogenen bzw. homogenen Klassenzusammensetzungen.

Die normative Vorhersage der Ergebnisse auf Grundlage der Arbeiten von Feuser (1999a) und Hinz (1995, 1998) zielt auf einen signifikant höheren Wahl- und einen signifikant niedrigeren Ablehnungsstatus für Schüler mit SFB in stark heterogenen Klassengefügen ab (vgl. Kapitel 3.6). Die Vorhersage durch die Theorie sozialer Vergleichsprozesse, die Grundlage der vorliegenden Arbeit ist, sagt einen Widerspruch zwischen den normativen Vorhersagen Feusers (1999a) und den Messdaten voraus (vgl. Kapitel 6). Demnach müssten für Schüler mit SFB in heterogenen Klassen ein signifikant niedrigerer Wahlstatus und ein höherer Ablehnungsstatus nachweisbar sein als in weniger heterogenen bzw. homogenen Schulklassen. Grafik 18 gibt die Ergebnisse für diese Analyse wieder.

Durchschnittlicher Wahl- und Ablehnungsstatus von Schülern mit SFB in Abhängigkeit der Varianz (Heterogenität) des IQ's

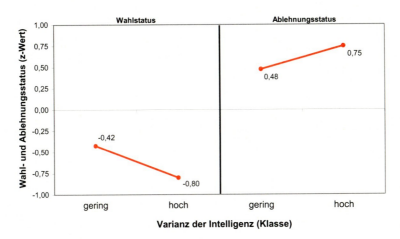

Grafik 18

geringe Varianz	z ≤ 0 (N= 59)
hohe Varianz	z > 0 (N=50)
Wahlstatus	p = 0.031
Ablehnungsstatus	p = 0.066

Grafik 18 zeigt, dass Schüler mit SFB in Klassen mit geringer Varianz der Intelligenz mit -0,42 z einen signifikant höheren Wahlstatus hatten als in Klassen mit hoher Varianz der Intelligenz (-0,80 z). Der Unterschied zwischen beiden Mittelwerten ist mit einer Irrtumswahrscheinlichkeit von p=0.031 signifikant. Analog dazu war in Klassen mit geringer IQ-Varianz für Schüler mit SFB ein geringerer Ablehnungsstatus (0,48 z) festzustellen als in Klassen mit hoher IQ-Varianz (0,75 z).

Dieser Unterschied ist jedoch mit p=0.066 nur am Rande signifikant und somit nicht von der Stichprobe auf die Grundgesamtheit übertragbar. Demnach werden Schüler mit SFB in Klassen mit hoher Varianz des IQ's signifikant seltener für gemeinsame Interaktionen gewählt als in vergleichsweise homogenen Klassen. Gleichzeitig hat sich die Annahme, dass Schüler mit SFB in Klassen mit hoher IQ-Varianz stärker abgelehnt nicht bestätigt. Dementsprechend kann HYP 18 angenommen und muss HYP 19 abgelehnt werden.

Sozialstatus von Schülern mit SFB und mittlerer IQ der Klasse
Grafik 19 stellt die Ergebnisse für die durchschnittlichen IQ-Werte dar. Die Zuordnung der Klassen zu den beiden Gruppen erfolgte ebenfalls über eine klasseninterne z-Transformation. Cut-off-Wert war auch hier ein z-Wert von 0. Es ist erkennbar, dass sich weder Wahl- noch Ablehnungsstatus beider Gruppen signifikant voneinander unterscheiden. Sowohl HYP 20 als auch HYP 21 müssen folglich zurückgewiesen werden. Demnach hat das durchschnittliche Leistungsvermögen zunächst keinen nennenswerten Einfluss auf den Sozialstatus von Schülern mit SFB.

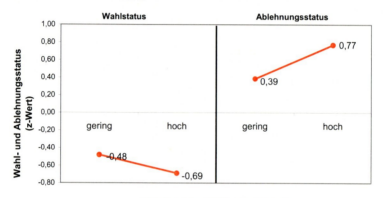

Grafik 19

geringer $\bar{X}$ (IQ)	$z \leq 0$ (N=48)
hoher $\bar{X}$ (IQ)	$z > 0$ (N=61)
Wahlstatus	p = 0.239
Ablehnungsstatus	p = 0.120

Betrachtet man die vorangegangenen Darstellungen, handelt es sich jedoch um eine sehr grobe Betrachtung der Situation. So beruht die Analyse zwar auf einer Fallzahl von N = 109 Schülern mit SFB, jedoch standen für die Analyse dieser 109 Fälle lediglich die Varianzen und Mittelwerte von 30 Klassen zur Verfügung. Dementsprechend groß müssen nach Stelzl (1982) die Effekte sein, die auf dieser Datengrundlage gesichert werden können (vgl. Stelzl, 1982, 23f.). Dementsprechend groß sind jedoch andererseits auch die Auswirkungen von Ausreißern. So ist zum Beispiel denkbar, dass der mittlere Sozialstatus durch einen einzelnen Extremwert so stark verzerrt wird, dass eine repräsentative Aussage über die grundsätzlichen Zusammenhänge nicht mehr möglich ist. Aus diesem Grunde soll neben dem oben dargestellten (direkten) Zugang noch ein zweiter (indirekter) Zugang etwas differenziertere Aussagen über den Zusammenhang von IQ-Varianz sowie IQ-Mittelwert und dem Sozialstatus ermöglichen. Dieser Analyse wird die Annahme zugrunde liegen, dass unterschiedliche Variablen in den einzelnen Klassen nicht immer den gleichen Einfluss auf den Sozialstatus haben, sondern dieser Einfluss je nach Heterogenität und mittlerem Leistungsniveau der Klasse variiert. Im Mittelpunkt dieser Analyse steht folglich nicht die tatsächliche soziale Integration von Schülern mit SFB, sondern der unterschiedliche Einfluss einzelner Variablen auf den Sozialstatus.

Einfluss einer Variable auf Wahl- und Ablehnungsstatus
In die folgende Analyse fließen Varianz und Mittelwert des IQ's weiterhin als erste Variable ein. Im Gegensatz zu der oben vorgenommenen Auswertung wird die zweite Variable jedoch jetzt nicht direkt durch den Wahl- bzw. Ablehnungsstatus von Schülern mit SFB repräsentiert, sondern durch den 'Einfluss', den ein Schülermerkmal auf den Wahl- bzw. den Ablehnungsstatus in einer Klasse hat. Dieses Schülermerkmal wird jeweils über die in der Hauptuntersuchung erhobenen Variablen repräsentiert.

Es geht damit in der folgenden Analyse um den Einfluss (von Heterogenität und Leistungsniveau einer Klasse) auf den Einfluss (verschiedener Schülermerkmale auf die soziale Integration) – oder kurz: um den 'Einfluss auf einen Einfluss'.

Exemplarische Darstellung:
Integrationseinfluss der Motivation auf den Wahlstatus

Klasse 1		Klasse 2		Klasse... 30	
Motivation	WST	Motivation	WST	Motivation	WST
Schüler 1	Schüler 1	Schüler 1	Schüler 1	Schüler 1	Schüler 1
Schüler 2	Schüler 2	Schüler 2	Schüler 2	Schüler 2	Schüler 2
Schüler 3	Schüler 3	Schüler 3	Schüler 3	Schüler 3	Schüler 3
Schüler...n	Schüler ...n	Schüler...n	Schüler ...n	Schüler...n	Schüler ...n
↓	↓	↓	↓	↓	↓
Rangkorrelation		Rangkorrelation		Rangkorrelation	
↓		↓		↓	
Integrationseinfluss der Motivation auf den WST in Klasse 1		**Integrationseinfluss** der Motivation auf den WST in Klasse 2		**Integrationseinfluss** der Motivation auf den WST in Klasse ...30	

Tabelle 82

n: Anzahl der Schüler pro Klasse

Statistisch wird der Einfluss einer Variable i auf den Sozialstatus durch eine Korrelation der Variable i mit dem Wahlstatus einerseits und dem Ablehnungsstatus andererseits dargestellt. Auf diese Weise erhält man für jede Variable zwei Kenngrößen: (1) ihr Einfluss auf den Wahlstatus und (2) ihr Einfluss auf den Ablehnungsstatus. Diese beiden Größen werden im Folgenden 'Integrationseinfluss' einer Variable genannt. Tabelle 82 stellt die Berechnung des Integrationseinflusses exemplarisch für die Motivation und den Wahlstatus dar.

Die Abhängigkeit des Integrationseinflusses (von Heterogenität und Leistungsniveau einer Klasse) wird statistisch durch eine Korrelation des Integrationseinflusses mit der IQ-Varianz (→ Heterogenität) bzw. dem IQ-Mittelwert (→ Leistungsniveau) einer Klasse berechnet. Tabelle 83 stellt exemplarisch die Berechnung des Einflusses der Klassenheterogenität auf den Integrationseinfluss der Motivation dar.

Exemplarische Darstellung: Einfluss der Heterogenität auf den Integrationseinfluss der Motivation

Motivation	
Integrationseinfluss (für den WST)	Heterogenität (IQ-Varianz)
Klasse 1	Klasse 1
Klasse 2	Klasse 2
Klasse 3	Klasse 3
Klasse ... 30	Klasse ... 30
↓ ↓	
Rangkorrelation ↓	
Einfluss der Heterogenität auf den Integrationseinfluss (WST) der Motivation	

Tabelle 83

Aus statistischer Sicht betrachtet handelt es sich also um eine Korrelation mit einer Korrelation. Wie bereits beschrieben, kann der Integrationseinfluss eines Schülermerkmals jeweils über den Wahlstatus oder über den Ablehnungsstatus betrachtet werden. In der folgenden Analyse werden beide Kenngrößen der sozialen Integration berücksichtigt. Möchte man die Veränderung des Integrationseinflusses (eines Schülermerkmals) mit der Klassenheterogenität einerseits und dem Leistungsniveau der Klasse andererseits betrachten, geschieht dies pro Schülermerkmal bzw. Variable anhand von vier Korrelationen:

1. Korrelation: Integrationsrelevanz (Variable i) für den WST mit IQ-Varianz
2. Korrelation: Integrationsrelevanz (Variable i) für den AST mit IQ-Varianz
3. Korrelation: Integrationsrelevanz (Variable i) für den WST mit IQ-Mittelwert
4. Korrelation: Integrationsrelevanz (Variable i) für den AST mit IQ-Mittelwert

Die Korrelationen 1 und 2 stehen dabei für den Zusammenhang zwischen Heterogenität und dem Einfluss eines Schülermerkmals i auf den Sozialstatus. Analog dazu stehen die Korrelationen 3 und 4 für den Zusammenhang zwischen dem mittleren kognitiven Leistungsniveau einer Klasse und dem Einfluss eines bestimmten Schülermerkmals i auf den Sozialstatus. Grundsätzlich wird dabei also untersucht, wie sich der Einfluss einer Variable auf den Sozialstatus mit unterschiedlicher Gruppensituation verändert. Abbildung 6 stellt die Berechnung dieses Zusammenhangsmaßes nochmals im Überblick dar.

Berechnung der Zusammenhangsmaße zwischen Schülermerkmalen und IQ-Varianz / IQ- Mittelwert

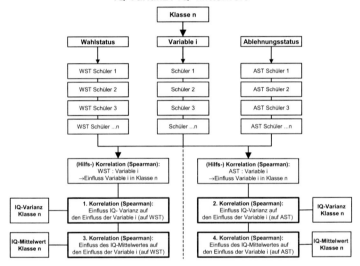

Abbildung 6
WST = Wahlstatus
AST = Ablehnungsstatus

Im Folgenden sollen nun die Ergebnisse für diese Analyse dargestellt werden. Die Korrelationen wurden mit Hilfe des Rangkorrelationskoeffizienten nach Spearman berechnet. Bei der Interpretation der Korrelation wird angenommen, dass die Heterogenität auf den Einfluss der Variablen wirkt. Ein entgegengesetzt Wirkrichtung erscheint in diesem Falle nicht plausibel. Tabelle 84 stellt die Ergebnisse im Detail dar. Darin sind in Spalte 5 die korrigierten 5%-Alpha-Fehler für die einzelnen Hypothesen angegeben. Es folgen die in Abbildung 6 hergeleiteten Korrelationen 1-4 sowie die (unkorrigierten) Signifikanzen im T-Test.

Einfluss von Schülermerkmalen in Abhängigkeit von Varianz und Mittelwert des IQ´s

Merkmal	Item	Bezeichnung	N	korrigiertes Alpha 5%	r1 (WST)	α	r2 (AST)	α	r3 (WST)	α	r4 (AST)	α
Intelligenz	IQ	Intelligenz	30	0,050	0,389*	0,034	-0,369	0,045	0,230	0,222	-0,146	0,441
Motivation	VM5	Leistungsmotivation	27	0,017	0,599*	0,001	-0,103	0,611	0,418	0,030	0,380	0,051
	VM6	Arbeitsverhalten	26	0,017	0,587*	0,002	-0,277	0,170	0,318	0,113	-0,162	0,428
	MO3	Schulischer Ehrgeiz	30	0,017	0,082	0,667	-0,027	0,887	-0,231	0,219	-0,139	0,464
Selbstständigkeit	VM7	Selbstständigkeit	26	0,050	0,563*	0,003	-0,011	0,958	0,482*	0,013	0,239	0,241
Belastbarkeit	GZI	Belastbarkeit Leistung	30	0,013	-0,010	0,957	0,214	0,255	0,245	0,192	-0,011	0,954
	FTI	Belastbarkeit Fehler	30	0,013	0,093	0,625	0,482*	0,007	0,522*	0,003	0,240	0,202
	PCO	Positive Stressverarbeitung	30	0,013	0,086	0,652	-0,049	0,796	-0,177	0,350	0,150	0,428
	NCO	Negative Stressverarbeitung	30	0,013	-0,279	0,135	-0,142	0,453	-0,203	0,281	-0,151	0,425
Selbstreflexion	VS2	Fehlende Willenskontrolle	30	0,013	0,131	0,492	-0,178	0,348	0,163	0,389	-0,155	0,412
	SB3	Impulsivität	30	0,013	-0,158	0,405	0,269	0,151	-0,138	0,469	0,177	0,349
	EMO	Emotionsregulation	30	0,013	-0,245	0,192	-0,072	0,707	-0,236	0,210	0,179	0,344
	PRB	Problemlösende Bewältigung	30	0,013	0,415	0,023	-0,076	0,688	-0,081	0,671	0,121	0,524
Konzentration	GZT	Gesamtleistung Konzentration	30	0,017	0,247	0,187	-0,118	0,536	0,375	0,041	-0,248	0,186
	FT	Fehlleistung Konzentration	30	0,017	0,001	0,996	-0,266	0,156	0,087	0,646	-0,315	0,090
	SBGZ	Gleichmäßigkeit Konzentration	30	0,017	-0,124	0,512	-0,222	0,239	-0,032	0,868	-0,286	0,125
Schulleistung	LES	Lesen	28	0,013	0,544*	0,003	-0,067	0,733	0,568*	0,002	-0,029	0,882
	REC	Rechnen	28	0,013	0,213	0,077	-0,194	0,322	0,317	0,057	-0,221	0,259
	SAC	Sachunterricht	28	0,013	0,353*	0,005	0,114	0,565	0,454*	0,012	0,168	0,392
	SPO	Sport	28	0,013	-0,016	0,935	-0,174	0,375	-0,243	0,213	-0,294	0,129
Aggressivität	VM10	Aggressivität (Außenwahrn.)	25	0,025	-0,081	0,701	0,121	0,564	-0,124	0,554	0,258	0,214
	AGG	Aggressivität (Eigenwahrn.)	30	0,025	-0,127	0,505	-0,046	0,810	-0,143	0,452	-0,073	0,703
Sozialer Rückzug	MO1	Ich-Durchsetzung/Dominanz	30	0,017	0,052	0,784	-0,024	0,902	0,068	0,723	-0,130	0,492
	VS4	Scheu im Sozialkontakt	30	0,017	-0,276	0,140	0,415	0,023	-0,231	0,219	0,376	0,041
	SUB	Soziales Unterstützungsbed.	30	0,017	-0,498*	0,005	0,215	0,254	-0,291	0,118	-0,118	0,535
Sozialkompetenz	MO4	Soziales Engagement	30	0,025	0,217	0,250	0,098	0,606	0,075	0,692	0,245	0,192
	MO5	Neigung zu Gehorsam	30	0,025	0,116	0,542	-0,144	0,447	-0,114	0,548	0,144	0,448

Tabelle 84
* = nach Alpha-Fehler-Korrektur auf mit einer Fehlerwahrscheinlichkeit von 5% signifikant WST = Wahlstatus AST = Ableh-

Im Folgenden sollen ausschließlich Variablen bzw. Schülermerkmale einer differenzierteren Betrachtung unterzogen werden, für die in Tabelle 84 eine signifikante Korrelation vorliegt. Dazu erfolgte eine Aufteilung der unabhängigen Variable (Heterogenität / Leistungsniveau) in drei Gruppen:

1. Ausprägungen bis $-0{,}25$ z werden als 'niedrig',
2. von $-0{,}25$ z bis $0{,}25$ z als 'durchschnittlich' und
3. größer als $0{,}25$ z als 'hoch' bewertet.

Somit werden Schulklassen mit niedriger IQ-Varianz von Schulklassen mit durchschnittlicher und Schulklassen mit hoher IQ-Varianz unterschieden. Analog hierzu gestaltet sich die Unterteilung der IQ-Mittelwerte. Für jede dieser drei Gruppen wird der mittlere Integrationseinfluss für den Wahlstatus und für den Ablehnungsstatus berechnet. Dazu wurden die Einzelkorrelationen jeweils einer Fisher-Z-Transformation unterzogen, die Mittelwerte berechnet und später wieder in die ursprünglichen Korrelationen zurück transformiert. Der mittlere Integrationseinfluss ist analog zu einer Korrelation interpretierbar (0 = kein Einfluss und ± 1 = hoher Einfluss).

Zusätzlich wird der mittlere Integrationseinfluss einer Variable in den beiden Extremgruppen (niedrig, hoch) über einen T-Test verglichen. Da die inferenzstatistische Prüfung der Korrelationen in Tabelle 84 bereits anhand eines korrigierten Alpha-Fehlers vorgenommen wurde, wird im T-Test auf eine erneute Alpha-Fehler-Korrektur verzichtet.

Einfluss von Schülermerkmalen auf den Wahlstatus in Abhängigkeit von der Klassen-Heterogenität

Spalte 6 (r1) in Tabelle 84 zeigt den Einfluss der verschiedenen Schülermerkmale auf den Sozialstatus in Abhängigkeit der IQ-Varianz einer Klasse. Insgesamt können nach einer Alpha-Fehler-Korrektur noch sieben Korrelationen als signifikant bewertet werden. Damit gibt es zum Teil deutliche Hinweise darauf, dass die Varianz bzw. die Heterogenität einer Klasse den Einfluss der folgenden Schülermerkmale auf den Wahlstatus von Schülern steuert:

1. Motivation (VM5 und VM6)
2. Selbstständigkeit (VM7)
3. Schulleistung (LES und SAC)
4. Sozialer Rückzug (SUB)
5. Intelligenz (IQ)

Motivation
Für den Bereich Motivation waren die Zusammenhänge zwischen dem Integrationseinfluss von VM5 (Leistungsmotivation) sowie VM6 (Arbeitsverhalten) und der Varianz einer Klasse signifikant. So lag die Korrelation zwischen dem Einfluss von VM5 auf den Wahlstatus und der IQ-Varianz

einer Klasse bei r = .599, was insgesamt als hoher Zusammenhang bewertet werden kann. Demnach wären rund 36 Prozent des Einflusses der Leistungsmotivation (auf den Wahlstatus) durch die Varianz der Heterogenität erklärbar. Auch im T-Test unterschieden sich die beiden Extremgruppen signifikant voneinander. Grafik 20 stellt die Ergebnisse für den Mittelwertsvergleich im Überblick dar.

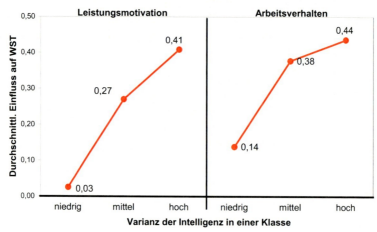

Grafik 20

Leistungsmotivation: ΔX̄ (niedrig, hoch): p =0.00; N= 27
Arbeitsverhalten: ΔX̄ (niedrig, hoch): p =0.032; N = 26

Grafik 20 (links) zeigt, dass die Leistungsmotivation in Klassen mit niedriger IQ-Varianz keinen Einfluss auf den Wahlstatus besitzt. Der durchschnittliche Einfluss auf den Wahlstatus steigt jedoch auf 0,41 wenn die Varianz (und damit die Heterogenität) der Klasse als hoch bezeichnet werden konnte.

Ein ähnliches Bild ergab sich für den Einfluss des Arbeitsverhaltens (VM6). So konnte für VM6 eine signifikante Korrelation von r = .587 festgestellt werden, wodurch rund 34 Prozent der Unterschiede im Einflusses des Arbeitsverhaltens auf den Wahlstatus durch Unterschiede in der Heterogenität der Klasse erklärbar sind. Im T-Test erwiesen sich erneut die Mittelwertsunterschiede zwischen den beiden Extrempositionen (niedrige und hohe Varianz) als signifikant. Grafik 20 (rechts) macht deutlich, dass auch eine zunehmende Heterogenität der Klasse den Einfluss des Arbeitsverhaltens auf den Wahlstatus der Schüler verstärkt. So verändert sich der Integrationseinfluss von 0,03 bei niedriger IQ-Varianz signifikant auf 0,44 bei hoher IQ-Varianz der Klasse.

Selbstständigkeit
Eine ähnliche Situation wie für die Variablen VM5 und VM6 ergibt sich für die Variable VM7 (Selbstständigkeit). Hier lässt sich eine Korrelation zwischen dem Einfluss des Faktors Selbstständigkeit auf den Wahlstatus und der IQ-Varianz von r = .563 feststellen. Damit lassen sich rund 32 Prozent dieses Einflusses auf den Sozialstatus durch Unterschiede in der IQ-Varianz der einzelnen Klassen erklären. Der Mittelwertsvergleich der durchschnittlichen Korrelationen stützt diesen Befund.

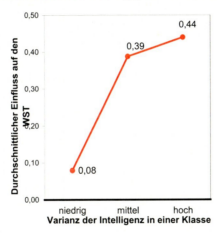

Grafik 21
$\Delta \bar{X}$ (niedrig, hoch): p =0.014; N = 26

Grafik 21 zeigt, dass der durchschnittliche Einfluss des Arbeitsverhaltens auf den Wahlstatus mit steigender Heterogenität der Klassen wächst. Die Mittelwertsunterschiede von niedrigen zu mittleren und hohen Varianzen sind dabei hoch signifikant.

Schulleistung

Betrachtet man die Schulleistungsvariablen in Tabelle 84, liegen hier für den Einfluss der Leistungsbereiche Lesen (r = .544) und Sachunterricht (r = .353) signifikante Korrelationen vor. Demnach lassen sich zwischen 12,5 und 30 Prozent des Einflusses der Schulleistungen durch die unterschiedliche IQ-Varianz der Schulklasse erklären. Grafik 22 stellt die Entwicklung des mittleren Integrationseinflusses für beide Variablen dar. So steigt der durchschnittliche Einfluss der Lesekompetenz auf den Wahlstatus von 0,14 bei geringer Varianz des IQ´s auf 0,37 bei hoher Ausprägung.

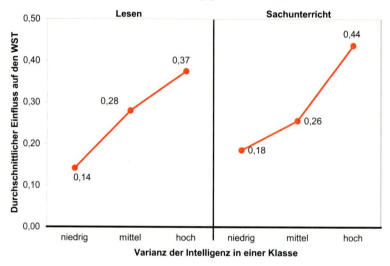

Grafik 22

Lesen: ΔX̄ (niedrig, hoch): p =0.025; N = 28
Sachunterricht: ΔX̄ (niedrig, hoch): p =0.049; N = 28

Demnach gewinnen die Lesekompetenzen mit wachsender Heterogenität der Klasse an Einfluss auf den Wahlstatus. Analog dazu verhält sich der Einfluss der Leistungen im Fach Sachunterricht. So steigt der durchschnittliche Einfluss der Sachunterrichtsleistungen auf den Wahlstatus von 0,18 bei geringer Varianz des IQ´s auf einen durchschnittlichen Wert von 0,44 bei hoher IQ-Varianz.

Für die Rechen- und die Sportleistungen lagen keine signifikanten Ergebnisse vor. Die Korrelation zwischen dem Einfluss der Rechenleistungen auf den Wahlstatus und der IQ-Varianz der Klasse war mit p=.077 allerdings noch am Rande signifikant.

Sozialer Rückzug
Die Variable 'sozialer Rückzug' wurde insgesamt über drei Variablen operationalisiert. In der Analyse der Einzelkorrelationen in Tabelle 84 konnten allerdings nur für das soziale Unterstützungsbedürfnis (SUB) signifikante Zusammenhänge gefunden werden. So korrelierte der Einfluss der Variable SUB auf den Wahlstatus mit der IQ-Varianz der Klasse mit r=-.498, womit rund 25 Prozent des SUB-Einflusses auf den Wahlstatus durch die Varianz der Klasse erklärbar wären. Grafik 23 stellt den mittleren Integrationseinfluss in Abhängigkeit von der Klassenheterogenität dar.

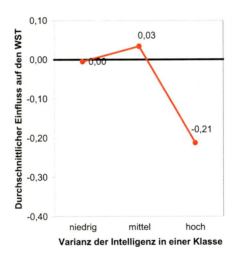

Einfluss des sozialen Unterstützungsbedürfnisses (SUB) auf den Wahlstatus in Abhängigkeit der IQ-Varianz

Grafik 23
$\Delta \bar{X}$ (niedrig, hoch): p =0.044; N = 30

Insgesamt konnten für niedrige und mittlere IQ-Varianzen keine Zusammenhänge mit dem sozialen Unterstützungsbedürfnis der Schüler gefunden werden, während sich bei hoher Heterogenität der Klasse mit einem durchschnittlichen Integrationseinfluss von -0,21 negative Werte herausstellten. Im Gegensatz zu den bisherigen Variablen ist hier eine hohe Varianz des IQ's mit einem umgekehrten bzw. negativen Integrationseinfluss verbunden. Dieser Effekt ist dadurch erklärbar, dass SUB in der Hauptun-

tersuchung negativ operationalisiert wurde und somit hohe SUB Werte für
ein gering ausgeprägtes soziales Rückzugsverhalten stehen.

Intelligenz

Die Variable Intelligenz wurde ausschließlich über eine Variable (IQ) operationalisiert. In der Analyse der Korrelationen zeigte sich eine signifikante Korrelation von r = .389 zwischen dem Einfluss der Intelligenz auf den Wahlstatus und der Varianz der Intelligenz. Demnach steigt der Einfluss der Intelligenz mit der Varianz der Intelligenz in einer Klasse.

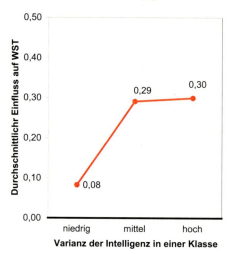

Grafik 24

$\Delta \bar{X}$ (niedrig, hoch): p =0.05; N = 30

Insgesamt sind damit rund 15 Prozent des Einflusses der Intelligenz auf den Sozialstatus durch Unterschiede in der Heterogenität der Klasse erklärbar. Der T-Test stützte dieses Ergebnis. Grafik 24 stellt den mittleren Einfluss der Intelligenz auf den Wahlstatus in Abhängigkeit der IQ-Varianz im Überblick dar. Dabei wird deutlich, dass der Einfluss der Intelligenz in mittel und stark heterogenen Klassengefügen sprunghaft ansteigt, während er bei geringer Heterogenität mit durchschnittlichen Einflusswerten von 0,08 signifikant geringer ausfällt.

Einfluss von Schülermerkmalen auf den Ablehnungsstatus in Abhängigkeit der Heterogenität

Tabelle 84 lässt erkennen, dass sich Unterschiede in der Heterogenität vornehmlich auf das Wahlverhalten der Schüler auswirken. Nennenswerte Einflüsse auf das Ablehnungsverhalten sind dagegen kaum feststellbar. So korrelierte nach der Alphafehler-Korrektur lediglich der Einfluss der (fehlerbezogenen) Belastbarkeit (FTI) signifikant mit dem Ablehnungsstatus. Der Einfluss aller übrigen Variablen stand in keinem signifikanten Zusammenhang mit dem Ablehnungsstatus der Schüler. Im Folgenden werden die Ergebnisse für den Zusammenhang zwischen dem Einfluss der Belastbarkeit bzw. der FTI-Werte auf den Ablehnungsstatus und der Heterogenität der Klasse kurz skizziert.

Belastbarkeit

Die Belastbarkeit der Schüler wurde in der vorliegenden Arbeit durch vier Variablen (GZI, FTI, PCO und NCO) operationalisiert. Signifikante Zusammenhänge zwischen dem Einfluss auf den Ablehnungsstatus und der Heterogenität der Klasse konnten lediglich für die Variable FTI (r = .482) nachgewiesen werden. Grafik 25 zeigt, dass der Einfluss der FTI-Werte auf den Ablehnungsstatus mit zunehmender Varianz der Klasse signifikant ansteigt.

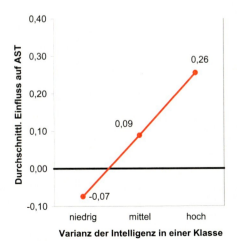

Grafik 25

$\Delta \bar{X}$ (niedrig, hoch): p =0.018; N = 30

Insgesamt kann jedoch nur bei hoher Heterogenität von einem nennenswerten Einfluss der Variable FTI auf den Ablehnungsstatus ausgegangen werden, da die Mittelwerte für das niedrige und das mittlere Leistungsniveau gegen null tendieren.

Einfluss von Schülermerkmalen auf den Wahlstatus in Abhängigkeit der mittleren Leistungsfähigkeit
Spalte zehn in Tabelle 84 (r3) zeigt den Einfluss der einzelnen Schülermerkmale auf den Wahlstatus in Abhängigkeit der mittleren Leistungsfähigkeit einer Klasse. Nach der Alpha-Fehler-Korrektur erwiesen sich noch insgesamt vier Korrelationen als signifikant, die folgenden drei Schülermerkmalen zugeordnet werden können:

1. Selbstständigkeit (VM7)
2. Belastbarkeit (FTI)
3. Schulleistung (LES und SAC)

Selbstständigkeit
Die Korrelation zwischen dem Einfluss der Selbstständigkeit auf den Wahlstatus und der mittleren Leistungsfähigkeit liegt bei r = .482. Damit können ca. 23 Prozent des Einflusses der Selbstständigkeit auf den Wahlstatus durch Unterschiede im mittleren Leistungsniveau der Klasse erklärt werden. Grafik 26 fasst die Entwicklung des Integrationseinflusses über die unterschiedliche Leistungskompetenz der Klasse nochmals im Überblick zusammen.

So konnte auch im T-Test eine signifikante Zunahme des VM7-Einflusses auf den Wahlstatus mit wachsendem Leistungsniveau der Klasse festgestellt werden. Somit spielt Selbstständigkeit in Lerngruppen mit hohen durchschnittlichen IQ-Werten eine signifikant bedeutendere Rolle für den Wahlstatus als in weniger begabten Lerngruppen.

Einfluss der Selbstständigkeit (VM7) auf den Wahlstatus in Abhängigkeit des IQ-Mittelwertes

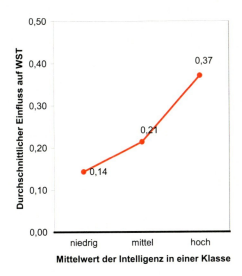

Grafik 26
Δx̄ (niedrig, hoch): p =0.05; N = 26

Belastbarkeit
Tabelle 84 zeigt einen signifikanten Zusammenhang zwischen dem Einfluss des FTI-Wertes auf den Wahlstatus und dem durchschnittlichen Leistungsniveau einer Klasse (r = .522). Grafik 27 macht die Entwicklung dieses Einflusses in Abhängigkeit vom Leistungsniveau der Klassen deutlich. Dabei fällt allerdings auf, dass der Einfluss des FTI-Wertes im Gegensatz zu den bisherigen Ergebnissen mit wachsendem Leistungsniveau der Klasse sinkt. So kann allenfalls bei Klassen mit niedrigem Leistungsniveau von einem nennenswerten Einfluss der Belastbarkeit auf den Wahlstatus ausgegangen werden. Im Klassen mit mittlerem und hohem Leistungsniveau geht der Einfluss mit Werten von 0,09 und –0,07 gegen null.

Einfluss fehlerbezogener Belastbarkeit (FTI) auf den Wahlstatus in Abhängigkeit des IQ-Mittelwertes

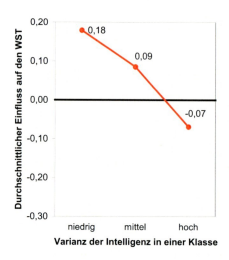

Grafik 27
$\Delta \bar{X}$ (niedrig, hoch): p =0.04; N = 30

Demnach sind Schüler mit günstigen FTI-Werten (hohe Belastbarkeit) in leistungsschwächeren Gruppen beliebter als in leistungsstärkeren Lerngruppen.

Schulleistungen
Im Bereich Schulleistungen waren mit dem Einfluss der Lesekompetenzen und der Sachunterrichtsleistungen gleich zwei Variablen zu finden, die sich in Abhängigkeit von dem mittleren Leistungsniveau der Klasse veränderten. So konnte eine signifikante Korrelation (r = .568) zwischen dem Einfluss der Lesekompetenzen auf den Wahlstatus und dem mittleren Leistungsniveau der Klasse gefunden werden. Grafik 28 (links) zeigt, wie der Einfluss der Lesekompetenzen mit zunehmendem durchschnittlichen Leistungsniveau der Klasse wächst. So lassen sich für Klassen mit niedrigem und mittlerem Leistungsniveau Einflussgrößen zwischen 0,13 und 0,2 finden, während die durchschnittliche Einflussgröße bei Klassen mit hohem durchschnittlichem Leistungsniveau bei 0,35 liegt. Der Mittelwertsunterschied für die beiden Extremgruppen (niedrig und hoch) ist mit p=0.027

signifikant. Demnach sind leseschwache Schüler in Klassen mit niedrigem Leistungsniveau beliebter als in Klassen mit hohem Leistungsniveau.

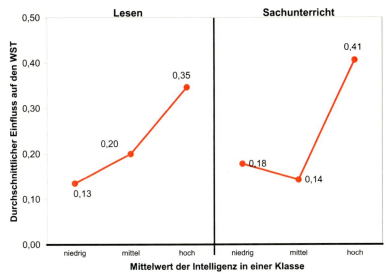

Grafik 28
Lesen: $\Delta \bar{X}$ (niedrig, hoch): p =0.027; N = 28
Sachunterricht: $\Delta \bar{X}$ (niedrig, hoch): p =0.042; N = 28

Etwas schwächere Befunde liegen mit einer Korrelation von r = .454 für die Leistungen im Sachunterricht vor (vgl. Tabelle 84). Bei der Betrachtung des durchschnittlichen Integrationseinflusses in Klassen mit niedrigem und mittlerem Leistungsniveau ist der Einfluss der Sachunterrichtsleistung noch vergleichsweise gering (0,18 und 0,14), während er in Klassen mit hohem Leistungsniveau sprunghaft ansteigt (0,41). Die Mittelwertsunterschiede der Einflussgrößen sind für das mittlere und das hohe Leistungsniveau mit p=0.042 signifikant. Demnach kann auch für die Kompetenzen im Sachunterricht angenommen werden, dass ihr Einfluss mit wachsendem kognitiven Leistungsniveau der Klasse steigt.

Tabelle 84 zeigt weiter, dass die Korrelation für den Einfluss der Sportleistungen auf den Wahlstatus statistisch nicht signifikant ist. Die Korrelation für den Einfluss der Rechenleistungen auf den Wahlstatus liegt bei r = .317 und ist mit einer Irrtumswahrscheinlichkeit von p=0.057 immerhin am

Rande signifikant. Insgesamt kann für zwei von vier Variablen über die Schulleistungen in der Hauptuntersuchung operationalisiert wurde, festgehalten werden, dass sich ihr Einfluss auf den Wahlstatus signifikant mit wachsendem IQ-Niveau der Klasse erhöht.

Zusammenfassung
Betrachtet man die im Rahmen von Fragestellung 4 dargestellten Befunde, lässt sich übergreifend feststellen, dass sich gruppenbezogene Merkmale auf die soziale Integration von Schülern im Allgemeinen und von Schülern mit SFB im Besonderen auszuwirken scheinen. Bei einer differenzierteren Analyse fallen dabei vier wesentliche Wirkungsrichtungen auf.

Erstens: Die Auswirkungen der Heterogenität auf den Sozialstatus scheinen größer zu sein als die des durchschnittlichen Leistungsniveaus. So war für Schüler mit SFB in heterogenen Klassenzusammensetzungen ein signifikant niedrigerer Wahlstatus nachweisbar als für Schüler mit SFB in vergleichsweise homogenen Lerngruppen (vgl. Grafik 18). Vergleichbare Mittelwertsunterschiede waren für das durchschnittliche Leistungsniveau einer Klasse nicht nachweisbar (vgl. Grafik 19).

Diese Hinweise verdichten sich weiter, wenn man den Einfluss verschiedener Variablen auf den Sozialstatus in Abhängigkeit dieser beiden Größen (Heterogenität und durchschnittliches Leistungsniveau) miteinander vergleicht. So konnten deutlich häufiger und deutlich stärkere Zusammenhänge zwischen der Heterogenität und dem Einfluss verschiedener Schülervariablen gefunden werden als für das durchschnittliche Leistungsniveau einer Klasse.

Zweitens: Die Auswirkungen der Gruppenvariablen (Heterogenität und Leistungsniveau) auf den Wahlstatus sind deutlich größer als auf den Ablehnungsstatus. Dieser Befund wird ebenfalls von zwei Aspekten untermauert. Zum einen besitzen Schüler mit SFB in heterogenen Lerngruppen einen signifikant ungünstigeren Wahlstatus, während Auswirkungen auf den Ablehnungsstatus nicht nachweisbar sind. Zum anderen vergrößert sich mit wachsender Heterogenität auch der Einfluss verschiedener Schülervariablen auf den Wahlstatus. Vergleichbare Effekte sind für den Ablehnungsstatus nicht festzustellen.

Drittens: Auswirkungen auf Schulleistungsvariablen sind stärker als auf andere Variablen. Diese Tendenz lässt sich nur durch eine qualitative Analyse der signifikanten Zusammenhänge hervorheben. So scheinen sich die Auswirkungen auf schulleistungsbezogene Kompetenzen (Leistungsmotivation, Arbeitsverhalten, Lesen, Sachunterricht, Intelligenz) zu konzentrieren, während soziale, reflexive und belastbarkeitsbezogene Variablen in keiner nennenswerten Interaktion mit gruppenbezogenen Faktoren stehen (vgl. Tabelle 84).

Viertens: Die Richtung des Einflusses ist jeweils eindeutig. Mit zunehmender Heterogenität und wachsendem durchschnittlichen Leistungsniveau einer Klasse wächst der Einfluss von schulleistungsbezogenen Variablen auf die soziale Integration. Konkret heißt das: je höher die Heterogenität der Klasse, desto wichtiger sind gute schulleistungsbezogene Kompetenzen für eine gute soziale Integration. Anlog dazu wirkt das durchschnittliche Niveau des Leistungsvermögens: je höher der IQ-Mittelwert einer Klasse, desto wichtiger sind gute schulleistungsbezogene Kompetenzen für eine gute soziale Integration.

Zusammenfassend lässt sich sagen, dass sich die soziale Integration schulleistungsschwacher Schüler mit wachsender Heterogenität und steigendem durchschnittlichen Leistungsniveau der Klasse verschlechtert.

Im Folgenden soll nun die fünfte und letzte Fragestellung bearbeitet werden. Sie bezieht sich mit den Unterrichtsvariablen auf die dritte große Stellgröße der sozialen Integration im Gemeinsamen Unterricht.

12.6 Fragestellung 5: Einfluss unterrichtsbezogener Faktoren

Die Darstellung der Ergebnisse für die unterrichtsbezogenen Variablen erfolgt anhand der acht Bereiche, die bei Fragebogenkonstruktion und Operationalisierung den inhaltlichen Rahmen bildeten. Da die im Fragebogen für Lehrer eingesetzten Items teilweise intervall- und teilweise ordinalskaliert sind, wurde die Datenanalyse je nach Item mit dem Maß- und dem Rangkorrelationskoeffizienten vorgenommen (vgl. Zöfel, 1992, 211). Eine Alpha-Fehler-Korrektur wurde für alle 16 Items gemeinsam vorgenommen, so dass der akzeptierte 5%-Alpha-Fehler bei p=0,003 liegt. Tabelle 85 gibt die Ergebnisse für die unterrichtsbezogenen Variablen im Überblick wieder.

Eine Analyse von Tabelle 85 liefert ein überraschend einheitliches Bild. So konnte für keine einzige unterrichtsbezogene Variable ein signifikanter Zusammenhang mit dem Wahl- oder Ablehnungsstatus von Schülern mit SFB nachgewiesen werden. Die festgestellten Alphafehler liegen zwischen 7,7 und 98 Prozent so dass selbst der Verzicht auf eine Korrektur des Alpha-Fehlers keine signifikanten Hinweise auf unterrichtsbezogene Variablen liefern würde, die einen nennenswerten Einfluss auf die soziale Integration von Schülern mit SFB haben.

Wahl- und Ablehnungsstatus von Schülern mit SFB in Abhängigkeit von unterrichtsbezogenen Variablen

Nr.	Bereich unterrichtsbezogener Variablen	Items	Bezeichnung des Items	Kor.	N	Wahlstatus		Ablehnungsstatus	
						$r1_{(WST)}$	α	$r2_{(AST)}$	α
1	Umfang der Unterstützung durch eine zweite Hilfskraft im Unterricht	X̄ (03REG, 03SON, 03ZLV)	Unterstützung durch zweite Hilfskraft	P	109	0,051	0,601	0,008	0,931
2	Umfang der inneren Differenzierung	05EIN	Wochenstunden Einzelförderung	P	107	-0,012	0,904	0,059	0,543
		05GRU	Wochenstunden 2 Lerngruppen	P	107	0,025	0,800	-0,087	0,370
		05TEA	Wochenstunden Teamteaching	P	107	-0,052	0,594	0,014	0,885
3	Organisationsformen im Unterricht	12FRO	Wochenstunden Frontalunterricht	P	109	-0,023	0,814	0,024	0,807
		12WOP	Wochenstunden Wochenplanunterricht	P	109	0,056	0,560	0,014	0,888
		12STA	Wochenstunden Stationen / Werkstatt	P	109	-0,059	0,546	-0,059	0,540
		12DFRE	Wochenstunden Freiarbeit	P	109	-0,011	0,913	-0,015	0,880
		12JUB	Wochenstunden jahrgangsstufenübergreifender Unterricht	P	109	-0,040	0,681	-0,052	0,590
4	Lernen am Gemeinsamen Gegenstand	13GEM	Häufigkeit gemeinsamer Lerngegenstand	S	100	0,022	0,826	0,069	0,492
5	Fortbildungen im Bereich GU	15FOR	Anzahl der Fortbildungen im Bereich GU (RL)	P	106	0,116	0,548	0,327	0,381
		15FOS	Anzahl der Fortbildungen im Bereich GU (SL)	P	102	0,339	0,072	-0,150	0,436
		06TJA	Jahre Team SP-RS	P	107	-0,211	0,029	0,095	0,331
6	Erfahrung im GU	(07ERR, 07ERS)	Erfahrung im Gemeinsamen Unterricht (RL und SL)	P	105	-0,033	0,741	0,067	0,497
		(08KLR, 08KLS)	Unterricht in dieser Klasse in Jahren (RL und SL)	P	105	-0,126	0,200	0,055	0,576
7	Erfahrung der Schule im GU	09SGU	Jahre Schule in GU	P	109	-0,033	0,734	-0,002	0,984
8	Ganztagsangebot für Schüler mit SFB	10GAN	Ganztagsangebot	S	109	-0,045	0,640	0,004	0,971

Tabelle 85

GU = Gemeinsamer Unterricht
SL = Sonderschullehrer
RL = Regelschullehrer
P = Maßkorrelation nach Pearson
S = Rangkorrelation nach Spearman

Ergebnisse der Hauptuntersuchung   **267**

12.7 Explorative Analyse der Ergebnisse

Die explorative Datenanalyse soll jeweils eine verkürzte Betrachtung der bisher dargestellten Ergebnisse aus einem neuen Blickwinkel ermöglichen. Dazu werden die trennscharfen Schülermerkmale in Kapitel 12.7.1 einer zusammenfassenden Faktorenanalyse unterzogen. In Kapitel 12.7.2 werden die soziometrischen Rohdaten (Wahl- und Ablehnungsstatus) im Rahmen einer Clusteranalyse zu einem alternativen Modell sozialer Integration zusammengefasst.

12.7.1 Faktorenanalyse der Schülermerkmale

Im Rahmen der univariaten ANOVA (Kapitel 12.3.2) wurden insgesamt vier Wirkgrößen herausgestellt, die einen besonderen Einfluss auf die soziale Integration im Gemeinsamen Unterricht haben. Diese lagen jeweils in einem der vier folgenden Bereiche:

Wirkgröße 1: Schulleistungen (LES, REC, SAC)
Wirkgröße 2: Stützkompetenzen der Schulleistung (VM5, VM6, VM7)
Wirkgröße 3: Aggressive Verhaltensweisen (VM10)
Wirkgröße 4: Sportliche Kompetenzen (SPO)

Insgesamt wird davon ausgegangen, dass die Statusgruppen beliebt, durchschnittlich, kontroversiell und vernachlässigt gegenüber abgelehnten Schülern signifikante Vorteile im Hinblick auf mindestens eine dieser vier Wirkgrößen haben. Diese günstigere Merkmalsausprägung wurde als 'Integrationsressource' bezeichnet. Um diese Annahme zu untermauern, werden die dargestellten Ergebnisse nochmals einer zusammenfassenden Analyse unterzogen. Diese Auswertung ist explorativer Natur. Sie soll die Frage beantworten, auf welche wesentlichen Wirkgrößen sich soziale Integrationsprozesse im Gemeinsamen Unterricht tatsächlich reduzieren lassen. Diese Frage soll in Anlehnung an Backhaus et al. (2003) mit einer Faktorenanalyse überprüft werden. Die Autoren empfehlen die Faktorenanalyse,

> "(...) wenn im Rahmen einer Erhebung eine Vielzahl von Variablen zu einer bestimmten Fragestellung erhoben wurde, und der Anwender nun an einer (...) Bündelung der Variablen interessiert ist." (Backhaus et al., 2003, 12)

Die hier von Backhaus et al. (2003) beschriebene Wirkungsweise der Faktorenanalyse entspricht der formulierten Zielsetzung. Die oben genannte Fragestellung soll durch eine Hauptkomponenten-Faktorenanalyse mit Varimax-Rotation untersucht werden. Datengrundlage ist die Gesamtheit aller Items, für die in der Gesamtstichprobe (Tabelle 35, S.179) eine signifikante Korrelation mit der sozialen Integration nachgewiesen werden konnte. Auf den Einbezug der durch die einzelnen Items operationalisierten Schülermerkmale soll bewusst verzichtet werden, da sie ausschließlich auf einer inhaltlich-logischen Zusammensetzung beruhen und empirische Zusammenhänge dadurch überdeckt werden könnten.

Rotierte Faktorenmatrix nach Faktorenanalyse (N = 629)

Item	Kurzf.	Faktor 1	2	3	4
1. Selbstständigkeit	VM7	0,83			
2. Sachunterricht	SAC	0,80			
3. Rechnen	REC	0,78			-0,21
4. Leistungsmotivation	VM5	0,77			
5. Lesen	LES	0,76			
6. Arbeitsverhalten	VM6	0,71	-0,28		
7. Intelligenz	IQ	0,55		-0,29	
8. Bedürfnis nach Ich-Durchsetzung	MO1		0,84		
9. Aggressivität	VM10	-0,27	0,46	0,28	-0,40
10. Fehleranzahl: konz. Tätigkeit	FT			0,76	
11. Gleichmäßigkeit: konz. Tätigkeit	SBGZ			0,60	
12. Sport	SPO	0,24	0,32	-0,41	-0,41
13. Soziales Engagement	MO4			-0,40	
14. Scheu im Sozialkontakt	VS4				0,76
15. Impulsivität	SB3	-0,24	0,57		0,60

Tabelle 86

Extraktionsmethode: Hauptkomponentenanalyse
Rotationsmethode: Varimax mit Kaiser-Normalisierung
Die Rotation ist in 6 Iterationen konvergiert

Der Screeplot legte eine Vier-Faktorenlösung nahe. In Tabelle 86 ist die rotierte Faktorenmatrix mit Faktorenladungen über 0,2 dargestellt. Insgesamt bilden die vier Faktoren wesentliche Elemente der oben herausgestellten Wirkgrößen ab. Die vier Faktoren können wie folgt beschrieben werden:

Faktor 1 ist der stärkste Faktor und zog rund 28 Prozent der Varianz auf sich. Auf ihm laden ausschließlich Items, die in einem direkten oder indirekten Zusammenhang mit der Schulleistung stehen. Dabei laden Schulleistungen (2, 3, 5) und ihre Stützkompetenzen (1, 4, 6) sowie Intelligenz gleichermaßen auf dem Faktor. Er soll im Folgenden als 'Schulleistungskompetenz' bezeichnet werden. Er beschreibt damit eine Kombination aus der Wirkgröße 1 und der Wirkgröße 2.

Faktor 2 kann rund 11,5 Prozent der Gesamtvarianz erklären. Auf ihm laden Items, die aggressiv-dominante Persönlichkeitstendenzen beschreiben (8, 9). Einen besonderen Stellenwert nimmt das Item Impulsivität ein

(15). Die Faktorenladung von 0,57 auf Faktor 2 und 0,60 auf Faktor 4 kann als vergleichbar bewertet werden. Da eine Zuordnung impulsiver Verhaltenstendenzen zu aggressiven-dominanten Verhaltensweisen insgesamt sinnvoller erscheint als eine Zusammenfassung mit sozialen Rückzugstendenzen, wird Item 15 ebenfalls Faktor 2 zugeordnet. Die Zusammenfassung dieser 3 Items wird in Anlehnung an Seitz und Rausche (1992) als aggressiv-draufgängerisches Verhalten bezeichnet. Faktor 2 umschreibt somit sehr gut die Wirkungsgröße 3, mit der aggressive Verhaltenstendenzen umschrieben sind.

Faktor 3 zieht weitere 11 Prozent der Gesamtvarianz auf sich und besteht auf den ersten Blick aus einer überraschenden Itemkonstellation. So fasst Faktor 3 mit konzentrationsbezogenen Items (10, 11), sportlichen Kompetenzen (12) und dem sozialen Engagement (13) Variablen aus scheinbar sehr unterschiedlichen Persönlichkeitsbereichen in sich zusammen. Betrachtet man die Leistungen im DL-KG jedoch aus dem Blickwinkel der hohen praktisch-motorischen und regelbezogenen Anforderungen, die dieser Test an die Schüler stellt, fügt sich dieses scheinbar verzerrte Bild zu einer sinnvoll interpretierbaren Gestalt zusammen. So lassen sich die Leistungen im DL-KG als praktisch-regelbezogene Kompetenz verstehen, die sich somit nahtlos mit den Sport-Leistungen in Faktor 3 zusammenfassen lässt. Eine weitere verwirrende Komponente in diesem Faktor scheint zunächst das soziale Engagement zu sein, das ebenfalls hoch auf Faktor 3 lädt. Interpretiert man nun den gesamten Faktor im Sinne einer fairen regelbezogenen Grundhaltung in praktischen bzw. motorischen Zusammenhängen wirkt die gesamte Konstruktion als sinnvolle und geschlossene Gestalt. Faktor 3 soll im Folgenden als 'sportlich-faires Verhalten' bezeichnet werden und umschreibt somit sehr gut die oben dargestellte Wirkgröße 4.

Faktor 4 zieht rund 10 Prozent der Gesamtvarianz auf sich. Er wird in erster Linie durch das Item 'sozialer Rückzug' erklärt. Da sich eine Zusammenfassung mit dem Item Impulsivität (15) inhaltlich nur schwer erklären lässt, wird Faktor 4 mit dem sozialen Rückzug nur ein einziges Item zugeordnet. Ein hoher Zusammenhang zwischen den Faktoren SB3 und VS4 wird auch von Seitz und Rausche (1992) beschrieben, eine genauere Begründung für diese Interkorrelation bleiben die Autoren jedoch schuldig (vgl. Seitz und Rausche, 1992, 97). Die Benennung von Faktor 4 soll anhand der Variable VS4 erfolgen und wird somit im weiteren Verlauf als 'soziales Rückzugsverhalten' bezeichnet. Faktor 4 wurde durch die oben umschriebenen Wirkgrößen nur indirekt vorhergesagt. So entspricht er der im Zusammenhang mit den sportlichen Kompetenzen (Wirkgröße 4) herausgestellten Tendenz zu 'Sozialem Rückzug' (4a).

Wirkungsweise der vier Faktoren
Betrachtet man die vier durch die Faktorenanalyse herausgestellten Faktoren, entsprechen diese weitgehend den Wirkgrößen, die sich im Rahmen der univariaten ANOVA in Kapitel 12.3.2 als die wesentlichen Eckpfeiler sozialer Integration im Gemeinsamen Unterricht herausgestellt haben. Inwieweit diese vier Faktoren tatsächlich in einem Zusammenhang mit dem Sozialstatus stehen, soll nun durch die Berechnung von Einzelkorrelationen zeigen. Eine Alpha-Fehler-Korrektur wurde für 24 Vergleiche vorgenommen, wodurch das akzeptierte 95%-Alpha-Risiko auf $\alpha = .002$ gesenkt wurde. Die Ergebnisse sind in Tabelle 87 dargestellt. Die Wirkungsrichtung der Zusammenhänge ist auch hier durch das Untersuchungsdesign nicht eindeutig belegbar. Für die Ergebnisanalyse wird eine Wirkrichtung angenommen, in der Persönlichkeitseigenschaften jeweils die soziale Integration beeinflussen. Ein entgegengesetztes Wirkmuster, in der Persönlichkeitseigenschaften durch die soziale Integration bestimmt werden, wird zwar nicht ausgeschlossen, jedoch als deutlich nachgeordnet eingestuft.

Um die Auswertungen nicht aufgrund zu kleiner Fallzahlen zu verzerren, wurde im Folgenden auf die Verwendung der Faktorenwerte verzichtet. Stattdessen wurden die Items pro Faktor zu einem Mittelwert verrechnet. Tabelle 87 zeigt für Schüler ohne SFB deutliche Zusammenhänge zwischen allen vier Faktoren und der sozialen Integration.

Korrelationen zwischen Faktoren und Sozialstatus

Faktoren		mit SFB			ohne SFB		
		WST	AST	IST	WST	AST	IST
Schulleistungsbezogene Kompetenzen	r	0,34	-0,48	**0,47**	0,26	-0,25	**0,29**
	p^a	.000	.000	.000	.000	.000	.000
	N	107	107	107	523	523	523
Sportlich-faires Verhalten	r	0,23	-0,27	0,29	0,20	-0,18	0,22
	p^a	.001	.000	.002	.000	.001	.000
	N	109	109	109	526	526	526
Aggressiv - draufgängerisches Verhalten	r	0,02	0,16	-0,094	-0,13	0,22	-0,20
	p^a	.851	.011	.335	.002	.000	.000
	N	107	107	107	524	524	524
Soziales Rückzugsverhalten	r	-0,18	0,22	-0,23	-0,23	0,12	-0,20
	p^a	.001	.021	.023	.000	.000	.000
	N	101	101	101	499	499	499

Tabelle 87

a = Eine Korrelation wurde als signifikant bewertet wenn das 95%-α-Fehler-Risiko $\alpha \leq .002$ betrug
WST = Wahlstatus, AST = Ablehnungsstatus, IST = Sozialstatus (WST – AST)

Insgesamt deutet sich für Schüler mit SFB ein signifikant stärkerer Einfluss schulleistungsbezogener Faktoren auf den Integrationsstatus (r = .47, $K_{95\%}$ = .30 - .61) an als für Schüler ohne SFB. Während sich die Bandbreite der integrationsrelevanten Merkmale bei Schülern ohne SFB weitgehend gleichmäßig auf alle vier Faktoren verteilen, konzentrieren sich die Integrationsressourcen in der Gruppe mit SFB eher im Bereich schulleistungsrelevanter Faktoren.

Der Einfluss des sportlich-fairen Verhaltens auf den Integrationsstatus von Schülern mit SFB (r = .29, $K_{95\%}$ = .08 - .44) ist über die ganze Bandbreite der Integrationsgruppen signifikant geringer als der Einfluss schulleistungsrelevanter Merkmale. Betrachtet man die Ausprägung der vier Faktoren über die einzelnen Statusgruppen hinweg (Grafik 29[37]), relativiert sich der geringe Einfluss sportlich-fairer Verhaltensweisen.

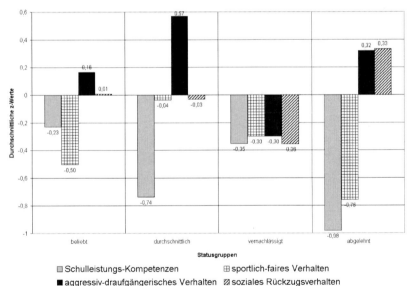

Grafik 29

So kann auch hier für die Gruppe der durchschnittlich integrierten Schüler mit SFB eine hervorgehobene Bedeutung dieses Verhaltensbereiches

---

[37] Die Ergebnisse sind Teil einer univariaten ANOVA der vier Faktoren, die vollständig im Anhang dargestellt ist.

festgestellt werden. So lagen die Kompetenzen im Bereich sportlich-fairen Verhaltens bei durchschnittlich integrierten Schülern jeweils im Bereich den Klassendurchschnitts (-0.04 z) und unterschieden sich so signifikant von den Kompetenzen beliebter (p = .039) und abgelehnter Schüler mit SFB (p = .000). Gleichzeitig liegen die Schulleistungskompetenzen durchschnittlich integrierter Schüler mit SFB (-.74 z) signifikant unter den Leistungen beliebter Schüler (-.23 z, p = .008), was insgesamt darauf hindeutet, dass durchschnittlich integrierte Schüler ihre vergleichsweise gute soziale Integration gegen den allgemeinen Trend nicht aus ihrer Schulleistung sondern aus sportlich-fairen Verhaltensweisen ziehen. Auffällig erscheint in Grafik 29 noch die stark erhöhte Tendenz durchschnittlich integrierter Schüler mit SFB zu aggressiv-draufgängerischem Verhalten, wobei sich signifikante Unterschiede nur zur Gruppe der vernachlässigten Schüler mit SFB ergaben (p = .001).

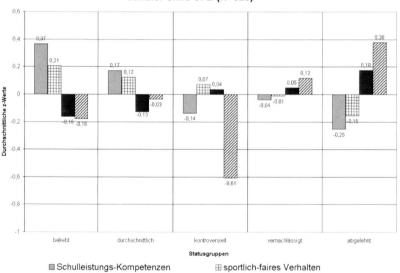

Grafik 30

Wie Grafik 30[38] zeigt, sind vergleichbare Integrationsnischen für Schüler ohne SFB nicht zu anzunehmen. So ergibt sich über die fünf Statusgruppen hinweg ein weitgehend lineares Merkmalsprofil, in dem gute Statuspositionen mit günstigen Merkmalsausprägungen und eine ungünstige Statuspositionen mit dementsprechend ungünstigen Merkmalsausprägungen einhergehen. Eine differenziertere Gegenüberstellung der Ergebnisse sowie Informationen zu ihrer inferenzstatistischen Absicherung befindet sich im Anhang.

Erklärungskraft der vier Faktoren
Inwieweit sich die vier hier herausgestellten Merkmalsdimensionen tatsächlich zur Vorhersage von sozialer Ausgrenzung eignen, soll nun eine Diskriminanzanalyse zeigen. Es gelten die statistischen Vorannahmen aus Kapitel 12.1.

Bei der Analyse der Klassifikationsergebnisse (Tabelle 88) fällt auf, dass die Aufklärungsquoten bei Schülern mit SFB mit 75,2 Prozent deutlich günstiger sind als für Schüler ohne SFB (67,5 Prozent). Vor dem Hintergrund einer zufälligen Aufklärungsquote von 50 Prozent können die vier Variablen soziale Ausgrenzung somit deutlich überzufällig aufklären und somit als valide Parameter betrachtet werden.

Klassifikationsergebnisse der Diskriminanzanalyse:
Faktoren aus Faktorenanalyse

Soziale Integration	Prozent tatsächlich	N	vorhergesagt schlecht	gut	Gesamtaufklärungsquote
ohne SFB	Gut	416	31,0	69,0	67,5%
	schlecht	81	60,5	39,5	
mit SFB	gut	55	27,3	72,7	75,2%
	schlecht	46	78,3	21,7	

Tabelle 88

Eine Bewertung der Modellgüte lässt Tabelle 89 zu. Hier fällt auf, dass die Güte der vier Faktoren für Schüler mit SFB insgesamt höher eingeschätzt werden muss als für Schüler ohne SFB. So sind die Eigenwerte in dieser Gruppe mit 0,272 deutlich höher als für Schüler ohne SFB, was insgesamt auf eine höhere Unterschiedlichkeit zwischen gut integrierten und abgelehnten Schülern im Hinblick auf die betrachteten Variablen schließen lässt.

---

[38] Die Ergebnisse sind Teil einer univariaten ANOVA der vier Faktoren, die vollständig im Anhang dargestellt ist.

Wilk's Lambda ist für beide Gruppen hoch signifikant und deutet somit ebenfalls auf eine ausreichende Modellgüte hin. Allerdings erscheint die aus der kanonischen Korrelation hervorgehende aufgeklärte Varianz (c^2) innerhalb der Gruppen insbesondere bei Schülern ohne SFB mit rund 10 Prozent etwas klein. Bei Schülern mit SFB bewegt sie sich mit 21 Prozent in etwa auf dem Niveau, das im Rahmen einer Diskriminanzanalyse mit allen Variablen erzielt werden konnte.

Wilk's Lambda und die kanonische Korrelation für klassenübergreifende und klasseninterne z-Transformationen

Gruppe	Eigenwerte	Wilk's Lambda	Kanonische Korrelation
	λ	c	λ
Schüler ohne SFB	0,110	.901**	.315
Schüler mit SFB	.272	.786**	.463

Tabelle 89

* Wert auf einem Niveau von $p < 0.05$ signifikant
** Wert auf einem Niveau von $p < 0.01$ signifikant
n.s. Wert nicht signifikant

Insgesamt kann auf Grundlage der Diskriminanzanalyse bestätigt werden, dass sich die vier Faktoren (Schulleistungskompetenz, sportlich-faires Verhalten, aggressiv-draufgängerisches Verhalten und soziales Rückzugsverhalten) grundsätzlich zur Vorhersage sozialer Ausgrenzung eignen. Dabei scheint die Eignung für Schüler mit SFB besser zu sein als für Schüler ohne SFB. Die Gesamtaufklärungsquote in dieser Gruppe von rund 75 Prozent muss abschließend als realistischere Angabe betrachtet werden als die vergleichsweise hohen Aufklärungsquoten von über 90 Prozent, die auf Grundlage aller Items erzielt wurde (vgl. Tabelle 30).

12.7.2 Clusteranalyse der soziometrischen Daten

Die hier bisher dargestellten Befunde entstanden auf der Grundlage der von Coie und Dodge (1988) entwickelten Standards zur Einteilung soziometrischer Positionen in Gruppen. Sie sind hypothesengeleitet und wurden aus diesem Grunde bisher nicht hinterfragt. Dennoch ist für die soziale Integration im Gemeinsamen Unterricht eine neue bzw. andere Einteilung der Gruppen vorstellbar, die sich nicht an den empirischen Ableitungen von Coie und Dodge (1988) orientiert. So wäre es denkbar, dass die Situation im Gemeinsamen Unterricht in Deutschland nicht über ein in den USA entwickeltes soziometrisches Modell abbildbar ist. Eine ausschließliche

Darstellung der Ergebnisse über die fünf Statusgruppen Coies könnte demnach andere (spezifische) soziografische Positionen überdecken und die reale Situation im Gemeinsamen Unterricht somit aus einem einseitigen Blickwinkel betrachten. Aus diesem Grunde soll im Anschluss eine letzte explorative Analyse die Angemessenheit dieses Kategoriensystems für den Gemeinsamen Unterricht überprüfen. Das wichtigste Ziel dieser clusteranalytischen Überprüfung kann in einer Validierung des Integrationsmodells von Coie und Dodge (1988) für den Gemeinsamen Unterricht gesehen werden. Erweiterte Zielsetzung der folgenden Clusteranalyse ist die Entwicklung eines alternativen Integrationsrasters. Backhaus et al. (2003) nennen in diesem Zusammenhang die Clusteranalyse als geeignete Methode, die

"(...) Objekte so zu Gruppen (Clustern) zusammenzufassen, daß die Objekte in einer Gruppe möglichst ähnlich und die Gruppen untereinander möglichst unähnlich sind." (Backhaus et al, 2003, 12f.)

Da mit der Clusteranalyse keine einfache Typisierung von Schülerpersönlichkeiten, sondern eine Abhängigkeit von Schülerpersönlichkeiten und Sozialstatus überprüft werden soll, werden ausschließlich die soziografischen Rohwerte (Wahlstatus und Ablehnungsstatus) in die Clusteranalyse aufgenommen. Ziel der Clusteranalyse ist die inhaltliche Bestätigung der fünf Statusgruppen von Coie und Dodge (1988) sowie der in dieser Arbeit herausgestellten Schülerpersönlichkeiten auf einer weitgehend unabhängigen Basis.

In Anlehnung an Zöfel (1998) wurde zunächst über eine hierarchische Clusteranalyse die Anzahl der Cluster bestimmt (vgl. Zöfel, 1998, 482). Grundlage dieser hierarchischen Clusteranalyse war eine 10-Prozent-Zufallsstichprobe über alle zur Verfügung stehenden Datensätze. Die Clusterzahl wurde über eine Analyse der Fehlerquadratsummen ermittelt und ließ eine Fünf- und eine Sieben-Cluster-Lösung als sinnvoll erscheinen. Da die Fallzahl für eine Sieben-Cluster-Lösung vor allem für Schüler mit SFB zu klein ist, wurde die Fünf-Cluster-Lösung angenommen. Auf gleicher Datengrundlage wurde im zweiten Schritt eine Clusterzentrenanalyse mit fünf Ziel-Clustern berechnet.

Tabelle 90 gibt die Clusterzentren der endgültigen Lösung wieder. Die einzelnen Cluster entsprechen unterschiedlichen Statusgruppen. In den ersten beiden Zeilen ist der mittlere Wahl- und Ablehnungsstatus für jeden Integrationstyp wiedergegeben. Die letzte Zeile enthält die Verrechnung von Wahl- und Ablehnungsstaus, die wiederum Grundlage für einen Vergleich mit den von Coie und Dodge (1988) beschriebenen Statusgruppen ist.

Clusterzentren der endgültigen Lösung

Soziometrische Werte	Cluster				
	1	2	3	4	5
Wahlstatus	1,20	0,07	-0,88	-0,94	-1,37
Ablehnungsstatus	-0,55	-0,42	0,08	1,30	2,78
Verrechnung der z-Werte (WS-AS)	1,75	0,49	-0,97	-2,24	-4,15

Tabelle 90

Ein Vergleich erfolgt anhand der in Tabelle 16 (Kapitel 11.1.9 , S. 139) festgesetzten Definitionskriterien, die gleichzeitig Grundlage dieser Arbeit sind. Alle Angaben erfolgen in klasseninternen z-Werten. Eine oberflächliche Bewertung der fünf Cluster kann anhand der Verrechnung der z-Werte vorgenommen werden. Dabei ist bei verrechneten z-Werten über 0 von einer positiven sozialen Integration auszugehen, da bei diesen Schülern mehr positive als negative Wahlen vorliegen. Im Gegensatz dazu ist die soziale Integration von Schülern mit verrechneten z-Werten unter null als negativ zu bewerten, da dort mehr negative als positive Wahlen vorliegen.

Einen Überblick über die Bewertung und Einordnung der oben dargestellten Cluster gibt Abbildung 7. Darin sind die fünf Clusterzentren aus Tabelle 90 im Verhältnis zu dem von Coie und Dodge (1988) entwickelten Modell dargestellt.

Im Folgenden sollen zunächst die einzelnen Cluster interpretiert werden. Insgesamt lassen die fünf Clusterzentren mit beliebten (1), durchschnittlich integrierten (2) und abgelehnten Schülern (5) die wesentlichen Eckpfeiler der Konstruktes von Coie und Dodge (1988) wiedererkennen.

So ist Cluster 1 mit einem hohen Wahlstatus und einem niedrigem Ablehnungsstatus deutlich der Statusgruppe 'beliebt' zuzuordnen. Cluster 5 entspricht mit einem stark negativen Wahl- und einem sehr hohen Ablehnungsstatus dem Konstrukt eines abgelehnten Schülers nach Coie und Dodge (1988). Im Gegensatz zur soziometrischen Einteilung der beiden US-amerikanischen Forscher lässt die Clusteranalyse mit Cluster 4 jedoch noch einen zweiten gemäßigt abgelehnten Statusgruppentyp erkennen. Nach den Kriterien von Coie und Dodge (1988) entspricht Cluster 4 mit einer Differenz von Wahl- und Ablehnungsstatus von <-1,0 sowie einem negativen Wahl- und einem hohen Ablehnungsstatus zwar ebenfalls der Statusgruppe 'abgelehnt', die Werte für Cluster 4 (WST und AST) weisen im Vergleich zu Cluster 5 jedoch auf eine signifikant günstigere soziale Integration hin.

Integrationsmodelle von Coie und Dodge (1988) und Huber (2005) im Vergleich

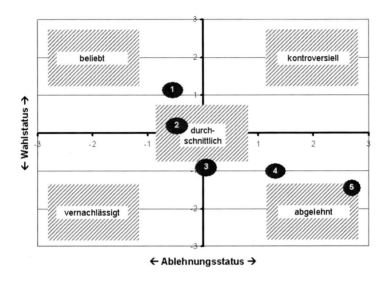

Abbildung 7

● Cluster Huber (2005)   ▨ Statusgruppe Coie und Dodge (1988)

1 = Cluster 1 (beliebt)
2 = Cluster 2 (durchschnittlich)
3 = Cluster 3 (unbeliebt)
4 = Cluster 4 (abgelehnt)
5 = Cluster 5 (stark abgelehnt)

Dies machte ein Mittelwertsvergleich von Wahl- und Ablehnungsstatus zwischen beiden Gruppen deutlich. Vor diesem Hintergrund muss Cluster 4 als abgelehnter und Cluster 5 entsprechend als stark abgelehnter Integrationstyp interpretiert werden. Daneben ist Cluster 3 bei einer Verrechnung von Wahl- und Ablehnungsstatus mit –0,97 als eindeutig negativ integrierte Schülergruppe zu identifizieren. Diese Gruppe wird zwar von ihren Mitschülern nicht abgelehnt, fällt jedoch gleichzeitig als wenig gewählte (oder wenig beliebte) Schülergruppe auf. Der im Vergleich zu Cluster 2 niedrige Wahlstatus zeigt, dass es sich hier um eine Gruppe unterdurchschnittlich integrierter Schüler mit hoher Tendenz zur 'Unbeliebtheit' handelt.

Cluster 2 gehört sowohl im Vergleich zum Modell von Coie und Dodge (1988) als auch nach der Bewertung der verrechneten Wahl- und Ablehnungswerte zu einer durchschnittlich bis gut integrierten Schülergruppe.

Die einzelnen Cluster sollen vor dem Hintergrund dieser Befunde wie folgt benannt werden:

Bezeichnung der Cluster

Cluster	Bezeichnung	Rang bei Ordinalskalierung
1	beliebt	1
2	durchschnittlich	2
3	unbeliebt	3
4	abgelehnt	4
5	stark abgelehnt	5

Tabelle 91

Insgesamt lassen sich damit zwar wichtige Merkmale des Konstruktes von Coie und Dodge wiederkennen, andererseits werden jedoch auch Unterschiede deutlich. So handelt es sich bei dem von Coie und Dodge (1988) entwickelten Modell um ein mehrdimensionales Konstrukt, das neben 'beliebt' und 'abgelehnt' zwei weitere Kategorien (vernachlässigt und kontroversiell) sozialer Integration enthält. Abbildung 7 zeigt jedoch, dass diese beiden zusätzlichen Statusgruppen zwar inhaltlich sinnvolle Konstrukte sein mögen, ihre Bedeutung im Alltag des Gemeinsamen Unterrichts erscheint jedoch eher als gering. Dies machen vor allem die geringen Fallzahlen in den Statusgruppen 'vernachlässigt' und 'kontroversiell' (vgl. Kapitel 12.2) deutlich. Insgesamt kann für den Gemeinsamen Unterricht ein eindimensionales Integrationsmodell, das möglichst differenziert zwischen den beiden Extrempositionen 'beliebt' und 'abgelehnt' unterscheidet, als sinnvolle Alternative betrachtet werden.

Für eine Beibehaltung des Coie-Modells im Rahmen dieser Arbeit wurde sich zu Beginn der Datenanalyse bewusst entschieden, um eine weitestgehende Vergleichbarkeit der Ergebnisse mit den Befunden der nationalen und internationalen Integrationsforschung zu ermöglichen. Darüber hinaus wäre eine Loslösung von einem internationalen Standard nur sinnvoll, wenn für die hier ermittelten Cluster bzw. Statusgruppen weitere empirische Belege existieren würden. Dies ist aber nach eingängiger Recherche bisher nicht der Fall. Aus diesem Grunde wird das clusteranalytische Modell an dieser Stelle additiv den bisherigen Erkenntnissen gegenübergestellt und als differenzierter auflösendes soziometrisches Integrationsmodell für die Situation im Gemeinsamen Unterricht vorgeschlagen. Im Folgenden soll überprüft werden, inwieweit die soziometrische Situation der beiden SFB-Gruppen über beide Modelle hinweg vergleichbar ist. Damit soll in kritischer Distanz zum Modell von Coie und Dodge (1988) geprüft werden, inwieweit die ungünstigen soziometrischen Positionen der Schüler mit SFB ausschließlich ein Resultat des US-amerikanischen Integrationsrasters waren und somit die bisher dargestellten Ergebnisse verzerrt wurden.

Grafik 31 zeigt zunächst die prozentuale Verteilung der Schüler über die fünf clusteranalytisch herausgestellten Statusgruppen. Da dieses Modell auf Grundlage der hier zugrunde liegenden Datenmatrix entwickelt wurde, müsste es die Situation unverzerrter darstellen, als es über das Modell von Coie und Dodge (1988) möglich ist. In diesem Modell verschärft sich die unterschiedliche soziometrische Situation von Schülern mit und ohne SFB weiter.

Anteil der Schüler in den Statusgruppen (clusteranalytisches Modell) in Abhängigkeit von ihrem sonderpädagogischem Förderbedarf (N = 635)

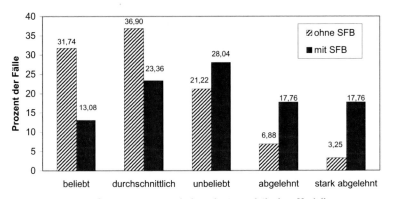

Grafik 31

Zwar ist der relative Anteil abgelehnter Schüler mit SFB gegenüber dem Coie-Modell von rund 47,7 Prozent auf rund 35,5 Prozent für beide abgelehnten Statusgruppen zurückgegangen, jedoch hat sich ihr Anteil im Verhältnis zu Schülern ohne SFB stark erhöht.

Während Schüler mit SFB gegenüber Schülern ohne SFB bei einer Betrachtung über das Coie-Modell ein 3-fach erhöhtes Risiko auf Ablehnung im Gemeinsamen Unterricht hatten, erhöht sich das Risiko für eine starke Ablehnung auf Grundlage des clusteranalytischen Modells auf das 5,5-fache. Nimmt man die eindeutig schwach sozial integrierten Schüler der Statusgruppe 'unbeliebt' noch zur Gruppe der schlecht integrierten Schüler hinzu, verschärft sich die Situation nochmals. In diesem Fall könnten bis zu 63,56 Prozent der Schüler mit SFB als schlecht sozial integriert bzw. abgelehnt gelten. Tabelle 92 zeigt, dass die Unterschiede zwischen Schülern mit und ohne SFB mit Ausnahme der Statusgruppe 'unbeliebt' signifikant sind. Insgesamt bestätigt das clusteranalytische Modell die ungünstige soziometrische Position von Schülern mit SFB im Gemeinsamen Unterricht.

Das zentrale Ziel der Clusteranalyse ist die Validierung des Modells von Coie und Dodge (1988) für den Gemeinsamen Unterricht. Vor dem Hintergrund der unterschiedlichen Statusgruppenbildung in beiden Modellen stellt sich die Frage, inwieweit das US-amerikanische Modell die soziometrische Situation in den Schulen verzerren könnte.

Anteil der Schüler in den Statusgruppen in Abhängigkeit von ihrem sonderpädagogischem Förderbedarf (clusteranalytisches Modell)

Schüler		beliebt	durch-schnittlich	unbeliebt	abgelehnt	stark abgelehnt	Gesamt
ohne SFB	Anzahl	166	193	113	36	18	526
	Erwartete Anzahl	149,1	180,6	118,5	46,4	31,5	526
	% von SFB	31,6%	36,7%	21,5%	6,8%	3,4&	100%
	Korrigierte Residuen	**3,9***	**2,8**	1,4	**3,9***	**6,0***	
mit SFB	Anzahl	14	25	30	20	20	109
	Erwartete Anzahl	30,9	37,4	24,5	9,6	6,5	109
	% von SFB	12,8%	22,9%	27,5%	18,3%	18,3%	100%
	Korrigierte Residuen	**3,9***	**2,8**	1,4	**3,9***	**6,0***	
Gesamt	Anzahl	180	218	143	56	38	635
	Erwartete Anzahl	180,0	218,0	143,0	56,0	38,0	635
	% von SFB	28,3%	34,3%	22,5%	8,8%	6,0%	100%

Tabelle 92

* standardisierte Residuen ≥ 2,0 (p<0.05)
** standardisierte Residuen ≥ 2,6 (p<0.01)
*** standardisierte Residuen ≥ 3,3 (p<0.001)
(Grenzwerte für korrigierte, standardisierte Residuen aus Zöfel (1998, 199))

Berechnet man eine Korrelation zwischen den ordinalskalierten Statusgruppen beider Modelle, kann ihre quantitative Übereinstimmung mit r = .852 (p=0,000) als hoch eingestuft werden.

Eine univariate ANOVA[39] der clusteranalytisch entwickelten Statusgruppen zeigte, dass die Statusgruppen 'beliebt' und 'durchschnittlich' in beiden Modellen und beiden SFB-Gruppen hinsichtlich ihrer Merkmalsausprägung vergleichbar sind. Die Gruppen 'abgelehnt' und 'stark abgelehnt' im clusteranalytischen Modell stellen im Hinblick auf die Merkmalsausprägung eine schwächere und eine stärkere Variante der Gruppe der abgelehnten Schüler im Coie-Modell dar, ein qualitativer Unterschied im Hinblick auf die betrachteten Merkmale liegt jedoch nicht vor. Die Gruppe der unbeliebten Schüler mit SFB stellte sich als durchschnittlich integrierter Schülertyp ohne besondere sportlich-faire Kompetenzen heraus. Für Schüler ohne SFB war die besondere Bedeutung sportlich-fairer Verhaltensweisen nicht feststellbar. Eine differenziertere Darstellung der Ergebnisse befindet sich im Anhang.

Abschließend kann damit festgehalten werden, dass die im Rahmen der Fragestellungen 1-5 dargestellten Ergebnisse nicht ausschließlich auf das hier verwendete US-amerikanische Integrationsraster zurückführbar sind. Eine Abbildung der Ergebnisse über das hier entwickelte (unabhängige) Integrationsraster erwiesen sich als prinzipiell vergleichbar und scheinen in ihrer Tendenz die ungünstige soziometrische Position von Schülern mit SFB sowie die hohe Bedeutung schulleistungsrelevanter Merkmale zu unterstreichen.

---

[39] Ergebnisse der Auswertung sind im Anhang zusammengefasst.

13 Interpretation der Ergebnisse

Im Mittelpunkt der vorliegenden Arbeit stand die Frage, ob der in dieser Arbeit theoretisch vorhergesagte Widerspruch zwischen Ziel und Wirkung schulischer Integration (vgl. Kapitel 7) auch im (praktizierten) Gemeinsamen Unterricht gefunden werden kann. Diese Grundfragestellung wurde in fünf verfeinerte Indikatoren zerlegt, die direkt aus dem theoretischen Überbau der Arbeit abgeleitet wurden. Die Indikatoren fokussieren die tragenden Säulen dieses theoretisch abgeleiteten Widerspruches.

Indikatoren für einen Widerspruch von Ziel und Wirkung im GU

	Indikator [a]	überprüft Ziele aus Theorie [b]	Fragestellung	Ergebnisse in Kapitel	Ziel erfüllt wenn:
1	Soziale Integration von Schülern mit SFB	1	1	12.2	Sozialstatus von Schülern mit SFB ist vergleichbar mit Sozialstatus von Schülern ohne SFB
2	Integrationsrelevante Persönlichkeitsmerkmale	2	2	12.3	Integrationsrelevante Merkmale entsprechen nicht dem sonderpädagogischem Förderbedarf
3	Einfluss von Normabweichungen	3	3	12.4	Abweichungen in integrationsrelevanten Merkmalen führen nicht direkt zu Ausgrenzung
4	Einfluss von Heterogenität und Leistungsniveau	4	4	12.5	Soziale Integration von Schülern mit SFB in heterogenen Lerngruppen besser als in homogenen Lerngruppen
5	Einfluss unterrichtsbezogener Faktoren	5	5	12.6	Unterrichtsbezogene Faktoren haben einen positiven Effekt auf die soziale Integration von Schülern mit SFB.

Tabelle 93

a   Indikatoren wurden aus Zielsetzung der Integrationspädagogik heraus formuliert (vgl. Tabelle 5, Kapitel 7, S. 88)

b   Ziele zur Sicherung integrationspädagogischer Grundforderungen im integrationspädagogischen Alltag (vgl. Tabelle 1, Kapitel 3.6, Seite 41)

Zur Überprüfung der Indikatoren wurde mit der in Kapitel 10 dargestellten Voruntersuchung und der in Kapitel 11 beschriebenen Hauptuntersuchung auf die konkrete und reale Situation von Schülern mit SFB im alltäglichen Gemeinsamen Unterricht Bezug genommen. Im Folgenden sollen auf der Grundlage der in Kapitel 12 dargestellten empirischen Befunde Hinweise auf den vermuteten Widerspruch gesammelt werden.

13.1 Bewertung der allgemeinen Vorannahmen

Die Bewertung der allgemeinen Vorannahmen wird der Klärung der einzelnen Fragestellungen vorausgestellt, da sich aus ihr zwei wesentliche Grundvoraussetzungen für die weitere Ergebnisbewertung ableiten: (1) die grundsätzliche Eignung der in der Hauptuntersuchung erhobenen Daten und (2) die grundsätzliche Eignung einer bezugsgruppenorientierten Aufbereitung der Daten. Die Überprüfung dieser Grundvoraussetzungen erfolgte mit Hilfe einer Diskriminanzanalyse. Aus den Ergebnissen lassen sich drei wesentliche Erkenntnisse ableiten.

Zum einen zeigen die hohen Klassifikationsquoten von bis zu 94 Prozent und die hohe Modellgüte der Diskriminanzfunktion, dass Auswahl und Operationalisierung der Variablen in einem erkennbaren Zusammenhang mit der sozialen Integration der Schüler stehen. Dennoch erscheinen die hohen Trefferquoten bei der Klassifikation der Fälle als insgesamt zu hoch (vgl. Tabelle 29 und Tabelle 30, S. 168). Verschiedene Kontrollberechnungen ließen jedoch neben der zu geringen Stichprobengröße in der Gruppe mit SFB keine methodischen Fehler oder Ungenauigkeiten erkennen. Dennoch sollen die Ergebnisse hier ausschließlich im Sinne einer Tendenz interpretiert werden. So wird nicht der Anspruch erhoben, dass ausschließlich über die Betrachtung der Schülermerkmale zum Teil deutlich über 80 Prozent der abgelehnten Schüler identifiziert werden können. Ebenfalls unbeantwortet bleibt die im Rahmen dieser Analyse angeschnittene Frage, ob Merkmale, die im Schüler selbst liegen, einen höheren Anteil der Varianz aufklären können als gruppen- oder unterrichtsspezifische Merkmale. Der hier naheliegende (Kurz-)Schluss, dass 80 Prozent der Varianz der sozialen Integration durch Schüler- und entsprechend 20 Prozent der Varianz durch Gruppen- und Unterrichtsmerkmale erklärbar sind, ist statistisch und methodisch falsch. Dennoch kann davon ausgegangen werden, dass soziale Integration eines Schülers im Gemeinsamen Unterricht offenbar in einem erkennbaren Zusammenhang mit Verhaltens- und Merkmalsdispositionen im Schüler selbst steht.

Die zweite wichtige Ableitung zielt auf die grundsätzliche Beschaffenheit der Gruppe der abgelehnten Schüler ab. So deuten die hohen Aufklärungsquoten insgesamt auf eine hohe innere Konsistenz innerhalb der Gruppe der abgelehnten Schüler hin. Demnach müsste es sich bei abgelehnten Schülern um eine Gruppe handeln, die hinsichtlich der in der Untersuchung betrachteten Merkmale sehr homogen ist. Die Ergebnisse der ANOVA (vgl. S. 237 ff.) und der Faktorenanalyse (S. 268 ff.) stützen diesen Befund. Wie die Faktorenanalyse zeigt, ist die Anzahl der wichtigen (schülerbezogenen) Einflussgrößen auf die soziale Integration auf vier Faktoren begrenzbar (vgl. Kapitel 12.7.1). So kann zumindest im Hinblick auf diese vier Faktoren von einer hohen inneren Konsistenz in der Gruppe der abgelehnten Schüler ausgegangen werden.

Die dritte und letzte Ableitung aus der Diskriminanzanalyse zielt schließlich direkt auf die Bedeutung der Bezugsgruppe für die soziale Integration ab. Sowohl die Klassifikationsquoten als auch die Bewertung der Modellgüte ließen dabei Hinweise auf Vorteile für klasseninterne z-Werte und somit für die Bezugsgruppe erkennen. So waren für die Bezugsgruppe durchgängig leicht günstigere Klassifikationsquoten und im Gegensatz zu den klassenübergreifenden z-Werten eine deutlich bessere Modellgüte feststellbar.

Dennoch sollten Befunde nur vorsichtig im Sinne einer Tendenz bewertet werden. Insbesondere für die Klassifikationsquoten bleiben die Unterschiede zwischen den Bezugssystemen hinter den Erwartungen zurück. Eine Ursachenanalyse machte deutlich, dass durch die hohe Übereinstimmung von klasseninternen und klassenübergreifenden z-Werten beide Modelle kaum voneinander abweichen. Bewertet man beide Bezugssysteme vor dem Hintergrund ihrer geringen Abweichung, relativiert sich jedoch der geringe Abstand ihrer Resultate. Demnach wurde zwar durch die Anpassung der Schülermerkmale an das Bezugssystem der Klasse nur eine kleine Korrektur der z-Werte bewirkt, um so bedeutsamer erscheint der Anstieg der Klassifikationsquoten bei der Verwendung der klasseninternen z-Werten.

Insgesamt sollen die Ergebnisse der Diskriminanzanalyse jedoch weiterhin vorsichtig im Sinne einer leichten Überlegenheit der klasseninternen z-Werte und somit der Bezugsgruppe gewertet werden. Unterstellt man, dass im Gemeinsamen Unterricht soziale Vergleichsprozesse ablaufen, scheint der soziale Vergleich folglich eher über die direkte Bezugsgruppe des Schülers zu verlaufen als über die Norm der Gleichaltrigen. Schüler lehnen demnach eher Schüler ab, die aus der Norm ihrer Schulklasse herausfallen und weniger Schüler, die hinsichtlich ihrer Merkmalsausprägung außerhalb einer gesellschaftlichen Norm liegen.

13.2 Interpretation der Fragestellungen 1-5

Im Folgenden sollen die in Kapitel 12 dargestellten Ergebnisse im Hinblick auf die fünf Fragestellungen der Arbeit interpretiert werden. Im Anschluss erfolgt schließlich eine Bewertung der erkenntnisleitenden Fragestellung.

13.2.1 Soziale Integration von Schülern mit SFB

Fragestellung 1: Wie häufig sind Schüler mit SFB im Vergleich zu Schülern ohne SFB vonsozialer Ausgrenzung im Gemeinsamen Unterricht betroffen?

Fragestellung 1 zielt mit der tatsächlich feststellbaren sozialen Integration direkt auf die realen Konsequenzen schulischer Integration ab. Aus ihr leitet sich die Notwendigkeit der hier im Mittelpunkt stehenden Thematik ab. Zentrale Bedeutung für die Bewertung der soziometrischen Situation von Schülern mit SFB kommt dabei der Häufigkeit von sozialer Ablehnung in dieser Gruppe zu. Vergleichsmaßstab bildet die Häufigkeit sozialer Ablehnung bei Schülern ohne SFB. Insgesamt wurde die soziometrische Position aus drei verschiedenen Blickwinkeln beleuchtet. Zum einen aus dem insbesondere in Deutschland verwandten Blickwinkel der Rohwerte von Wahl- und Ablehnungsstatus. Zum Zweiten aus dem klassischen Blickwinkel der US-amerikanischen Integrationsforschung, der die Situation auf Grundlage des von Coie und Dodge (1988) entwickelten Bezugssystems abbildet. Zum Dritten aus dem Blickwinkel eines eigenen in Kapitel 12.7.2 entwickelten Integrationsrasters, das auf dem Fundament einer Clusteranalyse mit einer deutschen Datenbasis aufbaut. Die Ergebnisse für alle drei Modelle weisen in die gleiche Richtung: sie sprechen für eine schlechte soziale Integration von Schülern mit SFB im Gemeinsamen Unterricht.

In der vorliegenden Untersuchung zeigen die Rohwerte für Wahl- und Ablehnungsstatus einen signifikant niedrigeren Wahl- und einen signifikant höheren Ablehnungsstatus bei Schülern mit SFB. Erweitert man den Fokus und vergleicht die im Rahmen der vorliegenden Untersuchung erhobenen Daten mit den Erkenntnissen der Schulbegleitforschung in Hamburg (Wocken, 1987) und Nordrhein-Westfalen (Dumke und Schäfer, 1993), überrascht die Übereinstimmung der Ergebnisse. Tabelle 94 zeigt, dass Wocken (1987) sowie Dumke und Schäfer (1993) für Wahl- und Ablehnungsstatus Ergebnisse veröffentlichten, die kaum nennenswert von den hier dargestellten soziometrischen Werten abweichen. Lässt man die inferenzstatistische Absicherung der Daten unberücksichtigt, kann man also zunächst von einer Bestätigung der Ergebnisse aus den Schulversuchen ausgehen.

Vergleich der sozialen Integration in verschiedenen Untersuchungen

Gruppe		Huber (2005) WST	AST	Dumke/Schäfer (1993[a]) WST	AST	Wocken (1987[b]) WST	AST
mit SFB	Mittelwert	0,88	1,11	0,88	1,11	0,89	1,02
	95% Konf.	±0,03	±0,04	o.A.	o.A.	o.A.	o.A.
	s	0,18	0,23	o.A.	o.A.	0,19	0,24
ohne SFB	Mittelwert	1,02	0,98	o.A.	o.A.	1,02	0,99
	95% Konf.	±0,02	±0,01	o.A.	o.A.	o.A.	o.A.
	s	0,18	0,14	o.A.	o.A.	0,20	0,14
p (mit und ohne SFB)		0.000	0.000	0.05 [c]	0.05 [c]	0.001	n.s.

Tabelle 94

o.A. = ohne Angaben
a = Daten aus: Dumke und Schäfer (1993), Tabelle 10 und 11, S. 84f.; Erhebung 1991
b = Daten aus: Wocken (1987), Tabelle 5, S. 236
c = Die Signifikanzniveaus werden angegeben, obwohl die Werte für Schüler mit SFB nicht veröffentlicht sind.

Wocken (1987) sowie Dumke und Schäfer (1993) bewerteten ihre Befunde im Sinne einer akzeptablen Abweichung. Wahl- und Ablehnungsstatus von Schülern mit SFB stufen sie auf Grundlage der Angaben von Petillon (1978) als 'normal' ein (Wocken, 1987, 271; Dumke und Schäfer, 1993, 99). Ähnliche Angaben macht die Evangelisch-Französisch-reformierte Gemeinde Frankfurt (1994) für den Schulversuch in Hessen, auf die allerdings aufgrund fehlender Zahlenangaben und inferenzstatistischer Absicherung hier nicht weiter eingegangen werden soll (vgl. Evangelisch Französisch-reformierte Gemeinde Frankfurt, 1994, 223f.)

Unberücksichtigt bleibt in nahezu allen deutschen Studien der soziometrische Rang eines Schülers innerhalb seiner Klasse sowie die Verrechnung von Wahl- und Ablehnungsstatus zu einem gemeinsamen Wert. Coie und Dodge (1988) legten aus diesem Grunde ein umfassendes soziometrisches Raster vor, das die Schwächen dieser vergleichsweise oberflächlichen Betrachtungsweise ausräumt. In der internationalen Integrationsforschung hat sich das Modell der beiden Forscher mittlerweile als Standard etabliert, mit dessen Hilfe soziale Integrationsprozesse unverzerrt evaluiert werden können. Überraschenderweise hat sich in der deutschen Integrationsforschung ein clusteranalytischer Ansatz von Wocken (1987) durchgesetzt, der weder die Rangposition, noch die Verrechnung von Wahl- und Ablehnungsstatus oder die Trennung von männlichen und weiblichen Wahlen berücksichtigt (vgl. Wocken, 1987, Ev.-Franz.-reformierte Gemeinde Frankfurt, 1994; Dumke und Schäfer, 1993). Betrachtet man die Ergebnisse der vorliegenden Untersuchung aus dem Blickwinkel des Bewertungssystems von Coie und Dodge (1988), verschiebt sich das Bild einer normalen sozialen Integration für Schüler mit SFB deutlich.

Tabelle 34 (S. 175) stellt die Ergebnisse auf Grundlage des Coie/Dodge-Modells dar und zeigt, dass mit 47,7 Prozent fast jeder zweite Schüler mit SFB ausgegrenzt wird. Demgegenüber steht mit 16,5 Prozent eine vergleichsweise geringe Ausgrenzungsquote auf Seiten der Schüler ohne SFB. Demnach wäre das Risiko auf soziale Ausgrenzung für Schüler mit SFB 2,9-mal so hoch wie für Schüler ohne SFB. Die Chance auf eine sehr gute soziale Position (beliebt) ist für Schüler mit SFB mit 15,6 Prozent nur rund halb so hoch wie für Schüler ohne SFB (33,5 Prozent). Betrachtet man die Situation auf Grundlage des in Kapitel 12.7.2 herausgearbeiteten clusteranalytischen Modells spitzt sich die Situation je nach Blickwinkel weiter zu. Bei einer optimistischen Betrachtung sinkt zwar der Anteil der ausgegrenzten Schüler mit SFB auf rund 35 Prozent der Schüler mit SFB (gegenüber 47,7 Prozent im Coie-Modell), ihr relativer Anteil im Vergleich zur Gruppe ohne SFB steigt jedoch auf das 3,5-fache für 'Ablehnung' und auf das 5,5-fache im Falle 'starker Ablehnung' (vgl. Tabelle 92, S. 280).

Bei einer pessimistischen Betrachtung der Situation müsste die Gruppe der schlecht integrierten Schüler um die Statusgruppe der 'unbeliebten' Personen erweitert werden. Dabei würde sich der Anteil der schlecht sozial integrierten Schüler mit SFB auf 63,56 Prozent (gegenüber 31,35 Prozent bei Schülern ohne SFB) erhöhen. Demnach wären rund zwei Drittel der Schüler mit SFB in einer ungünstigen sozialen Position.

Die Veränderung des Blickwinkels auf die hier erhobenen Daten durch die Verwendung des internationalen Bewertungsrasters von Coie und Dodge (1988) zeigt, dass die im Rahmen der deutschen Schulversuche veröffentlichten soziometrischen Befunde durchaus kritisch bewertet werden müssen. So lässt die Verwendung unterschiedlicher Bezugssysteme die soziometrische Situation von Schülern mit SFB im Gemeinsamen Unterricht in einem unterschiedlichen Licht erscheinen und verzerrt so das Bild schulischer Integration erheblich.

Gleichgültig über welches Modell die soziale Situation von Schülern mit SFB im Gemeinsamen Unterricht abgebildet wird, die von Wocken (1987, 208f.) zum entscheidenden Gütekriterium erklärten 'realen Konsequenzen' schulischer Integration zeichnen nach den Ergebnissen der vorliegenden Studie ein eher ungünstiges Bild.

Dennoch muss hier vor einer einseitigen Gewichtung der Ergebnisse gewarnt werden. Zwar ist der Anteil der abgelehnten Schüler mit SFB je nach Blickwinkel zwischen 2,9 und 5,5 mal höher als bei ihren Klassenkameraden ohne SFB, dieser Umstand darf jedoch nicht darüber hinweg täuschen, dass es dennoch Schüler mit SFB gibt, die in das soziale System der Klasse sehr gut (13,08 bis 15,6 Prozent) oder durchschnittlich integriert (22,9 bis 23,26 Prozent) sind. Je nach Bezugsmodell haben damit zwischen 36,4 (clusteranalytisches Modell: beliebt und durchschnittlich) und 52,3 Prozent (Modell nach Coie und Dodge (1988): beliebt, durchschnittlich, vernachlässigt, kontroversiell) eine als positiv zu bewertende soziale Integration im Gemeinsamen Unterricht.

Diese Zahlen zeigen andererseits, dass eine gute soziale Integration von Schülern mit SFB auch in der Praxis möglich ist. Damit unterstreichen sie die Notwendigkeit einer detaillierten Analyse der Ursachen für Beliebtheit und Ausgrenzung im Gemeinsamen Unterricht. Eine Schule, die die Frage nach dem Verlauf sozialer Integration dem Zufall überlässt und somit jedes zweite Kind mit SFB in die soziale Ausgrenzung führt, erscheint ohne eine solches Bemühen ebenso fragwürdig wie ein Schulsystem, das schulische Integration von vornherein verhindert. Dieses Bestreben nach einer detaillierten Analyse wird schließlich mit der Beantwortung der folgenden Fragestellungen 2 bis 5 begonnen und bietet damit eine wissenschaftliche Grundlage für eine Optimierung sozialer Integrationsprozesse im Gemeinsamen Unterricht.

Insgesamt müssen drei der fünf im Rahmen von Fragestellung 1 aufgestellten Hypothesen (vgl. Kapitel 11.6) vor dem Hintergrund der in den Kapiteln 12.2 und 12.7 dargestellten Ergebnisse jedoch zunächst klar und eindeutig bestätigt werden:

HYP 1: Der Anteil der beliebten Schüler mit SFB ist niedriger als der Anteil der beliebten Schüler ohne SFB. → **bestätigt**

HYP 2: Der Anteil der durchschnittlich integrierten Schüler mit SFB ist niedriger als der Anteil der durchschnittlich integrierten Schüler ohne SFB. → **bestätigt**

HYP 3: Der Anteil der kontroversiellen Schüler mit SFB ist niedriger als der Anteil der kontroversiellen Schüler ohne SFB. → nicht bestätigt

HYP 4: Der Anteil der vernachlässigten Schüler mit SFB ist niedriger als der Anteil der vernachlässigten Schüler ohne SFB. → nicht bestätigt

HYP 5: Der Anteil der abgelehnten Schüler der Schüler mit SFB ist höher als der Anteil der abgelehnten Schüler ohne SFB. → **bestätigt**

Fragestellung 1 lässt sich somit wie folgt beantworten:

Antwort: Schüler mit SFB im Gemeinsamen Unterricht sind signifikant häufiger von sozialer Ausgrenzung betroffen als Schüler ohne SFB.

Dieses Ergebnis muss damit als ein erster Hinweis auf das Vorliegen eines Widerspruches von theoretischer Zielsetzung und sozialpsychologischer Wirkung im Gemeinsamen Unterrichts bewertet werden.

13.2.2 Integrationsrelevante Persönlichkeitsmerkmale

Fragestellung 2: Über welche Persönlichkeitsmerkmale verlaufen soziale Integrationsprozesse im Gemeinsamen Unterricht?

Im Mittelpunkt von Fragestellung 2 stehen die Merkmale, über die soziale Integration im Gemeinsamen Unterricht verläuft. Bei einer oberflächlichen Betrachtung der Ergebnisse scheint die Bandbreite der verantwortlichen Variablen als groß. So konnten für Schüler mit SFB bis zu sechs, für Schüler ohne SFB sogar bis zu acht der zehn Ausgangshypothesen bestätigt werden (vgl. Tabelle 36). Die Ergebnisse für die Korrelationsanalyse (Kapitel 12.3) und die univariate ANOVA (Kapitel 12.3.2) deuten zwar grundsätzlich in die gleiche Richtung, sind jedoch nicht für alle Variablen und Items gleichermaßen signifikant.

Sehr sicher kann von einem positiven Effekt auf die soziale Integration ausgegangen werden, wenn (1) gute Schulleistungen, (2) eine hohe schulische Motivation, (3) eine gute Intelligenzlage und (4) eine hohe Selbstständigkeit des jeweiligen Schülers feststellbar sind. Betrachtet man ausschließlich die Korrelationsanalyse, lassen sich weitere grundsätzlich günstige Effekte auf die soziale Integration nachweisen, wenn (5) eine gute Konzentrationsfähigkeit und (6) eine hohe Sozialkompetenz eines Schülers vorliegen.

Für Schüler ohne SFB erweitert sich der Rahmen der Bedingungsfaktoren. Hier begünstigen zusätzlich (7) ein niedriges soziales Rückzugsverhalten und (8) eine niedrige Aggressivität die soziale Integration eines Schülers.

Damit wäre insgesamt für acht Eigenschaftsbereiche ein grundsätzlich signifikanter Einfluss auf die sozialer Integration von Schülern im Gemeinsamen Unterricht herausgestellt. Betrachtet man die vorliegenden Befunde also ausschließlich auf der Ebene der im Rahmen von Fragestellung 2 formulierten Hypothesen, können für Schüler mit SFB sechs von zehn und für Schüler ohne SFB acht von zehn Hypothesen als bestätigt bewertet werden.

HYP	Hypothese	mit SFB	ohne SFB
HYP 6:	Intelligenz hat einen signifikant positiven Einfluss auf den Sozialstatus im GU.	→ bestätigt	→ bestätigt
HYP 7:	Schulleistung hat einen signifikant positiven Einfluss auf den Sozialstatus im GU.	→ bestätigt	→ bestätigt
HYP 8:	Konzentration hat einen signifikant positiven Einfluss auf den Sozialstatus im GU.	→ bestätigt	→ bestätigt
HYP 9:	Motivation hat einen signifikant positiven Einfluss auf den Sozialstatus im GU.	→ bestätigt	→ bestätigt
HYP 10:	Selbstständigkeit hat einen signifikant positiven Einfluss auf den Sozialstatus im GU.	→ bestätigt	→ bestätigt
HYP 11:	Sozialkompetenz hat einen signifikant positiven Einfluss auf den Sozialstatus im GU.	→ bestätigt	→ bestätigt
HYP 12:	Sozialer Rückzug hat einen signifikant negativen Einfluss auf d. Sozialstatus im GU.	→ nicht bestätigt	→ bestätigt
HYP 13:	Aggressivität hat einen signifikant negativen Einfluss auf den Sozialstatus im GU.	→ nicht bestätigt	→ bestätigt
HYP 14:	Belastbarkeit hat einen signifikant positiven Einfluss auf den Sozialstatus im GU.	→ nicht bestätigt	→ nicht bestätigt
HYP 15:	Selbstreflexion hat einen signifikant positiven Einfluss auf den Sozialstatus im GU.	→ nicht bestätigt	→ nicht bestätigt
HYP 16:	Die positive Einstellung der Eltern hat einen signifikant positiven Einfluss auf den Sozialstatus im GU.	→ nicht bestätigt	→ nicht bestätigt

Fragestellung 2 kann demnach wie folgt beantwortet werden.

Antwort: Soziale Integration im Gemeinsamen Unterricht verläuft bei Schülern mit und ohne SFB in erster Linie über schulleistungsrelevante Kompetenzen, die mit Schulnoten und Leistungsmotivation sowohl das Endprodukt als auch seine Wegbereiter umfassen. Im Mittelfeld der bedeutsamen Faktoren liegen sportlich-faire Verhaltensweisen und soziales Rückzugsverhalten, wobei Ersteres in der Gruppe mit SFB eine etwas höhere Bedeutung zu haben scheint. Das untere Ende der bedeutsamen Faktoren stellen aggressiv-draufgängerische Verhaltensweisen dar. Hier ist hingegen von einer etwas höheren Bedeutung für die Gruppe der Schüler ohne SFB auszugehen.

Bei einer differenzierteren Bewertung der Ergebnisse fällt jedoch auf, dass die Effekte auf die soziale Integration bei einigen Items mit einer Varianzaufklärung unterhalb von vier Prozent recht gering ausfielen, so dass eine etwas abstraktere Betrachtung der Ergebnisse angebracht erscheint. Betrachtet man die Ergebnisse auf einer solchen Metaebene, scheint die anfänglich suggerierte hohe Merkmalsbreite in sich zusammenzufallen. So legte die merkmalsbezogene (Kapitel 12.3.3) und die faktorenanalytische Zusammenfassung (Kapitel 12.7.1) der Daten eine Reduktion auf vier Merkmalsbereiche nahe:

1. schulleistungsrelevante Kompetenzen
2. sportlich-faires Verhalten
3. aggressiv-draufgängerisches Verhalten
4. soziales Rückzugsverhalten

Bei einer solchen zusammenfassenden Betrachtung der Ergebnisse waren es vor allem die schulleistungsbezogenen Kompetenzen, die sich als wichtigste Ressource gut integrierter Schüler herausstellten. Entscheidend für eine positive soziale Integration sind jedoch nicht nur gute Schulnoten als Ergebnis des schulischen Lernprozesses, sondern mit Motivation, Arbeitsverhalten und Selbstständigkeit auch ihre Wegbereiter. Entscheidend für eine positive soziale Integration scheint demnach der schulische Erfolg und eine erkennbar positive Haltung gegenüber dem Lernprozess im Gemeinsamen Unterricht zu sein. Hinweise, dass diese Gesetzmäßigkeit für Schüler mit SFB keine oder nur in abgeschwächter Weise Gültigkeit besitzt, liegen nicht vor. Im Gegenteil: wie die vergleichsweise hohe Korrelation zwischen schulleistungsrelevanten Faktoren und Ablehnungsstatus (r=-.48; $Konf_{95\%}$: -.62 bis -.32) in Tabelle 87 (S. 270) zeigt, ist die Ablehnung eines Schülers in der Gruppe mit SFB deutlich stärker von schulleistungsrelevanten Faktoren abhängig als dies bei Schülern ohne SFB der Fall ist (r=-.25, $Konf_{95\%}$: -.32 bis -.18). Demnach können die Unterschiede im Ablehnungsverhalten gegenüber Schülern mit SFB zu rund 23 Prozent allein durch ihre unterschiedlichen schulleistungsrelevanten Kompetenzen erklärt werden.

Ein vergleichbarer, aber insgesamt etwas abgeschwächter Effekt lässt sich für die soziale Wahl im Gemeinsamen Unterricht feststellen. So ist insgesamt von einer Situation im Gemeinsamen Unterricht auszugehen, in der auch die aktive Wahl eines Interaktionspartners durch seine Schulleistungskompetenzen entscheidend beeinflusst wird.

Insgesamt muss dieser Sachverhalt als eher überraschend bewertet werden. So war zwar im Sinne der Austauschtheorie von Thibaut und Kelly (1959) davon auszugehen, dass die aktive Wahl eines Partners nach einer persönlichen Kosten- und Nutzen-Analyse getroffen wird. Auswirkungen waren folglich in erster Linie für den Wahlstatus zu erwarten. Dass ein entsprechend ungünstiges Verhältnis von Kosten und Nutzen jedoch in einem so deutlichen Maß mit direkter sozialer Ablehnung beantwortet wird, muss angesichts der integrationspädagogischen Zielsetzung eher als überraschendes Ergebnis der Untersuchung eingeordnet werden. Es ergeben sich somit Hinweise darauf, dass das Ergebnis aus Kosten und Nutzen nicht nur durch die Wahl bzw. die Kontaktaufnahme mit einem 'nützlichen' Schüler beeinflusst wird, sondern auch durch die Ablehnung bzw. Kontaktvermeidung mit einem 'nutzlosen' Schüler. Letztendlich gilt für den Gemeinsamen Unterricht: gut integriert ist, wer die klassische Rolle eines 'guten Schülers' erfolgreich ausfüllen kann. Dies gilt für Schüler mit SFB mindestens im gleichen Maße wie für Schüler ohne SFB.

Betrachtet man die Befunde vor dem Hintergrund der internationalen Forschungslage, fällt für den Gemeinsamen Unterricht in Deutschland eine nahezu umgedrehte Situation auf. Während für Schulleistungen in vielen US-amerikanischen Studien eine eher geringe Bedeutung innerhalb des Integrationsprozesses herausgestellt wurde, unterstreicht die vorliegende Untersuchung gerade die besondere Bedeutung dieses Bereiches. Unter den 40 bei Newcomb (1993) zusammengefassten Studien bewegten sich die Effektstärken für die Schulleistung in der Regel zwischen 0 und .45, was insgesamt als niedrig bewertet werden kann. Transformiert man die Ergebnisse der vorliegenden Untersuchung in Effektstärken (Anhang), können (je nach Vergleichsmaßstab) für die Schulleistung Effektstärken von bis zu .80, für die Stützkompetenzen der Schulleistung sogar bis zu 1.09 erzielt werden. Ein direkter Vergleich der Ergebnisse gestaltet sich jedoch schwierig, da die Effektstärken in den meisten vergleichbaren (zumeist US-amerikanischen) Untersuchungen nur im Verhältnis zur Gruppe der durchschnittlich integrierten Schüler angegeben sind. Da die Erkenntnisse der vorliegenden Studie jedoch auf Grundlage von Korrelationen oder Extremgruppenvergleichen entstanden sind, ermöglichen diese Angaben allenfalls eine grundsätzliche Orientierung.

Insgesamt ergeben sich damit nicht nur aus der relativen Stellung schulleistungsrelevanter Faktoren innerhalb der vorliegenden Studie, sondern gleichzeitig auch aus dem direkten Vergleich über die Effektstärke, Hinweise auf eine zentrale Rolle schulleistungsrelevanter Faktoren bei der sozialen Integration von Schülern im Gemeinsamen Unterricht. Damit deutet sich eine Situation an, die schon in der Voruntersuchung durch die Lehrer vorweggenommen wurde. Auch dort waren Leistungsmotivation (bzw. Anstrengungsbereitschaft) und Lernerfolg die zentralen Variablen, die gut sozial integrierten Schülern von ihren Lehrern bescheinigt wurden (vgl. Tabelle 8, S. 113).

Etwas nachgelagert erscheint vor diesem Hintergrund die Bedeutung sportlich-sozialer Kompetenzen. Als Mischung aus der Sportnote, sozialem Engagement und den regelbezogenen- bzw. motorischen Anforderungen im DL-KG skizziert dieses Konstrukt in erster Linie die Fähigkeit, sich in sportlich-fairer Art und Weise in regelgeleiteten Situation bewegen und bewähren zu können. Damit wird ein Kompetenzbereich umschrieben, der besonders in Spielsituationen auf dem Pausenhof förderlich auf die soziale Integration eines Schülers wirken könnte. Er grenzt sich damit deutlich von den schulleistungsrelevanten Kompetenzen ab, deren Einfluss in erster Linie in Unterrichtssituationen hilfreich erscheint. Dass gerade diese sportlich-fairen Verhaltensweisen einen wirksamen Gegenpol zum oben herausgearbeiteten schulleistungsorientierten Wirkmuster darstellt, wird am Beispiel der durchschnittlich integrierten Schüler mit SFB deutlich. Auf der hier betrachteten Datengrundlage konnten für diese Schüler keine nennenswerten Integrationsressourcen im Bereich der Schulleistungskompetenzen festgestellt werden. In Kombination mit einer durchschnittlichen Tendenz zum sozialen Rückzug und einem überdurchschnittlich stark ausgebildeten aggressiv-draufgängerischem Verhalten scheint dieser Schülertyp seine gute soziale Integration damit vor allem auf die vergleichsweise hohen Kompetenzen im sportlich-sozialen Bereich zu bauen. Überraschenderweise war ein vergleichbarer Schülertyp auf der Seite der Gruppe ohne SFB nicht zu isolieren.

Betrachtet man vergleichbare Studien, muss der Faktor 'sportlich-faires Verhalten' eher als ungewöhnlich bezeichnet werden. Zwar wurden einzelne Bestandteile (Soziales Engagement[40], Sportlichkeit[41]) schon im Zusammenhang mit sozialer Integration untersucht, die hier entstandene Kombination ist insgesamt jedoch ein neuartiges Konstrukt. Im Ergebnis pendelt sich der Einfluss dieses Faktors mit Korrelationen zwischen $r = .23$ (für Schüler ohne SFB) und $r = .27$ (für Schüler mit SFB) zwar über denen für 'soziales Engagement' (MO4: n.s.) und Konzentration (GLEI: n.s. / FT: n.s.) aber auch unterhalb des Einflusses der Sportlichkeit ($r= .239$ (ohne SFB) und $r = .402$ (mit SFB)) ein. Als Produkt einer Faktorenanalyse aus den effektstärksten Stellgrößen sozialer Integration muss 'sportlich-faires Verhalten' wohl eher als Persönlichkeitskonstrukt betrachtet werden, dass (unter anderem) einen Einfluss auf die soziale Integration im Gemeinsamen Unterricht hat. Der besondere Charme dieses Faktors begründet sich in erster Linie durch die hervorgehobene Bedeutung für die soziale Integration von schulleistungsschwachen Schülern mit SFB. Er markiert damit die wesentlichen Eckpfeiler einer zusätzlichen Integrationsressource, die gerade für Schüler mit SFB ein Gegengewicht zu schulleistungsbezogenen Faktoren darstellt.

---

[40] Faktor 'prosocial' in: Dodge, Murphy und Buchsbaum (1984)
[41] Faktor 'athletic' in: Boivin und Begin (1989)

Weniger eindeutig stellt sich die Wirkung aggressiv-draufgängerischer Verhaltensweisen dar. Während für die Schulleistungskompetenzen und das sportlich-faire Verhalten noch ein eindeutig positiver Einfluss auf die soziale Integration angenommen werden konnte, muss bei diesem Merkmalsbereich zwischen Schülern mit und ohne SFB differenziert werden. Grafik 29 (S. 271) zeigt, dass eine hohe Ausprägung bei Schülern mit SFB keineswegs zu einem ungünstigen Sozialstatus führen muss. Im Gegenteil: gerade bei durchschnittlich integrierten Schülern mit SFB waren sehr hohe Werte für aggressiv-draufgängerische Verhaltensweisen zu finden, die sich nicht signifikant von beliebten und abgelehnten Schülern unterschieden. Für diese Gruppe scheint eine hohe Merkmalsausprägung aggressiv-draufgängerischer Verhaltensweisen in keinem nennenswerten Zusammenhang mit sozialer Ausgrenzung zu stehen. Dies dokumentiert auch Tabelle 87 (S. 270). Hier konnten für Schüler mit SFB keine signifikanten Zusammenhänge zwischen aggressiv-draufgängerischen Verhaltensweisen und dem Wahl- bzw. Ablehnungsstatus oder der Statusgruppe gefunden werden.

Ganz anders stellt sich hingegen die Situation für Schüler ohne SFB dar. Hier scheinen aggressive Verhaltensweisen vor allem zu einer Ablehnung von Schülern zu führen. Die Zusammenhänge erscheinen jedoch verglichen mit dem Einfluss schulleistungsbezogener Eigenschaften als eher schwach. Im Vergleich mit Befunden aus der internationalen Integrationsforschung in Kapitel 5.2 (S. 65f.) überrascht dieses Ergebnis. Obwohl sich die Erfassung aggressiver Verhaltensweisen in der Hauptuntersuchung an den Befunden von Newcomb et al. (1993, 116) in Tabelle 4 orientierten, lagen die Korrelationen eher am unteren Rande des von Coie zitierten Spektrums von $r = .23$ bis $r = .60$ (vgl. Coie et al., 1990, 22 und 38). Dabei ist es gleichgültig, ob die Zusammenhänge auf Itemebene (VM10, AGG), Merkmals- bzw. Breitbandebene oder faktorenanalytischer Ebene berechnet wurden. Insgesamt scheint sich damit eine Situation anzudeuten, die auch von den Lehrern im Rahmen der Voruntersuchung vergleichbar eingeschätzt wurde: für die soziale Integration im Gemeinsamen Unterricht könnten aggressive Verhaltensweisen eine weitaus geringere Rolle spielen als es durch internationale Befunde zu vermuten gewesen wäre. Dies trifft für Schüler mit SFB noch mehr zu als für Schüler ohne SFB.

Mit sozialem Rückzugsverhalten konnte ein vierter Bereich als Einflussfaktor sozialer Integration herausgestellt werden, der auch in internationalen Arbeiten immer wieder in einem signifikanten Zusammenhang mit sozialer Integration gesehen wurde. Während bei Coie et al. (1990, 21f.) in verschiedenen Studien bis zu 30 Prozent der Varianz der sozialen Integration über soziale Rückzugstendenzen aufgeklärt werden konnten, erscheint die Bedeutung des sozialen Rückzugs auf Grundlage der hier dargestellten

Befunde mit maximal 3 Prozent der aufgeklärten Varianz (Tabelle 35, S. 179) eher als gering. Die Ergebnisse der univariaten ANOVA (Grafik 15, S. 219) zeigen, dass besonders starke Ausprägungen sozialen Rückzugs vor allem bei abgelehnten Schülern zu finden waren. Vor diesem Hintergrund stellt sich insbesondere bei sozialem Rückzugsverhalten die Frage, ob es eher als Ursache oder als Folge sozialer Ablehnung betrachtet werden muss. So wäre eine soziale Resignation und eine damit einhergehende Auskopplung aus dem sozialen Geschehen einer Klasse durchaus auch eine nachvollziehbare Wirkung sozialer Ablehnung. Eine erhöhte Ausprägung dieses Merkmalbereiches wäre demnach nicht von vornherein in den sozialen Vergleichsprozess eingegangen, sondern wäre nur seine Folgewirkung. Dieser Annahme widersprechen jedoch Befunde von Siperstein und Bak (1985), die diese Ursache-Wirkungs-Problematik mit Hilfe von videogestützten Analysen entkoppelten. Dabei wurde deutlich, dass soziales Rückzugsverhalten auch einen negativen Effekt auf die soziale Integration hat, wenn die sozial bewerteten Personen in keinerlei Kontakt mit ihren sozialen 'Bewertern' standen (vgl. Siperstein und Bak, 1985, 324). Trotzdem sollte die Bedeutung sozialen Rückzugverhaltens für die soziale Integration nicht überbewertet werden.

Die Güte dieser vier Haupteinflussbereiche schulischer Integration ist insgesamt zufriedenstellend. Mit Hilfe einer Diskriminanzanalyse ließen sich 72,3 Prozent der Schüler mit SFB und 67,6 Prozent der Schüler ohne SFB als abgelehnt identifizieren. Damit ist die Aufklärungsquote zwar deutlich niedriger als die Quoten, die auf Basis des vollständigen Datensatzes erzielt werden konnten (vgl. Kapitel 12.1), in Anbetracht der komplexen sozialen Situation in einer Grundschulklasse erscheint dieses Ergebnis jedoch als realistisch und angemessen. Gewichtet man die vier Variablen nach ihrer diskriminatorischen Bedeutung in der Diskriminanzfunktion (vgl. Backhaus et al., 2003, 186f.), verstärkt sich das Bild einer Vormachtsstellung schulleistungsrelevanter Faktoren.

Tabelle 95 stellt die Situation für den Gemeinsamen Unterricht nochmals zusammenfassend dar und vergleicht sie mit den Ergebnissen der Metaanalyse von Newcomb et al. (1993). Grundlage der Gewichtung sind die standardisierten Diskriminanzkoeffizienten (für die vorliegende Studie) und die durchschnittliche Effektstärke (D) über alle vier Statusgruppen bei Newcomb et al. (1993, 114). Beide Werte sind direkt miteinander vergleichbar.

So waren in der vorliegenden Studie schulleistungsbezogene Faktoren sowohl bei Schülern mit SFB als auch bei solchen ohne SFB wichtigstes Kriterium für eine Identifikation abgelehnter Schüler. Im Vergleich dazu waren schulleistungsbezogene Faktoren (bzw. cognitive abilities) in einer

Metaanalyse von Newcomb (1993) mit einer durchschnittlichen Effektstärke von D=.171 eher von untergeordneter Bedeutung für die soziale Integration in der Schule.

Integrationsrelevante Persönlichkeitsmerkmale im Vergleich

Rang	mit SFB Variable	DiKo	ohne SFB Variable	DiKo	Newcomb-Metaanalyse[a] Variable[b]	D
1	Schulleistungskompetenz	.626	Schulleistungskompetenz	.536	Aggression	.540
2	Sportlich-faires Verhalten	.529	Sozialer Rückzug	-.422	Sociability	.265
3	Sozialer Rückzug	-.264	Sportlich-faires Verhalten	.358	Cognitive Abilities	.171
4	Aggressiv – draufgängerisches Verhalten	.006	aggressiv – draufgängerisches Verhalten.	-.247	Withdrawal	.106

Tabelle 95

DiKo   standardisierter Diskriminanzkoeffizient
D   durchschnittliche absolute Effektstärke über die Statusgruppen popular, rejected, neglected und controversial
a   Daten aus Newcomb et al. (1993, 114)
b   zu Operationalisierung der vier Variablen siehe auch Kapitel 5.2, S. 61ff. dieser Arbeit

Wichtigste Einflussgröße dort war in erster Linie der Bereich aggressiver Verhaltenstendenzen, für die wiederum in der vorliegenden Untersuchung eine vergleichsweise geringe Bedeutung festzustellen waren. Als (auf Grundlage der standardisierten Diskriminanzkoeffizienten) nahezu bedeutungslos stellte sich dieser Bereich sogar für die soziale Integration von Schülern mit SFB heraus. Der Bereich des sportlich-fairen Verhaltens ist zur Identifikation von ausgegrenzten Schülern mit SFB (Rang 2) etwas bedeutsamer als in der Gruppe ohne SFB (Rang 3). Ein vergleichbares Konstrukt ist in der US-amerikanischen Forschung nicht bekannt, wird jedoch in Ansätzen durch den Faktor 'Sociability' ausgefüllt (Rang 2). 'sozialer Rückzug' müsste auf dieser Datengrundlage im Gemeinsamen Unterricht als etwas bedeutsamer eingeordnet werden (Rang 2 und Rang 3) als im US-amerikanischen Sprachraum (Rang 4). Deutlichster Unterschied zwischen den Ergebnissen der internationalen Forschung und den vorliegenden Befunden bleibt damit (1) die hervorstehende Bedeutung schulleistungsrelevanter Faktoren und (2) die untergeordnete Bedeutung aggressiver Verhaltenstendenzen für die soziale Integration im Gemeinsamen Unterricht.

Vergleicht man die tatsächlich integrationsrelevanten Schülermerkmale (aus der Hauptuntersuchung) mit den Experteneinschätzungen der Lehrer aus der ersten Voruntersuchung (vgl. Kapitel 10.1.3), fallen ebenfalls Unterschiede auf. So schätzten Lehrer bei direkter Nachfrage, dass Variablen des sozial-emotionalen Verhaltens die entscheidenden Stellgrößen sozialer Integration seien (Voruntersuchung 1, Grafik 2, S. 106f.). Kognitive Faktoren erschienen den Lehrern eher von nachgelagerter Bedeutung. Offensichtlich schätzen Lehrer die Situation hier vergleichbar zu den US-amerikanischen Befunden ein. Fragt man jedoch eine vergleichbare Stichprobe an Lehrern nach Eigenschaften von Schülern, bei denen eine gute soziale Integration bereits zu verzeichnen war (Voruntersuchung 2, Tabelle 8, S. 113), bestätigen die Lehrer indirekt die Befunde der Hauptuntersuchung und bekräftigen damit ihre Validität. Damit ergeben sich Hinweise darauf, dass auch bei Experten eine Diskrepanz zwischen der eigenen Wahrnehmung und der empirisch feststellbaren Situation im Gemeinsamen Unterricht herrscht. Konsequenzen hat diese Diskrepanz vor allem für die Entwicklung von Förderansätzen. Während viele Lehrer (aufgrund der eigenen Vorurteile) zur Verbesserung der sozialen Integration eines Schülers bei der Verbesserung seines sozial-emotionalen Verhaltens ansetzen würden, erscheint eine Förderung des Leistungs- und Arbeitsverhaltens sowie eine Verbesserung der Lese- und Rechtschreibkompetenzen vor dem Hintergrund der hier herausgestellten Ergebnisse (Hauptuntersuchung) als mindestens ebenso wirkungsvolle Strategie. Hier müssen jedoch weitere Studien zeigen, inwieweit die Verbesserung von Leistungsmotivation und Arbeitsverhalten tatsächlich zu einer Verbesserung der sozialen Integration führt.

Eine Bewertung der Ergebnisse im Hinblick auf einen Widerspruch von Ziel und Wirkung schulischer Integration kann nur vor dem Hintergrund der tatsächlichen Merkmalsausprägung bei Schülern mit und ohne SFB vorgenommen werden. Ist die Merkmalausprägung in beiden Gruppen vergleichbar, sind beide Gruppen naturgemäß in vergleichbarer Weise vom Einfluss dieser Merkmalsbereiche auf die soziale Integration betroffen. Eine Benachteiligung von Schülern mit SFB ist in diesem Fall ausgeschlossen; ein Widerspruch von Ziel und Wirkung schulischer Integration läge nicht vor. Tabelle 96 zeigt, dass diese Voraussetzung über die vier betrachteten Bereiche nur für das soziale Rückzugsverhalten zutrifft.

In den übrigen drei Bereichen konnten für Schüler mit SFB im Rahmen eines T-Tests signifikant ungünstigere Merkmalsausprägungen festgestellt werden. Demnach ist die Voraussetzung für eine grundsätzliche Benachteiligung von Schülern mit SFB in diesen Bereichen gegeben.

Schülern mit und ohne SFB im Vergleich

Merkmalsbereich	Statistik	mit SFB	ohne SFB	p[a]
Schulleistungsbezogene Kompetenzen	$\bar{X}$ (Z-Werte)	-0,72	0,13	.000
	s	0,66	0,71	
	N	108	536	
Sportlich-faires Verhalten	$\bar{X}$ (Z-Werte)	-0,49	0,08	.000
	s	0,76	0,55	
	N	110	539	
Soziales Rückzugsverhalten	$\bar{X}$ (Z-Werte)	0,10	-0,02	.241
	s	0,91	0,99	
	N	101	502	
Aggressiv-draufgängerisches Verhalten	$\bar{X}$ (Z-Werte)	0,28	-0,07	.000
	s	0,82	0,67	
	N	108	537	

Tabelle 96
a   für Mittelwertunterschied (Schüler mit SFB und ohne SFB)

Im weiteren Verlauf sollen nun die vier integrationsrelevanten Merkmalsbereiche aus dem Blickwinkel der forschungsleitenden Fragestellung näher beleuchtet werden.

War durch die US-amerikanische Forschung noch von einer relativ geringen Bedeutung schulleistungsrelevanter Faktoren für die soziale Integration von Schülern mit SFB auszugehen, scheint es gerade die Schulleistung zu sein, die über soziale Ausgrenzung im Gemeinsamen Unterricht entscheidet. Damit wäre soziale Integration im Gemeinsamen Unterricht die unmittelbare Folge eines Merkmalsbereiches, der die Probleme vieler Schüler mit SFB besonders gut umschreibt. Der hochsignifikante Mittelwertsunterschied im Bereich schulleistungsrelevanter Faktoren zwischen beiden Gruppen in Tabelle 96 stützt diese Annahme. Gut integriert wäre ein Schüler mit SFB vor allem dann, wenn sein sonderpädagogischer Förderbedarf (schulisch) möglichst unsichtbar und somit folgenlos bleibt. Besonders betroffen von diesen Ergebnissen scheinen zumindest Schüler mit den Förderschwerpunkten Lernen und Sprache, da ihre Behinderung zumeist einen unmittelbaren Einfluss auf die Schulleistungen hat. Im Falle zieldifferenter Förderung wären auch geistigbehinderte Schüler stark benachteiligt.

Inwieweit das reine Bemühen um gute Schulleistungen ausreicht, lässt sich auf dieser Datengrundlage nicht beurteilen, da Schulleistung und Schulleistungsmotivation in der Stichprobe nicht voneinander zu trennen waren. Über die gesamte Stichprobe hinweg lagen signifikante Korrelationen (p<.001) von r = .55 bis r = .67 zwischen den Items Leistungsmotivation (VM5), Arbeitsverhalten (VM6) und Selbstständigkeit (VM7) einerseits und den Bewertungen für Lesen, Rechnen und Sachunterricht andererseits vor. Die vergleichsweise hohen Korrelationen deuten eine Situation an, in der die Lehrerangaben weniger als trennscharfe Bewertungen einzelner Persönlichkeitseigenschaften, sondern mehr als eine grundsätzliche (Sympathie-) Einschätzung bewertet werden könnte.

Ein interessantes Gedankenspiel lässt in diesem Zusammenhang die Rolle des Lehrers zu. Da Schulleistungen und Stützkompetenzen der Schulleistung gleichermaßen von den Lehrern selbst eingeschätzt wurden, kristallisiert sich hier mit der Anerkennung eines Schülers durch den Lehrer ein weiterer interessanter Einflussbereich sozialer Integration heraus. Demnach wäre gut integriert, wer ein entsprechend gutes Feedback vom Lehrer bekommt. Die Vermutung erscheint naheliegend, dass dieses Lehrer-Feedback zu weiten Teilen von der Schüler-Reaktion auf den eigenen Unterricht abhängig sein könnte. Somit wäre es das Lehrerurteil selbst, das auf die Bildung sozialer Hierarchien im Gemeinsamen Unterricht zurückwirkt. Dass Lehrereinschätzungen grundsätzlich eine höhere Erklärungskraft haben als Testwerte, die direkt über den Schüler selbst erhoben werden, zeigt ein Vergleich ihrer durchschnittlichen Korrelationen mit sozialer Integration. Grafik 32 vergleicht die durchschnittliche Korrelation (mit sozialer Integration) von Items, die auf Lehrereinschätzungen beruhen mit der durchschnittlichen Korrelation von Items, die durch Schülerangaben erhoben wurden.

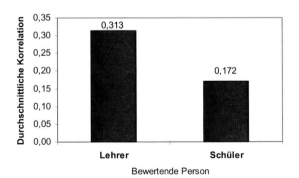

Grafik 32
P = 0.000

Dabei wird deutlich, dass Lehrerangaben eine signifikant höhere Erklärungskraft (p = .000) für die soziale Integration hatten als die vergleichsweise exakt messenden Testverfahren, die direkt mit den Schülern durchgeführt wurden. Dass diese signifikanten Unterschiede nicht einfach durch unterschiedliche Merkmalsdimensionen begründbar sind, zeigt ein direkter Vergleich. So stand die Lehrereinschätzung der Motivation in einem signifikanten Zusammenhang mit sozialer Integration, während für die motivationale Eigenwahrnehmung des Schülers selbst hingegen kein signifikanter Zusammenhang messbar war (vgl. Tabelle 35, S. 179). Eine vergleichbare Situation war für die Aggressivität feststellbar. Obwohl die Lehrereinschätzung einen signifikanten Zusammenhang mit sozialer Integration erkennen ließ, konnte auch hier für die Schülersicht kein signifikantes Ergebnis gefunden werden. Diese Befunde überraschen um so mehr, wenn man berücksichtigt, dass die Lehrereinschätzungen auf nicht standardisierten bzw. nicht normierten Verfahren beruhen, während die Schülereinschätzungen mit Hilfe vergleichsweise exakt messender, standardisierter Tests erhoben wurden. Insgesamt scheint somit der Person des Lehrers eine zentrale Funktion für die soziale Integration in Schulklassen zuzukommen. Um diese Annahmen untermauern zu können, wären jedoch weitere Vergleichsdaten erforderlich, die auch Fremdeinschätzungen über die Klassenkameraden mit berücksichtigen.

Insgesamt bilden diese Schlussfolgerungen das Fundament für neue Vorannahmen in Nachfolgeuntersuchungen[42]. Im Rahmen der Hypothesenbildung müsste sich in diesem Falle z.B. über die reine Bewertung eines Lehrers ("Für wie 'gut' hältst Du den Schüler?") ein größerer Varianzanteil sozialer Integration aufklären lassen als über (Schul-) Leistungs- oder Motivationstests. Mehr noch: verfolgt man diesen Gedanken konsequent weiter, ist es vielleicht nur das Sympathieempfinden eines Lehrers ("Wie gerne magst Du den Schüler?"), die bei der Ausbildung von Sympathie und Antipathie, bei der Berechnung von Kosten und Nutzen und schließlich für Wahl- und Ablehnung im Gemeinsamen Unterricht als Orientierungsmaßstab dienen könnten. Würden sich in Nachfolgeuntersuchungen Hinweise auf diese (zugegebenermaßen) gewagte Hypothese weiter verdichten, müsste dieses Phänomen als Chance und Risiko gleichermaßen bewertet werden. Als Chance, weil damit soziale Integrationsprozesse (auch von Schülern mit SFB) aktiv beeinflusst werden könnten; als Risiko, weil damit das individuelle Engagement und die unterschiedliche Ausbildung der Lehrer die entscheidenden Weichen für das Gelingen sozialer Integrationsprozesse im Gemeinsamen Unterricht stellen würden. Unklar bleibt, inwieweit sich die derzeit im Gemeinsamen Unterricht tätigen Lehrer

---

[42] Da die hier untersuchten Schulklassen zum Zeitpunkt der Datenauswertung im Frühjahr 2004 nicht mehr existierten, erübrigt sich die Möglichkeit einer Nachuntersuchung im Rahmen der vorliegenden Arbeit.

dieses Risikos bewusst sind. Unklar bleibt auch die nachgelagerte und zweifellos provozierende Frage, inwieweit die mäßige soziale Integration von Schülern mit SFB im Gemeinsamen Unterricht nur ein Spiegelbild eines mäßigen Lehrerurteils ist. In diesem Zusammenhang erscheint es fraglich, ob Lehrerinnen und Lehrer gegen ihre Überzeugung im Gemeinsamen Unterricht eingesetzt werden sollten.

Die Bewertung sportlich-fairen Verhaltens im Hinblick auf einen Widerspruch von Ziel und Wirkung im Gemeinsamen Unterricht gestaltet sich ungleich schwieriger. Auf der einen Seite markiert dieser Bereich den Rahmen für ein neues und interessantes Feld, in dem soziale Integration von Schülern mit SFB verlaufen kann. Das Beispiel durchschnittlich integrierter Schüler mit SFB hat dies deutlich gezeigt. Dennoch darf nicht übersehen werden, dass dieser Faktor auch sehr stark regelgeleitete (Fehleranzahl und Gleichmäßigkeit bei konzentrierter Tätigkeit) und leistungsbezogene Elemente (Sport) in sich vereinigt, die ebenfalls einen Problembereich für viele Schüler mit SFB darstellen. Tabelle 96 unterstreicht diesen Aspekt. Auch hier wurden signifikante Mittelwertsunterschiede zwischen Schülern mit und ohne SFB deutlich, so dass auch in diesem Bereich grundsätzlich von einer Benachteiligung von Schülern mit SFB ausgegangen werden kann. Vor dem Hintergrund der erkenntnisleitenden Fragestellung trägt somit auch dieser Bereich eher zu einer Benachteilung von Schülern mit SFB bei.

Vergleichsweise neutral erscheint die Bedeutung des sozialen Rückzugsverhaltens auf die soziale Integration. So ist davon auszugehen, dass soziales Rückzugsverhalten bei Schülern mit und ohne SFB in gleicher Weise ausgeprägt ist (vgl. Tabelle 96). Zu einer Verschärfung des Widerspruches von theoretischer Zielsetzung und sozialpsychologischer Wirkung im Gemeinsamen Unterricht trägt dieser Merkmalsbereich somit nicht bei.

Aggressiv-dominante Verhaltensweisen sind ähnlich wie die beiden erstgenannten Bereiche bei Schülern mit SFB signifikant ungünstiger ausgeprägt. Damit muss zunächst grundsätzlich von einer Benachteiligung von Schülern mit SFB ausgegangen werden. Im Gegensatz zu vielen US-amerikanischen Befunden zeigten die entsprechenden Korrelationen (vgl. Tabelle 87, S. 270) und Diskriminanzkoeffizienten (vgl. Tabelle 95, S. 296) für Schüler mit SFB in eine etwas andere Richtung. So war der Einfluss dieses Merkmalsbereich auf die soziale Integration in dieser Gruppe kaum nachweisbar und spielt somit eine insgesamt untergeordnete Rolle. Die Ergebnisse der ANOVA deuten in die gleiche Richtung (vgl. S. 222f.). Es verdichten sich somit Hinweise darauf, dass aggressiv-draufgängerische Verhaltenstendenzen im Gemeinsamen Unterricht zumindest aus dem

Blickwinkel der sozialen Integration von Schülern mit SFB weitaus besser aufgefangen werden können, als dies in den übrigen integrationsrelevanten Merkmalsbereichen der Fall ist.

Abschließend müssen die im Rahmen von Fragestellung 2 dargestellten Befunde jedoch als deutlicher Hinweis auf das Vorliegen eines Widerspruches von Ziel und Wirkung schulischer Integration interpretiert werden. Insgesamt scheint es im Gemeinsamen Unterricht nicht gelungen zu sein, soziale Integration und förderbedarfsrelevante Merkmalsbereiche zu entkoppeln. Damit bleibt eine gute soziale Integration in erster Linie Schülern mit SFB vorbehalten, die keinen nennenswerten Förderbedarf zu haben scheinen. Die Situation innerhalb der vorliegenden Stichprobe erhärtet diesen Eindruck.

13.2.3 Einfluss von Normabweichungen

Fragestellung 3: Welchen Einfluss haben Normabweichungen auf die soziale Integration von Schülern mit SFB im Gemeinsamen Unterricht?

Im Mittelpunkt von Fragestellung 3 stand die Frage, inwieweit Abweichungen von der Klassennorm die soziale Ausgrenzung von abgelehnten Schülern erklären können. Damit ist sie das inhaltliche Gegenstück zu Fragestellung 2. Beide sind unterschiedliche Seiten der gleichen (integrationspädagogischen) Medaille. Während im Rahmen von Fragestellung 2 mit der Art der Merkmale eher die qualitative Seite dieser Medaille beleuchtet wurde, setzt Fragestellung 3 mit der Bedeutung von Abweichungen eher an ihrer quantitativen Seite an. Forschungsmethodisch ist diese Trennung problematisch, da Normabweichungen ja grundsätzlich an dazugehörige Merkmale gebunden sind.

Insgesamt lässt sich jedoch sagen, dass abgelehnte Schüler (mit und ohne SFB) in signifikant mehr Bereichen (bzw. mehr Items) von der Gruppennorm abweichen als Schüler anderer Statusgruppen. Das reine Vorliegen einer Abweichung besitzt dabei, wie es durch die Theorie sozialer Vergleichsprozesse zu vermuten gewesen wäre, keine nennenswerte Erklärungskraft. Vielmehr lassen sich integrationsfördernde (oder – neutrale) von integrationshemmenden Abweichungen unterscheiden. Betrachtet man ausschließlich die Anzahl der Abweichungen auf der Ebene der Statusgruppen (Tabelle 79, S. 242), fallen beliebte Schüler mit 15 signifikanten Abweichungen von der Klassennorm mit deutlich mehr Abweichungen auf als abgelehnte Schüler (acht Abweichungen). Bezieht man jedoch die Richtung der Abweichungen mit ein, klärt sich die Situation auf.

Während es sich bei abgelehnten Schülern ausschließlich um integrationshemmende Abweichungen handelt, liegen bei beliebten Schülern ausschließlich integrationsfördernde Abweichungen vor. Insgesamt kann die Theorie sozialer Vergleichsprozesse in diesem Punkt nicht direkt bestätigt werden. Demnach reicht nicht allein das 'Anderssein' eines Schülers für seine soziale Ausgrenzung aus; sie wird (zumindest in der Grundschule) vor allem durch die Richtung der Abweichung definiert.

Den grundsätzlichen Zusammenhang zwischen der Anzahl der Normabweichungen und sozialer Integration belegen auch vergleichsweise hohe Korrelationen zwischen beiden Faktoren. Insgesamt waren für integrationshemmende Normabweichungen höhere Zusammenhänge ($r = .329$; $p=.000$) mit dem Sozialstatus eines Schülers messbar als für integrationsfördernde Normabweichungen ($r = .170$; $p=.000$).

Interessanterweise kann für Schüler mit und Schüler ohne SFB kein vergleichbarer kritischer Anteil an Normabweichungen angegeben werden, ab dem soziale Ausgrenzung droht. Während abgelehnte Schüler ohne SFB durchschnittlich in sieben Merkmalsbereichen signifikant von der Klassennorm abwichen, wich die Gruppe der abgelehnten Schüler mit SFB 13 mal (ungünstig) vom Klassendurchschnitt ab (vgl. Tabelle 79, S. 242). Deutlicher werden die unterschiedlichen Toleranzbereiche bei der Betrachtung der beliebten Schüler. Während die Gruppe der beliebten Schüler ohne SFB mit 14 positiven Abweichungen sehr häufig durch überdurchschnittliche Leistungen auffiel, waren in der Gruppe der beliebten Schüler mit SFB keine positiven Abweichungen erforderlich, um eine vergleichbar gute soziale Integration erlangen zu können (vgl. Tabelle 79, S. 242). Mit diesen Befunden deuten sich Hinweise auf unterschiedliche Toleranzbereiche für die soziale Integration beider SFB-Gruppen an.

Dies bestätigen auch die Ergebnisse der univariaten ANOVA (Kapitel 12.3.2). So waren die Schulleistungen beliebter Schüler mit SFB im statistischen Sinne mit den Leistungen abgelehnter Schüler ohne SFB vergleichbar (S. 192); die Leistungen im Intelligenztest (Kapitel) lagen bei beliebten Schülern mit SFB sogar im Durchschnitt signifikant unter den Leistungen abgelehnter Schüler ohne SFB. Bemerkenswert werden diese Erkenntnisse vor allem durch die Tatsache, dass für beide Gruppen ein signifikanter Einfluss (vgl. Tabelle 35, S. 179) von Schulleistungen und Intelligenz auf die soziale Integration feststellbar war. Demnach scheint die Meßlatte für Wahl und Ablehnung im Gemeinsamen Unterricht bei Schülern mit und ohne SFB auf unterschiedlichem Niveau zu liegen. Bezogen auf die Frage nach der Wirkung von Normabweichungen auf die soziale Integration könnte dies bedeuten, dass bei Schülern mit SFB eine größere

Abweichung von der Norm toleriert wird als bei Schülern ohne SFB. Hypothese 17 kann somit grundsätzlich als bestätigt gelten:

HYP 17: Abgelehnte Schüler weichen in signifikant mehr Eigenschaften von der Klassennorm ab als Schüler der übrigen Statusgruppen. → **bestätigt**

Fragestellung 3 lässt sich somit wie folgt beantworten:

Antwort: Normabweichungen stehen in einem grundsätzlichen Zusammenhang mit sozialer Ausgrenzung. Dabei lassen sich Hinweise auf eine größere Toleranz für Normabweichungen bei Schülern mit SFB verzeichnen.

Vor dem Hintergrund der erkenntnisleitenden Fragestellung nach einem Widerspruch von Ziel und Wirkung schulischer Integration lassen sich diese Ergebnisse in zwei verschiedene Richtungen deuten. Zum einen geben die oben herausgearbeiteten unterschiedlichen Maßstäbe, die bei Schülern mit und ohne SFB über die soziale Wahl- und Ablehnung entscheiden, Anlass für eine positive Bewertung. Sie könnten darauf hinweisen, dass Schüler im Gemeinsamen Unterricht durchaus zwischen Schülern mit und ohne Behinderung unterscheiden. Ein Schüler würde somit auch im Rahmen der ihm zugestandenen Möglichkeiten bewertet. Ob es diesen Maßstab wirklich gibt, wie er sich zusammensetzt und wer ihn letztendlich bildet, bleibt in der vorliegenden Untersuchung im Dunkeln. Als gesichert kann lediglich gelten, dass sich beliebte Schüler mit SFB in den entscheidenden Bereichen nicht signifikant von abgelehnten Schüler ohne SFB unterscheiden. Dieser Umstand soll hier äußerst vorsichtig als Hinweis auf das Vorliegen unterschiedlicher Wertemaßstäbe bei der sozialen Bewertung von Schülen im Gemeinsamen Unterricht gedeutet werden. Damit wäre er ebenso vorsichtig als Hinweis auf eine Entkopplung des Widerspruches von theoretischer Zielsetzung und tatsächlicher Wirksamkeit schulischer Integration zu interpretieren.

Zum anderen scheint es trotz dieses Hinweises auf eine Entkopplung weiterhin einen signifikanten Zusammenhang zwischen der Anzahl der Normabweichungen innerhalb eines Schülerprofils und seiner sozialen Integration zu geben. Dabei werden Schüler, die in ungünstiger Weise von der Norm abweichen, eher abgelehnt als (Klassen-) normkonforme Schüler (vgl. Tabelle 80, S. 243). Um Rückschlüsse auf eine eventuelle Benachteiligung von Schülern mit SFB ziehen zu können, muss hier wiederum die Verteilung von positiven und negativen Abweichungen berücksichtigt werden.

Abweichungen von der Klassennorm

Abweichungen	Statistik	mit SFB	ohne SFB	p[a]
positive Abweichungen (> 1 z)	$\bar{X}$ (Anteil)	**8,35%**	**13,40%**	**.000**
	s	7,00	9,39	
	N	110	539	
Normalbereich (± 1 z)	$\bar{X}$ (Anteil)	**68,29%**	**73,93%**	**.000**
	s	14,21	11,52	
	N	110	539	
negative Abweichungen (< -1 z)	$\bar{X}$ (Anteil)	**23,25%**	**12,67%**	**.000**
	s	14,11	10,85	
	N	110	539	

Tabelle 97

a   für Unterschied der prozentualen Anteile (Schüler mit SFB und ohne SFB)

Tabelle 97 zeigt, dass der durchschnittliche Anteil positiver Abweichungen sowie die Merkmalsausprägungen im Normalbereich bei Schülern ohne SFB signifikant höher sind als in der Gruppe mit SFB. Dementsprechend ist der durchschnittliche Anteil der negativen (integrationshemmenden) Abweichungen in der Gruppe mit SFB mit 23,25 Prozent fast doppelt so hoch wie in der Gruppe ohne SFB (12,67 Prozent). Betrachtet man diese Zahlen vor dem Hintergrund ihres Einflusses auf den Sozialstatus (Tabelle 80, S. 243), wird wiederum ein klarer Benachteiligungseffekt erkennbar: Benachteiligt wird, wer signifikant häufiger ungünstig vom Klassendurchschnitt abweicht. Dies ist eine Situation, von der Schüler mit SFB in wesentlich stärkerem Maße betroffen sind als Schüler ohne SFB.

Betrachtet man die hier dargestellten Schlussfolgerungen auf einer übergeordneten Ebene, erscheint das hier gezeichnete Bild ggf. als 'zirkuläres Artefakt'. So wurden ungünstige oder negative Abweichungen ja genau dadurch definiert, dass sie einen hemmenden Einfluss auf die soziale Integration eines Schülers haben. Auf der anderen Seite ist die Zuschreibung einer Behinderung gleichermaßen durch eine negative Abweichung von einer Norm definiert. Es ist somit zunächst nur wenig überraschend, dass Schüler mit negativen Merkmalsabweichungen a) als behindert und b) als sozial abgelehnt auffallen. Wenn 'Behinderte' häufiger abgelehnt werden als 'Nichtbehinderte' und Behinderung durch eine negative Abweichung von einer Norm definiert ist, dann ist es auch folgerichtig, dass der Anteil negativer Abweichungen von der Norm mit sozialer Ablehnung korreliert. Doch genau dieses Denkmuster charakterisiert die fatale Situation von Schülern mit SFB im Gemeinsamen Unterricht. Eine Behinderung und die damit verbundenen (negativen) Abweichweichungen von einer Gruppen-Norm ist letztlich nicht nur mit den entsprechenden Lern- und Lebenserschwernissen verbunden, sondern steht eben auch in einem direkten Zusammenhang mit sozialer Ablehnung. Die (zugegebenermaßen) zirkuläre methodische Anlage von Fragestellung 3 ist somit nur das Spiegelbild einer zirkulären Situation im Gemeinsamen Unterricht: Behindert ist, wer negativ abweicht → abgelehnt wird, wer negativ abweicht → abgelehnt wird, wer 'behindert' ist. Diese zirkulären Phänomene zu entkoppeln, war und ist die zentrale Aufgabe eines ziel- bzw. theoriekonformen Gemeinsamen Unterrichts.

Die im Rahmen von Fragestellung 3 dargestellten Befunde ergeben in ihrer Summe Hinweise darauf, dass diese Entkopplung bisher (noch) nicht gelungen ist. Es schließt sich die Frage an, mit welchen Konzepten Lehrer im Gemeinsamen Unterricht dieser zirkulären Situation begegnen könnten? Geht man davon aus, dass der durch die Theorie sozialer Vergleichsprozesse vorgegebene Mechanismus einem sozialpsychologischen Handlungsprinzip entspricht, dass tief in den Säulen unserer Gesellschaft verankert ist, erscheint eine solche Entkopplung eher als langfristige Vision und weniger als kurz- oder mittelfristig erreichbares Ziel.

Die Problematik verschärft sich weiter, wenn man sie vor dem Hintergrund einer integrationssteuernden Lehrerrolle betrachtet, die eben dieses gesellschaftlich tief verwurzelte Wertesystem repräsentiert. Sollte sich das Wertesystem des Lehrers in weiteren Untersuchungen als Orientierungsmaßstab für soziale Wahl und Ablehnung unter den Schülern herausstellen, ist es weniger die methodisch-didaktische Kompetenz des Lehrers, sondern eher seine Distanz zu gesellschaftlichen Grundwerten, die eine erfolgreiche soziale Integration unterstützen könnte. Es erscheint fraglich, inwieweit eine solche Distanzierung zwischen schulischen und gesellschaftlichen Wertesystemen als sinnvolles Ziel bewertet werden kann.

13.2.4 Einfluss von Heterogenität und Leistungsniveau

Fragestellung 4: Welchen Einfluss haben gruppenbezogene Variablen (insbesondere Heterogenität) auf die soziale Integration von Schülern mit SFB im Gemeinsamen Unterricht?

Mit Fragestellung 4 rückte der Fokus vom Schüler selbst auf die Integrationsgruppe. Dabei sollte geklärt werden, inwieweit Gruppenfaktoren die soziale Integration von Schülern mit SFB positiv oder negativ beeinflussen können. Im Mittelpunkt des Interesses stand dabei die Rolle der Heterogenität.

Grundsätzlich ergaben sich keinerlei Hinweise darauf, dass allgemeine Gruppenvariablen wie Klassenstärke, Anzahl bzw. Anteil der Schüler mit SFB oder Durchschnittsalter der Klasse einen Einfluss auf die soziale Integration von Schülern mit SFB haben. Somit kann die Diskussion um Vor- und Nachteile von Einzelintegration gegenüber einer Gruppenintegration zumindest aus soziometrischer Sicht als überflüssig betrachtet werden.

Etwas anders stellt sich die Situation für die Heterogenität dar. Hier war ein signifikant geringerer Wahlstatus (WST = -.42 z) für Schüler mit SFB in heterogenen Klassengefügen festzustellen als dies in vergleichsweise homogenen Settings (WST = -.80 z) der Fall war (vgl. Grafik 18, S. 247). Der Ablehnungsstatus war hier im statistischen Sinne nicht bzw. nur am Rande betroffen. Grundsätzlich kann jedoch festgehalten werden, dass Schüler mit SFB in homogenen Klassengefügen häufiger von ihren Klassenkameraden für positive soziale Interaktionen gewählt werden als in heterogenen Klassengefügen. Da der Wahlstatus direkt an die Statusgruppe gebunden ist, ist auch eine vorsichtige Ausweitung dieser Erkenntnisse auf die gesamte soziale Integration von Schülern mit SFB denkbar.

Deutlicher wird dieses Phänomen, wenn man die Veränderung des Einflusses einzelner Merkmalsbereiche auf die soziale Integration betrachtet. Hier sind die Effekte ungleich deutlicher. So stieg gerade der Einfluss nahezu aller schulleistungsrelevanter Variablen auf die soziale Wahl mit zunehmender Heterogenität (vgl. Tabelle 84, S. 252). Dass heißt: je heterogener ein Klassengefüge ist, desto wichtiger werden kognitive bzw. schulleistungsrelevante Unterschiede für die Ausbildung sozialer Hierarchien in der Klasse. Die Erhöhung des Einflusses schulleistungsrelevanter Merkmale auf den Sozialstatus führt dann schließlich im Ergebnis zu einer effektiven Verschlechterung des Wahl- bzw. Sozialstatus für schulleistungsschwache Schüler; eine Gruppe, in der Schüler mit SFB besonders häufig anzutreffen sind (vgl Tabelle 96, S. 298). Insgesamt betreffen die Befunde in erster Linie die soziale Wahl. Für die soziale Ablehnung konnten keine vergleichbaren Zusammenhänge festgestellt werden. Diese Ergebnisse decken sich mit Befunden von Borg (1966), der bereits in den 60er Jahren erste Hinweise auf einen ungünstigen Einfluss des ‚randomgrouping[43]' auf die soziale Integration von schulleistungsschwachen Schülern fand.

Die Frage, warum besonders der Einfluss schulleistungsrelevanter Faktoren mit wachsender Heterogenität erhöht wird, bleibt unklar. Naheliegend erscheint eine Begründung über die hier gewählte Operationalisierung von Heterogenität. Möglicherweise könnte eine hohe Heterogenität im Bereich IQ gleichzeitig mit einer hohen Heterogenität schulleistungsrelevanter Faktoren einhergehen. Diese wäre wiederum ein ideales Milieu für eine ausgeprägte Hierarchienbildung anhand der Schulleistung und ihrer

---

[43] zufällige Auswahl der Schüler (→ hohe Heterogenität)

Stützkompetenzen. In einer vergleichsweise homogenen Gruppe wäre eine Hierarchienbildung anhand der Schulleistungen durch die starken Ähnlichkeiten unter den Schülern ungleich schwieriger. Ob es in homogenen Gruppen zu einer Verschiebung der integrationsrelevanten Merkmale kommt und inwieweit Schüler mit SFB von einer solchen Verschiebung profitieren könnten, kann auf der Grundlage der hier dargestellten Befunde nicht geklärt werden. Im Gegenteil: auch hier erscheint eine sehr konservative Interpretation der Daten angemessen. So können aus der vorliegenden Datengrundlage ausschließlich Hinweise auf einen Zusammenhang von Heterogenität und Wahlstatus von Schülern mit SFB abgeleitet werden. Im Ergebnis scheint dieser Zusammenhang einen ungünstigen Effekt auf die soziale Integration von Schülern mit SFB zu haben.

Für das Leistungsniveau einer Klasse konnten zwar schwache Effekte auf den Einfluss von Schulleistungen (Lesen, Sachunterricht), Selbstständigkeit sowie Belastbarkeit (bei konzentrierter Tätigkeit) nachgewiesen werden (vgl. Tabelle 84, S. 252). Im Ergebnis blieben diese Effekte jedoch ohne faktische Wirkung auf die soziale Integration von Schülern mit SFB (vgl. Grafik 19, S. 248). Somit kann für das Leistungsniveau einer Klasse kein nennenswerter Einfluss auf den Sozialstatus angenommen werden.

Betrachtet man die Ergebnisse vor dem Hintergrund der hypothetischen Vorannahmen zu Fragestellung 4, kann mit HYP 18 (S. 155), die einen geringeren Wahlstatus von Schülern mit SFB in stark heterogenen Klassen vorhersagt, nur eine der vier Hypothesen bestätigt werden.

HYP 18: In heterogenen Klassen ist der Wahlstatus von Schülern mit SFB signifikant geringer als in homogenen Klassen. → **bestätigt**

HYP 19: In heterogenen Klassen ist der Ablehnungsstatus von Schülern mit SFB signifikant höher als in homogenen Klassen. → nicht bestätigt

HYP 20: In Klassen mit einem hohen durchschnittlichen Leistungsniveau ist der Wahlstatus von Schülern mit SFB signifikant geringer als in homogenen Klassen. → nicht bestätigt

HYP 21: In Klassen mit einem hohen durchschnittlichen Leistungsniveau ist der Ablehnungsstatus von Schülern mit SFB signifikant höher als in homogenen Klassen. → nicht bestätigt

Die Analyse des Einflusses der einzelnen Variablen auf die soziale Integration zeigte jedoch deutlich, dass steigende Heterogenität nicht automatisch zu günstigeren Bedingungen für Schüler mit SFB führt. Im Gegenteil: je höher die Heterogenität einer Klasse war, desto größer wurde der Einfluss von Variablen, die die soziale Integration von Schülern mit SFB erschweren. Zusammenfassend lässt sich Fragestellung 4 wie folgt beantworten:

Antwort : Von allen hier untersuchten Gruppenvariablen lässt sich ausschließlich für die Heterogenität ein signifikanter Einfluss auf die soziale Integration feststellen. Im Gegensatz zu den Vorannahmen der Integrationspädagogik (vgl. Daumen, 2002, 204; Katzenbach, 2000, 237; Feuser, 1999a, 32f., Hinz, 1995 und 1998, 217; Klafki, 1996, 180f.; Wocken, 1987, 70) konnte der positive Einfluss der heterogenen Lerngruppe auf die soziale Integration von Schülern mit SFB nicht bestätigt werden. Im Gegenteil: auf Grundlage der hier dargestellten Befunde ist es gerade die homogene Lerngruppe, die sich positiv auf die soziale Integration von Schülern mit SFB auswirkt.

Die hier herausgestellten Erkenntnisse sprechen folglich gegen das von Hinz (1995) in Anlehnung an Reiser (1986) beschriebe Konstrukt 'einer Homogenität in der Heterogenität', das in seiner Wirkung einen positiven Effekt auf die soziale Integration von Schülern mit SFB haben sollte. Damit überwiegen Hinweise, nach denen eine Maximierung der Heterogenität (auf Grundlage der hier erhobenen Daten) eher die soziale Integration von Schülern mit SFB untergräbt. Die von Feuser (1999a, 1999b), Hinz (1995) oder Reiser (1986) beschriebene Stärkung der sozialen Integration durch maximale Heterogenität kann hier hingegen nicht bestätigt werden.

Betrachtet man die vorliegenden Erkenntnisse vor dem Hintergrund der erkenntnisleitenden Fragestellung, verdichten sich damit die Hinweise auf eine paradoxe Situation, in der sich Ziel und Wirkung der heterogenen Lerngruppe ad absurdum führen. Während Heterogenität das erklärte Ziel integrationspädagogischen Handelns ist, bildet sie gleichzeitig das Fundament für eine ausgeprägte soziale Ausgrenzung im Gemeinsamen Unterricht. Unter Umständen holt man sich das separationsorientierte 'Übel', das man mit dem Gemeinsamen Unterricht auszutreiben glaubte, mit der Forderung nach maximaler Heterogenität gewissermaßen 'durch die Hintertür' wieder zurück. In ihrer Summe können die Erkenntnisse aus Fragestellung 4 als weiteres Indiz für einen Widerspruch von Ziel und Wirkung im Gemeinsamen Unterricht bewertet werden. Mehr noch: sollten sich die hier getroffenen Ableitungen in weiteren Studien bestätigen, berühren sie damit das Herzstück der integrationspädagogischen Theoriebildung. Diesen Widerspruch aufzulösen und die darin beteiligten Faktoren zu entkoppeln, kann dementsprechend als die Kernaufgabe einer modernen und professionellen Integrationspädagogik betrachtet werden.

13.2.5 Einfluss von unterrichtsbezogenen Faktoren

Fragestellung 5: Welchen Einfluss haben unterrichtsbezogene Merkmale auf die soziale Integration von Schülern mit SFB?

Im Rahmen von Fragestellung 5 wechselt der Fokus nun auf Lehrer- und unterrichtsbezogene Faktoren. Methodisch war ihre Beantwortung als Screening angelegt, das einen Orientierungsmaßstab zur Wirksamkeit unterrichtsbezogener Faktoren liefern sollte.

Die Ergebnisse des Fragebogens für Lehrerinnen und Lehrer ergab ein sehr einheitliches Bild. Für keinen der untersuchten Faktoren ließ sich ein signifikanter Zusammenhang mit der sozialen Integration von Schülern mit SFB nachweisen. Die Interpretation dieses Ergebnisses erscheint schwierig. Hieraus zu schließen, dass Lehrer- und unterrichtsbezogene Variablen überhaupt keinen Einfluss auf die soziale Integration von Schülen mit SFB haben, wäre methodisch kaum haltbar und somit verfrüht. Deutlich wird durch das Ausbleiben signifikanter Ergebnisse, dass es nicht darauf ankommt, dass ein Lehrer eine bestimmte Methode in einem bestimmten Umfang anwendet, sondern auf welche Art und Weise er sie einsetzt. Verwunderlich erscheint der fehlende Einfluss der personellen Besetzung auf die soziale Integration von Schülern mit SFB. So gingen mit den Angaben zur Besetzung einer Klasse sehr exakte Daten in die Analyse ein. Auch hier scheint somit eher Qualität als Quantität ausschlaggebend für die Entwicklung sozialer Integration von Schülern mit SFB zu sein.

Im Zuge einer vorsichtigen Interpretation scheinen die Effekte lehrer- und unterrichtsbezogener Variablen zumindest so gering zu sein, dass sie über ein Screening nicht sichtbar werden. Somit müssen die hier gemessenen Effekte als kleiner eingestuft werden als schüler- und gruppenbezogene Effekte. Eine vorsichtige Bewertung von HYP 22 kann nur unter Vorbehalt vorgenommen werden:

HYP 22: Unterrichtsbezogene Merkmale haben einen signifi- → **bestätigt** kant niedrigeren Effekt auf die soziale Integration von Schülern mit SFB als schüler- und gruppenbezogene Merkmale.

Die Beantwortung von Fragestellung fünf kann nur unter Vorbehalt erfolgen:

Antwort : Unterrichts- und lehrerbezogene Merkmale haben einen geringeren Einfluss auf die soziale Integration als gruppen- und schülerbezogene Faktoren. Ausgenommen werden muss hier jedoch das Wertesystem des Lehrers, das auf das Wahl- und Ablehnungsverhalten ihrer Schüler zurückwirkt.

Obwohl HYP 22 damit zunächst bestätigt zu sein scheint, sollten die Ergebnisse für Fragestellung 5 nicht überbewertet werden. Hier müssen differenzierte Untersuchungen des Lehrerverhaltens im Gemeinsamen Unterricht und eine detailliertere Operationalisierung der Unterrichtsmethodik weitere Klarheit verschaffen (vgl. Kapitel 14.1). Eine darüber hinaus gehende Interpretation der Befunde geht jedoch in den Bereich der Spekulation und wird aus diesem Grunde hier nicht weitergeführt.

13.3 Bewertung der erkenntnisleitenden Fragestellung

Im Rahmen der erkenntnisleitenden Fragestellung wurde ein Widerspruch von Ziel und Wirkung schulischer Integration angenommen. Im Mittelpunkt dieses Widerspruches steht die theoretisch abgeleitete Annahme, dass soziale Integration im Gemeinsamen Unterricht von Faktoren abhängig ist, die zu einer systematischen Benachteiligung von Schülern mit SFB im Gemeinsamen Unterricht führen. Um diesen Widerspruch empirisch fassbar zu machen, wurden aus dem theoretischen Überbau der Arbeit fünf konkrete Ziele der Integrationspädagogik abgeleitet, an denen ein solcher Widerspruch festgemacht werden kann (vgl. 3.6, Tabelle 1, S. 41). An dieser Stelle soll mit der Bewertung dieser Kriterien nun ein Rückgriff zum Beginn der vorliegenden Arbeit vorgenommen werden.

Alle fünf Ziele sollen abschließend kurz anhand der aus ihnen abgeleiteten Indikatoren bewertet werden.

Ziel 1: Soziale Integration von Schülern mit und ohne SFB ist vergleichbar.
Die soziale Integration von Schülern mit SFB im Gemeinsamen Unterricht entspricht den 'realen Konsequenzen' schulischer Integration. Sie wurde von Wocken (1987, 208f.) als ein zentrales Gütekriterium für die Bewertung des Gemeinsamen Unterrichts formuliert. Auf Grundlage der vorliegenden Daten müssen diese realen Konsequenzen abschließend als ernüchternd bewertet werden. Jeder zweite Schüler mit SFB wird von seinen Klassenkameraden abgelehnt. Das Risiko für soziale Ausgrenzung ist für Schüler mit SFB doppelt so hoch wie für ihre Klassenkameraden ohne SFB. Im Falle starker sozialer Ablehnung deutet sich eine verschärfte Situation an, in der Schüler mit SFB rund 5,5 mal häufiger betroffen sind. Da die soziale Integration als das Leitziel des Gemeinsamen Unterrichts be-

trachtet werden kann, steht die im Rahmen dieser Arbeit skizzierte Situation in einem klaren Widerspruch zu ihrer Zielsetzung. Damit muss der erste Indikator für das Vorliegen eines Widerspruches von Ziel und Wirkung im Gemeinsamen Unterricht als erfüllt bewertet werden.

Ziel 2: Soziale Integration verläuft nicht über Schülermerkmale, die Schüler mit SFB benachteiligen.

Das Wesen der integrationsrelevanten Persönlichkeitsmerkmale wurde als ein weiteres wichtiges Kriterium für das Vorliegen eines Ziel-Wirkungs-Widerspruches herausgearbeitet. Nur wenn soziale Integration über Merkmale verläuft, die Schüler mit SFB nicht schon a priori bei der Ausbildung sozialer Hierarchien im Klassenraum benachteiligen, fällt die Hypothese eines solches Widerspruches in sich zusammen. Tatsächlich hatten jedoch gerade schulleistungsrelevante Merkmale den größten Einfluss auf die soziale Integration, die wiederum Schüler mit den Förderschwerpunkten Lernen, Sprache oder geistige Entwicklung am stärksten benachteiligen. Aber auch sportlich-faire Kompetenzen, als zweiter starker Einflussfaktor schulischer Integration, repräsentieren einen Merkmalsbereich, der bei Schülern mit SFB häufig schwächer ausgeprägt ist. Beide Bereiche können insgesamt als förderbedarfsrelevante Merkmalsbereiche bewertet werden.

Den Schulen in der Stichprobe gelang es offensichtlich nicht, den Zusammenhang zwischen Behinderung und sozialer Ausgrenzung zu entkoppeln. Vielmehr weisen die Ergebnisse darauf hin, dass soziale Integrationsprozesse auch im Gemeinsamen Unterricht nach den gleichen Regeln verlaufen, wie es schon Petillon für das Grundschulsystem der 1970er Jahre herausgestellt hat (vgl. Petillon, 1978, 1980).
Eine soziale Selektion über förderbedarfsrelevante Merkmale widerspricht der Zielsetzung schulischer Integration und kann folglich als zweiter Indikator für den hier im Mittelpunkt stehenden Ziel-Wirkungs-Widerspruch betrachtet werden.

Ziel 3: Normabweichungen führen nicht zu sozialer Ausgrenzung

Die Frage nach der Wirkung von 'Unnormalität' zielt auf einen der Kerngedanken der Integrationspädagogik ab. Ziel der Integrationspädagogik ist dabei, den Zusammenhang von Normabweichung und sozialer Ausgrenzung soweit zu entkoppeln, dass Schüler mit SFB nicht benachteiligt werden. Analog zur Frage nach den integrationsrelevanten Persönlichkeitsmerkmalen (Ziel 2) legen die Ergebnisse der vorliegenden Arbeit nahe, dass diese Entkopplung in den untersuchten Schulen nicht gelungen ist. Soziale Ausgrenzung erscheint somit auch im Gemeinsamen Unterricht als Wirkung von Normabweichungen. Hinweise auf eine Schutzfunktion von integrationsfördernden Merkmalen liegen nicht vor. Insgesamt muss folglich auch der dritte Indikator im Sinne eines Widerspruches von Ziel und Wirkung im Gemeinsamen Unterricht bewertet werden.

Ziel 4: Mit wachsender Heterogenität einer Schulklasse verbessert sich die soziale Integration von Schülern mit SFB

Der Einfluss der Heterogenität auf die soziale Integration berührt direkt den Leitgedanken des Gemeinsamen Unterrichts. So soll gerade durch Heterogenität die Normalität der Andersartigen bzw. Abweichenden vermittelt werden (vgl. Feuser, 1999, 32). Für die Realisierung der Integration fordert Feuser (1999) in diesem Zusammenhang,

"Abschied zu nehmen vom Dogma der "Homogenität" zugunsten größtmöglicher Heterogenität der Lerngruppen" (Feuser, 1999, 33)

Damit formuliert Feuser (1999) ein Annahme, die für die innere Logik des Gemeinsamen Unterrichts existentiell erscheint. Soziale Integration lässt sich nur realisieren, wenn behinderte und nicht behinderte Schüler gemeinsam in einer heterogenen Lerngruppe unterrichtet werden. Die heterogene Lerngruppe wird dadurch zur zentralen Voraussetzung für eine soziale Integration von Schülern mit SFB. Erfolgreiche soziale Integration darf somit der Wirkung einer ('größtmöglich') heterogenen Lerngruppe nicht widersprechen. Auf der Basis der vorliegenden Daten liegen jedoch Hinweise auf eben diesen Widerspruch vor. So stärkt gerade eine ausgeprägte Heterogenität der Lerngruppe die Ausbildung sozialer Hierarchien anhand förderbedarfsrelevanter Merkmale. Hinweise auf eine Stärkung anderer Merkmalsbereiche liegen nicht vor, können jedoch nicht ausgeschlossen werden. Hier müssten Nachfolgeuntersuchungen mit unterschiedlichen Operatonalisierungen für Heterogenität weitere Klarheit bringen. Auch eine vorsichtige Interpretation der Erkenntnisse lässt Heterogenität abschließend nicht nur als Weg zur Überwindung sozialer Benachteiligung, sondern ebenso als Wegbereiter für soziale Ausgrenzung erscheinen. Insgesamt müssen die vorliegenden Daten als vierter Indikator für das Vorliegen eines Widerspruches von theoretischer Zielformulierung und praktischer Wirkung im Gemeinsamen Unterricht betrachtet werden.

Ziel 5: Unterrichtsbezogene Faktoren können soziale Integration von Schülern mit SFB beeinflussen

Für unterrichtsbezogene Faktoren im Allgemeinen und das Lernen am gemeinsamen Gegenstand im Besonderen waren keine signifikanten Effekte auf die soziale Integration von Schülern mit SFB nachweisbar. Somit erscheint eine Entkopplung von Behinderung und sozialer Ablehnung über unterrichtsbezogene Faktoren zumindest als problematisch. Vor diesem

Hintergrund verstärkt dieses Kriterium den hier im Mittelpunkt stehenden Verdacht auf ein widersprüchliches Verhältnis von Ziel und Wirkung im Gemeinsamen Unterricht. Einschränkend muss hier jedoch die vergleichsweise grobe Erhebung unterrichtsbezogener Faktoren erwähnt werden, die eine abschließende, seriöse Bewertung dieses Kriteriums nicht ermöglicht.

Abschließende Bewertung
Insgesamt ergeben sich damit zumindest aus vier von fünf Indikatoren deutliche Hinweise auf das Vorliegen eines Widerspruches von theoretischer Zielsetzung und tatsächlicher Wirkung schulischer Integration. Betrachtet man die heterogene Lerngruppe nicht als die pädagogische Reaktion auf soziale Ausgrenzung, sondern als ihren Anfangspunkt, verdeutlichen sich die Hinweise auf eine widersprüchliche Situation im Gemeinsamen Unterricht. Heterogene Lerngruppen können die Hierarchienbildung über schulleistungsrelevante Variablen offenbar nicht verhindern. Im Gegenteil: gerade schulleistungsrelevante Merkmale sind es, die in stark heterogenen Gruppen an Einfluss zu gewinnen scheinen. Ein verstärkter Einfluss der Schulleistung und ihrer Stützkompetenzen schwächt wiederum die soziale Integration von Schülern mit dem Förderschwerpunkt Lernen, Sprache und geistige Entwicklung.

Doch genau das ist eine Situation, auf die eine normativ ausgerichtete Integrationspädagogik wiederum mit einer Verschärfung der Heterogenität antwortet. Eine Verschärfung der Heterogenität scheint jedoch gerade die Hierarchienbildung über förderbedarfsrelevante Schülermerkmale zu stärken, was insgesamt als Schwächung der Position von Schülern mit SFB im Gemeinsamen Unterricht bewertet werden muss. Abbildung 8 stellt das hier skizzierte Wirkmuster der Situation im Gemeinsamen Unterricht zusammenfassend dar.

Die vorliegenden Befunde ergeben in ihrer Gesamtheit Hinweise darauf, dass sich der Konformitätsdruck im Gemeinsamen Unterricht aus drei wesentlichen Komponenten zusammensetzt. Die erste Komponente besteht im Lehrer selbst. So lassen insbesondere die hohen Zusammenhänge zwischen Lehrerbewertung und sozialer Integration (Kapitel 13.2.2, S. 299f.), aber auch der starke inhaltliche Bezug der integrationsrelevanten Merkmale zur Person des Lehrers (Schulnoten, Motivation, Arbeitsverhalten) den Schluss zu, dass Schüler ihre soziale Wahl von Werten abhängig machen, die in erster Linie durch den Lehrer selbst verkörpert werden.

Interpretation der Ergebnisse

Die widersprüchliche Wirkung der Heterogenität

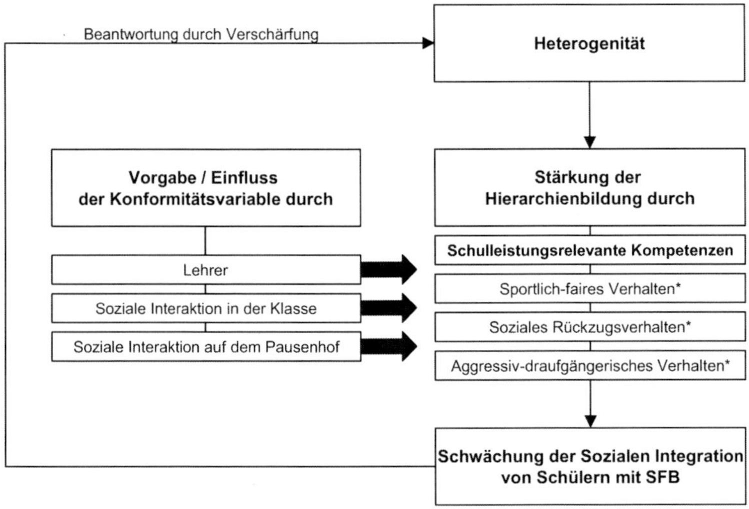

```
                  Beantwortung durch Verschärfung
        ┌─────────────────────────────────────────────►  Heterogenität
        │                                                      │
        │                                                      ▼
        │   Vorgabe / Einfluss                          Stärkung der
        │   der Konformitätsvariable durch              Hierarchienbildung durch
        │   ┌──────────────────────────┐              ┌────────────────────────────────┐
        │   │         Lehrer           │═════════►    │ Schulleistungsrelevante Kompetenzen │
        │   ├──────────────────────────┤              │ Sportlich-faires Verhalten*        │
        │   │ Soziale Interaktion      │═════════►    │ Soziales Rückzugsverhalten*        │
        │   │ in der Klasse            │              │ Aggressiv-draufgängerisches        │
        │   ├──────────────────────────┤              │ Verhalten*                         │
        │   │ Soziale Interaktion      │═════════►    └────────────────────────────────┘
        │   │ auf dem Pausenhof        │                             │
        │   └──────────────────────────┘                             ▼
        │                                              Schwächung der Sozialen Integration
        └──────────────────────────────────────────── von Schülern mit SFB
```

Abbildung 8
* Die Stärkung dieser Bereiche wird nur theoretisch angenommen.
Hierzu liegen in dieser Arbeit keine empirischen Befunde vor.

Demnach wird Konformitätsdruck vor allem auf die Schüler ausgeübt, die den Erwartungen des Lehrers nur wenig entsprechen. Sollte sich dieser Eindruck in weiteren Untersuchungen bestätigen, kommt dem Lehrer damit eine zentrale Rolle für das Gelingen sozialer Integrationsprozesse zu.

Die zweite Komponente wirkt aus den Interaktionen im Klassenzimmer heraus und wird vor allem durch schulleistungsbezogene Variablen markiert (vgl. Kapitel 12.3.3, S. 237ff.). Konformitätsdruck könnte demnach vor allem auf die Schüler ausgeübt werden, die die leistungsrelevanten Interaktionen im Klassenzimmer stören oder den allgemeinen Leistungserwartungen nicht entsprechen. Inwieweit sich diese Komponente trennscharf von den lehrerbezogenen Faktoren abgrenzen lässt (Komponente 1), ist durch die vorliegende Untersuchung nicht klärbar.

Die dritte Komponente wirkt außerhalb des Klassenzimmers und damit wahrscheinlich unabhängig von Schulleistungserwartungen, die durch den Lehrer vorgegeben werden. Sie werden durch Variablen des sportlich-fairen Verhaltens markiert (vgl. Kapitel 12.7.1, S. 269ff.) und erscheinen so vor allem in Schulpausen, bei Sportfesten und im Freizeitbereich relevant zu sein. Insgesamt ergeben sich jedoch deutliche Hinweise darauf, dass sportlich-faires Verhalten das soziale Wahlverhalten der Schüler nachhaltig und somit auch im Klassenraum beeinflusst. Konformitätsdruck wird folglich auf Schüler ausgeübt, die den Erwartungen sportlich-fairen Verhaltens besonders wenig entsprechen.

Insgesamt wirken diese drei Komponenten immer dann, wenn ein Schüler deutlich und negativ von der Klassennorm abweicht. Normabweichungen erscheinen vor diesem Hintergrund also als eine übergeordnete Komponente. Keine dieser grundlegenden Wirkfaktoren kann die in dieser Arbeit vertretene Hypothese eines Widerspruchs von Ziel und Wirkung im Gemeinsamen Unterricht entkräften.

Betrachtet man die Situation ausschließlich aus dem Blickwinkel der schulischen Integration, erscheint gerade der Personenkreis, der von Gemeinsamem Unterricht profitieren soll, gleichzeitig durch die heterogene Lerngruppe benachteiligt zu werden. Da Gemeinsamer Unterricht ohne eine heterogene Lerngruppe kaum denkbar ist, erscheinen Ziel und Wirkung des Gemeinsamen Unterrichts in einem Widerspruch zu stehen. Vor diesem Hintergrund kann die Hypothese einer widersprüchlichen Situation für den Gemeinsamen Unterricht in der vorliegenden Arbeit beibehalten werden. Sie soll damit als Grundlage für weitere Untersuchungen dienen.

13.4 Zusammenfassung

Betrachtet man die in dieser Arbeit gewonnenen Ergebnisse auf einer übergeordneten, zusammenfassenden Ebene, lassen sich daraus insgesamt 19 grundsätzliche Aussagen über die soziale Integration von Schülern mit SFB im Gemeinsamen Unterricht ableiten.

Nr.	Aussage
1	Schüler mit SFB sind in ihrer Klasse signifikant schlechter sozial integriert als Schüler ohne SFB. Etwa jeder zweite Schüler mit SFB wird sozial abgelehnt.
2	Eine Bewertung der sozialen Integration anhand der Rohwerte von Wahl- und Ablehnungsstatus geben nur einen begrenzten Einblick in die reale Situation von Schülern mit SFB.
3	Die Statusgruppen 'vernachlässigt' und 'kontroversiell' haben nur eine geringe Bedeutung für die soziale Integration von Schülern mit SFB. Ein Integrationsschema, das die Statusgruppen 'durchschnittlich' und 'abgelehnt' differenzierter unterscheidet, erscheint für die soziale Integration im Gemeinsamen Unterricht von größerer Bedeutung.
4	Schülermerkmale stehen in einem erkennbaren Zusammenhang mit sozialer Integration bzw. sozialer Ablehnung.
5	Die Gruppe der abgelehnten Schüler kann insgesamt als vergleichsweise homogene Gruppe bezeichnet werden.
6	Die Klasse scheint als Bezugsgruppe eine größere Erklärungskraft für die soziale Integration von Schülern mit SFB zu besitzen als eine gesellschaftliche bzw. statistische Norm.
7	Soziale Integration von Schülern (mit und ohne SFB) verläuft über wenige (schülerbezogene) Merkmalsbereiche.
8	Im Gemeinsamen Unterricht besitzen die Schülermerkmale a) schulleistungsbezogene Kompetenzen b) sportlich-faires Verhalten c) soziales Rückzugsverhalten d) aggressiv-draufgängerisches Verhalten die größte Erklärungskraft für die soziale Integration.
9	Die sozialen Bewertungsdimensionen für Schüler mit und ohne SFB unterscheiden sich nicht.
10	Durchschnittlich integrierte Schüler mit SFB markieren eine besondere Gruppe, bei der die Entkopplung von direkt schulleistungsrelevanten Merkmalen und sozialer Integration zu gelingen scheint.

Nr.	Aussage
11	Es gibt Hinweise darauf, dass das Lehrerurteil über einen Schüler auf die soziale Integration dieses Schülers zurück wirkt.
12	Abweichungen von der Klassennorm stehen in einem grundsätzlichen Zusammenhang mit sozialer Integration.
13	Es lassen sich integrationsfördernde bzw. integrationsneutrale von integrationshemmenden Abweichungen unterscheiden.
14	Die Toleranz für soziale Ablehnung ist bei Schülern mit SFB insgesamt etwas größer als für Schüler ohne SFB. Vor diesem Hintergrund stellt das Etikett 'sonderpädagogischer Förderbedarf' neben dem Stigma auch einen Schutz für den Schüler dar.
15	Die Situation von Schülern mit SFB ist das Resultat eines zirkulären Denkmusters, in dem es einen großen Zusammenhang zwischen sozialer Ablehnung, negativer Abweichung und Behinderung gibt.
16	Allgemeine Gruppenfaktoren beeinflussen die soziale Integration von Schülern mit SFB nicht.
17	Hohe Heterogenität einer Klasse hat einen negativen Einfluss auf den Wahlstatus von Schülern mit SFB. Homogenität schulleistungsrelevanter Merkmale wirkt sich hingegen günstig auf die soziale Integration von Schülern mit SFB aus.
18	Das durchschnittliche Leistungsniveau einer Klasse beeinflusst die soziale Integration von Schülern mit SFB nicht.
19	Unterrichtsvariablen beeinflussen die soziale Integration von Schülern mit SFB nicht.

Diese 19 Aussagen skizzieren ein Bild, das soziale Integration im Gemeinsamen Unterricht als komplexes Phänomen darstellt. Grundsätzlich erscheint die soziale Integration von Schülern mit SFB als problematisch (1). Insbesondere eine einseitige Analyse der sozialen Integration in Schulversuchen verzerrt dabei die realen Konsequenzen schulischer Integration (2). So ist auch zumindest für die Modellschulen in Hamburg und Bonn denkbar, dass die Darstellung der sozialen Integration auf Grundlage internationaler Standards weit weniger optimistisch bewertet werden könnte.

Soziale Integrationsprozesse gehorchen damit nicht einfach der inneren Logik einer normativ ausgerichteten Integrationspädagogik, sondern folgen eigenen Regeln, nach denen über Ausgrenzung und Beliebtheit entschieden wird. So mehren sich die Hinweise darauf, dass die soziale Integration von Schülern mit SFB nicht einfach durch einen gruppenorganisatorischen 'Trick' (Heterogenität) den normativen Erwartungen angeglichen werden kann (3 und 16). Die Erwartung, dass sich soziale Integrationsprozesse von Schülern mit SFB einstellen, wenn nur das Spektrum des 'Normalen' erweitert wird (vgl. Feuser, 1999a, 32), erscheint vor diesem Hintergrund fast nicht haltbar.

Auch trotz der gemeinsamen Gruppenerfahrungen scheinen soziale Integrationsprozesse (noch) weitgehend über Persönlichkeitsmerkmale des Schülers (4, 5, 6, 19) und entsprechende negative Abweichungen (12) zu verlaufen. Betrachtet man die integrationsrelevanten Merkmalsbereiche, scheint es im Gemeinsamen Unterricht kaum gelungen, die Wertigkeit (schul-) leistungsferner Persönlichkeitsbereiche zu steigern. Im Gegenteil: Schulleistung und ihre Stützkompetenzen haben im Gemeinsamen Unterricht eine Schlüsselfunktion und einen insgesamt größeren Einfluss auf die soziale Integration von Schülern mit SFB als dies der Großteil der US-amerikanischen Studien vermuten lässt (8).

Insgesamt werden Schüler mit und ohne SFB grundsätzlich nach den gleichen Kriterien bewertet (9). Die Gruppe der abgelehnten Schüler stellt sich als vergleichsweise homogene Gruppe dar (5), die weder auf Integrationsressourcen im Schulleistungsbereich noch auf besondere Kompetenzen im Bereich sportlich-fairen Verhaltens zurückgreifen kann. Inwieweit sich dabei eine Steigerung des sozialen Rückzugsverhaltens und aggressiv-draufgängerischer Verhaltensweisen als Reaktion auf diese Situation darstellt oder beide Verhaltenskomponenten schon zu Beginn in den sozialen Integrationsprozess eingegangen sind, bleibt unklar (8c). Fest steht, dass mit den Schulleistungskompetenzen und sportlich-fairen Verhaltenstendenzen die zwei einflussreichsten Faktoren sozialer Integration Schüler mit SFB auch im Gemeinsamen Unterricht eher benachteiligen (9). Die vorliegenden Befunde zeigen, dass eine Vergrößerung der Gruppenheterogenität dieses Problem eher verschärft als es zu entschärfen (17). Ebenso muss eine Steuerung über das durchschnittliche Leistungsniveau (18), allgemeine gruppen- (16) oder oberflächliche unterrichtsbezogene Variablen (19) auf der Grundlage der vorliegenden Daten eher als ein wenig hoffnungsvoller Lösungsansatz eingeschätzt werden. Hervorzuheben ist in diesem Zusammenhang allerdings die Rolle des Lehrers. Dessen Schülerbewertung stand insgesamt in einem sehr hohen Zusammenhang mit dem Sozialstatus eines Schülers und eröffnet somit zumindest einen Ansatzpunkt für die Verbesserung der sozialen Situation von Schülern mit SFB (11).

Betrachtet man die Situationsanalyse auf einer übergeordneten Ebene, fallen vor allem zwei positive Ansätze im derzeit praktizierten Gemeinsamen Unterricht auf. Zum einen scheint es für die soziale Integration von Schülern mit und ohne SFB unterschiedliche Toleranzgrenzen zu geben (14). Unter Umständen werden dabei für Schüler mit SFB größere Abweichungen von der Norm toleriert als bei Schülern ohne SFB. Das Bewertungskriterium bleibt hier allerdings gleich. Eine Ausnahme liegt für den besonderen Stellenwert sportlich-sozialer Verhaltensweisen vor. Diese markieren gleichzeitig den zweiten positiven Ansatz. So konnte mit den durchschnittlich integrierten Schülern mit SFB eine Schülergruppe isoliert werden, denen trotz schlechter schulleistungsrelevanter Kompetenzen eine vergleichsweise gute soziale Integration bescheinigt werden kann (10). Für diese Schüler kann eine soziale Integration über ihre Integrationsressourcen im Bereich sportlich-fairen Verhaltens angenommen werden. Hier ist es zumindest teilweise gelungen, soziale Integration und schulleistungsrelevante Aspekte zu entkoppeln.

Insgesamt ergibt sich mit dem Gemeinsamen Unterricht damit eine paradoxe Situation. Einerseits stellt die heterogene Lerngruppe (als Organisationsform) die notwendige Voraussetzung für eine soziale Integration von Schülern mit SFB dar. Andererseits herrschen jedoch innerhalb der heterogenen Lerngruppe bisher keine hinreichenden Bedingungen, die eine faktisch gleichberechtigte soziale Integration von Schülern mit SFB sicherstellen können. Bestätigen sich diese Erkenntnisse, verflacht schulische Integration zu einer organisatorischen Maßnahme, die ihrem ursprünglichen Ziel selbst im Wege steht.

Diese 19 hier zusammengefassten Aussagen können insgesamt als die komprimierte Essenz der vorliegenden Arbeit bezeichnet werden. Als Resultat eines Forschungsprojektes, das die grundsätzlichen Zusammenhänge sozialer Integration im Gemeinsamen Unterricht herausstellen wollte, erheben sie jedoch zu keiner Zeit den Anspruch darauf, die Realität im Gemeinsamen Unterricht vollständig und allgemeingültig abzubilden. Sie sollen vielmehr als neue Ausgangshypothesen die Grundlage für weitere Nachfolgeuntersuchungen bilden und somit im Sinne eines hermeneutischen Zirkels von Neuem überprüft werden. Nur so kann sich allmählich ein differenzierteres und umfassenderes Verständnis sozialer Integrationsprozesse im Gemeinsamen Unterricht entwickeln.

14 Kritische Reflexion

Eine kritische Reflexion kann nur in zwei Schritten erfolgen. Zunächst müssen aus der vorliegenden Arbeit heraus Fehler und Schwachstellen gesucht und reflektiert werden. Erst dann kann eine kritische Rückführung der Ergebnisse auf ihren integrationspädagogischen Überbau erfolgen.

14.1 Die Untersuchung

Die vorliegende Arbeit hatte insgesamt drei Ziele (vgl. Kapitel 1, S. 15). Zunächst sollte durch eine Theorieanalyse ein (theoretischer) Widerspruch zwischen integrationspädagogischen und sozialpsychologischen Ansätzen zur Wirkung heterogener Lerngruppen aufgezeigt werden. Zum Zweiten sollten mittels der hier veröffentlichen Studie Erkenntnisse über die soziale Integration von Schülern mit SFB im alltäglichen Gemeinsamen Unterricht gesammelt werden. Gegenstand war somit die gemeinsame Beschulung von Schülern mit und ohne SFB außerhalb der besonderen Rahmendingungen eines Schulversuches. Auf dieser Grundlage sollten zum Dritten Hinweise auf den in der Theorieanalyse herausgearbeiteten Widerspruch von integrationspädagogischer Zielsetzung und effektiver Wirkung heterogener Lerngruppen gesammelt werden. An dieser Zielsetzung muss sich die vorliegende Untersuchung messen lassen.

Die theoretische Zielsetzung der Arbeit (Ziel 1) wurde durch die Ableitung eines Ziel-Wirkungs-Widerspruches in Kapitel 7 erfüllt. Durch die darauf aufbauende Untersuchung können zunächst auch beide empirischen Ziele (Ziel 2 und 3) als erfüllt gelten. Insgesamt werden die geforderten Einblicke in den Alltag schulischer Integration jedoch von drei Schwachstellen getrübt.

Zum einen lassen sich aus einer Querschnittsuntersuchung keine nennenswerten Aussagen über die Entwicklung der sozialen Integration in anderen Bezugssystemen ableiten. So hätte die Veränderung des soziometrischen Status der Schüler mit SFB bei einem Wechsel in eine homogenere Gruppe die Ergebnisse ggf. in einem anderen Licht erscheinen lassen. Letztlich bleibt unklar, inwieweit die Überweisung eines ausgegrenzten Schülers in eine homogene Gruppe tatsächlich hilfreich wäre. Verwiesen sei hier auf Untersuchungen von Wocken (1983) und Randoll (1992), die für den Wechsel in ein homogenes Bezugssystem positive Effekte auf die soziale Integration feststellten. Deutlich wurde durch das gewählte Design allerdings, dass die heterogene Lerngruppe allein das Ausgrenzungs-Problem für Schüler mit SFB nicht lösen kann.

Der zweite kritische Punkt richtet sich auf das Fehlen einer subjektiven Einschätzung der betroffenen Schüler selbst. Denkbar wäre eine Situation, in der ein Schüler zwar ausgegrenzt wird, sich aber trotzdem in seiner Klasse wohlfühlt. Obwohl das subjektive Wohlbefinden der Schüler anfangs bewusst nicht in die Untersuchung aufgenommen wurde, erscheint es an ihrem Ende als eine sinnvolle Ergänzung der Erkenntnisse.

Die dritte wesentliche Kritik am vorliegenden Forschungsdesign muss in den groben Vergleichsdaten zu unterrichts- und lehrerbezogenen Faktoren gesehen werden. So bleibt unklar, inwieweit solche Variablen tatsächlich nur geringe Effekte auf die soziale Integration von Schülern mit SFB haben oder das hier entstandene Bild nur das Resultat einer vergleichsweise undifferenzierten Abbildung unterrichts- und lehrerbezogener Faktoren ist. Daher dürfen die oben dargestellten Ergebnisse nicht überbewertet werden.

Unabhängig von diesen drei Schwachstellen bleibt die Frage, inwieweit die hier eingesetzten Verfahren tatsächlich geeignet sind, um zu einem repräsentativen und objektiven Eindruck der Situation im Gemeinsamen Unterricht zu gelangen. So scheinen Einschätzungen der Lehrer grundsätzlich geeigneter zur Erklärung der sozialen Integration zu sein als Einschätzungen der Schüler selbst. Dieser Umstand wurde vor allem durch höhere Korrelationen von Lehrereinschätzungen gegenüber schülerbezogenen Testverfahren deutlich.

Die daraus resultierenden Hinweise auf eine hervorgehobene Rolle des Lehrers für die soziale Integration wurde bereits weiter oben diskutiert. Insbesondere für den Stressverarbeitungsfragebogen für Kinder und Jugendliche (SVF-KJ) und den Persönlichkeitsfragebogen für Kinder und Jugendliche (PfK 9-14) bleiben die Ergebnisse jedoch mit wenigen Ausnahmen eher blass. Zu überlegen wäre hier, ob eine Einschätzung der Eigenschaften durch eine Befragung der Mitschüler nicht sinnvoller gewesen wäre. Letztlich kommt es bei der sozialen Integration nicht nur darauf an, wie sich ein Schüler selbst wahrnimmt, sondern auch wie sein Verhalten in der Bezugsgruppe wahrgenommen wird.

Insgesamt bleibt jedoch das hier dargestellte Abbild der sozialen Integration von diesen forschungsmethodischen Mängeln weitgehend unberührt. So konnten trotz der hier skizzierten Mängel deutliche und signifikante Zusammenhänge zur sozialen Integration herausgestellt werden. Die Untersuchung erhebt dabei zu keiner Zeit den Anspruch, gänzlich neue Erkenntnisse gewonnen zu haben. Neu ist mit dem integrativen Alltag vor allem der Rahmen, in dem sie gefunden wurden. Dadurch wird nochmals deutlich, dass die theoretische Machbarkeit sozialer Integration und ihre empirische Fixierung in Schulversuchen noch keine Aussage über den ganz alltäglichen Gemeinsamen Unterricht in ganz normalen Schulen zulässt.

14.2 Die Ergebnisse

Kehrt man von dieser Stelle an den Anfangspunkt der vorliegenden Arbeit (Kapitel 3.6) zurück und nimmt aus dem Blickwinkel der Integrationspädagogik eine evaluierende Bewertung der aktuellen Situation im Gemeinsamen Unterricht vor, zeichnet sich ein ernüchterndes Bild für die soziale Integration ab. Abschließend müssen zentrale Ziele der integrationspädagogischen Theoriebildung als bislang nicht realisiert bewertet werden.

Demnach sind Schüler mit SFB in ihrer Klassengemeinschaft deutlich schlechter integriert als Schüler ohne SFB (→ Ziel 1). Sie sind überdies auch deutlich schlechter integriert, als es die zahlreichen Schulversuche in Hamburg, Berlin, Bremen, Nordrhein-Westfalen oder Hessen vermuten lassen. Die Hauptursache für diese schlechte Integration ist vor dem Hintergrund der vorliegenden Daten auf behinderungs- bzw. förderbedarfsrelevante Ursachen zurückführbar (→ Ziel 2). Zwar erscheint eine gute soziale Integration aufgrund behinderungsspezifischer Kriterien nicht als unmöglich, angesichts der hohen Bedeutung schulleistungsrelevanter Faktoren jedoch deutlich erschwert. In die gleiche Richtung weisen die Effekte von Normabweichungen auf die soziale Integration. War die Entkopplung von gesellschaftlichen Normalitäts-Erwartungen und sozialer Ausgrenzung eines der zentralen Anliegen der Integrationspädagogik (→ Ziel 3), so muss gerade eine Situation, in der die Normabweichung zur Normalität wird (Heterogenität), als gutes Fundament für soziale Ausgrenzung von Schülern mit SFB betrachtet werden.

Die Hoffnung, dass die 'normalisierende' Wirkung der Heterogenität einen positiven Effekt auf die soziale Integration von Schülern mit SFB haben könnte, bleibt zumindest auf Grundlage dieser Studie unbestätigt. Vielmehr deutet sich eine umgekehrte Situation an, in der Heterogenität das Problem sogar verschärfen könnte (→ Ziel 4). Die Installation eines Schulsystems, in dem behinderungsspezifische Merkmale nicht automatisch zu unterschiedlichen sozialen Positionen führen, kann im derzeitigen Gemeinsamen Unterricht somit nicht als verwirklicht gelten. Unterrichtsbezogene Maßnahmen scheinen die Situation zumindest nicht spürbar zu entschärfen (→ Ziel 5). Eine Benachteiligung zumindest einzelner Schülergruppen bleibt auf der Grundlage der vorliegenden Daten zumindest nicht ausgeschlossen.

Bei einer nüchternen Betrachtung der Erkenntnisse muss eine pauschale Zuweisung von Schülern mit SFB in den Gemeinsamen Unterricht ebenso kritisch bewertet werden wie ihre pauschale Selektion. Solange die kategorische Forderung nach einer integrationsfähigen Schule nicht realisiert ist, erscheint die Frage nach der sozialen Integration auf den Schüler selbst zurück geworfen. Der aus integrationspädagogischer Sicht anachronistische Begriff des 'integrationsfähigen Schülers' ist angesichts einer nur eingeschränkt integrationsfähigen (Alltags-) Schule aktueller denn je.

Wendet man die Argumente der Integrationspädagogik gegen eine selektierende Beschulung von Schülern mit SFB konsequent auf die hier herausgestellten Befunde zur schulischen Integration an, lassen sich erstaunliche Parallelen herausstellen. So muss zumindest diskutiert werden, inwieweit ein Schüler durch eine separierende Beschulung in vergleichbarer Weise benachteiligt wird, wie durch ein stark erhöhtes Risiko auf soziale Ausgrenzung in einer 'integrativen' Lerngruppe. Hier ist vor allem unklar, inwieweit die rein räumliche Zusammenfassung von Schülern mit und ohne SFB einerseits oder eine erhöhte Chance auf eine verbesserte gesellschaftlichen Integration nach Beendigung der Schullaufbahn andererseits höher bewertet werden können als die tatsächliche soziale Integration im Gemeinsamen Unterricht.

Beleuchtet man die Ergebnisse aus einem theoretischen Blickwinkel, wirkt mit der 'Selbsterhaltung gesellschaftlicher Systeme' (Autopoiesis) eines der wichtigsten Argumente der Integrationspädagogik gegen ein separierendes Schulsystem auf den Gemeinsamen Unterricht zurück. So muss schließlich auch die Frage diskutiert werden, inwieweit es sich auch bei der Integrationspädagogik um ein selbsterhaltendes System handeln könnte, das sich seinem eigenen empirischen Feedback entzieht. Auch hier könnten ideologische und existentielle Positionen verteidigt werden, ohne die tatsächliche Situation des Schülers selbst zu berücksichtigen.

Ähnliches gilt für das Etikett bzw. Stigma 'sonderpädagogischer Förderbedarf' oder 'behindert'. Hier muss diskutiert werden, inwieweit die kategorische Ablehnung einer klassifizierenden sonderpädagogischen Diagnostik innerhalb der Integrationspädagogik angesichts der vorliegenden Befunde haltbar ist. So ergaben sich einerseits Hinweise, auf deren Grundlage das vermeintliche Stigma des 'sonderpädagogischen Förderbedarfs' auch als sozialer Schutzfaktor für die betroffenen Schüler interpretiert werden kann. Andererseits erscheint fraglich, inwieweit nicht die ethisch-moralische Pflicht einer individuumsorientierten Integrationspädagogik auch darin besteht, ausgrenzungsgefährdeten Schülern den Gang in den Gemeinsamen Unterricht zu ersparen.

Insgesamt kann auf der Grundlage der hier erhobenen Daten die Verwirklichung einer 'egalitären Differenz' (vgl. Prengel, 1999a, 238; Kapitel 3.6 und 7) für die derzeitige (alltägliche) Situation im Gemeinsamen Unterricht nicht bestätigt werden. So ließen sich im Rahmen der vorliegenden Studie gerade in heterogenen Lerngruppen soziale Rangordnungen besonders gut durch behinderungsrelevante Unterschiede zwischen den Schülern erklären. Dieses Ergebnis steht in einem deutlichen Gegensatz zu Untersuchungen im Rahmen des Hamburger Schulversuchs, bei dem der Zusammenhang zwischen Leistung und Sozialstatus nach Angaben von Hinz (2002) als 'entkoppelt' betrachtet werden konnte (vgl. Hinz, 2002, 133; Hinz, 1998). Insgesamt lassen die wesentlich günstigeren Einschätzungen im Rahmen deutscher Schulversuche (Hinz, 2002; Wocken, 1999; Maikowski und Podlesch, 1999; Dumke und Schäfer, 1993) vermuten, dass die angesprochene Entkopplung vor allem dann funktioniert, wenn Schul- und Unterrichtsbedingungen ungewöhnlich günstig sind. Hier könnten vor allem die wesentlich bessere finanzielle, materielle und personelle Ausstattung sowie die wissenschaftliche Begleitung solcher Projekte entscheidende Stellgrößen für den festgestellten Erfolg sein.

Die vorliegenden Untersuchung ergab jedoch auch Hinweise darauf, dass die Ergebnisse der Schulbegleitforschung und der vorliegenden Untersuchung nicht so weit auseinanderliegen könnten (vgl. Kapitel 13.2.1, S. 285ff.) Die Bewertung des Gemeinsamen Unterrichts ist somit auf die verwendete Forschungsmethodik sowie die statistischen Analyseverfahren zurückgeworfen und unterliegt somit einer fragwürdigen Willkür. Die vorliegende Arbeit hat sich daher an internationalen Standards orientiert (vgl. Gasteiger-Klicpera und Klicpera, 1997, 235).

Andererseits erscheinen Positionen, die schulische Integration auf die Ebene einer unhinterfragbaren und empirisch 'weder verifizierbaren noch falsifizierbaren' Weltanschauung erheben (vgl. Eberwein, 1988, 50), wenig hilfreich. Vielmehr fördern sie die Entwicklung einer 'Vom-Regen-in-die-Traufe-Pädagogik', bei der die Abschaffung der 'äußeren Differenzierung' konsequent durch die Entstehung einer 'inneren Separation' beantwortet werden könnte. Dies zu verhindern, ist das wichtigste und vorgeschaltete Ziel einer objektiven Integrationsforschung.

Insgesamt erscheint das hier dargestellte Bild sozialer Integrationsprozesse als widersprüchliche aber dennoch geschlossene Gestalt. Es zeigt, dass sich die theoretischen Ansätze einer vornehmlich normativ ausgerichteten Integrationspädagogik im Falle der sozialen Integration nicht mit der alltäglichen Situation im Gemeinsamen Unterricht decken. Sozial integriert ist, wer dem Sinn und Zeck der Gruppe und ihrem Wertesystem am ehesten entspricht. Ausgegrenzt wird, wer davon abweicht. Die vorliegende Untersuchung zeigt, dass sich Gemeinsamer Unterricht in diesem Punkt nicht vom Unterricht der 1970er Jahre unterscheidet (vgl. Petillon, 1978; Petillon, 1993). Im Gegenteil: eine auf (Schul-) Leistung basierende 'innere Separation' schulleistungsschwacher Schüler ist vor dem Hintergrund der vorliegenden Daten aktueller denn je. Dies gilt auch oder gerade für den alltäglichen Gemeinsamen Unterricht, der nicht Bestandteil eines besonders gut geförderten Schulversuches ist.

Die vorliegenden Daten erheben nicht den Anspruch, die theoretischen Axiome der Integrationspädagogik zu widerlegen. Die vorliegenden Ergebnisse jedoch vollständig zu ignorieren und nicht in differenzierteren Folgeuntersuchungen zu überprüfen, wäre gleichermaßen verantwortungslos.

An diesem Punkt gilt es, in angemessener Weise auf die herausgestellten Widersprüche zu reagieren. Unverständlich wäre eine ausschließlich normative Reaktion, die das hier im Mittelpunkt stehende sozialpsychologische Feedback der integrativen Praxis negiert oder ad absurdum führt. Integration ist aus dem Grundverständnis dieser Arbeit heraus eben keine unhinterfragbare Weltanschauung, sondern vor allem auf Grundlage ihrer 'realen Konsequenzen' (Wocken, 1988, 208) zu bewerten. Dies schließt Ergebnisse, die über die grundsätzliche Machbarkeit schulischer Integration hinaus die alltägliche Situation beleuchten, mit ein. Dabei müssen erwünschte Effekte ebenso in die Entwicklung der Integrationspädagogik eingehen wie ihre unerwünschten Konsequenzen.

15 Ausblick und Schluss

Der hier umrissene Abgleich zwischen theoretischem Anspruch und empirischem Alltag der sozialen Integration im Gemeinsamen Unterricht entwirft zunächst eine pessimistische Perspektive schulischer Integration. Hieraus jedoch den (Kurz-) Schluss zu ziehen, den integrationspädagogischen Weg zu verlassen und stattdessen zu 'Altbewährtem' zurückzukehren, wäre kurzsichtig und würde die positiven Ergebnisse im Rahmen der Schulversuche in Hamburg, Berlin, Bremen oder Bonn unberücksichtigt lassen. Stattdessen erscheint eine differenziertere und pragmatische Abwägung jenseits der klassischen ideologischen und normativen Positionen als angemessene Alternative. Dabei darf sich Gemeinsamer Unterricht nicht ausschließlich auf sein ethisch-normatives Fundament berufen und sich dadurch grundsätzlichen pädagogischen und schul-organisatorischen Reformen verschließen.

Obwohl das Design der vorliegenden Arbeit in erster Linie auf eine wissenschaftliche Fragestellung ausgerichtet war, lassen sich anhand der beschriebenen Befunde auch weiterführende, praktische Aussagen über den wissenschaftlichen Kontext hinaus ableiten. Zusammenfassend scheinen für die zukünftige integrationspädagogische Praxis vor allem fünf Befunde interessant.

Erstens: Grundsätzlich scheint auch außerhalb wissenschaftlicher Modellversuche eine positive soziale Integration von Schülern mit SFB möglich zu sein. So waren je nach soziometrischem Bezugsmodell rund 35–50 Prozent der Schüler mit SFB sehr gut bis befriedigend sozial integriert.

Zweitens: Schulische Integration ist im Rahmen von Schullaufbahnentscheidungen immer dann als sinnvolle Maßnahme zu bewerten, wenn ein Schüler mit SFB

1. gute Schulleistungen
2. gute Stützkompetenzen der Schulleistungen oder
3. gute sportlich – faire Verhaltensweisen

besitzt. Bei Schülern, denen altersgemäße Kompetenzen in allen drei Bereichen fehlen, ist die Wahrscheinlichkeit für soziale Ausgrenzung im Gemeinsamen Unterricht zumindest stark erhöht. Die schulische Integration von Schülern mit geistiger Behinderung stellt vor dem Hintergrund dieser Befunde folglich eine Entscheidung dar, die im Einzelfall sehr gut begründet sein sollte.

So sollte die individuelle Situation des einzelnen Schülers mit SFB samt seiner jeweiligen integrationspädagogischen Perspektive die alleinige Entscheidungsgrundlage für eine Schullaufbahnempfehlung sein. Diese Entscheidung auf normative Pauschal-Vorgehensweisen zu verlagern, wird dem eigentlichen Anliegen der Integrationspädagogik nur bedingt gerecht. Allgemein wäre für eine moderne Integrationspädagogik zu fordern, sich mit ihrem eigenen empirischen Feedback auseinander zu setzen und darauf in angemessener Weise zu reagieren.

Konkret könnte eine solche Reaktion durch einen verantwortungsvollen Einbau selektionsdiagnostischer Elemente in das integrationspädagogische Grundkonzept umgesetzt werden, zumindest solange die obligatorische Forderung nach einer integrationsfähigen Schule nicht vollends realisiert ist. So sollte der Gemeinsame Unterricht vor allem dann als alternative Schullaufbahn erwogen werden, wenn tatsächlich eine realistische Chance auf eine verantwortbare soziale Integration besteht. Oder anders herum formuliert: sollte nicht von einer schulischen Integration abgeraten werden, wenn das Risiko auf soziale Ausgrenzung unverantwortbar hoch erscheint?

Drittens: Schüler mit SFB sind den vorliegenden Ergebnissen zufolge in vergleichsweise homogenen Schulklassen besser (sozial) integriert als in stark heterogenen Gruppen. Die Klassenzusammenstellung in der integrativen Praxis sollte demzufolge immer eine möglichst homogene Zusammensetzung der Schulklassen anstreben. Dies käme einem Paradigma der Homogenität in der Heterogenität gleich, das eine gemäßigte 'äußere Differenzierung' unter einem 'gemeinsamen Schuldach' durchführt. Ein vergleichbares Konzept wurde Anfang des 20. Jahrhunderts unter dem Begriff der "Berliner Nebenklassen" bereits erfolgreich praktiziert (vgl. Ellger-Rüttgardt, 2003, 32). Das Modell endete im Jahre 1911 aus bis heute ungeklärten Gründen. Eine Ausweitung der Nebenklassen über die Grenzen von Berlin wurde nie vollzogen (vgl. Ellger-Rüttgardt, 2003, 34f.). Ein Rückblick der heutigen Integrationsdiskussion auf ihre historischen Wurzeln erscheint somit vor dem Hintergrund der in dieser Arbeit herausgestellten Befunde aktueller denn je.

Die 'Unteilbarkeit der Integration' (Feuser, 1982) ist zwar eine ethisch-moralisch konsequente und nachvollziehbare Forderung, die vorliegende Untersuchung deutet jedoch an, dass die integrationspädagogische Moral ihrer praktischen Umsetzung nicht gerecht werden könnte. Wenn auch der Anspruch auf Integration unteilbar und die räumlich-organisatorische Zusammenführung von Schülern mit und ohne SFB einklagbar ist, so erscheint zumindest die soziale Situation im Klassenraum selbst weiterhin geteilt und somit von den normativen Forderungen unberührt zu bleiben. Integration ist damit zwar unteilbar aber nicht erzwingbar.

Viertens: Es ergaben sich Hinweise darauf, dass das Wertesystem des Lehrers auf das Wertesystem einer Schulklasse zurückwirken könnte. Demnach wäre bei den Schülern beliebt, wer dem Lehrer 'gut gefällt'. Sollten sich diese Hinweise in weiteren Untersuchungen festigen, kommt der Auswahl der Lehrer für den Gemeinsamen Unterricht eine nicht zu unterschätzende Bedeutung für das Gelingen sozialer Integrationsprozesse zu. Es erscheint fraglich, inwieweit Lehrer vor dem Hintergrund dieser Befunde tatsächlich zur Durchführung des Gemeinsamen Unterrichts verpflichtet werden sollten.

Fünftens: Praktizierte schulische Integration kann nur gelingen, wenn sie auf einer objektiven Integrationsforschung aufbaut. Eine Optimierung sozialer Integrationsprozesse ist dabei nur möglich, wenn die Integrationsforschung über die 'grundsätzliche Machbarkeit' schulischer Integration hinaus differenzierte Erkenntnisse gewinnt. Vor diesem Hintergrund wäre für eine moderne integrationspädagogische Ausrichtung die Einführung einer objektiven und systematischen Forschungskultur sinnvoll. In Anlehnung an Eberwein (1999) wäre hier vor allem eine unabhängige Forschung zu fordern, deren Ergebnisse nicht über das Fortbestehen oder Ende eines Schulversuches entscheidet (vgl. Eberwein, 1999a, 369). Besonders notwendig erscheinen vor dem Hintergrund der vorliegenden Daten vor allem die Erkenntnisse über Ansatzpunkte zur Erweiterung und Veränderung integrationsrelevanter Merkmalsdimensionen. Insbesondere die Rolle des Lehrers ist in diesem Zusammenhang interessant. Brüggelmann (2002) schlägt daher eine dreidimensionale Leistungsbewertung vor:

"kriteriumsorientiert als Zwischenstand auf der Skala wachsender Anforderungen; ipsativ als Fortschritt im Vergleich zu früheren Leistungen und drittens als Prozentrang in der Bezugsgruppe." (Brüggelmann, 2002, 40)

Inwieweit tatsächlich die schulische Leistung die soziale Integration bestimmt oder das soziale Feedback des Lehrers (das an die Leistung gekoppelt ist), muss ebenfalls geklärt werden. So würde eine dreidimensionale Bewertung die soziale Integration von Schülern mit SFB kaum verbessern, wenn tatsächlich die Reaktion eines Lehrers auf den Schüler die bestimmende Bezugsgröße für die Hierarchienbildung im Gemeinsamen Unterricht ist.

Aber auch die Wirkung unterrichts- und leistungsferner Interaktionsräume (z.B. offene Ganztagsschule, außerschulische Lernorte) oder der didaktisch-methodischen Unterrichtsorganisation wären im Hinblick auf die soziale Integration von Schülern mit SFB zu überprüfen. Insgesamt weist die vergleichsweise hohe Bedeutung sportlich-fairen Verhaltens für die (gute) soziale Integration von Schülern mit SFB darauf hin, dass unterschiedliche Interaktionsräume mit unterschiedlichen Wertesystemen verbunden sein könnten. Die Erweiterung schulischen Lernens auf unterschiedliche Interaktionsräume könnte die Bandbreite der Eigenschaften, über die soziale Interaktion verläuft, erweitern. Ein Effekt, der vor allem zur Chancengleichheit im Gemeinsamen Unterricht beitragen würde.

Abschließend soll nochmals betont werden, dass die gesamte Arbeit aus einem integrationsfreundlichen Grundverständnis angefertigt wurde. Schulische Integration wurde demnach grundsätzlich als sinnvolles und realistisches Ziel verstanden. Die insgesamt fünfjährige Forschungsarbeit zeigte jedoch auch, dass wir zum heutigen Zeitpunkt noch nicht von einem verwirklichten Ziel sprechen können. In der Folge geht es nun darum, sich auf dem Weg zum Ziel immer wieder neu auszurichten, aus Umwegen zu lernen und aus Irrwegen die richtigen Konsequenzen zu ziehen. Entwicklung ist aus dem Grundverständnis dieser Arbeit immer nur da möglich, wo sich Vision und Praxis gegenseitig ergänzen und in einem gleichberechtigten Diskurs aufeinander eingehen.

Ausblick und Schluss

*"Die Zukunft ist mir klar,
aber die Gegenwart verstehe ich nicht."*

(Gerhard Kocher)

Abkürzungsverzeichnis

Abkürzung	Bedeutung
Δ	Unterschied
$\bar{X}$	Mittelwert
a1	Statusgruppe: abgelehnt (clusteranalytisches Modell)
a2	Statusgruppe: stark abgelehnt (clusteranalytisches Modell)
ab	Statusgruppe: abgelehnt (Modell v. Coie und Dodge (1988))
AGG	Variable: Aggressivität
AST	Ablehnungsstatus
be	Statusgruppe: beliebt (Modell v. Coie und Dodge (1988))
du	Statusgruppe: durchschnittlich (beide Modelle)
ELT	Variable: Positive Einstellung der Eltern zum GU
FT	Variable: Fehlerleistung bei konzentrierter Tätigkeit
FTI	Variable: Belastbarkeit bei konzentrierter Tätigkeit (Fehler)
GLEI	Variable: Gleichmäßigkeit der Leistung bei konzentrierter Tätigkeit
GU	Gemeinsamer Unterricht
GZI	Variable: Belastbarkeit bei konzentrierter Tätigkeit (Leistung)
GZT	Variable: Gesamtleistung bei konzentrierter Tätigkeit
Hyp.	Hypothese
Konf.	Konfidenzintervall
ko	Statusgruppe: kontroversiell (Modell v. Coie und Dodge (1988))
MO1	Variable: Bedürfnis nach Ich-Durchsetzung
MO3	Variable: Schulischer Ehrgeiz
MO4	Variable: Bereitschaft zu sozialem Engagement
MO5	Variable: Neigung zum Gehorsam
N	Anzahl der Fälle
n.s.	nicht signifikant
p	Signifikanzniveau
PCO	Variable: Positive Stressverarbeitung
PRB	Variable: Problemlösende Bewältigung
r	Korrelation
SB3	Variable: Selbsterleben von Impulsivität
SFB	sonderpädagogischer Förderbedarf

Abkürzung	Bedeutung
Sig.	Signifikanz
STGR	Statusgruppe
SUB	Variable: Soziales Unterstützungsbedürfnis
un	Statusgruppe: unbeliebt (clusteranalytisches Modell)
ve	Statusgruppe: vernachlässigt (Modell v. Coie und Dodge (1988))
VM10	Variable: Aggressives Verhalten
VM5	Variable: Leistungsmotiviertes Verhalten
VM6	Variable: Angemessenes Arbeits- und Leistungsverhalten
VM7	Variable: Selbstständiges Verhalten
VS2	Variable: Fehlende Willenskontrolle
VS4	Variable: Zurückhaltung und Scheu im Sozialkontakt
WST	Wahlstatus
z	Standardabweichung
zME_{ki}	Merkmale in klasseninterner z-Transformation
$zME_{kü}$	Merkmale in klassenübergreifender z-Transformation

Testverzeichnis

Abkürzung	Testname	Autoren der deutschen Fassung	Jahrgang der verwendeten Version
Cft 20	Grundintelligenztest Skala 2	Weiß, R.H.	1998
PFK 9-14	Persönlichkeitsfragebogen für Kinder zwischen 9 und 14 Jahren	Seitz, W. Rausche, A.	1993
BfL	Beurteilungshilfen für Lehrer	Janowski, A. Fittkau, B. Rauer, W.	1994
SVF-KJ	Stressverarbeitungsfragebogen von Janke und Erdmann angepasst für Kinder und Jugendliche	Hampel, P. Petermann, F. Dickow, B.	2000
DL-KG	Differentieller Leistungstest für Kinder im Grundschulalter	Kleber, E. W. Kleber, G. Hans, O.	1975
FB-GU	Fragebogen: Einstellung der Eltern zum Gemeinsamen Unterricht	---	2002
FB-SL	Fragebogen: Schulleistung (Lesen, Rechnen, Sachunterricht und Sport)	---	2002
FB-SI	Fragebogen: Soziale Integration	in Anlehnung an Moreno (1967)	2002

Literaturverzeichnis

Antor, G.; Bleidick, U. (Hrsg.): Handlexikon der Behindertenpädagogik. Stuttgart, 2001a

Antor, G.; Bleidick, U.: Behinderung. In: Antor, G.; Bleidick, U. (Hrsg.): Handlexikon der Behindertenpädagogik. Stuttgart, 2001a, 59-60

Antor, G.; Bleidick, U.: Behinderungspädagogik als angewandte Ethik. Stuttgart, 2000

Asch, S.E.: Opinions and social pressure. In: Scientific American, 5 (1955) 31-35

Asher, S.R.; Singelton, L.C.; Tinsley, B.R.; Hymel, S.: A reliable sociometric measure for preschool children. In: Developmental Psychology, 15 (1979) 443-444

Asher, St.; Coie, J.: Peer Rejection in Childhood. Cambridge, 1990

Bach, H.: Von der ambulanten zur integrierten Förderarbeit für beeinträchtige Kinder in Regelschulen. In: Zeitschrift für Heilpädagogik, 43 (1992) 524-548

Bach, H.; Knöbel, R.; Arenz-Morch, A.; Rosner, A.: Verhaltensauffälligkeiten in der Schule. Berlin, 1986

Bach. H.: Grundfragen integrierter Erziehung behinderter Kinder in Kindergarten und Schule. In: Sonderpädagogik, 20 (1990) 49-60

Backhaus, K; Erichson, B.; Plinke, W.; Weiber, R.: Multivariate Analysemethoden. Berlin, 2003

Bak, J.; Siperstein, G.: Protective Effects of the Label 'Mentally Retarded' on the Childrens Atitudes Toward Mentally Retarded Peers. In: Journal of Mental Deficiency, 91 (1986) 95-97

Becker, H.S.: Außenseiter. Zur Soziologie abweichenden Verhaltens. Frankfurt, 1973

Beckerman, T. M.; Good, T. M.: The classroom ratio of high- and low-aptitude students and ist effects on achievement. In: American Educational Research Journal, 18 (1981) 317-327

Benkmann, R.: Dekategorisierung und Heterogenität - Aktuelle Probleme schulischer Integration von Kindern mit Lernschwierigkeiten in den Vereinigten Staaten und in der Bundesrepublik. In: Sonderpädagogik, 24 (1994) 4-13

Benkmann, R.: Dekategorisierung und Heterogenität - Aktuelle Probleme schulischer Integration von Kindern mit Lernschwierigkeiten in den Vereinigten Staaten und in der Bundesrepublik. In: Sonderpädagogik, 24 (1994) 4-13

Benkmann, R.: Probleme sozialen Verhaltens lernauffälliger und nichtauffälliger Kinder als Aufgabe schulischer Integrationsforschung. In: Zeitschrift für Heilpädagogik, 41 (1990) 369-388

Berndt, W.: Thesen zum derzeitigen Stand der Integrationsdiskussion. In: Leyendecker, C.; Fritz, A.: Entwicklung und Förderung Körperbehinderter. Heidelberg, 1986, 32-44

Bleidick, U.: Behinderung als pädagogische Aufgabe. Behinderungsbegriff und behindertenpädagogische Theorie. Stuttgart, 1999

Bleidick, U.: Differenzierung. In: Antor, G.; Bleidick, U. (Hrsg.): Handlexikon der Behindertenpädagogik. Stuttgart, 2001a,

Bleidick, U.; Hagemeister, U.: Allgemeine Theorie der Behindertenpädagogik. Stuttgart, 1998

Bleidick, U. (Hrsg.); Rath, W.; Schuck, K.D.: Die Empfehlungen der Kultusministerkonferenz zur sonderpädagogischen Förderung in den Schulen der Bundesrepublik Deutschland. In: Zeitschrift für Pädagogik, 41 (1995) 247-264

Bless, G.: Der soziometrische Status des integrierten Hilfsschülers - Eine Untersuchung in Regelklassen mit Heilpädagogischer Schülerhilfe. In: Vierteljahresschrift für Heilpädagogik und ihre Nachbargebiete, 55 (1986) 49-58

Bless, G.: Die Folgen der Integration behinderter Kinder in die Regelklassen und die Überbürdung der Schule. Online im Internet: www.afd.unibe.ch (Stand: 25.3.2004), 2004

Bless, G.: Die soziale Stellung lernbehinderter Schüler. In: Vierteljahresschrift für Heilpädagogik und ihre Nachbargebiete, 58 (1989) 362-374

Bless, G.: Zur Wirksamkeit der Integration - Ergebnisse empirischer Forschungen im Überblick. In: Opp, G.; Freytag, A.; Budnik, I.(Hrsg.): Heilpädagogik in der Wendezeit - Brüche, Kontinuitäten, Perspektiven. Luzern, 1996, 124-132

Bless, G.: Zur Wirksamkeit der Integration - Forschungsüberblick, praktische Umsetzung einer integrativen Schulform, Untersuchungen zum Lernfortschritt. Bern, 1995

Böhnel, E.: Wirkung von Unterricht in der leistungsheterogenen Gruppe auf Lernleistung, Schulangst, Schulfreude und auf Sozialkontakte zwischen den Schülern - unter besonderer Berücksichtigung des österreichischen Bildungswesens. In: Olechowski, R.; Persy E. (Hrsg.): Frühe schulische Auslese. Frankfurt a. M., 1993, 102-121

Boivin, M.; Begin, G.: Peer status and self perception among early elementary school children: The case of the rejected children. In: Chilld Development, 60 (1989) 591-596

Borg, W. R.: Ability grouping in the public scool. Madison, WIS, 1966

Bortz. J.: Statistik für Sozialwissenschaftler. Berlin, 1999

Brosius, F.: SPSS 11. Bonn, 2002

Brüggelmann, H.: Heterogenität, Integration, Differenzierung: empirische Befunde - pädagogische Perspektiven. In: Heinzel, F. / Prengel, A. (Hrsg.): Heterogenität, Integration und Differenzierung in der Primarstufe. Opladen, 2002, 31-43

Bruininks, R. H.; Rynders, J. E.; Gross, J. C.: Social acceptance of mildly retarded pupils in recource rooms and regular classes. In: American Journal of Mental Deficiency, 78 (1974) 377-383

Bühl, A.; Zöfel, P.: SPSS für Windows Version 7.5. Bonn, 1998

Bukowski, W. M.; Newcomb, A. F.: Stability and determinants of sociometric status and friendship choice: A longitudinal perspective. In: Developmental Psychology, 20 (1984) 941-952

Carle, U.: Leistungsvielfalt in der Grundschule. In: Heinzel, F. / Prengel, A. (Hrsg.): Heterogenität, Integration und Differenzierung in der Primarstufe. Opladen, 2002, 81-93

Carlson, C.L.; Lahey, B.; Neeper, R.: Peer Assessment of the social behavior of accepted, rejected an neglected children. In: Journal of Abnormal Child Psychology, 12 (1984) 189-198

Carthwright, D.; Zander, A.: Group dynamics: research and theory. Evanstone, 1953

Coie, J. D.; Dodge, K. A.; Coppotelli, H.: Dimensions and types of social status: A cross-age perspective. In: Developmental Psychology, 18 (1982) 557-571

Coie, J.D.; Dodge, K.A.: Continuities and changes in childrens social status: A five-year longitudinal study. In: Merril-Palmer Quarterly, 29 (1983) 261-282

Coi, J.D.; Dodge, K.A.: Multiple sources of data on social behavior and social status in school. In: Child Development 59 (1988) 815 – 829

Coie, J.D.; Dodge, K.A.;Kupersmidt, J.B.: Peer group behavior and social status. In: Asher, St.; Coie, J.: Peer Rejection in Childhood. Cambridge, 1990, 17-59

Cowlan, G.; Deppe-Wolfingr, H.; Kreie, G.;Kron, M;Reiser, H.: Integrative Grundschulklassen in Hessen. Abschlußbericht der wissenschaftlichen Begleitung (Heft 13). Bonn, 1994

Daumen, C.: Perspektiven des gemeinsamen Unterrichts. In: Schulverwaltung. Ausgabe Hessen, Rheinland-Pfalz und Saarland, 6 (2002) 203-205

Department of education and science: Special Educational Needs (The Warnock Report). London, 1978

Deutscher Bildungsrat: Lernziele der Gesamtschule - Gutachten und Studien der Bildungskommission, Band 12. Stuttgart, 1969

Dodge, K.A.; Murphy, R.R.; Buchsbaum, K.: The assessment of intention cue detection skills in children: Implications for develeopmental psychopathology. In: Chilld Development, 55 (1984) 163-173

Dollase, R.: Soziometrische Techniken. Weinheim, 1976

Drosdowski, G.; Grebe, P.; Köster, R.; Müller, W.: Duden - Fremdwörterbuch. Band 5. Mannheim, 1974

Dumke, D.: Moderne Unterrichtsmethoden. In: Kretz, H. (Hrsg.): Lebendige Psychohygiene. München, 1996, 241-259

Dumke, D.; Schäfer, G.: Entwicklung behinderter und nichtbehinderter Schüler in Integrationsklassen. Weinheim, 1993

Eberwein, H. (HRSG.): Handbuch der Integrationspädagogik. Weinheim, 1988

Eberwein, H. (Hrsg.): Integrationspädagogik - Kinder mit und ohne Behinderung lernen gemeinsam. Weinheim, 1999

Eberwein, H.: Integrationspädagogik als Weiterentwicklung (sonder-)pädagogischen Denkens und Handelns. In: Eberwein, H. (Hrsg.): Integrationspädagogik - Kinder mit und ohne Behinderung lernen gemeinsam. Weinheim, 1999, 55-68

Eberwein, H.: Zur Bedeutung qualitativ-ethnographischer Methoden für die integrationspädagogische Forschung. In: Eberwein, H. (Hrsg.): Integrationspädagogik - Kinder mit und ohne Behinderung lernen gemeinsam. Weinheim, 1999, 369-376

Eggert, D.: Von den Stärken ausgehen.... Dortmund, 1998

Eisenberger,N.; Lieberman, M.D.; Williams, K.D.: Does Rejection Hurt? An FMRI Study of Social Exclusion. In: Science, 302 (2003) 290-292

Ellger-Rüttgardt, S.: Sonderpädagogik in Berlin. Bildungspolitische Herausforderungen im Spiegel historischer Entwicklungen. In: Sonderpädagogik in Berlin, (2003) 30-41

Engelmeyer, A.: Die soziale Integration von Kindern mit sonderpädagogischem Förderbedarf im Gemeinsamen Unterricht und der Einfluss von Außen- und Innenperspektive der Identität unter Berücksichtigung der Desintegrationspotentiale in der modernen Gesellschaft. Unveröffentlichte Examensarbeit an der Universität zu Köln, 2003

Evangelisch Französisch-reformierte Gemeinde Frankfurt (Hrsg.): Lernziel Integration. Heft Nr. 13. Bonn, 1994

Evertson, C.; Sanford, J.; Emmer, E.: Effects of Class Heterogeneity in Junior High School. In: American Educational Research Journal, 18 (1981) 219-323

Fend, H.: Eltern und Freunde. Soziale Entwicklung im Jugendalter. Entwicklungspsychologie der Adoleszenz in der Moderne. Göttingen, 1998

Fengler, J.: Konkurrenz und Kooperation in Gruppe, Team und Partnerschaft. München, 1996

Festinger L.: A theory of a social comparision process. In: Human Relations, 7 (1954) 117-140

Festinger, L.: Informal social communicaion. In: Psychological Revue, 57 (1950) 271-282

Feuser, G.: Aspekte einer integrativen Didaktik unter Berücksichtigung tätigkeitstheoretischer und entwicklungspsychologischer Erkenntnisse. In: Eberwein, H. (Hrsg.): Integrationspädagogik - Kinder mit und ohne Behinderung lernen gemeinsam. Weinheim, 1999, 215-226

Feuser, G.: 'Geistigbehinderte gibt es nicht!'. Projektionen und Artefakte in der Geistigbehindertenpädagogik. In: Geistige Behinderung, 35 (1996) 18-25

Feuser, G.: Integration = die gemeinsame Tätigkeit (Spielen/Lernen/Arbeiten) am Gemeinsamen Gegenstand/Produkt in Kooperation von behinderten und nichtbehinderten Menschen. In: Vierteljahresschrift für Heilpädagogik und ihre Nachbargebiete, 21 (1982) 1982

Feuser, G.: Modelle der Integration: Fortschritt oder Inflationierung des Integrationsanliegens. In: Flieger, P.: Behinderung, Integration in der Schule : Positionen, Dilemma: die Praxis, ungeklärt: die Zukunft (Schulheft 94). Wien, 1999, 29-42

Feuser, G.; Meyer, H.: Integrativer Unterricht in der Grundschule. Solms-Oberbiel, 1986

Feyerer, E.: Behindern Behinderte?. Innsbruck, 1998

Flicek, M.; Landau, S.: Social satus problems of learning disabled and hyperactive/learning disabled boys. In: Journal of Clinical Child Psychology, 14 (1985) 340-344

Flieger, P.: Behinderung, Integration in der Schule : Positionen, Dilemma: die Praxis, ungeklärt: die Zukunft (Schulheft 94). Wien, 1999

Frey, D.; Dauenheimer, D.; Parge, O.; Haisch, J.: Die Theorie sozialer Vergleichsprozesse. In: Frey, D.; Irle, M. (Hrsg.): Theorien der Sozialpsychologie, Band 1: Kognitive Theorien. Bern, 2001, 81-122

Frey, D.; Irle, M. (Hrsg.): Theorien der Sozialpsychologie, Band 1: Kognitive Theorien. Bern, 2001

Friedrich, J.: Methoden der empirischen Sozialforschung. Reinbek, 1979

Füssel, H.P.: Schulrechtliche Grundstrukturen für das Sonderschulwesen und Möglichkeiten ihrer Veränderung. In: Eberwein, H. (Hrsg.): Integrationspädagogik - Kinder mit und ohne Behinderung lernen gemeinsam. Weinheim, 1999, 128-133

Füssel, H.P.; Kretschmann, R.: Gemeinsamer Unterricht für behinderte und nichtbehinderte Kinder. Pädagogische und juristische Voraussetzungen. Witterschlick/Bonn, 1993

Gasteiger-Klicpera, B.; Klicpera, C.: Der Zusammenhang zwischen Schulleistungen, dem sozialen Status in der Klasse und dem Sozialverhalten. In: Heilpädagogische Forschung, 27 (2001a) 2-14

Gasteiger-Klicpera, B.; Klicpera, C.: Die Bedeutung der sozialen Stellung in der Gruppe der Gleichaltrigen für die Entwicklung der Kinder. In: Zeitschrift für Kinder- und Jugendpsychiatrie, 25 (1997) 234-246

Gasteiger-Klicpera, B.; Klicpera, C.; Hippler, K.: Soziale Anpassungsschwierigkeiten bei lernbehinderten Schülern und Schülern mit speziellen Lernbeeinträchtigungen - Eine Literaturübersicht. In: Heilpädagogische Forschung, 17 (2001b) 72-87

Goffman, E.: Stigma - über Techniken der Bewältigung beschädigter Identität. Frankfurt a.M., 1967

Gottlieb, B. W.; Gottlieb, J.; Berkell, D.; Levy, L.: Sociometric status and solitary play of LD boys and girls. In: Journal of Learning Disabilities, 19 (1986) 619-622

Haeberlin, U.: Das integrationspädagogische Dilemma. In: Zeitschrift für Heilpädagogik, 40 (1989) 783-789

Haeberlin, U.: Die Integration von lernbehinderten Schülern. In: Vierteljahresschrift für Heilpädagogik und ihre Nachbargebiete, 58 (1989) 783-789

Haeberlin, U.: Integrationsforschung zwischen objektivierender Distanz und teilnehmender Nähe. In: Zeitschrift für Heilpädagogik, 63 (1994) 362-366

Haeberlin, U.: Schulschwache und Immigrantenkinder in der Primarstufe - Forschungen zu Separation und Integration. In: Heinzel, F. / Prengel, A. (Hrsg.): Heterogenität, Integration und Differenzierung in der Primarstufe. Opladen, 2002, 93-108

Haeberlin, U.; Bless, G.; Moser, U.: Zur empirischen Erforschung der Wirkungen separierender und integrierender Schulformen auf schulschwache Schüler. In: Vierteljahresschrift für Heilpädagogik und ihre Nachbargebiete, 57 (1988) 361-369

Haeberlin, U.; Bless, G.; Moser, U.; Klaghofer, R.: Die Integration von Lernbehinderten. Stuttgart, 1999

Hampel, P.; Petermann, F.; Dickow, B.: Stressverarbeitungsfragebogen von Janke und Erdmann angepasst für Kinder und Jugendliche (Manual). Göttingen, 2000

Hare, A.P.: Interaction and consensus in different sized groups. In: American Social Revue, 17 (1962) 261-267

Haupt, U.: Körperbehinderte Kinder verstehen lernen. Auf dem Weg zu einer anderen Diagnostik und Förderung. Düsseldorf, 1997

Heinzel, F.; Prengel, A. (Hrsg.): Heterogenität, Integration und Differenzierung in der Primarstufe. Opladen, 2002

Helhlmann, W.: Wörterbuch der Psychologie. Stuttgart, 1968

Hetzner, R.: Schulleistungen der Schüler in Integrationsklassen. In: Projektgruppe Integrationsversuch (Hrsg.): Das Flämingmodell. Weinheim, 1988, 251-256

Hildeschmidt, A.; Schnell, I. (HRSG.): Integrationspädagogik. Mönchen, 1998

Hinz, A.: Aufnahmeverfahren für integrative Erziehung. In: Behindertenpädagogik, 31 (1992) 338-349

Hinz, A.: Chancengleichheit und Heterogenität - eine bildungstheoretische Antinomie. In: Heinzel, F. / Prengel, A. (Hrsg.): Heterogenität, Integration und Differenzierung in der Primarstufe. Opladen, 2002, 128-135

Hinz, A.: Die Entwicklung der Kinder in der Integrativen Grundschule. Hamburg, 1998

Hinz, A.: Heterogenität in der Schule. Integration - Interkulturelle Erziehung - Koedukation. Online im Internet: http://info.uibk.ac.at/c/c6/bidok/texte/heterogenitaet.html (Stand: 12.4.2005), 1993

Hinz, A.: Integration und Heterogenität. Online im Internet:
http://info.uibk.ac.at/c/c6/bidok/texte/integ-heterog.html (Stand: 15.1.2005), 1995

Hinz, A.: 'Integrationsfähigkeit' oder Grenzen der Integration?. In:
Behindertenpädagogik, 29 (1990) 131

Hinz, A.: Veränderung sonderpädagogischer Arbeit in Allgemeinen Schulen. In:
Zeitschrift für Heilpädagogik, 41 (1990) 389-419

Hinz, A.; Katzenbach, D.; Rauer, W.; Schuck, K.D.; Wocken, H.; Wudtke, H.: Die
Integrative Grundschule im sozialen Brennpunkt. Ergebnisse eines Hamburger
Schulversuchs. Hamburg, 1998

Hood, W.R.; Sherif, M.: Verbal report and judgement of an unstructed stimulus. In:
journal of psychology, 54 (1962) 121-130

Huber, C.: Die Rolle des Intelligenztests im Spannungsfeld traditioneller und
gegenwärtiger sonderpädagogischer Diagnostik - Eine Untersuchung an
Sonderschulen für Körperbehinderte. Unveröffentlichte Examensarbeit an der
Universität zu Köln, 1999

Huber, C.: Sonderpädagogische Diagnostik im Spannungsfeld traditioneller und
gegenwärtiger Sichtweisen. In: Zeitschrift für Heilpädagogik, 51 (2000) 411-416

Israel, J.: Self-evaluation and rejection in groups. Stockholm, 1956

Janowski, A.; Fittkau, B.; Rauer, W.: Beurteilungshilfen für Lehrer. Göttingen, 1994

Jerusalem, M.: Selbstbezogene Kognition in schulischen Bezugsgruppen. Eine
Längsschnittstudie. Unveröffentlichte Dissertation an der Freien Universität, 1984

Jetter, K.: Förderdiagnostik als kooperative Rekonstruktion bedeutsamer
Handlungserfahrungen. In: Vierteljahresschrift für Heilpädagogik und ihre
Nachbargebiete, 54 (1985) 280-294

Kail, R.; Pellegrino, J. W.: Menschliche Intelligenz. Heidelberg, 1989

Kallus, K. W.: Erholungs-Belastungs-Fragebogen. Frankfurt, 1995

Katzenbach, D.: Integration, Prävention und Pädagogik der Vielfalt. In:
Behindertenpädagogik, 40 (2000) 226-245

Katzenbach, D.; Rauer, R.; Schuck, K.D.; Wudtke, H.: Die integrative Grundschule
im sozialen Brennpunkt. In: Zeitschrift für Pädagogik, 45 (1999) 568-590

Klafki, W.: Neue Studien zur Bildungstheorie und Didaktik. Weinheim, 1996

Kleber, E. W.; KLeber,G.; Hans. O: Differentieller Leistungstest - KG. Göttingen,
1975

Klicpera, C.; Gasteiger Klicpera, B.: Beratung der Eltern von Schülern mit
sonderpädagogischem Förderbedarf bei der Entscheidung über die geeignete
Schulform für ihr Kind. In: Vierteljahresschrift für Heilpädagogik und ihre
Nachbargebiete, 72 (2003b) 50-76

Klicpera, C.; Gasteiger Klicpera, B.: Integration oder Sonderschulklasse? Welche Motive leiten Eltern von Kindern mit sonderpädagogischem Förderbedarf bei dieser Entscheidung? In: Sonderpädagogik, 33 (2003a) 3-17

Klicpera, C.; Gasteiger-Klicpera, B.: Soziale Anpassungsschwierigkeiten bei lernbehinderten Schülern und Schülern mit speziellen Lernbeeinträchtigungen - Eine Literaturübersicht: III. Aufmerksamkeitsstörungen und Hyperaktivität als Ursache sozialer Anpassungsschwierigkeiten. In: Sonderpädagogik, 32 (2002) 63-83

Klicpera, C.; Gasteiger-Klicpera, B.: Soziale Anpassungsschwierigkeiten bei lernbehinderten Schülern und Schülern mit speziellen Lernbeeinträchtigungen - Eine Literaturübersicht: II. Identifikation von Untergruppen mit besonderen Problemen in der sozialen Anpassung. In: Heilpädagogische Forschung, 27 (2001) 124-133

Klinkhammer, A.: Persönlichkeitsmerkmale für die soziale Integration von Jungen und Mädchen. Unveröffentlichte Examensarbeit an der Universität zu Köln, 2003

Kobi, E.: Was bedeutet Integration? Analyse eines Begriffes. In: Eberwein, H. (Hrsg.): Integrationspädagogik - Kinder mit und ohne Behinderung lernen gemeinsam. Weinheim, 1999, 71-79

Konferenz der Kultusminister der Länder in der Bundesrepublick Deutschland: Empfehlungen zur sonderpädagogischen Förderung in den Schulen der Bundesrepublik Deutschland (Abdruck). In: Zeitschrift für Heilpädagogik, 54 (1994) 484-494

Kornmann, R.: Förderdiagnostik - Ein Bärendienst für Schüler und Lehrer?. In: Zeitschrift für Heilpädagogik, 36 (1985) 843-850

Krampen, G.: Wirkung von Unterricht in der leistungsmäßig heterogenen Gruppe aus Lernleistung, Schulangst, Schulfreude und auf den Sozialkontakt zwischen den Schülern. In: Olechowski, R.; Persy E. (Hrsg.): Frühe schulische Auslese. Frankfurt a. M., 1993, 121-136

Krappmann, L.; Oswald, H.: Schulisches Lernen in Interaktion mit Gleichaltrigen. In: Zeitschrift für Pädagogik, 31 (1985) 321-337

Krawitz, R.; Theis-Scholz, M.; Thümmerl, I.: Schulprofile rheinland-pfälzischer Grundschulen mit Integrationsklassen. In: Zeitschrift für Heilpädagogik, 47 (1997) 277-281

Kretz, H. (Hrsg.): Lebendige Psychohygiene. München, 1996

Kuhn, T.: Die Struktur wissenschaftlicher Revolutionen. Frankfurt, 1967

Kulik, C.C.; Kulik, J.A.: The effects of ability grouping on secondary school students: A meta-analysis of evaluation findings. In: American Educational Research Journal, 19 (1982) 415-428

Kultusministerkonferenz: Empfehlungen zur sonderpädagogischen Förderung in den Schulen in der Bundesrepublik Deutschland. Bonn, 1994

Kromrey, H.: Emprirische Sozialforschung. Opladen, 1998

La Greca, A.M.: Peer acceptance: The correspondence between children's sociometric scores an teachers ratings of peer interactions. In: Journal of Abnormal Child Psychology, 9 (1981) 167-178

Ladd, G.W.: Effectiveness of social learning method for enhancing childrens social interaction and peer acceptance. In: Cild Development, 51 (1981) 171-178

Leven, I.: Die Bedeutung der sozialen Beziehungen für die psychosoziale Entwicklung im Jugendalter. Unveröffentlichte Diplomarbeit an der Freien Universität Berlin, 2000

Leyendecker, C.; Fritz, A.: Entwicklung und Förderung Körperbehinderter. Heidelberg, 1986

Lienert, G. A.; Raatz. U.: Testaufbau und Testanalyse. Weinheim, 1998

Luhmann, N.: Einführung in die Systemtheorie - Vorlesung Wintersemester 1991/1992. Heidelberg, 1991

Maikowski, R. Podlesch, W.: Zur Sozialentwicklung behinderter und nicht behinderter Kinder. In: Projektgruppe Integrationsversuch (Hrsg.): Das Flämingmodell. Weinheim, 1988, 232-250

Maikowski, R.;Podlesch, W.: Zur Sozialentwicklung behinderter und nichtbehinderter Kinder in der Grundschule. In: Eberwein, H. (Hrsg.): Integrationspädagogik - Kinder mit und ohne Behinderung lernen gemeinsam. Weinheim, 1999, 321-331

Marsh, H. W.: The-big-fish-in-little-pond-effekt on academic self-concept. In: Journal of Educational Psychology, 79 (1987) 280-295

Marsh. H. W.; Parker, J. W.: Determinations of student self-concept: Is it better to be a relatively large fish in a small pond even if you don´t learn to swim as well?. In: journal of Personality and Social Psychology, 47 (1984) 213-231

Masten, A.; Morison, P.; Pellegrini, D.: A revised class play method of peer assessment. In: Developmental Psychology, 21 (1985) 523-533

Merton, K.M.; Rossi, A.K.: Contributions to the theory of reference group behavior. rev. ed., The Fee Press, 1950

Miller, R.L.: Preference for social vs. non social comparsion as a means of self-evaluation. In: Journal of Personality, 45 (1977) 343-355

Ministerium für Schule, Jugend und Kinder: Konzept zur Schuleingangsphase. Online im Internet: http://www.bildungsportal.nrw.de (Stand 10.3.2005), 2004

Minsel, B.: Erfahrungsbericht zur wohnortnahen Förderung erziehungsschwieriger Schüler in der Sekundarstufe I (Hauptschule). In: Zeitschrift für Heilpädagogik, 47 (1997) 282-287

Mollenhauer, K.; Schlömerkemper, J.: Die Neuformulierung des Bildungsbegriffs unter dem Aspekt einer gemeinsamen Schule der Zehn- bis Vierzehnjährigen. In: Olechowski, R.; Persy E. (Hrsg.): Frühe schulische Auslese. Frankfurt a. M., 1993, 136-151

Möller, J.: Soziale, fachbezogene und temporale Vergleichsprozesse bei der Beurteilung schulischer Leistungen. In: Zeitschrift für Entwicklungspsychologie und Pädagogische Psychologie, 31 (1999) 11-17

Möller, J.; Köller, O.: Dimensionale und soziale Vergleiche nach schulischen Leistungen. In: Zeitschrift für Entwicklungspsychologie und Pädagogische Psychologie, 30 (1998) 118-127

Moreno: Die Grundlagen der Soziometrie. Köln, 1967

Moser, U.: Das Selbstkonzept des lernbehinderten Schülers - Untersuchungen in Hilfsklassen, Regelklassen und Regelklassen mit heilpädagogischer Schülerhilfe. In: Vierteljahresschrift für Heilpädagogik und ihre Nachbargebiete, 55 (1986) 151-160

Neisser, Ulric (Chair) et al.: Intelligence: Knowns and Unknowns. In: American Psychologist, 51 (1996) 77-101

Olechowski, R.; Persy E. (Hrsg.): Frühe schulische Auslese. Frankfurt a. M., 1993

Opp, G.: Mainstreaming in den USA. München, 1993

Opp, G.; Freytag, A.; Budnik, I.(Hrsg.): Heilpädagogik in der Wendezeit - Brüche, Kontinuitäten, Perspektiven. Luzern, 1996

Packwitz, J.: Die Entwicklung des Schulrechts in Nordrhein-Westfalen von März 1995 bis August 1998. In: Recht der Jugend und des Bildungswesens, 46 (1998) 496-501

Patterson, C.J.; Kupersmidt, J.B.; Griesler, P.C.: Childrens perceptions of self an of relationships with others as a function of sociometric status. In: Chilld Development, 61 (1990) 1335-1349

Petillon, H.: Das Sozialleben des Schulanfängers. Die Schule aus Sicht des Kindes. Weinheim, 1993

Petillon, H.: Soziale Beziehungen in Schulklassen. Weinheim, 1980

Petillon, H.: Der unbeliebte Schüler. Braunschweig, 1978

Prengel, A.: Impulse aus der jüngeren kritischen Theorie für eine Pädagogik der Vielfalt. In: Sünker, H. (Hrsg.), Krüger, H.: Kritische Erziehungswissenschaft am Neubeginn?!. Frankfurt a.M., 1999, 231-254

Prengel, A.: Pädagogik der Vielfalt. Opladen, 1993

Prengel, A.: Zur Dialektik von Gleichheit und Differenz in der Integrationspädagogik. In: Eberwein, H. (Hrsg.): Integrationspädagogik - Kinder mit und ohne Behinderung lernen gemeinsam. Weinheim, 1999, 93-98

Preuss-Lausitz, U.: Erforschte Integration. Das wohnortnahe Modell der Uckermark-Grundschule auf dem Prüfstand. In: Heilpädagogische Forschung, 17 (1991) 50-60

Preuss-Lausitz, U.: Integrationsforschung: Ergebnisse und 'weiße Flecken'. In: Eberwein, H. (Hrsg.): Integrationspädagogik - Kinder mit und ohne Behinderung lernen gemeinsam. Weinheim, 1999, 299-306

Projektgruppe Integrationsversuch (Hrsg.): Das Flämingmodell. Weinheim, 1988

Rammstedt, B.: Zur Bestimmung der Güte von Muli-Item-Skalen - Eine Einführung. Online im Internet:
http://www.gesis.org/Publikationen/Berichte/ZUMA_How_to/Dokumente/
pdf/how-to12br.pdf (Stand 1.4.2005), 2004

Randoll, D.: Die schulische Integration Lernbehinderter und ihre Wirksamkeit. In: Vierteljahresschrift für Heilpädagogik und ihre Nachbargebiete, 61 (1992) 376-387

Randoll, D.: Wirkungen der integrativen Beschulung im Urteil Lernbehinderter und ihrer Lehrer. In: Vierteljahresschrift für Heilpädagogik und ihre Nachbargebiete, 60 (1991) 18-29

Rheinberg, F.: Motivation. Stuttgart, 2002

Rick, G.: Die soziale Stellung entwicklungsgehemmter Kinder in Volksschulklassen und ihre soziale Stellung nach der Überweisung in die Hilfsschule. In: Zeitschrift für Heilpädagogik, 11 (1961) 557-564

Rogosch, F. A.; Newcomb, A. F.: Children's perceptions of peer reputations an their social reputations among peers. In: Chilld Development, 60 (1989) 597-610

Rosenthal, R.; Jacobson, L.: Pygmalion im Unterricht - Lehrererwartungen und Intelligenzentwicklung der Schüler. Weinheim, 1971

Sampson , E.E.; Insko, C.A.: Cognitive consistency and performance in the autokinetic situation. In: Journal of abnormal social Psychology, 68 (1964) 184-192

Sarges, W.: Verhaltensauffälligkeiten bei Schülern: Faktorenanalytisch ermittelte Syndrome abweichender sozialer und emotionaler Verhaltensweisen von Kindern auf der Basis von Lehrerurteilen. In: Heilpädagogische Forschung, 9 (1982) 347-370

Schachter, S.; Nuttin, J.; DeMonchaux, C.; Maucorps, P.; Osmar, D.: Cross cultural experiments on threat and rejection. In: Human Relations, 7 (1954) 403-493

Schlepphorst, C.: Der Rücküberweisungsvorgang von Schülern der Schule für Erziehungshilfe (Sonderschule) zur Regelschule - eine Problemanalyse aus umweltorientierter Sicht. Unveröffentlichte Dissertation an der Universität Dortmund, 1990

Schöler, J.: Nichtaussonderung von 'Kindern und Jugendlichen mit besonderen pädagogischen Bedürfnissen'. In: Eberwein, H. (Hrsg.): Integrationspädagogik - Kinder mit und ohne Behinderung lernen gemeinsam. Weinheim, 1999, 108-115

Schöler, J.: Sono bambini - es sind Kinder! Die Aufgabe einer gemeinsamen Schule für behinderte und nichtbehinderte Kinder in Italien und in der Bundesrepublik Deutschland. Berlin, 1994

Schönberger, F.: Die Integration als moralische Maxime. In: Eberwein, H. (Hrsg.): Integrationspädagogik - Kinder mit und ohne Behinderung lernen gemeinsam. Weinheim, 1999, 80-87

Schuster, B.: Außenseiter in der Schule: Prävalenz von Viktimisierung und Zusammenhang mit Sozialstatus. In: Zeitschrift für Sozialpsychologie, 28 (1997) 251264

Schwammborn, R. Soziale Integration von Schülern im Gemeinsamen Unterricht im Spannungsfeld von sozialen und kognitiven Kompetenzen. Unveröffentlichte Examensarbeit an der Universität zu Köln, 2003

Schwarzer R.; Jerusalem M.: Selbstkonzeptentwicklung in schulischen Bezugsgruppen - eine dynamische Mehrebenenanalyse. In: Zeitschrift für personenzentrierte Psychologie und Psychotherapie, 2 (1983) 79-87

Seitz, W.; Rausche, A.: Persönlichkeitsfragebogen für Kinder zwischen 9 und 14 Jahren (PfK 9-14). Göttingen, 1992

Simpson, R.; Martinson, R.: Educational programs for gifted pupils. Sacramento (CA), 1961

Speck, O.: System Heilpädagogik. Eine ökologisch reflexive Grundlegung. München, 1991

Stelzl, I.: Fehler und Fallen der Statistik. Stuttgart, 1982

Sünker, H. (Hrsg.), Krüger, H.: Kritische Erziehungswissenschaft am Neubeginn?!. Frankfurt a. M., 1999

TAFIE (Hrsg.): Pädagogik und Therapie ohne Aussonderung. Innsbruck, 1990

Tajfel, H.: Differentiation between social groups. London, 1978

Thibaut, J. W.; Kelly, H.H.: The social psychology of groups. New York, 1959

Thomas, H.: Probleme der Differenzierung in Gesamtschulen im internationalen Vergleich. In: Deutscher Bildungsrat: Lernziele der Gesamtschule - Gutachten und Studien der Bildungskommission, Band 12. Stuttgart, 1969, 91-124

Thonhauser, J: Intelligenztestleistung der Schüler, Sozialstatus der Eltern und örtliche Entfernung von der Schule als Determinanten für Schullaufbahnentscheidungen. In: Olechowski, R.; Persy E. (Hrsg.): Frühe schulische Auslese. Frankfurt a. M., 1993, 86-102

Trautwein, U.; Köller, O.; Kämmerer, E.: Effekte innerer und äußerer Leistungsdifferenzierung auf selbstbezogene Fähigkeitskognitionen, die wahrgenommene Unterrichtspartizipation und die wahrgenommene soziale Akzeptanz. In: Psychologie in Erziehung und Unterricht, 49 (2002) 273-286

Vaughn, S; Hogan, A. Kouzekanani, K.; Shapiro, S.: Peer acceptance, self perception, and social skliss of learning disabled students prior to identification. In: Journal of Educational Psychology, 82 (1990) 101-106

Voigt, U.: Empirische Untersuchungen zum Rückschulungserfolg von Schülern mit Verhaltensstörungen. Hamburg, 1998

Wang, M. C.; Reynolds, M. C.; Walberg, H. C.: Handbook of special education. New York, 1987

Weiß, R. H.: Grundintelligenztest Skala 2. Göttingen, 1998

Wenninger, G.; et al.: Lexikon der Psychologie. Band 4. Heidelberg, 2001

Werning R.: Anmerkungen zu einer Didaktik des Gemeinsamen Unterrichts. In: Zeitschrift für Heilpädagogik, 47 (1996) 463-469

Wikipedia: Integration. Online im Internet: http://de.wikipedia.org/wiki/Integration#Schulische_Integration (Stand 3.3.2005), 2005

Willand, H.: 'Wie geht es Dir so in Deiner Schule'. In: Zeitschrift für Heilpädagogik, 50 (1999) 546-554

Wocken, H. Antor, G. (Hrsg.): Integrationsklassen in Hamburg. Erfahrungen - Untersuchungen - Anregungen. Solms, 1987

Wocken, H.: Gemeinsame Lernsituationen. In: Hildeschmidt, A.; Schnell, I. (HRSG.): Integrationspädagogik. Mönchen, 1998, 37-52

Wocken, H.: Integration wohin - eine neue Schule für alle?. In: TAFIE (Hrsg.): Pädagogik und Therapie ohne Aussonderung. Innsbruck, 1990, 53-58

Wocken, H.: Integration. In: Antor, G.; Bleidick, U. (Hrsg.): Handlexikon der Behindertenpädagogik. Stuttgart, 2001a, 76-80

Wocken, H.: Leistung, Intelligenz und Soziallage von Schülern mit Lernbehinderungen. Vergleichende Untersuchungen an Förderschulen in Hamburg.. In: Zeitschrift für Heilpädagogik, 51 (2000) 492-503

Wocken, H.: Schulleistung in heterogenen Lerngruppen. In: Eberwein, H. (Hrsg.): Integrationspädagogik - Kinder mit und ohne Behinderung lernen gemeinsam. Weinheim, 1999, 315-320

Wocken, H.: Soziale Integration behinderter Kinder. In: Wocken, H. Antor, G. (Hrsg.): Integrationsklassen in Hamburg. Erfahrungen - Untersuchungen - Anregungen. Solms, 1987, 203-275

Wocken: Untersuchungen zur sozialen Distanz zwischen Hauptschülern und Sonderschülern. In: Vierteljahresschrift für Heilpädagogik und ihre Nachbargebiete, 52 (1983) 467-490

Yesseldyke J. E.; Algozzine B.; Epps: A logical and empirical analysis of current practice in classifying students as handicapped. In: Exceptional Children, 50 (1983) 160-166

Yesseldyke, J. E.: Classification of handicapped students. In: Wang, M. C.; Reynolds, M. C.; Walberg, H. C.: Handbook of special education. New York, 1987, 253-271

Zimbardo, P. G.: Psychologie. Heidelberg, 1992

Zöfel, P.: Statistik in der Praxis. Stuttgart, 1992

Anhang A: Fragebogen Voruntersuchung 1

Universität zu Köln
Heilpädagogische Fakultät
Seminar für Heilpädagogische Psychologie und Psychiatrie
Klosterstr. 79b
50931 Köln

Kurzinformation zum Fragebogen

Dieser Fragebogen dient einer *Untersuchung zum Gemeinsamen Unterricht* an der Universität zu Köln. Hierbei soll festgestellt welche Eigenschaften eines Schülers seine erfolgreiche, soziale Integration unterstützen. Sie wirken in der ersten Ph: Untersuchung mit, in der über ein Expertenurteil (von Lehrerinnen und Lehrern) die wichtigsten dieser Eigens zusammengetragen werden sollen. Schon hier möchten wir Ihnen für Ihre Unterstützung danken. Mit Ihrer Hilfe möchten v beitragen, zukünftigen Generationen von Integrationsschülern die Grundlage für eine bessere Schullaufbahn im Gemei Unterricht zu schaffen.

Dieser Fragebogen gliedert sich in zwei Teile:
1. Teil: Angaben zu Ihrer Tätigkeit als Lehrer(in)
2. Teil: Angaben zur persönlichen Erfahrung

Der **erste Teil** beinhaltet acht Fragen zu Ihrer Tätigkeit als Lehrer(in) und schließt sich direkt dieser Kurzinformation an. Alle A sind anonym und werden nur als Ergänzung für Ihre Einschätzungen im zweiten Teil benötigt.

Der **zweite Teil** schließt sich direkt den Angaben zu Ihrer Tätigkeit als Lehrer(in) an (Seite 3-4). Hier möchten wir Sie bitt mitzuteilen, welche Eigenschaften eines Schülers mit sonderpädagogischem Förderbedarf Ihrer **persönlichen Erfahrung** r eine gute soziale Integration von hoher Bedeutung sind.

Obwohl auch schul- und umfeldbezogene Kriterien wesentliche Einflußgrößen für den Integrationserfolg sind, blenden wir Bereich vollständig aus unseren Erhebungen aus. Diesen gesamten, wichtigen Bereich müssen Paralleluntersuchungen abdeck

Bei Fragen und Unklarheiten wenden Sie sich bitte einfach an:

Christian Huber
Telefon: 0221 / xxxxxx (Rückruf) oder 0171 / xxxxxx (Rückruf)
Email: xxxxxxxx

Den vollständig ausgefüllten Fragebogen können Sie bis **Mittwoch, den 28.März 2001** im Sekretariat Ihrer Schule abgeben. Vielen Dank für Ihre Bemühungen!

1. Teil: Angaben zur Tätigkeit als Lehrer(in)

1. Alter	_____ Jahre
2. Geschlecht	☐ männlich ☐ weiblich
3. Derzeitige Schule (Mehrfachnennungen möglich!)	☐ integrative Grundschule ☐ Sonderschule LB ☐ integrative Hauptschule ☐ Sonderschule E ☐ integrative Gesamtschule ☐ Sonderschule SP ☐ integrative Realschule ☐ Sonderschule Ge ☐ Förderschule ☐ Sonderschule Bl ☐ Sonderschule KB ☐ Sonstige Schule: _____ ☐ Sonderschule GB
4. An dieser Schule (von der Sie diesen Fragebogen haben) arbeite ich als (Mehrfachnennungen möglich!)	☐ Fachlehrer(in) ☐ Sonderschullehrer(in) ☐ Klassenlehrer(in) ☐ Sonstiges: _____

5. Ausbildungsstudiengang:
(Mehrfachnennungen möglich!)

☐ Lehramt Primarstufe
☐ Lehramt SEK I
☐ Lehramt SEK II
☐ Sonderschulpädagogik

→ erste Fachrichtung — [ ] in → ☐ Primarstufe
☐ Sek I

☐ Aufbaustudiengang

☐ Sonstiges: _____

6. Nur falls Integrationserfahrung besteht: Integrationserfahrung (in Jahren)
(Mehrfachnennungen möglich!)

Primarstufe / zielgleiche Förderung: _____ Jahre

Primarstufe / zieldifferente Förderung: _____ Jahre

SEK 1 / zielgleiche Förderung: _____ Jahre

SEK 1 / zieldifferente Förderung _____ Jahre

7. Nur falls Integrationserfahrung besteht: Jahr der ersten Integrationserfahrung

8. An dieser Schule (von der Sie diesen Fragebogen haben) unterrichte ich
(Mehrfachnennungen möglich!)

☐ Primarstufe / zielgleiche Förderung   ☐ SEK 1 / zielgleiche Förderung
☐ Primarstufe / zieldifferente Förderung ☐ SEK 1 / zieldifferente Förderung

☐ Sonstiges: _____

9. Wieviele Schüler mußten Sie in den jeweiligen Schuljahren wieder zurück auf eine Sonderschule überweisen?
(Mehrfachnennungen möglich!)

1998/1999: _____ Schüler → *In welcher Klassenstufe war(en) Schüler bei Ihnen*

1999/2000: _____ Schüler → *In welcher Klassenstufe war(en) Schüler bei Ihnen*

2000 / 2001: _____ Schüler → *In welcher Klassenstufe war(en) Schüler bei Ihnen*

10. ZUSATZFRAGE *(freiwillige Beantwortung !!! – weitere Informationen siehe Infoblatt für Schulleiter(in):*
Ich wäre bereit, den Kontakt mit Eltern herzustellen, deren Kind von einer Integrationsschule auf eine Sonderschule gewechselt hat. (Vorausgesetzt, Schüler, Eltern und Schulleitung stimmen einem solchen Kontakt zu !)

☐ **Ja**   ☐ **Eventuell**, unter bestimmten Voraussetzungen. Ich bitte um weitere Informationen.   ☐ **Nein**

Falls **JA** oder **EVENTUELL**, Kontaktmöglichkeit (→ wie können wir mit IHNEN (nicht mit den Eltern) Kontakt aufnehmen?) :

☐ per Telefon ──────→ | Meine Telefonnummer/ Emailadresse
☐ per Email ─────────→ |
☐ schriftlich: Meine Adresse

↓

Mein Name: _____   Straße: _____

PLZ / Ort: _____

Fahren Sie bitte jetzt mit dem 2. Teil der Befragung (Seite 3-4) fort! DANKE! ────→

2. Teil: Angaben zu persönlichen Erfahrungen

FRAGE 1:
Welche Schülereigenschaften sind Ihrer Erfahrung nach für eine erfolgreiche soziale Integration von Schülern mit sonderpädagogischem Förderbedarf in der <u>Primarstufe</u> von Bedeutung?

Bitte geben Sie <u>keine</u> schul- oder umfeldbezogenen Kriterien an!

Eigenschaft (Bitte versuchen Sie, mindestens vier Eigenschaften anzugeben. Vielen Dank!)	Bedeutung Niedrig — Hoch
1.	☐–☐–☐–☐–☐–☐–☐–☐–☐–☐
2.	☐–☐–☐–☐–☐–☐–☐–☐–☐–☐
3.	☐–☐–☐–☐–☐–☐–☐–☐–☐–☐
4.	☐–☐–☐–☐–☐–☐–☐–☐–☐–☐
5.	☐–☐–☐–☐–☐–☐–☐–☐–☐–☐
6.	☐–☐–☐–☐–☐–☐–☐–☐–☐–☐
7.	☐–☐–☐–☐–☐–☐–☐–☐–☐–☐
8.	☐–☐–☐–☐–☐–☐–☐–☐–☐–☐

2. Teil: Angaben zu persönlichen Erfahrungen

FRAGE 2:
Welche Schülereigenschaften sind laut Ihrer Erfahrung nach für das Scheitern der sozialen Integration von Schülern mit sonderpädagogischem Förderbedarf in der Primarstufe von Bedeutung?

Bitte geben Sie **keine** schul- oder umfeldbezogenen Kriterien an!

Eigenschaft (Bitte versuchen Sie, mindestens vier Eigenschaften anzugeben. Falls Sie eine Eigenschaft auch bei Frage 1 genannt haben, machen Sie einfach nur einen Verweis auf die Antwortnummer bei Frage 1, z.B. „siehe 2")

	Eigenschaft	Bedeutung (Niedrig – Hoch)
1.		☐–☐–☐–☐–☐–☐–☐
2.		☐–☐–☐–☐–☐–☐–☐
3.		☐–☐–☐–☐–☐–☐–☐
4.		☐–☐–☐–☐–☐–☐–☐
5.		☐–☐–☐–☐–☐–☐–☐
6.		☐–☐–☐–☐–☐–☐–☐
7.		☐–☐–☐–☐–☐–☐–☐
8.		☐–☐–☐–☐–☐–☐–☐

ANHANG B: Fragebogen Voruntersuchung 2

Universität zu Köln
Heilpädagogische Fakultät
Seminar für Heilpädagogische Psychologie und Psychiatrie
Klosterstr. 79b
50931 Köln

Fragebogen:
Die Bedeutung schülerbezogener Eigenschaften für den Erfolg und das Scheitern sozialer Integration im Gemeinsamen Unterricht

Dieser Fragebogen dient einer Untersuchung der Universität zu Köln zum Thema Integration. Neben schul- und umfeldbezogenen Kriterien spielen wahrscheinlich auch Eigenschaften des Schülers selbst eine wichtige Rolle für den Integrationserfolg. Mit Hilfe Ihrer Erfahrung wollen wir feststellen, welche Eigenschaften eines Schülers seine erfolgreiche soziale Integration unterstützen. Schon hier möchten wir Ihnen für Ihre Unterstützung danken.

Im folgenden Fragebogen werden Sie gebeten, an zwei konkrete Integrationsschüler zu denken: einen **gut** sozial integrierten Schüler und einen zweiten Schüler, dessen soziale Integration **schlecht** verlief und der vielleicht sogar wieder auf eine Sonderschule zurückgeschult wurde. Der nachfolgende Fragebogen ist in **zwei Spalten** aufgeteilt:

In der **ersten Spalte** bitten wir Sie, Angaben zu dem gut sozial integrierten Schüler zu machen. Dabei sollen Sie einschätzen, wie stark die einzelnen Eigenschaften und Fähigkeiten bei dem erfolgreich integrierten Schüler Ihrer Einschätzung nach ausgeprägt sind.

In der **zweiten Spalte** geben Sie bitte an, wie stark die jeweiligen Eigenschaften bei Schülern ausgeprägt sind, deren soziale Integration als gescheitert gilt.

Für Ihre Einschätzungen steht Ihnen jeweils eine **neunfach unterteilte** Skala mit drei Beschriftungen zur Verfügung:

       schwach   normal   stark
       ausgeprägt   ausgeprägt   ausgeprägt
       ▼   ▼   ▼
       ❑─❑─❑─❑─❑─❑─❑─❑─❑

schwach ausgeprägt:	Eigenschaft konnte ich beim Schüler kaum feststellen
normal ausgeprägt:	Eigenschaft war so wie bei nichtbehinderten Gleichaltrigen ausgeprägt
stark ausgeprägt:	Eigenschaft war im Vergleich zu nichtbehinderten Gleichaltrigen überdurchschnittlich stark ausgeprägt

Hier noch einige wichtige Hinweise:

- Nehmen Sie sich zur Beantwortung des Fragebogens ca. *20 Minuten* Zeit.
- Beantworten Sie alle Fragen *zügig und spontan*.
- Falls es Ihnen schwerfällt, Ihre Einschätzungen für erfolgreich und erfolglos integrierte Schüler abwechselnd vorzunehmen, können Sie Ihre Angaben für beide Schüler auch getrennt voneinander machen.
- Falls Sie kein konkretes Beispiel für eine der beiden Schülergruppen kennen, streichen Sie die Antwortskalen für diesen Schüler auf der ersten Seite des Fragebogens gut sichtbar durch. Machen dann nur Angaben zum anderen Schüler.
- Für das Gelingen unserer Untersuchung ist es wichtig, daß wir **alle** Fragebögen ausgefüllt zurückbekommen. Bitte helfen Sie uns dabei, indem Sie diesen Fragebogen bis **Freitag, den 29. Juni 2001** im Sekretariat Ihrer Schule abgeben.

Bei Fragen wenden Sie sich bitte an: *Christian Huber*
                                         Telefon: *0221 / xxxxx oder 0171 / xxxxx*
                                         Email: *xxxxx*

Vielen Dank für Ihre Bemühungen!

I. Angaben zum Schüler

FRAGE: Denken Sie an zwei konkrete Integrationsschüler, die Sie in der Vergangenheit unterrichtet haben: einen **gut sozial** integrierten Schüler und einen zweiten Schüler, dessen soziale Integration **erfolglos** verlief und der vielleicht sogar wieder auf eine Sonderschule zurückgeschult wurde. Wie stark sind die folgenden Eigenschaften bei diesen beiden Schülern Ihrer Einschätzung nach ausgeprägt?

Gehen Sie bitte **nicht von einem wünschenswerten Ideal** aus, sondern von Ihren persönlichen Erfahrungen und Einschätzungen!

Wie stark sind die folgenden Eigenschaften und Fähigkeiten ausgeprägt...	beim **gut** sozial integrierten Schüler			beim **schlecht** sozial integrierten Schüler		
	schwach ausgeprägt →	normal ausgeprägt →	stark ausgeprägt →	schwach ausgeprägt →	normal ausgeprägt →	stark ausgeprägt →
1. Schulleistung / Lernen						
Wissen und Leistungen in Mathematik / Rechnen	☐ ☐	☐ ☐	☐ ☐ ☐	☐ ☐	☐ ☐	☐ ☐ ☐
Wissen und Leistungen im Sachunterricht	☐ ☐	☐ ☐	☐ ☐ ☐	☐ ☐	☐ ☐	☐ ☐ ☐
Rechtschreibung	☐ ☐	☐ ☐	☐ ☐ ☐	☐ ☐	☐ ☐	☐ ☐ ☐
Sprachliche Fertigkeiten	☐ ☐	☐ ☐	☐ ☐ ☐	☐ ☐	☐ ☐	☐ ☐ ☐
Lesen	☐ ☐	☐ ☐	☐ ☐ ☐	☐ ☐	☐ ☐	☐ ☐ ☐
Selbständigkeit in der Erfüllung von Einzelarbeiten in der Schule	☐ ☐	☐ ☐	☐ ☐ ☐	☐ ☐	☐ ☐	☐ ☐ ☐
Selbständigkeit in der Erfüllung von Hausaufgaben	☐ ☐	☐ ☐	☐ ☐ ☐	☐ ☐	☐ ☐	☐ ☐ ☐
Fähigkeit, mit offenen Unterrichtssituationen umzugehen	☐ ☐	☐ ☐	☐ ☐ ☐	☐ ☐	☐ ☐	☐ ☐ ☐
Fähigkeit, mit lehrerzentrierten Unterrichtssituationen umzugehen	☐ ☐	☐ ☐	☐ ☐ ☐	☐ ☐	☐ ☐	☐ ☐ ☐

Wie stark sind die folgenden Eigenschaften und Fähigkeiten ausgeprägt...	beim **gut** sozial integrierten Schüler				beim **schlecht** sozial integrierten Schüler			
	schwach ausgeprägt →		normal ausgeprägt →	stark ausgeprägt →	schwach ausgeprägt →		normal ausgeprägt →	stark ausgeprägt →
Arbeitstempo	☐	☐	☐	☐ ☐	☐	☐	☐	☐ ☐
Lerngeschwindigkeit	☐	☐	☐	☐ ☐	☐	☐	☐	☐ ☐
Feststellbarer Lernerfolg im Unterricht	☐	☐	☐	☐ ☐	☐	☐	☐	☐ ☐
Fähigkeit, in der Gruppe selbständig arbeiten zu können	☐	☐	☐	☐ ☐	☐	☐	☐	☐ ☐
Anstrengungsbereitschaft	☐	☐	☐	☐ ☐	☐	☐	☐	☐ ☐
Fähigkeit, dem „normalen" Unterricht inhaltlich folgen zu können	☐	☐	☐	☐ ☐	☐	☐	☐	☐ ☐
Fähigkeit, in großen Gruppen zu lernen	☐	☐	☐	☐ ☐	☐	☐	☐	☐ ☐
Selbständigkeit in der Erfüllung von Anweisungen	☐	☐	☐	☐ ☐	☐	☐	☐	☐ ☐

2. Soziale Fähigkeiten

Positives, soziales Verhalten gegenüber Mitschülern und Lehrern	☐	☐	☐	☐ ☐	☐	☐	☐	☐ ☐
Kooperationsfähigkeit mit Mitschülern und Lehrern / Teamfähigkeit (z.B. bei Gruppenarbeit)	☐	☐	☐	☐ ☐	☐	☐	☐	☐ ☐
Offenheit gegenüber Mitschülern und Lehrern	☐	☐	☐	☐ ☐	☐	☐	☐	☐ ☐
Erfahrung mit nichtbehinderten Gleichaltrigen	☐	☐	☐	☐ ☐	☐	☐	☐	☐ ☐
Bereitschaf, Konflikte einzugehen	☐	☐	☐	☐ ☐	☐	☐	☐	☐ ☐
Fähigkeit, Konflikte zu lösen	☐	☐	☐	☐ ☐	☐	☐	☐	☐ ☐
Anpassungsfähigkeit an Klassen- und Schulregeln	☐	☐	☐	☐ ☐	☐	☐	☐	☐ ☐

Wie stark sind die folgenden Eigenschaften und Fähigkeiten ausgeprägt...	beim **gut** sozial integrierten Schüler			beim **schlecht** sozial integrierten Schüler		
	schwach ausgeprägt	normal ausgeprägt	stark ausgeprägt	schwach ausgeprägt	normal ausgeprägt	stark ausgeprägt
Altersangemessene Interessen / Hobbies	☐–☐–☐	☐–☐–☐	☐–☐	☐–☐–☐	☐–☐–☐	☐–☐
Fähigkeiten, die es dem Schüler ermöglichen, mit Klassenkameraden zu "konkurrieren" und in Kontakt zu treten (z.B. im Fußball o. Sport allgemein)	☐–☐–☐	☐–☐–☐	☐–☐	☐–☐–☐	☐–☐–☐	☐–☐
Fähigkeit, ohne ständige Bezugsperson auszukommen	☐–☐–☐	☐–☐–☐	☐–☐	☐–☐–☐	☐–☐–☐	☐–☐
Fähigkeit, sich an individuelle Verhaltensabsprachen (zwischen Lehrer und Schüler) zu halten	☐–☐–☐	☐–☐–☐	☐–☐	☐–☐–☐	☐–☐–☐	☐–☐
Anpassungsfähigkeit an wechselnde Umweltbedingungen	☐–☐–☐	☐–☐–☐	☐–☐	☐–☐–☐	☐–☐–☐	☐–☐
Anpassungsfähigkeit an wechselnde Gruppen	☐–☐–☐	☐–☐–☐	☐–☐	☐–☐–☐	☐–☐–☐	☐–☐
Fähigkeit, negativ besetzte Rollen in der Klasse ertragen zu können	☐–☐–☐	☐–☐–☐	☐–☐	☐–☐–☐	☐–☐–☐	☐–☐
Verschlossenheit	☐–☐–☐	☐–☐–☐	☐–☐	☐–☐–☐	☐–☐–☐	☐–☐
Hilfsbereitschaft	☐–☐–☐	☐–☐–☐	☐–☐	☐–☐–☐	☐–☐–☐	☐–☐
Ich-Bezogenheit	☐–☐–☐	☐–☐–☐	☐–☐	☐–☐–☐	☐–☐–☐	☐–☐
Kontaktfähigkeit	☐–☐–☐	☐–☐–☐	☐–☐	☐–☐–☐	☐–☐–☐	☐–☐

3. Lebenspraktischer Bereich

	schwach ausgeprägt	normal ausgeprägt	stark ausgeprägt	schwach ausgeprägt	normal ausgeprägt	stark ausgeprägt
Fähigkeit, sich selbständig im Raum und in der Schule zu bewegen	☐–☐–☐	☐–☐–☐	☐–☐	☐–☐–☐	☐–☐–☐	☐–☐
Fähigkeit, selbständig zu essen und zu trinken	☐–☐–☐	☐–☐–☐	☐–☐	☐–☐–☐	☐–☐–☐	☐–☐
Fähigkeit, sich alleine an- und auszuziehen	☐–☐–☐	☐–☐–☐	☐–☐	☐–☐–☐	☐–☐–☐	☐–☐

Wie stark sind die folgenden Eigenschaften und Fähigkeiten ausgeprägt...	beim **gut** sozial integrierten Schüler			beim **schlecht** sozial integrierten Schüler		
	schwach ausgeprägt	*normal ausgeprägt*	*stark ausgeprägt*	*schwach ausgeprägt*	*normal ausgeprägt*	*stark ausgeprägt*
Fähigkeit, selbständig zur Toilette zu gehen	☐ ☐	☐ ☐ ☐	☐ ☐	☐ ☐	☐ ☐ ☐	☐ ☐
Fähigkeit, den Tagesablauf zu kennen und sich darin zurechtzufinden	☐ ☐	☐ ☐ ☐	☐ ☐	☐ ☐	☐ ☐ ☐	☐ ☐
Fähigkeit, Unterrichtsmaterial selbständig gebrauchen zu können	☐ ☐	☐ ☐ ☐	☐ ☐	☐ ☐	☐ ☐ ☐	☐ ☐
4. Emotion / Verhalten						
Aggressivität	☐ ☐	☐ ☐ ☐	☐ ☐	☐ ☐	☐ ☐ ☐	☐ ☐
Selbstverletzendes Verhalten	☐ ☐	☐ ☐ ☐	☐ ☐	☐ ☐	☐ ☐ ☐	☐ ☐
Stabile emotionale Verfassung (trotz Traurigkeit, Freude, Verärgerung)	☐ ☐	☐ ☐ ☐	☐ ☐	☐ ☐	☐ ☐ ☐	☐ ☐
Fähigkeit, Frustrationen ertragen zu können	☐ ☐	☐ ☐ ☐	☐ ☐	☐ ☐	☐ ☐ ☐	☐ ☐
Ängstlichkeit des Schülers vor Prüfungssituationen	☐ ☐	☐ ☐ ☐	☐ ☐	☐ ☐	☐ ☐ ☐	☐ ☐
Ängstlichkeit des Schülers vor Mitschülern oder Lehrern	☐ ☐	☐ ☐ ☐	☐ ☐	☐ ☐	☐ ☐ ☐	☐ ☐
Ängstlichkeit des Schülers vor zukünftiger Lebenssituation (z.B. Beruf)	☐ ☐	☐ ☐ ☐	☐ ☐	☐ ☐	☐ ☐ ☐	☐ ☐
Neugierde	☐ ☐	☐ ☐ ☐	☐ ☐	☐ ☐	☐ ☐ ☐	☐ ☐
Akzeptanz der eigenen Schwächen	☐ ☐	☐ ☐ ☐	☐ ☐	☐ ☐	☐ ☐ ☐	☐ ☐
Selbstbewußtsein	☐ ☐	☐ ☐ ☐	☐ ☐	☐ ☐	☐ ☐ ☐	☐ ☐
Belastbarkeit	☐ ☐	☐ ☐ ☐	☐ ☐	☐ ☐	☐ ☐ ☐	☐ ☐

Anhang

Wie stark sind die folgenden Eigenschaften und Fähigkeiten ausgeprägt...	beim **gut** sozial integrierten Schüler			beim **schlecht** sozial integrierten Schüler		
	schwach ausgeprägt	normal ausgeprägt	stark ausgeprägt	schwach ausgeprägt	normal ausgeprägt	stark ausgeprägt
Fähigkeit, sich motorisch ruhig verhalten zu können	☐—☐—☐—☐—☐—☐—☐			☐—☐—☐—☐—☐—☐—☐		
Realistische Selbsteinschätzung	☐—☐—☐—☐—☐—☐—☐			☐—☐—☐—☐—☐—☐—☐		
Auffälliges, "normabweichendes" Verhalten	☐—☐—☐—☐—☐—☐—☐			☐—☐—☐—☐—☐—☐—☐		
Fähigkeit, sich leise verhalten zu können	☐—☐—☐—☐—☐—☐—☐			☐—☐—☐—☐—☐—☐—☐		
Freundlichkeit	☐—☐—☐—☐—☐—☐—☐			☐—☐—☐—☐—☐—☐—☐		
Einfühlungsvermögen	☐—☐—☐—☐—☐—☐—☐			☐—☐—☐—☐—☐—☐—☐		
5. Begabung / Konzentration / Kommunikation						
Sprachliche Begabung	☐—☐—☐—☐—☐—☐—☐			☐—☐—☐—☐—☐—☐—☐		
Gedächtnis	☐—☐—☐—☐—☐—☐—☐			☐—☐—☐—☐—☐—☐—☐		
Fähigkeit zur bewußten Planung einer Handlung	☐—☐—☐—☐—☐—☐—☐			☐—☐—☐—☐—☐—☐—☐		
Kontrolle über geplante Handlungsschritte	☐—☐—☐—☐—☐—☐—☐			☐—☐—☐—☐—☐—☐—☐		
Mathematische Begabung	☐—☐—☐—☐—☐—☐—☐			☐—☐—☐—☐—☐—☐—☐		
Selbstreflexion des eigenen Verhaltens	☐—☐—☐—☐—☐—☐—☐			☐—☐—☐—☐—☐—☐—☐		
Fähigkeit, Konzentration über längere Zeiträume aufrecht zu erhalten	☐—☐—☐—☐—☐—☐—☐			☐—☐—☐—☐—☐—☐—☐		
Fähigkeit, den Zeitpunkt der Konzentration selbst zu bestimmen	☐—☐—☐—☐—☐—☐—☐			☐—☐—☐—☐—☐—☐—☐		

Wie stark sind die folgenden Eigenschaften und Fähigkeiten ausgeprägt...	beim **gut** sozial integrierten Schüler			beim **schlecht** sozial integrierten Schüler		
	schwach ausgeprägt	normal ausgeprägt	stark ausgeprägt	schwach ausgeprägt	normal ausgeprägt	stark ausgeprägt
Fähigkeit, Konzentration auch in Gebieten aufrecht zu erhalten, die den Schüler wenig interessieren	☐–☐–☐–☐–☐–☐–☐			☐–☐–☐–☐–☐–☐–☐		
Fähigkeit, sich verbal oder nonverbal angemessen auszudrücken	☐–☐–☐–☐–☐–☐–☐			☐–☐–☐–☐–☐–☐–☐		
Fähigkeit, verbale Anweisungen zu verstehen	☐–☐–☐–☐–☐–☐–☐			☐–☐–☐–☐–☐–☐–☐		
Beherrschung der deutschen Sprache	☐–☐–☐–☐–☐–☐–☐			☐–☐–☐–☐–☐–☐–☐		
Allgemeine Leistungsmotivation des Schülers	☐–☐–☐–☐–☐–☐–☐			☐–☐–☐–☐–☐–☐–☐		
Motivation des Schülers gegenüber der Integrationsmaßnahme	☐–☐–☐–☐–☐–☐–☐			☐–☐–☐–☐–☐–☐–☐		
6. Psychomotorik						
Visuelle Wahrnehmung	☐–☐–☐–☐–☐–☐–☐			☐–☐–☐–☐–☐–☐–☐		
Auditive Wahrnehmung	☐–☐–☐–☐–☐–☐–☐			☐–☐–☐–☐–☐–☐–☐		
Motorische Fähigkeiten	☐–☐–☐–☐–☐–☐–☐			☐–☐–☐–☐–☐–☐–☐		
Gebrauch von Rollstuhl, Sprachcomputer, etc.	☐–☐–☐–☐–☐–☐–☐			☐–☐–☐–☐–☐–☐–☐		
Auge-Hand-Koordination	☐–☐–☐–☐–☐–☐–☐			☐–☐–☐–☐–☐–☐–☐		
7. Elternbezogene Eigenschaften						
Soziökonomischer Status der Eltern (Bildung, Beruf, Einkommen, etc.)	☐–☐–☐–☐–☐–☐–☐			☐–☐–☐–☐–☐–☐–☐		
Vorbereitung der Eltern auf Integration	☐–☐–☐–☐–☐–☐–☐			☐–☐–☐–☐–☐–☐–☐		

Wie stark sind die folgenden Eigenschaften und Fähigkeiten ausgeprägt...	beim **gut** sozial integrierten Schüler			beim **schlecht** sozial integrierten Schüler		
	schwach ausgeprägt	normal ausgeprägt	stark ausgeprägt	schwach ausgeprägt	normal ausgeprägt	stark ausgeprägt
Einbeziehung der Eltern in die integrative Maßnahme	☐–☐–☐–☐–☐			☐–☐–☐–☐–☐		
Aktives Engagement der Eltern während der Integration	☐–☐–☐–☐–☐			☐–☐–☐–☐–☐		
Positive Einstellung der Eltern gegenüber der Integration ihres Kindes	☐–☐–☐–☐–☐			☐–☐–☐–☐–☐		
Strukturierte Verhältnisse im Elternhaus	☐–☐–☐–☐–☐			☐–☐–☐–☐–☐		

Welche Bedeutung haben die folgenden Eigenschaften...	...für eine **erfolglose** Integration			...für eine **erfolgreiche** Integration		
	ohne Bedeutung		von höchster Bedeutung	ohne Bedeutung		von höchster Bedeutung
8. Biographische Eigenschaften						
Alter des Schülers im Vergleich zu Klassenkameraden	☐–☐–☐–☐–☐			☐–☐–☐–☐–☐		
Geschlecht des Schülers	☐–☐–☐–☐–☐					
Zeit, die der Schüler auf Sonderschule und anderen Sondereinrichtungen verbracht hat	☐–☐–☐–☐–☐			☐–☐–☐–☐–☐		
Vorbereitung des Schülers auf Integration	☐–☐–☐–☐–☐			☐–☐–☐–☐–☐		

Ergänzende Fragen...

Haben Sie sich bei der Beantwortung dieses Fragebogens einen **konkreten Schüler** vorgestellt?

Wenn ja, wie wurden diese beiden Schüler jeweils gefördert?

Wenn ja, wie stark sind die folgenden sieben Merkmale bei diesem Schüler ausgeprägt?

	beim **gut** sozial integrierten Schüler			beim **schlecht** sozial integrierten Schüler		
	Ja	zielgleich	Nein	Ja	zielgleich	Nein
	nicht feststellbar →		stark ausgeprägt →	nicht feststellbar →		stark ausgeprägt →
Körperbehinderung	☐	☐—☐—☐—☐—☐		☐	☐—☐—☐—☐—☐	
Geistige Behinderung	☐	☐—☐—☐—☐—☐		☐	☐—☐—☐—☐—☐	
Lernbehinderung	☐	☐—☐—☐—☐—☐		☐	☐—☐—☐—☐—☐	
Erwartungswidriges Verhalten / Erziehungsschwierigkeit	☐	☐—☐—☐—☐—☐		☐	☐—☐—☐—☐—☐	
Schwerhörigkeit / Gehörlosigkeit	☐	☐—☐—☐—☐—☐		☐	☐—☐—☐—☐—☐	
Sehstörungen / Erblindung	☐	☐—☐—☐—☐—☐		☐	☐—☐—☐—☐—☐	
Sprachbehinderung	☐	☐—☐—☐—☐—☐		☐	☐—☐—☐—☐—☐	

Nur falls Sie zur Zeit im Gemeinsamen Unterricht arbeiten:
Geben Sie an, wie stark die folgenden drei Aussagen auf Sie zutreffen

	trifft nicht zu		trifft zu
Ich unterrichte gerne im Gemeinsamen Unterricht	☐—☐—☐—☐—☐		
Ich bin zufrieden mit der personellen Ausstattung im Gemeinsamen Unterricht	☐—☐—☐—☐—☐		
Ich bin zufrieden mit der materiellen Ausstattung im Gemeinsamen Unterricht	☐—☐—☐—☐—☐		

ANHANG C: Fragebogen soziale Integration

<u>**Fragebogen**</u>

Klasse: _____

Name: _____

Ich bin ein: ❏ Mädchen   ❏ Junge

1. Neben wem aus deiner Klasse würdest du am liebsten sitzen?

_____
_____
_____

2. Neben wem aus deiner Klasse würdest du nicht so gerne sitzen?

_____
_____
_____

3. Wen aus deiner Klasse würdest du zu deinem Geburtstag einladen?

_____
_____
_____

4. Wen aus deiner Klasse würdest du nicht zu deinem Geburtstag einladen?

_____

_____

_____

5. Mit wem aus deiner Klasse spielst du gerne in der Pause?

_____

_____

_____

6. Mit wem aus deiner Klasse spielst du nicht so gerne in der Pause?

_____

_____

_____

DANKE für deine Hilfe!

ANHANG D: Fragebogen für Lehrerinnen und Lehrer

Lehrerfragebogen

Im folgenden finden Sie 17 Fragen, die sich auf Ihre Tätigkeit als Lehrer im Gemeinsamen Unterricht (im folgenden GU) und auf Ihre Schule beziehen. Bitte beantworten Sie möglichst alle Fragen. Falls Ihnen eine Frage unklar ist, wenden Sie sich bitte an den Testleiter / die Testleiterin. Diese(r) wird Ihnen bei der Beantwortung gerne behilflich sein.

1.	**Allgemeine Angaben**	
a)	Name der Schule	
b)	Klasse	
c)	Name d. Klassenlehrer(in)	
d)	Klassenstärke (insgesamt)	
e)	Anzahl der Schüler(innen) mit sonderpädagogischem Förderbedarf	

3.	**Wieviele Stunden pro Woche im laufenden Schuljahr unterrichten Sie die gesamte Klasse (incl. der Schüler im GU)...**	
		Schulstunden

4.	**Wieviele Stunden pro Woche im laufenden Schuljahr unterrichten Sie diese Klasse...**	
	...alleine	Schulstunden
	... zu zweit mit einem Sonderschullehrer *	Schulstunden
	... zu zweit mit einem zweiten Regelschullehrer *	Schulstunden
	... zu zweit mit einem Zivildienstleistenden / Praktikanten *	Schulstunden
	*Rechnen Sie alle Schulstunden, in denen Sie von einer weiteren Lehrkraft / Person unterstützt werden. Zählen sie auch Förderungen von einzelnen Schülern oder Kleingruppen, die in einem anderen Raum durchführt werden.	

5.	*Falls Sie von einer weiteren Lehrkraft unterstützt werden:* **Wieviele Zeitstunden im Monat verwenden Sie durchschnittlich darauf, den Unterricht mit dieser Lehrkraft abzusprechen?** (Geben Sie 0 an, wenn keine besonderen Absprachen stattfinden)	
		Stunden

6.	***Falls Sie von einer weiteren Lehrkraft unterstützt werden:*** **Wieviele Stunden in der Woche nehmen Sie gemeinsam mit dieser Lehrkraft folgende Differenzierungen vor?**

Einzelförderung	☐	Schulstunden
Einteilung der Klasse in zwei Lerngruppen (keine Einzelförderung!)	☐	Schulstunden
Teamteaching im gesamten Klassenverband	☐	Schulstunden

7.	***Falls Sie von einer weiteren Lehrkraft unterstützt werden:*** **In welchen drei Unterrichtsfächern fand im vergangenen Schuljahr die meiste Zusammenarbeit mit dieser Lehrkraft statt?**

1.
2.
3.

8.	***Falls Sie von einer weiteren Lehrkraft unterstützt werden:*** **Seit wann arbeiten Sie mit dieser zusammen?** (Unzutreffende Lehrkräfte bitte streichen)

Regelschullehrer:	☐	Jahre
Sonderschullehrer:	☐	Jahre
Zivildienstleistender / Jahrespraktikant:	☐	Jahre

9.	**Wieviele Jahre haben Sie bisher im GU unterrichtet?**

seit ☐ Jahr(e)

10.	**Seit wann wird an Ihrer Schule GU angeboten?**

seit ☐ Jahr(en)

11.	**Gibt es an Ihrer Schule ein Ganztagsangebot für die Schüler.**

☐ Ja   ☐ Nein   ☐ Weiß nicht

Anhang

12.	Hat Ihre Schule den GU ins Schulprogramm aufgenommen?
	☐ Ja ☐ Nein
	☐ Wir haben noch kein (fertiges) Schulprogramm ☐ Weiß nicht

13.	Wieviele Stunden pro Woche wenden Sie in dieser Klasse durchschnittlich die folgenden „Methoden" an? (Wenn sie eine Methode nicht anwenden, geben Sie 0 an)	
	Normalen Frontalunterricht	Schulstunden
	Wochenplanunterricht	Schulstunden
	Unterricht mit Stationen / Werkstatt	Schulstunden
	Freiarbeit	Schulstunden
	Förderdiagnostik:	Schulstunden
	Jahrgangsstufenübergreifender Unterricht	Schulstunden
	Sonstiges:	Schulstunden
	Sonstiges:	Schulstunden

14.	Wie wichtig sind die folgenden Kriterien bei der Auswahl von Schülern, die an Ihre Schule kommen. (Wenn Sie keine besonderen Kriterien haben, geben Sie überall „unwichtig" an.)

	unwichtig			sehr wichtig
freie Plätze in der entsprechenden Jahrgangsstufe	☐	☐ ☐ ☐	☐
Kriterien, die beim Schüler selbst liegen (Persönlichkeit, Intelligenz, Schulleistung, ...)	☐	☐ ☐ ☐	☐
Kriterien, die beim zukünftigen GU-Team liegen (Erfahrung m. GU, Motivation, Interesse, ...)	☐	☐ ☐ ☐	☐
Kriterien die in den Schülern der zukünftigen Klasse liegen (Schülerpersönlichkeiten, andere Problemfälle, ...)	☐	☐ ☐ ☐	☐
Kriterien die bei den Eltern des Schülers mit sonderpädagogischem Förderbedarf liegen	☐	☐ ☐ ☐	☐
Kriterien, die bei der gesamten Elternschaft der zukünftigen GU-Klasse liegen.	☐	☐ ☐ ☐	☐
Kriterien, die in Ihrer Schule liegen (räumliche, sächliche, personelle Bedingungen ...)	☐	☐ ☐ ☐	☐

15. An wie vielen Fortbildungen zum GU haben hat Iht GU-Team in den vergangenen zwei Jahren teilgenommen? (Geben Sie 0 an, wenn Sie keine Fortbildungen zum GU gemacht haben!)

Grundschullehrer(in): an ☐ Fortbildungen

Sonderschullehrer(in): an ☐ Fortbildungen

16. Wie bewerten Sie die SOZIALE Integration der Schüler mit sonderpädagogischem Förderbedarf in Ihrer Klasse ...

Name des Schülers:	sehr schlecht ☐—☐—☐—☐—☐ sehr gut
Name des Schülers:	☐—☐—☐—☐—☐
Name des Schülers:	☐—☐—☐—☐—☐
Name des Schülers:	☐—☐—☐—☐—☐
Name des Schülers:	☐—☐—☐—☐—☐

17. Wie wohl fühlen sich die einzelnen Schüler mit sonderpädagogischem Förderbedarf in Ihrer Klasse Ihrer Einschätzung nach?

Name des Schülers:	sehr unwohl ☐—☐—☐—☐—☐ sehr wohl
Name des Schülers:	☐—☐—☐—☐—☐
Name des Schülers:	☐—☐—☐—☐—☐
Name des Schülers:	☐—☐—☐—☐—☐
Name des Schülers:	☐—☐—☐—☐—☐

ANHANG E: Fragebogen Schulleistung

Zusatzbogen 1: Schulleistungen (Besondere Anweisung!)

Bitte geben Sie im folgenden die Schulleistungen Ihrer Schüler in den Bereichen bzw. Fächern **Lesen, Rechnen, Sachunterricht** und **Sport** ein. Die Leistungen sollen ähnlich wie Schulnoten eingetragen werden; also auf einer Skala von "1+" (SEHR GUTE Leistungen) bis "6-" (SEHR SCHLECHTE Leistungen). Verleihen Sie den Noten also auch bewusst durch die Angabe eines "+" oder eines "-" eine Tendenz. Orientieren Sie sich dabei an den Leistungen, die Gleichaltrige Ihrer Erfahrung nach in den einzelnen Bereichen bzw. Fächern "normalerweise" an den Tag legen.

Nr.	LESEN	RECHNEN	SACHUNTERRICHT	SPORT
1				
2				
3				
4				
5				
6				
7				
8				
9				
10				
11				
12				
13				
14				
15				
16				
17				
18				
19				
20				
21				
22				
23				
24				
25				
26				
27				
28				
29				
30				
31				
32				
33				
34				
35				

ANHANG F: Fragebogen für Eltern

Universität zu Köln
Heilpädagogische Fakultät
Seminar für Heilpädagogische Psychologie und Psychiatrie
Klosterstr. 79b
50931 Köln

Liebe Eltern,

Sie erhalten diesen Fragebogen, weil Ihr Sohn seit einiger Zeit am Gemeinsamen Unterricht teilnimmt. Gemeinsamer Unterricht heißt, dass Kinder mit besonderem Förderbedarf gemeinsam mit Kindern ohne besonderen Förderbedarf unterrichtet werden. Im Rahmen eines Forschungsprojektes an der Universität zu Köln versuchen wir zu ergründen, unter welchen Bedingungen Gemeinsamer Unterricht gut funktioniert. Hierzu sind wir auch auf die Mithilfe der Eltern angewiesen. Im folgenden Fragebogen finden Sie 10 Fragen, die sich auf Ihre Erfahrungen und Ihre Einstellung zum Gemeinsamen Unterricht beziehen. Die Beantwortung der Fragen dürfte kaum länger als 5 Minuten in Anspruch nehmen. Zukünftigen Schülern können diese 5 Minuten jedoch helfen, die richtige Schule zu finden.

Die Befragung ist vertraulich! Weder der Klassenlehrer, noch eine andere dritte Person wird Ihren Fragebogen einsehen können. Bitte stecken Sie den ausgefüllten Fragebogen dazu in den beigefügten Umschlag, kleben Sie diesen zu und geben Sie den Umschlag Ihrem Sohn wieder mit. Der Klassenlehrer wird den verschlossenen Fragebogen entgegennehmen und ihn uns aushändigen. Sie können den Fragebogen auch direkt an die Universität schicken. Unsere Anschrift:

Universität zu Köln
Heilpädagogische Fakultät
Seminar für heilpädagogische Psychologie
z.Hd. Frau Prof. Dr. Susanne Nußbeck
Klosterstraße 79 b
50931 Köln

Hier noch einige Hinweise zur Beantwortung der Fragen:

1. Bitte beantworten Sie möglichst *alle 10 Fragen*.
2. Wenn Sie eine Frage nicht beantworten wollen oder können, kreuzen Sie das Feld „*Weiß nicht*" an.
3. Bitte beantworten Sie den Fragebogen *so schnell wie möglich* und geben Sie ihn ihrem Sohn wieder mit in die Schule.
4. Bitte kreuzen Sie pro Frage immer nur *eine Antwort* an.

Falls Sie Fragen haben sollten, können Sie sich gerne jederzeit an uns wenden:

Christian Huber
☏ (Universität)   0221 /
☏ (mobil)   0171 /
☏ (privat)   0221 /
🖥 Christ-Huber@t-online.de

Vielen Dank für Ihre Mühe!

Christian Huber

Elterfragebogen für Familie _____

1. **Halten Sie es für sinnvoll, dass Ihr Sohn am Gemeinsamen Unterricht teilnimmt?**

   ☐ Ja

   ☐ Nein

   ☐ Weiß nicht

2. **Waren Sie von Anfang an damit einverstanden, dass Ihr Sohn am gemeinsamen Unterricht teilnimmt?**

   ☐ Ja

   ☐ Nein

   ☐ Weiß nicht

3. **Sind Sie der Meinung, dass Ihr Sohn in den vergangenen Jahren auf einer Sonderschule besser unterrichtet worden wäre?**

   ☐ Ja

   ☐ Nein

   ☐ Weiß nicht

4. **Von wem stammt der Vorschlag, dass Ihr Sohn am Gemeinsamen Unterricht teilnehmen könnte.**

   ☐ von mir selbst

   ☐ von ihrem (Ehe-) Partner

   ☐ von einer Erzieherin im Kindergarten

   ☐ von einer Grundschullehrerin

   ☐ von einer Sonderschullehrerin

   ☐ von einer Sozialarbeiterin

   ☐ von einer anderen Person

   ☐ Weiß nicht

5. **Wie oft gehen Sie zu Elternabenden in der Klasse Ihres Sohnes?**

   ☐ Immer

   ☐ häufig

   ☐ Selten

   ☐ Nie

   ☐ Weiß nicht

6. **Wie oft gehen Sie auf Schul- oder Klassenfeste?**

   ☐ Immer

   ☐ häufig

   ☐ Selten

   ☐ Nie

   ☐ Weiß nicht

7. **Wie oft haben Sie eine Lehrerin Ihres Sohnes schon einmal angerufen und sich nach ihrem Sohn erkundigt?**

   ☐ Häufig

   ☐ Selten

   ☐ Nie

   ☐ Weiß nicht

8. **Werden Sie sich dafür einsetzen, dass Ihr Sohn auch nach der Grundschule eine integrative Schule besucht?**

   ☐ Ja

   ☐ Nein

   ☐ Weiß nicht

9. **Stellen Sie sich vor, es gibt in der Schule ein Problem mit Ihrem Sohn. Sind Sie der Meinung, dass Sie als Mutter / Vater gemeinsam mit dem Lehrer beraten sollten, wie das Problem zu lösen ist?**

   ☐ Ja

   ☐ Nein

   ☐ Weiß nicht

10. Stellen Sie sich vor, es gibt in der Schule ein Problem mit Ihrem Sohn. Sind Sie der Meinung, dass Sie als Mutter / Vater selbst etwas unternehmen müßten, um dieses Problem zu lösen.

☐ Ja

☐ Nein

☐ Weiß nicht

Diesen Fragebogen wurde ausgefüllt von:

☐ der Mutter

☐ dem Vater

☐ einem anderen Verwandten: _____

☐ einem Erzieher

☐ einer anderen Person: _____

Der Fragebogen endet hier. Bitte stecken Sie den Fragebogen jetzt in den beigefügten Umschlag, kleben Sie diesen zu und geben Sie den Umschlag Ihrem Sohn wieder mit in die Schule. Dort soll er den Umschlag seinem Klassenlehrer aushändigen.

Vielen Dank für Ihre Mühe!

Anhang G

Korrelationen zwischen sozialer Integration und Items

Item	Schüler mit SFB WST r	Sig.	N	AST r	Sig.	N	Schüler ohne SFB WST r	Sig.	N	AST r	Sig.	N
IQ	0,18	0,066	103	-0,28	0,004	103	0,13	0,003	508	-0,13	0,003	508
LES	0,32	0,004	81	-0,38	0,001	81	0,18	0,000	497	-0,15	0,001	497
REC	0,16	0,180	73	-0,15	0,196	73	0,25	0,000	499	-0,20	0,000	499
SAC	0,26	0,016	84	-0,35	0,001	84	0,24	0,000	497	-0,20	0,000	497
SPO	0,47	0,000	88	-0,28	0,008	88	0,27	0,000	499	-0,15	0,001	499
FT	-0,07	0,509	97	0,21	0,044	97	-0,10	0,022	498	0,04	0,366	498
SBGZ	-0,25	0,015	97	0,13	0,197	97	-0,04	0,414	498	0,01	0,810	498
GZT	0,28	0,005	97	-0,07	0,472	97	0,14	0,001	498	-0,11	0,014	498
VM5	0,23	0,029	94	-0,40	0,000	94	0,17	0,000	484	-0,16	0,001	484
VM6	0,28	0,006	91	-0,35	0,001	91	0,25	0,000	457	-0,18	0,000	457
MO3	0,00	0,996	97	0,02	0,855	97	0,04	0,365	485	0,00	0,950	485
VM7	0,18	0,090	91	-0,29	0,006	91	0,23	0,000	457	-0,21	0,000	457
MO4	0,06	0,580	98	-0,17	0,091	98	0,06	0,198	487	-0,06	0,211	487
MO5	-0,17	0,094	97	0,18	0,083	97	-0,12	0,007	497	0,03	0,487	497
VS4	-0,19	0,051	101	0,24	0,015	101	-0,23	0,000	499	0,09	0,041	499
MO1	0,06	0,557	100	0,11	0,295	100	-0,01	0,760	498	0,09	0,036	498
SUB	-0,15	0,153	97	0,03	0,778	97	-0,01	0,815	507	-0,02	0,640	507
VM10	-0,02	0,840	98	0,22	0,031	98	-0,13	0,003	488	0,17	0,000	488
AGG	0,00	0,970	97	0,14	0,171	97	-0,03	0,554	501	0,02	0,696	501
FTI	-0,16	0,108	97	0,14	0,160	97	-0,06	0,213	500	0,09	0,054	500
GZI	0,05	0,639	97	-0,02	0,817	97	0,10	0,021	496	-0,04	0,403	496
NCO	0,02	0,867	95	-0,05	0,644	95	-0,04	0,431	502	0,03	0,517	502
PCO	0,07	0,483	95	-0,13	0,206	95	0,01	0,868	494	-0,02	0,629	494
SB3	-0,04	0,715	101	0,17	0,092	101	-0,13	0,005	495	0,08	0,078	495
VS2	-0,16	0,109	98	0,23	0,025	98	0,00	0,933	502	0,07	0,137	502
PRB	0,11	0,275	97	-0,13	0,193	97	0,00	0,979	494	-0,05	0,232	494
ELT	-0,20	0,074	79	0,12	0,293	79	---	---	---	---	---	---

Tabelle I

Anhang H:

Korrelationen zwischen sozialer Integration und Schülermerkmalen

Schülermerkmal	Schüler mit SFB						Schüler ohne SFB					
	WST			AST			WST			AST		
	r	Sig	N	r	Sig	N	r	Sig	N	r	Sig	N
Intelligenz	0,18	0,07	103	-0,28	0,00	103	0,13	0,00	508	-0,13	0,00	508
Schulleistung	0,40	0,00	91	-0,39	0,00	91	0,31	0,00	500	-0,23	0,00	500
Konzentration	0,30	0,00	97	-0,20	0,05	97	0,13	0,00	498	-0,08	0,06	498
Motivation	0,24	0,01	107	-0,34	0,00	107	0,21	0,00	524	-0,18	0,00	524
Selbstständigkeit	0,18	0,09	91	-0,29	0,01	91	0,23	0,00	457	-0,21	0,00	457
Sozialkompetenz	0,14	0,17	103	-0,23	0,02	103	0,18	0,00	502	-0,08	0,06	502
Sozialer Rückzug	-0,08	0,39	106	0,08	0,42	106	-0,14	0,00	522	0,04	0,41	522
Aggressivität	0,02	0,87	106	0,19	0,05	106	-0,10	0,02	521	0,11	0,01	521
Belastbarkeit	-0,05	0,61	106	0,08	0,42	106	0,04	0,31	516	-0,02	0,66	516
Selbstreflexion	0,17	0,08	106	-0,25	0,01	106	0,06	0,15	521	-0,10	0,03	521
Einstellung Eltern	-0,20	0,07	79	0,12	0,29	79	1,00	.	0	-1,00	1,00	0

Tabelle II

ANHANG I
Standardwerte nach Statusgruppen: Schüler mit SFB

Items	Statusgruppe	N	Mittelwert	s	95%-Konf.	Min.	Max.
Intelligenz	beliebt	17	85,00	15,67	8,06	64,00	114,00
	durchschnittlich	24	85,38	11,37	4,80	59,00	103,00
	vernachlässigt	14	84,43	10,15	5,86	69,00	109,00
	abgelehnt	47	81,19	12,02	3,53	55,00	114,00
	Gesamt	102	83,25	12,29	2,41	55,00	114,00
Lesen	beliebt	11	11,82	3,03	2,03	8,00	17,00
	durchschnittlich	18	10,50	2,41	1,20	7,00	15,00
	vernachlässigt	9	10,00	4,09	3,15	1,00	15,00
	abgelehnt	42	8,79	3,79	1,18	1,00	17,00
	Gesamt	80	9,73	3,58	0,80	1,00	17,00
Rechnen	beliebt	11	9,73	5,44	3,66	1,00	17,00
	durchschnittlich	16	7,88	3,56	1,90	1,00	14,00
	vernachlässigt	9	8,22	4,24	3,26	1,00	14,00
	abgelehnt	36	7,03	4,18	1,42	1,00	17,00
	Gesamt	72	7,78	4,29	1,01	1,00	17,00
Sachunterricht	beliebt	13	11,15	3,74	2,26	2,00	17,00
	durchschnittlich	17	8,94	2,14	1,10	5,00	11,00
	vernachlässigt	10	9,50	4,38	3,13	1,00	17,00
	abgelehnt	43	8,30	3,58	1,10	1,00	14,00
	Gesamt	83	9,02	3,55	0,78	1,00	17,00
Sport	beliebt	11	12,64	2,80	1,88	8,00	17,00
	durchschnittlich	18	13,94	2,34	1,16	11,00	17,00
	vernachlässigt	10	10,90	4,72	3,38	1,00	17,00
	abgelehnt	48	10,42	3,39	0,99	1,00	18,00
	Gesamt	87	11,48	3,57	0,76	1,00	18,00
Konzentration Gesamtleistung	beliebt	15	137,38	41,18	22,80	46,10	210,50
	durchschnittlich	25	130,06	35,30	14,57	38,10	183,30
	vernachlässigt	14	118,31	44,09	25,45	59,10	199,10
	abgelehnt	42	127,54	35,96	11,21	38,20	206,80
	Gesamt	96	128,39	37,65	7,63	38,10	210,50
Konzentration Fehlerleistung	beliebt	15	4,08	12,96	7,18	0,00	50,78
	durchschnittlich	25	0,60	1,13	0,46	0,00	4,46
	vernachlässigt	14	0,94	2,56	1,48	0,00	9,78
	abgelehnt	42	1,37	2,07	0,65	0,00	7,21
	Gesamt	96	1,53	5,40	1,09	0,00	50,78
Konzentration Gleichmäßigkeit	beliebt	15	6,00	2,88	1,59	2,88	13,02
	durchschnittlich	25	3,96	2,09	0,86	1,73	9,72
	vernachlässigt	14	5,60	3,54	2,04	1,86	14,10
	abgelehnt	42	7,88	15,08	4,70	1,74	101,12
	Gesamt	96	6,23	10,24	2,07	1,73	101,12
Lern-, leistungsmotiviertes Verhalten	beliebt	13	2,85	0,99	0,60	1,00	4,00
	durchschnittlich	20	2,25	0,91	0,43	1,00	4,00
	vernachlässigt	13	2,69	1,18	0,71	1,00	4,00
	abgelehnt	47	1,96	0,86	0,25	1,00	4,00
	Gesamt	93	2,25	0,99	0,20	1,00	4,00

Anhang 375

Items	Statusgruppe	N	Mittelwert	s	95%-Konf.	Min.	Max.
Arbeits- und Leistungsverhalten	beliebt	12	3,17	1,03	0,65	1,00	4,00
	durchschnittlich	19	2,37	1,07	0,51	1,00	4,00
	vernachlässigt	12	2,67	1,07	0,68	1,00	4,00
	abgelehnt	47	1,98	1,09	0,32	1,00	4,00
	Gesamt	90	2,31	1,14	0,24	1,00	4,00
Schulischer Ehrgeiz	beliebt	15	53,33	7,58	4,19	38,00	65,00
	durchschnittlich	24	51,42	7,76	3,28	38,00	70,00
	vernachlässigt	13	52,46	8,61	5,20	33,00	65,00
	abgelehnt	44	51,95	8,89	2,70	33,00	70,00
	Gesamt	96	52,10	8,28	1,68	33,00	70,00
Selbständigkeit / Selbstbestimmung	beliebt	12	2,42	1,24	0,79	1,00	4,00
	durchschnittlich	19	1,89	0,99	0,48	1,00	4,00
	vernachlässigt	12	2,25	1,36	0,86	1,00	4,00
	abgelehnt	47	1,64	1,01	0,30	1,00	4,00
	Gesamt	90	1,88	1,11	0,23	1,00	4,00
Soziales Engagement	beliebt	15	50,73	7,72	4,28	31,00	59,00
	durchschnittlich	23	51,22	6,75	2,92	34,00	67,00
	vernachlässigt	14	50,86	9,98	5,76	34,00	67,00
	abgelehnt	45	47,76	10,77	3,23	28,00	67,00
	Gesamt	97	49,48	9,40	1,89	28,00	67,00
Neigung zum Gehorsam	beliebt	13	51,69	7,30	4,41	39,00	64,00
	durchschnittlich	25	50,60	7,86	3,24	36,00	64,00
	vernachlässigt	14	48,64	7,22	4,17	29,00	55,00
	abgelehnt	44	53,45	8,90	2,71	36,00	70,00
	Gesamt	96	51,77	8,27	1,68	29,00	70,00
Scheu im Sozialkontakt	beliebt	16	54,06	7,08	3,77	48,00	75,00
	durchschnittlich	24	51,25	7,87	3,32	32,00	63,00
	vernachlässigt	14	49,57	8,34	4,81	32,00	60,00
	abgelehnt	46	55,15	5,96	1,77	44,00	71,00
	Gesamt	100	53,26	7,21	1,43	32,00	75,00
Soziales Unterstützungsbedürfnis	beliebt	17	51,29	10,05	5,17	36,00	78,00
	durchschnittlich	23	52,57	11,74	5,07	38,00	78,00
	vernachlässigt	14	55,43	10,17	5,87	42,00	78,00
	abgelehnt	42	52,76	12,08	3,77	29,00	78,00
	Gesamt	96	52,84	11,29	2,29	29,00	78,00
Aggressivität	beliebt	14	1,36	0,93	0,54	1,00	4,00
	durchschnittlich	21	1,71	1,06	0,48	1,00	4,00
	vernachlässigt	14	1,00	0,00	0,00	1,00	1,00
	abgelehnt	48	1,56	0,85	0,25	1,00	4,00
	Gesamt	97	1,48	0,87	0,17	1,00	4,00
Aggressivität bei Belastung	beliebt	17	50,41	11,24	5,78	30,00	69,00
	durchschnittlich	23	53,83	12,39	5,36	32,00	74,00
	vernachlässigt	13	51,00	10,47	6,33	30,00	64,00
	abgelehnt	43	54,65	13,72	4,22	30,00	78,00
	Gesamt	96	53,21	12,53	2,54	30,00	78,00
Kognitive Belastbarkeit (Leistung)	beliebt	15	8,09	22,03	12,20	-30,33	42,67
	durchschnittlich	25	11,96	18,25	7,53	-20,33	55,67
	vernachlässigt	14	-0,31	22,96	13,26	-47,00	40,67
	abgelehnt	42	12,96	29,93	9,33	-36,00	145,67
	Gesamt	96	10,00	25,21	5,11	-47,00	145,67

Items	Statusgruppe	N	Mittelwert	s	95%-Konf.	Min.	Max.
Kognitive Belastbarkeit (Fehler)	beliebt	15	0,91	3,78	2,10	-2,00	14,33
	durchschnittlich	25	-0,21	0,73	0,30	-2,33	0,67
	vernachlässigt	14	-0,24	1,02	0,59	-3,33	0,67
	abgelehnt	42	0,42	1,09	0,34	-1,67	5,00
	Gesamt	96	0,24	1,75	0,36	-3,33	14,33
Positive Stressverarbeitung	beliebt	17	49,47	9,73	5,01	29,00	68,00
	durchschnittlich	22	47,68	9,39	4,16	29,00	63,00
	vernachlässigt	14	51,93	9,69	5,60	37,00	68,00
	abgelehnt	41	46,41	11,09	3,50	22,00	73,00
	Gesamt	94	48,09	10,30	2,11	22,00	73,00
Negative Stressverarbeitung	beliebt	17	52,53	11,21	5,76	37,00	71,00
	durchschnittlich	23	52,96	10,64	4,60	37,00	76,00
	vernachlässigt	13	53,92	8,21	4,96	36,00	67,00
	abgelehnt	41	52,46	12,64	3,99	26,00	74,00
	Gesamt	94	52,80	11,23	2,30	26,00	76,00
Impulsivität vs. Nachdenklichkeit	beliebt	15	57,07	9,74	5,40	41,00	71,00
	durchschnittlich	25	57,20	7,14	2,95	41,00	71,00
	vernachlässigt	14	54,43	7,09	4,09	34,00	64,00
	abgelehnt	46	59,30	10,90	3,24	34,00	80,00
	Gesamt	100	57,76	9,44	1,87	34,00	80,00
Emotionale Labilität	beliebt	16	46,63	8,54	4,55	32,00	63,00
	durchschnittlich	21	49,29	7,06	3,21	38,00	63,00
	vernachlässigt	14	47,57	6,85	3,95	38,00	63,00
	abgelehnt	46	51,13	8,65	2,57	32,00	69,00
	Gesamt	97	49,47	8,15	1,64	32,00	69,00
Problemlösende Bewältigung	beliebt	17	50,29	8,43	4,34	33,00	68,00
	durchschnittlich	22	48,59	10,21	4,53	29,00	64,00
	vernachlässigt	14	52,79	7,70	4,44	41,00	68,00
	abgelehnt	43	46,84	12,15	3,74	26,00	74,00
	Gesamt	96	48,72	10,62	2,15	26,00	74,00
Wahlstatus eigenes Geschlecht	beliebt	17	1,18	0,09	0,05	1,05	1,38
	durchschnittlich	25	0,97	0,08	0,03	0,77	1,11
	vernachlässigt	14	0,82	0,11	0,06	0,58	0,97
	abgelehnt	52	0,76	0,10	0,03	0,50	0,98
	Gesamt	108	0,88	0,18	0,03	0,50	1,38
Ablehnungsstatus eigenes Geschlecht	beliebt	17	0,89	0,07	0,03	0,76	0,99
	durchschnittlich	25	0,97	0,05	0,02	0,88	1,06
	vernachlässigt	14	0,94	0,05	0,03	0,83	1,00
	abgelehnt	52	1,28	0,20	0,06	1,00	1,76
	Gesamt	108	1,10	0,23	0,04	0,76	1,76

Tabelle III

ANHANG J

Rohwerte nach Statusgruppen: Schüler ohne SFB

Item	Statusgruppe	N	Mittelwert	s	95%-Konf.	Min.	Max.
Intelligenz	beliebt	173	100,79	10,93	1,64	69,00	132,00
	durchschnittlich	178	98,50	12,67	1,87	70,00	139,00
	kontroversiell	21	91,95	13,14	5,98	73,00	118,00
	vernachlässigt	54	96,83	15,01	4,10	61,00	143,00
	abgelehnt	82	94,85	13,85	3,04	59,00	127,00
	Gesamt	508	98,24	12,79	1,11	59,00	143,00
Lesen	beliebt	167	13,26	2,52	0,39	5,00	17,00
	durchschnittlich	177	12,67	2,91	0,43	5,00	18,00
	kontroversiell	20	12,00	2,87	1,34	7,00	17,00
	vernachlässigt	53	12,83	2,48	0,68	8,00	17,00
	abgelehnt	80	11,93	2,73	0,61	5,00	17,00
	Gesamt	497	12,74	2,74	0,24	5,00	18,00
Rechnen	beliebt	167	12,81	2,58	0,39	5,00	17,00
	durchschnittlich	177	11,89	3,19	0,47	2,00	17,00
	kontroversiell	20	11,55	2,67	1,25	5,00	17,00
	vernachlässigt	54	11,31	2,96	0,81	2,00	17,00
	abgelehnt	81	10,69	3,04	0,67	2,00	17,00
	Gesamt	499	11,93	3,01	0,26	2,00	17,00
Sachunterricht	beliebt	167	13,14	2,38	0,36	5,00	17,00
	durchschnittlich	177	12,45	2,88	0,43	5,00	18,00
	kontroversiell	20	11,60	2,54	1,19	8,00	17,00
	vernachlässigt	53	12,06	2,60	0,72	5,00	17,00
	abgelehnt	80	11,00	2,70	0,60	5,00	17,00
	Gesamt	497	12,37	2,74	0,24	5,00	18,00
Sport	beliebt	168	14,11	1,94	0,30	8,00	17,00
	durchschnittlich	177	13,43	2,15	0,32	8,00	17,00
	kontroversiell	20	13,45	2,61	1,22	8,00	17,00
	vernachlässigt	53	13,02	2,30	0,63	8,00	17,00
	abgelehnt	81	12,79	2,63	0,58	7,00	17,00
	Gesamt	499	13,51	2,25	0,20	7,00	17,00
Konzentration Gesamtleistung	beliebt	172	146,77	32,22	4,85	67,30	223,20
	durchschnittlich	175	135,72	34,83	5,20	66,60	232,70
	kontroversiell	19	135,12	26,37	12,71	89,40	195,40
	vernachlässigt	54	135,04	30,20	8,24	80,60	192,50
	abgelehnt	78	131,19	31,42	7,09	76,00	227,40
	Gesamt	498	138,73	33,07	2,91	66,60	232,70
Konzentration Fehlerleistung	beliebt	172	0,28	1,12	0,17	0,00	14,40
	durchschnittlich	175	0,31	0,83	0,12	0,00	6,82
	kontroversiell	19	0,96	2,69	1,30	0,00	11,67
	vernachlässigt	54	0,67	2,10	0,57	0,00	12,98
	abgelehnt	78	0,65	2,18	0,49	0,00	18,35
	Gesamt	498	0,42	1,48	0,13	0,00	18,35

Item	Statusgruppe	N	Mittelwert	s	95%-Konf.	Min.	Max.
Konzentration Gleichmäßigkeit	beliebt	172	4,20	3,14	0,47	1,23	27,00
	durchschnittlich	175	4,46	3,01	0,45	1,23	18,43
	kontroversiell	19	4,39	2,60	1,25	1,57	11,12
	vernachlässigt	54	4,92	3,88	1,06	1,35	19,39
	abgelehnt	78	4,78	2,84	0,64	1,04	14,11
	Gesamt	498	4,47	3,12	0,27	1,04	27,00
Lern-, leistungsmotiviertes Verhalten	beliebt	164	2,96	1,06	0,16	1,00	4,00
	durchschnittlich	168	2,87	1,05	0,16	1,00	4,00
	kontroversiell	20	2,90	1,12	0,52	1,00	4,00
	vernachlässigt	52	2,81	1,05	0,29	1,00	4,00
	abgelehnt	80	2,35	1,03	0,23	1,00	4,00
	Gesamt	484	2,81	1,07	0,10	1,00	4,00
Arbeits- und Leistungsverhalten	beliebt	158	3,37	0,97	0,15	1,00	4,00
	durchschnittlich	154	3,12	1,12	0,18	1,00	4,00
	kontroversiell	20	3,10	1,21	0,57	1,00	4,00
	vernachlässigt	50	2,90	1,22	0,35	1,00	4,00
	abgelehnt	75	2,47	1,14	0,26	1,00	4,00
	Gesamt	457	3,07	1,13	0,10	1,00	4,00
Schulischer Ehrgeiz	beliebt	160	55,13	9,25	1,44	38,00	78,00
	durchschnittlich	172	53,58	10,15	1,53	28,00	78,00
	kontroversiell	21	55,86	10,75	4,89	28,00	78,00
	vernachlässigt	52	54,54	9,71	2,70	33,00	78,00
	abgelehnt	80	55,03	11,22	2,50	28,00	78,00
	Gesamt	485	54,53	10,01	0,89	28,00	78,00
Selbständigkeit	beliebt	158	3,06	1,12	0,18	1,00	4,00
	durchschnittlich	154	2,81	1,08	0,17	1,00	4,00
	kontroversiell	20	2,50	1,15	0,54	1,00	4,00
	vernachlässigt	50	2,80	1,07	0,30	1,00	4,00
	abgelehnt	75	2,13	1,12	0,26	1,00	4,00
	Gesamt	457	2,77	1,14	0,10	1,00	4,00
Soziales Engagement	beliebt	159	53,91	8,75	1,37	34,00	97,00
	durchschnittlich	174	52,95	9,19	1,38	28,00	67,00
	kontroversiell	21	52,67	6,90	3,14	40,00	67,00
	vernachlässigt	53	53,00	8,60	2,37	28,00	67,00
	abgelehnt	80	51,00	9,62	2,14	28,00	67,00
	Gesamt	487	52,94	8,99	0,80	28,00	97,00
Neigung zum Gehorsam	beliebt	164	51,68	9,49	1,46	23,00	70,00
	durchschnittlich	180	52,87	9,88	1,45	23,00	70,00
	kontroversiell	21	52,95	10,02	4,56	29,00	70,00
	vernachlässigt	51	52,45	11,30	3,18	23,00	70,00
	abgelehnt	81	54,20	8,85	1,96	29,00	70,00
	Gesamt	497	52,65	9,75	0,86	23,00	70,00
Scheu im Sozialkontakt	beliebt	168	50,90	7,52	1,15	32,00	71,00
	durchschnittlich	177	51,85	7,48	1,11	39,00	75,00
	kontroversiell	21	48,48	6,31	2,87	32,00	57,00
	vernachlässigt	51	53,67	7,72	2,17	39,00	75,00
	abgelehnt	82	55,18	8,69	1,91	39,00	78,00
	Gesamt	499	52,12	7,84	0,69	32,00	78,00

Anhang

Item	Statusgruppe	N	Mittelwert	s	95%-Konf.	Min.	Max.
Soziales Unterstützungsbedürfnis	beliebt	170	50,75	11,65	1,76	29,00	78,00
	durchschnittlich	179	48,70	10,98	1,62	29,00	78,00
	kontroversiell	20	46,85	14,30	6,69	29,00	78,00
	vernachlässigt	55	50,58	12,19	3,30	29,00	78,00
	abgelehnt	83	52,35	13,98	3,05	29,00	78,00
	Gesamt	507	50,12	12,04	1,05	29,00	78,00
Aggressivität	beliebt	164	1,14	0,46	0,07	1,00	3,00
	durchschnittlich	172	1,16	0,50	0,08	1,00	4,00
	kontroversiell	20	1,40	0,88	0,41	1,00	4,00
	vernachlässigt	52	1,27	0,69	0,19	1,00	4,00
	abgelehnt	80	1,61	0,88	0,20	1,00	4,00
	Gesamt	488	1,25	0,63	0,06	1,00	4,00
Aggressivität bei Belastung	beliebt	170	52,42	11,05	1,67	30,00	74,00
	durchschnittlich	176	52,15	10,75	1,60	30,00	74,00
	kontroversiell	19	55,16	11,71	5,64	30,00	72,00
	vernachlässigt	54	54,43	11,50	3,14	30,00	74,00
	abgelehnt	82	51,76	12,07	2,65	30,00	74,00
	Gesamt	501	52,54	11,18	0,98	30,00	74,00
Kognitive Belastbarkeit (Leistung)	beliebt	172	12,39	19,36	2,91	-91,67	102,67
	durchschnittlich	175	8,18	19,94	2,98	-83,00	69,67
	kontroversiell	19	12,54	19,44	9,37	-24,00	57,33
	vernachlässigt	52	7,34	16,67	4,64	-57,00	34,67
	abgelehnt	78	8,78	20,40	4,60	-38,33	57,33
	Gesamt	496	9,82	19,51	1,72	-91,67	102,67
Kognitive Belastbarkeit (Fehler)	beliebt	173	0,05	0,90	0,14	-7,00	7,00
	durchschnittlich	175	0,22	0,84	0,13	-1,33	8,33
	kontroversiell	19	-0,51	1,79	0,86	-6,67	0,67
	vernachlässigt	54	-0,27	3,93	1,07	-27,00	6,33
	abgelehnt	79	0,39	1,54	0,35	-1,33	11,00
	Gesamt	500	0,11	1,64	0,14	-27,00	11,00
Positive Stressverarbeitung	beliebt	167	46,66	11,00	1,68	22,00	76,00
	durchschnittlich	175	47,50	11,32	1,69	22,00	73,00
	kontroversiell	18	46,50	11,01	5,47	22,00	62,00
	vernachlässigt	54	49,20	13,47	3,68	22,00	76,00
	abgelehnt	80	45,76	11,61	2,58	22,00	73,00
	Gesamt	494	47,08	11,50	1,02	22,00	76,00
Negative Stressverarbeitung	beliebt	168	52,27	10,38	1,58	26,00	74,00
	durchschnittlich	177	50,73	10,02	1,49	26,00	78,00
	kontroversiell	20	51,10	11,42	5,34	31,00	71,00
	vernachlässigt	55	52,64	12,25	3,31	26,00	74,00
	abgelehnt	82	53,49	12,97	2,85	26,00	76,00
	Gesamt	502	51,92	10,98	0,96	26,00	78,00
Impulsivität vs. Nachdenklichkeit	beliebt	163	51,31	8,58	1,33	34,00	75,00
	durchschnittlich	178	51,92	8,99	1,33	34,00	75,00
	kontroversiell	21	53,62	8,28	3,77	34,00	71,00
	vernachlässigt	52	54,13	9,55	2,66	34,00	71,00
	abgelehnt	81	54,06	9,79	2,17	34,00	75,00
	Gesamt	495	52,38	9,06	0,80	34,00	75,00

Item	Statusgruppe	N	Mittelwert	s	95%-Konf.	Min.	Max.
Emotionale Labilität	beliebt	168	47,02	8,46	1,29	32,00	66,00
	durchschnittlich	180	46,66	7,89	1,16	28,00	69,00
	kontroversiell	21	47,86	8,13	3,70	32,00	60,00
	vernachlässigt	52	48,13	8,55	2,38	32,00	66,00
	abgelehnt	81	48,38	7,56	1,67	32,00	69,00
	Gesamt	502	47,26	8,11	0,71	28,00	69,00
Problemlösende Bewältigung	beliebt	166	50,08	9,79	1,50	26,00	78,00
	durchschnittlich	174	50,21	11,72	1,75	26,00	78,00
	kontroversiell	20	48,15	10,37	4,85	28,00	60,00
	vernachlässigt	54	52,74	12,49	3,41	25,00	78,00
	abgelehnt	80	48,69	11,80	2,63	26,00	78,00
	Gesamt	494	50,11	11,17	0,99	25,00	78,00
Wahlstatus eigenes Geschlecht	beliebt	176	1,21	0,10	0,01	0,98	1,48
	durchschnittlich	187	0,99	0,08	0,01	0,80	1,25
	kontroversiell	21	1,15	0,07	0,03	1,02	1,27
	vernachlässigt	55	0,85	0,08	0,02	0,67	0,97
	abgelehnt	87	0,79	0,11	0,02	0,36	1,00
	Gesamt	526	1,02	0,18	0,02	0,36	1,48
Ablehnungsstatus eigenes Geschlecht	beliebt	176	0,89	0,06	0,01	0,71	0,99
	durchschnittlich	187	0,97	0,06	0,01	0,79	1,10
	kontroversiell	21	1,08	0,06	0,03	1,00	1,21
	vernachlässigt	55	0,90	0,06	0,02	0,71	0,99
	abgelehnt	87	1,20	0,17	0,04	1,00	1,84
	Gesamt	526	0,98	0,14	0,01	0,71	1,84

Tabelle IV